근재집

이 책은 2021년도 정부(교육부)의 재원으로 한국고전번역원의 지원을 받아 수행된 '권역별거점연구소협동번역사업'의 결과물임.

This work was supported by Institute for the Translation of Korean Classics-Grant funded by the Korean Government.

한국고전번역원 한국문집번역총서/성신여자대학교 고전연구소

근재집 3
近齋集

박윤원 지음
朴胤源

김창효
연석환 옮김

일러두기

1. 이 책의 번역 대본은 한국고전번역원에서 간행한 한국문집총간 제250집에 실린《근재집(近齋集)》으로 하였다. 번역 대본의 원문 텍스트와 원문 이미지는 한국고전종합DB(http://db.itkc.or.kr)에서 확인할 수 있다.
2. 내용이 간단한 역주는 간주(間註)로, 긴 역주는 각주(脚註)로 처리하였다.
3. 한자는 필요한 경우 이해를 돕기 위하여 넣었으며, 운문(韻文)은 원문을 병기하였다.
4. 맞춤법과 띄어쓰기는 한글 맞춤법과 표준어 규정을 따랐다.
5. 이 책에서 사용한 부호는 다음과 같다.
   - ( ) : 번역문과 음이 같은 한자를 묶는다.
   - 〔 〕 : 번역문과 뜻은 같으나 음이 다른 한자를 묶는다.
   - " " : 대화 등의 인용문을 묶는다.
   - ' ' : " " 안의 재인용 또는 강조 문구를 묶는다.
   - 「 」 : ' ' 안의 재인용을 묶는다.
   - 『 』 : 「 」 안의 재인용을 묶는다.
   - 《 》 : 책명 및 각주의 전거(典據)를 묶는다.
   - 〈 〉 : 책의 편명 및 운문·산문의 제목을 묶는다.

차례

근재집 제9권

서書

근재집 제10권

서書

근재집 제11권

서書

근재집 제12권

서書

근재집

제9권

書서

이선장에게 답함

答李善長

천옹(泉翁 이재(李縡))이 '명덕(明德)'을 논한 말씀을 제가 일찍이 보지 못하였으므로 감히 함부로 평할 수가 없습니다. 그러나 기(氣)의 정상(精爽)을 명덕의 본체가 될 수 없다고 한 것은 과연 의심할 만합니다.

제가 일찍이 "신독(愼獨)[1]은 함양(涵養)이 될 수 없다."라고 논한 것은 실로 이유가 있습니다. '신독(愼獨)'의 신(愼)은 주자(朱子)가 "더욱더 삼가는 것이다.〔尤加謹焉〕"라고 해석하셨는데,[2] '우(尤)' 자에는 '매우 깊이 살펴보다.〔猛省〕'라는 뜻이 있습니다. 그래서 '평평하게 보존하고 간략히 수습한다.'[3]라는 마음공부인 계구(戒懼)[4]와는 의미가 본

1 신독(愼獨) : 《중용(中庸)》 제1장에 "도라는 것은 잠시도 떠날 수 없으니, 떠날 수 있으면 도가 아니다. 이런 까닭으로 군자는 보지 않을 때에도 경계하고 삼가며 듣지 않을 때에도 두려워한다. 숨겨진 곳보다 더 드러남이 없고 세미한 일보다 더 나타남이 없다. 그러므로 군자는 홀로를 삼간다.〔道也者, 不可須臾離也, 可離非道也. 是故君子戒愼乎其所不睹, 恐懼乎其所不聞. 莫見乎隱, 莫顯乎微, 故君子愼其獨也.〕"라고 한 데서 온 말로, 박윤원은 감정이 이미 발하여〔已發〕 동(動)할 때의 성찰(省察) 공부에 해당된다고 보았다.

2 주자(朱子)가……해석하셨는데 : 《중용장구》 제1장의 "그러므로 군자는 홀로를 삼간다.〔故君子愼其獨也〕"라는 데 대한 주자의 주에 "이 때문에 군자는 이미 항상 경계하고 두려워하고 여기에 더욱더 삼가는 것이다.〔是以君子旣常戒懼, 而於此尤加謹焉.〕"라고 한 것을 가리킨다. '여기'라는 것은 '독(獨)'을 가리키며, '독'은 남이 알지 못하고 자기만 홀로 아는 자리〔일〕를 가리킨다.
저본에는 '우가근언(尤加謹焉)'의 가(加)가 가(可)로 되어있는데, 《중용장구》에 의거하여 바로잡아 번역하였다.

래 똑같지 않으니, '신독(愼獨)'의 신(愼)은 성찰(省察)로 말할 수 있고 함양(涵養)으로는 말할 수가 없습니다. 성찰과 함양이 어찌 각각의 공부가 아니겠으며, 또한 어찌 신독은 함양이 될 수 없는 것이 아니겠습니까.

홀로를 삼갈 때에 진실로 일부분의 함양이 있으나, 만약 신독을 함양이라고 한다면 이는 성찰을 가지고 함양이라 하는 것이니, 어찌 옳겠습니까. 정(靜)할 때에 함양이 있고 동(動)할 때에도 함양이 있으나, 동할 때의 함양은 신독을 말한 것이 아닙니다. 단지 마음 가운데 생각이 싹틀 때일 뿐만 아니라 모든 사물을 응접하여 다른 사람들이 보고 듣는 곳에서도 항상 경계하고 두려워하면, 이것은 동할 때의 함양입니다. 이것이 이른바 "'경계하고 두려워함〔戒懼〕'이 동(動)과 정(靜)을 관통한다."[5]라는 것입니다.

3 평평하게……수습한다 : 이 내용은 퇴계(退溪) 이황(李滉)이 정유일(鄭惟一)에게 답한 편지에서 마음의 병을 치유하기 위해서는 마음을 이렇게 살펴야 한다고 말한 데 보인다. 그런데 이황의 말은 주자의 말을 원용한 것으로, 혹자가 "'중'을 극진하게 하는 것은 아직 동하지 않았을 때입니다. 그러나 '계구'라고 하면 도리어 동할 때입니다.〔致中是未動之前, 然謂之戒懼, 却是動了.〕"라고 하자, 주자가 "공(公)은 계신공구(戒愼恐懼)를 너무 무겁게 보지 마십시오. 이것은 다만 대략 한 번 살피는 것일 뿐이지 놀라고 두려워하는 것이 아니니, 경(敬)의 상태를 대략적으로 이와 같이 하는 것입니다. 그러나 '경(敬)' 자를 말하면 이미 무거워진 것이니, 다만 간략히 수습하면 곧 이 안에 있게 됩니다.〔然道着敬字, 已是重了. 只略略收拾來, 便在這裏.〕"라고 하였다.《退溪集 卷24 答鄭子中》《朱子語類 卷62 中庸一》

4 계구(戒懼) : 감정이 아직 발하지 않았을 때의 함양(涵養) 공부에 해당하는 '계신공구(戒愼恐懼)'의 줄임말이다.《中庸章句 1章》

5 경계하고……관통한다 : 이 내용은 농암 김창협의 〈계신공구가 동과 정을 관통한다는 것에 대한 설〔戒愼恐懼通貫動靜說〕〉을 가리킨다. 조선조에서 《중용》의 '계신공구'

어찌하여 "'신독(愼獨)' 한쪽을 버려서 별도로 동할 때의 함양을 찾을 곳이 없다."라고 말하겠습니까. 신독을 "동할 때의 경(敬)이다."라고 하는 것은 옳으나 "동할 때의 계구(戒懼)이다."라고 하는 것은 옳지 않으니, '성찰'을 '계구'로 말할 수 없기 때문입니다. 《중용장구》〈치중화(致中和)〉 장의 주에서 계구와 신독을 상대하여 말한 것[6]을 보면 알 수 있으니, 어떻습니까, 어떻습니까?

심(心)과 성(性)은 본래 구분이 있으니, '인심(人心)'을 기질지성(氣質之性)으로 보아서는 안 됩니다. 하물며 인심은 형기(形氣)에서 나왔는데, 형기와 기질은 또 본래 같지 않으니, 더 말할 것이 있겠습니까.

가 동(動)과 정(靜)을 관통하는 공부인가의 여부에 대한 본격적 문제 제기는 김창협으로부터 비롯되었다. 이 문제와 관련하여 앞 시대까지는 대체로 정(靜)할 때의 공부 쪽으로 소속시켜 이해해 왔다. 여기에 대해 김창협은 "계신공구가 실은 동과 정을 포괄하지만 이른바 '남이 보거나 듣지 않을 때'는 정(靜)의 경계이기 때문에 이것을 가지고 말하면 계신공구를 정(靜)할 때의 공부라고 해도 무방하다."라고 하여, 이전까지의 논의가 가진 타당성을 일정 부분 인정하면서도 《중용》에서의 의도를 근거로 동과 정을 관통하는 공부라는 견해를 폈다. 뒤이어 "자사(子思)의 뜻을 상고해 보면, 어느 때 어느 곳이든 계신공구를 지극히 하지 않아도 되는 때와 장소는 없다."라고 주장하였다. 즉 계신공구의 공부가 비록 남이 보거나 듣지 않는 때인 정(靜)할 때에만 적용되는 것처럼 보이지만, 실상은 남이 보고 들을 수 있는 때인 동(動)할 때까지 포괄하고 있다는 것이 김창협의 생각이다. 《農巖集 卷25》

6 중용장구……것 : 《중용장구》 제1장의 '치중화(致中和)'에 대한 주자의 주에 "계구(戒懼)로부터 요약하여 지극히 정(靜)한 가운데에 편벽되고 치우친 바가 없어 그 지킴을 잃지 않음에 이르면 중(中)을 지극히 하여 천지가 자리를 잡고, 신독(愼獨)으로부터 정밀히 하여 사물을 응하는 곳에 조금도 잘못됨이 없어 가는 곳마다 그렇지 않음이 없음에 이르면 화(和)를 지극히 하여 만물이 생육될 것이다."라고 한 것을 가리킨다.

도심(道心)과 인심의 과(過)함과 불급(不及)함은 비록 기질이 부려서 시켰기 때문이나, 또한 이것을 가지고 곧바로 '기질지성'이라고 말해서는 안 됩니다.

기(氣)가 있으면 곧 기(氣)의 정상(精爽)이 있으니, 기(氣)와 정상(精爽)은 선(先)과 후(後)로 나눌 수가 없습니다. 또 이미 '기의 정상'이라고 하였으면 어찌 "이 정상이 있고서 따라 기가 있다.〔有是精爽 而從而有氣〕"라고 말할 수 있겠습니까. 정상이 비록 기에서 나왔으나 이는 기의 원초(原初)에서 얻은 것이니, 기의 원초에 또한 어찌 청(淸)과 탁(濁)이 있겠습니까.

청(淸)과 탁(濁)이 나누어지기 이전의 상황에서 말하면 정상은 바로 순수하게 허령(虛靈)한 것이니, 어찌 분수(分數)가 있어서 성인(聖人)과 범인(凡人)이 우열(優劣)의 차이가 있다고 말할 수 있겠습니까. 기(氣)가 있으면 필경 그보다 먼저 이(理)가 있겠지만 주자(朱子)는 오히려 "이(理)와 기(氣)는 선(先)·후(後)로 나눌 수 없다."라고 하셨으니, 더구나 '기의 정상'을 "기가 아직 생기기 전에 있는 것이다."라고 말하는 것이 옳겠습니까? 혹자의 설에서는 옳은 점을 발견할 수 없습니다.

《중용》의 '지성(至聖)'과 '지성(至誠)'[7]을 나누어 소덕(小德)과 대덕(大

7 중용의……지성(至誠) : 《중용장구》 제31장의 1절에서 "오직 천하의 지극한 성인이어야 능히 총명예지하여 천하에 군림할 수 있다.〔唯天下至聖, 爲能聰明睿知, 足以有臨也.〕"라고 한 것과 제32장의 1절에서 "오직 천하에 지극히 성실한 분이어야 능히 천하의

德)에 소속시키면 또한 체(體)와 용(用)으로 말할 수 있습니다. 그렇지 않으면 다만 겉〔表〕과 속〔裏〕의 관계로 보는 것이 참으로 좋습니다. 이는 본래 말을 따라 해석하는 부분이니, 일률적으로 논할 수가 없을 듯합니다.

대경을 경륜하며, 천하의 대본을 세우며, 천지의 화육을 알 수 있다.〔唯天下至誠, 爲能經綸天下之大經, 立天下之大本, 知天地之化育.〕"라고 한 것을 가리킨다.

이선장에게 답함

答李善長

아내의 상에 아버지가 살아계시면 남편은 상장(喪杖)을 짚지 않으니, 상장을 짚지 않으면 담제(禫祭)를 지내지 않습니다. 어머니가 살아계시면 어머니는 상을 주관하지 아니하여 상장을 짚을 수가 있으니, 상장을 짚으면 담제를 지냅니다. 이 뜻이 《상례비요(喪禮備要)》 '장기(杖期)' 조 안주(按註)에 보이는데, 보내주신 편지에서는 어찌하여 "모두 부모가 살아 있는 경우를 말한 것이다."라고 하십니까?

또 "아버지가 살아 있으면 아버지가 상주가 된다."라는 글로 보건대 다른 집에서 사는 차자(次子)도 자신이 직접 아내의 상을 주관할 수 없는 것은, 우옹(尤翁 송시열)이 이미 논하신 것이 있습니다. 그렇다면 아버지가 살아계실 경우 아내를 위하여 상장을 짚지 않고 담제를 지내지 않는 것은 종자(宗子)만 그렇게 할 뿐만이 아닙니다.

이선장에게 답함

答李善長

우옹(尤翁)이 운운하신 것은 경례(經禮)의 문답 가운데 어떻게 기재되어 있는지 기억나지 않으나, 남계(南溪)의 예설(禮說)[8]에 '상주를 세움〔立喪主〕' 조항에 이와 같은 우옹의 말씀을 인용하였습니다. 《가례(家禮)》에는 진실로 아버지가 살아있든 아버지가 별세했든 통틀어 모두 남편이 상장을 짚고 담제를 지낸다는 글이 있으나, 저는 참람하게도 《가례》를 따르는 것이 고례(古禮)를 따르는 것만 못하다고 생각하니, 압굴(壓屈)[9]의 뜻이 매우 중하기 때문입니다.

'상상(殤喪)'[10] 한 절(節)을 《가례》에서 이미 장가든 자로 결단한 것은, 과연 "관례(冠禮)를 하고 아직 장가들지 않은 자를 또한 마땅히 상상(殤喪)으로 해야 한다."고 말씀한 것입니까? 관례한 자는 이미 성인(成人)의 도리를 책임진 것이니, 〈상복소기(喪服小記)〉의 글[11]에

8 남계(南溪)의 예설(禮說) : 남계는 박세채(朴世采)의 호이고, 《예설》은 《남계선생예설(南溪先生禮說)》을 가리킨다.

9 압굴(壓屈) : 압존(壓尊)과 같은 말로, 상대에 대한 예우가 그보다 더 높은 어른 앞에서는 줄어드는 것을 말한다. 예컨대 어머니 상에 아버지가 살아 있으면 아들이 어머니를 위해 삼년복을 입지 못하고 기년복을 입는 따위이다.

10 상상(殤喪) : 성인(成人)이 되기 전에 일찍 죽은 이의 상(喪)으로, 《의례(儀禮)》 〈상복(喪服)〉에 "나이 19세부터 16세까지는 장상(長殤)이 되고, 15세부터 12세까지는 중상(中殤)이 되고, 11세부터 8세까지는 하상(下殤)이 된다."라고 보인다.

11 상복소기(喪服小記)의 글 : 《예기》 〈상복소기(喪服小記)〉에 "장부가 관례를 치렀으면 상상(殤喪)을 하지 않고, 부인이 계례(笄禮)를 치렀으면 상상을 하지 않는다."라

따라 상상(殤喪)을 하지 않는 것이 마땅할 듯합니다. 그러나 이 또한 어찌 감히 단정하겠습니까.

고 한 것을 가리킨다.

이선장에게 답함

答李善長

관례(冠禮)한 자를 상상(殤喪)을 하지 않음은 〈상복소기〉에 이미 글이 있고, 또 19세부터 장상(長殤)이 되니, 이는 20세에 관례를 하기 때문입니다. 그렇다면 관례한 자를 상상(殤喪)을 하지 않음을 알 수 있습니다. 관례를 하고 나서부터 장가들어 아내를 둘 때까지는 10년이라는 긴 시간이 있으니, 그렇다면 후세에 관례와 장가드는 것을 동시에 하는 것과는 같지 않습니다.

옛날에는 관례를 하였으나 미처 장가들지 못하고 죽은 자가 많았으니, 반드시 아내를 가지고 나서 죽은 이후에야 성인(成人)의 상(喪)이 된다면 29세에 죽은 자를 모두 상상(殤喪)으로 처리한단 말입니까? 틀림없이 그렇지 않을 것입니다. 장자(長子)로서 관례하고 장가들지 않은 자를 위해 이미 참최복을 입었는데 그 후사를 세우지 않음은 참으로 막혀서 통하지 않을 듯합니다. 그러나 저의 소견으로는 이미 관례를 하였기 때문에 장자(長子)의 참최복을 입고, 아내가 없기 때문에 후사(後嗣)를 세우지 않음은, 각각 온당한 바가 있습니다. 아마도 옛사람 중에 이와 같이 행한 자가 있었을 것입니다.

이선장에게 답함
答李善長

관례(冠禮)는, 기년복(期年服) 이내와 대공복(大功服)의 장례 이전에 행하는 것이 허용되지 않습니다. 여자의 계례(笄禮)는 남자의 관례와 같으니, 부인의 머리에 가체(加髢)를 하는 것도 기년복 이내와 대공복의 장례 이전에는 행할 수 없을 것입니다.

혹자는 "다리〔髢〕는 바로 누추한 제도이지 고례(古禮)가 아니니, 관례로 논할 수가 없다. 그래서 계례(笄禮)는 비록 기년복 이내와 대공의 장례 이전에 행하는 것이 무방하지만 상투〔髻 여자의 상투〕를 하는 것의 경우 이미 옛 제도를 사용하였으면 마땅히 예(禮)의 뜻을 따라서 기년복 이내와 대공복의 장례 이전에는 행할 수 없다."라고 하니, 이 설이 과연 어떻습니까?

혹자는 "비록 남자의 관례라도 예를 갖추어 행하지 않았으면 -예컨대 삼가(三加)를 하지 않고 축사(祝辭)가 없는 것입니다.-[12] 기년복 이내와 대공복의 장례 이전에도 구애될 것이 없다. 여자의 계례(笄禮)는 삼가(三加)가 없고, 고례(古禮)에 상투〔髻〕를 가할 적에 비록 빈(賓)이 축사하는 예절이 있으나 이제는 이러한 절목(節目)을 빼버리면 복상(服喪) 중이거나 장례 이전에도 계례를 행할 수 없는 의리가 없다."라고 합니다.

12 삼가(三加)를……것입니다 : 관례를 할 때 초가(初加), 재가(再加), 삼가(三加)의 절차가 있고, 세 번의 절차에 모두 축사(祝辭)가 있는데, 이러한 예절을 행하지 않은 경우를 이른다.

알지 못하겠습니다. 형의 의견은 어떻습니까?

저는 "부인은 관(冠)이 없으므로 -화관(花冠)은 후세(後世)에 나온 것입니다.- 부인의 비녀를 꽂고 상투〔髻〕를 하는 예(禮)는 남자의 관례와 똑같지 않으니, 굳이 기년복과 대공복에 구애될 것이 없다."고 생각하는데, 어떻습니까, 어떻습니까? 상주는 상중에 관례를 할 수 있는데 복인(服人)은 상중에 관례를 할 수 없단 말입니까? 이것도 아울러 가르쳐 주시기 바랍니다.

이선장에게 줌

與李善長

어떤 사람이 곤궁하게 살다가 아내의 상을 만나서 권조(權厝)[13]를 한 지가 이미 30여 년인데, 장례 때에 신주(神主)를 세우지 아니하여 제사 때마다 매번 지방(紙榜)을 설치하고 제사를 지냈습니다. 이제 개장(改葬)을 하려 하니, 이번 기회를 통해 신주를 처음 장례할 때 제주(題主)하는 예처럼 성분(成墳)한 뒤에 세우려 합니다. 그런데 고유문(告由文)은, '당초에 신주를 세우지 못했다가 이제야 이장(移葬)하는 기회를 통해 뒤늦게 세운다.'는 뜻으로 말을 만들어 고하는 것이 마땅할 듯하니, 어떨지 모르겠습니다.

13 권조(權厝) : 좋은 묏자리를 구할 때까지 임시로 장사 지냄을 이른다. '중폄(中窆)'이라고도 한다.

이선장에게 답함
答李善長

장자(長子)를 위하여 참최복을 입는 것에 대해서는 다만 망자(亡者)가 정체(正體)가 되는가의 여부를 논해야 하고, 망자에게 자식이 있는가 자식이 없는가를 논해서는 안 됩니다. 〈상복소기〉의 주에 "정씨(鄭氏)가 운운하였다."라고 한 말[14]에 이르러서는, 그 글에서 긴요하게 단정한 부분이 '자식이 없다.〔無子〕' 두 글자에 있지 않고 '종묘 주인의 지위를 받지 못했다.〔不受重〕' 세 글자에 있습니다. 이는 장자가 죽었는데 그의 자식이 없어서 종통(宗統)을 차적(次適)에게 옮겼기 때문에 '자식이 없어서 종묘 주인의 지위를 받지 못했다.'라고 한 것입니다.

그렇다면 주소(註疏)의 본의(本意)는, 비록 후사를 세우지 않는 것을 자식이 없다고 말한 것은 아니나 이미 종묘 주인의 지위를 받게 하지 못한다면 후사를 세우지 않았음을 알 수 있습니다. 이것을 가지고 말하면 자식이 없다는 것을 후사를 세우지 않은 것으로 보는 것이 옳을 것입니다. 4세(世)의 적장손(嫡長孫)은 지극히 엄중(嚴重)하니, 만약 자식을 낳은 바가 없다 하여 삼년복을 입지 않는다면 예를 크게 어기는

14 상복소기의……말 : 《예기정의(禮記正義)》 〈상복소기〉에 "적부가 시부모의 후사가 되지 못한 경우에는 시어머니가 적부를 위해서 소공복을 입는다.〔適婦不爲舅姑後者, 則姑爲之小功.〕"라는 구절에 대한 정현(鄭玄)의 주에 "남편이 폐질(廢疾)이 있거나 다른 연고가 있어서, 또는 남편이 죽었는데 자식이 없어서 종묘 주인의 지위를 받지 못한 경우를 이른다. 소공복은 적부를 제외한 나머지 며느리를 위해 입는 복이다."라는 내용이 보인다.

듯한데, 어떨지 모르겠습니다.

복(服)의 양식은, 비록 3년의 제도로 행하더라도 패랭이〔蔽陽子〕는 어찌 너무 과하지 않겠습니까. 초립(草笠) 또한 촌스러울 듯합니다. 참포립(黲布笠 검푸른 베로 만든 갓)이 옳을 듯한데 이 또한 반드시 옳은 것은 아니니, 거친 흑립(黑笠)을 착용하는 것이 무방합니다. 장자를 위해 참최복을 입을 때 관직에서 해직되지 않았다면 어찌 칠립(漆笠 옻칠을 한 갓)을 착용해서는 안 되기까지 하겠습니까. 근세 사람들이 대부분 칠립을 사용합니다.

이선장에게 답함

答李善長

가르침을 주신 뜻을 살펴보니 아직도 막히고 의심스러운 점이 있으신 듯합니다. 이는 아마도 저의 말이 끝내 명백하지 못하여 그런 것일 것입니다. 고견(高見)은 적자(嫡子) 중에 자식이 없는 자를 곧바로 폐질(廢疾)이 있는 자와 똑같다고 여기니, 이것이 제가 이해하지 못하는 것입니다.

생전에 비록 후사를 세우지 않았더라도 혹 초상 초기에 후사를 세우거나 혹 장차 후사를 세울 수 있다면 비록 자식을 낳은 바가 없더라도 종묘 주인의 지위를 받지 못하는 자가 아니니, 어찌 삼년복을 입지 않을 수 있겠습니까. 정씨(鄭氏 정현(鄭玄)) 설의 경우 자식이 없는데 후사를 세우지 아니하여 종묘 주인의 지위를 받지 못하는 자이므로 폐질과 똑같은 것이니, 형의 뜻이 가리켜 말씀한바 "자식이 없으면 곧 종묘 주인의 지위를 받을 수 없다."라는 것과 같지 않습니다.

망자가 만약 살아 있다면 망자 자신이 3~4세(世)의 전중(傳重)에 해당하니, 그에게 자식이 있고 없음을 논해서는 안 됩니다. 경전(經傳)에 이미 정확한 글이 있으니, 어찌 다른 조(條)에 있는 소(疏)의 설을 가지고 따르겠습니까. 하물며 소(疏)의 설에서 가리켜 말한 것도 이와 같지 않으니, 더 말할 것이 있겠습니까. 이는 형이 너무 지나치게 사색한 부분인 듯합니다. 그러나 참포립은 옳습니다.

이선장에게 답함
答李善長

《대학》의 자기(自欺)[15]는 기인(欺人)과 비교하면 정한 것〔精 자기(自欺)〕과 거친 것〔粗 기인(欺人)〕의 차이가 있으니, 아랫글의 '소인한거(小人閒居)'장에 연결해서는 안 되며, 또한 '어찌할 수가 없다.〔不奈他何〕'까지 미루어 보아서도 안 될 것입니다.[16]

15 자기(自欺) : 이 내용은《대학장구》전(傳) 6장 1절에 "이른바 '뜻을 성실히 한다.'라는 것은 스스로 속이지 않는 것이니, 악을 미워하기를 마치 악취를 싫어하듯이 하며 선을 좋아하기를 마치 호색을 좋아하듯이 하는 것을 '스스로 만족하게 한다.'고 한다. 그러므로 군자는 반드시 홀로를 삼가는 것이다.〔所謂誠其意者, 毋自欺也, 如惡惡臭, 如好好色, 此之謂自謙. 故君子必愼其獨也.〕"라고 보인다.
참고로 전(傳) 6장 2절에 "소인이 한가로이 거처할 때에 불선한 짓을 하되 하지 못하는 짓이 없다가 군자를 본 뒤에 겸연쩍게 그 불선을 가리고 선함을 드러내니, 남들이 자기를 보기를 자신의 폐부를 보듯이 할 것이다. 그렇다면 무슨 유익함이 있겠는가.〔小人閒居, 爲不善, 無所不至, 見君子而后, 厭然揜其不善, 而著其善, 人之視己, 如見其肺肝, 然則何益矣.〕"라고 하였는데, 소주에서 쌍봉요씨(雙峯饒氏 요로(饒魯))는 "한가로이 거처할 때 불선한 짓을 하는 것은 스스로를 속이는 것〔自欺〕이고, 군자를 본 뒤에 불선을 가리는 것은 스스로 떳떳치 못해 불선한 것을 가리고 선함을 꾸미는 것이니 남을 속이는 것〔欺人〕이다. 스스로를 속이는 것과 남을 속이는 것은 서로 순환이 되니, 스스로를 속이는 것은 결국 남을 속이는 데에 이른다."라고 하였다.《大學章句大全 傳6章》
16 아랫글의……것입니다 :《대학》참고로 전(傳) 6장 1절에 보이는 '자기(自欺)'는 남을 속이는 내용인 6장 2절에 연결할 수 없다는 말로 보인다. 그런데 '불내타하(不奈他何)'는《대학장구대전》의 집주나 소주에는 보이지 않고,《주자어류》권16〈대학3(大學三) 전6장 석성의(傳六章釋誠意)〉에 세 군데 보이는데, 어느 것을 가리키는지 분명하지 않다.

이선장에게 답하다
答李善長

〈보망장(補亡章)〉의 전체(全體)와 대용(大用)[17]은 《대학혹문(大學或問)》〈전일장(傳一章)〉 조의 전체와 대용[18]과는 똑같지 않으니, 전자는 '명덕(明德)'의 체(體)와 용(用)을 가지고 말하였고 후자는 '지식(知識)'의 체와 용을 가지고 말하였습니다.

이 장의 소주(小註)에 보이는 진씨(陳氏 진력(陳櫟))의 설에 '전체(全體)'를 '뭇 이치를 갖추다.〔具衆理〕'라 하고 '대용(大用)'을 '만사에 응하다.〔應萬事〕'라 하였습니다. 이 때문에 '내 마음의 전체와 대용〔吾心之全體大用〕'을 '명덕의 전체와 대용〔明德之全體大用〕'이라 하는 것입니

17 보망장(補亡章)의 전체(全體)와 대용(大用) : 《대학장구》 전(傳) 5장 주자(朱子)의 〈보망장〉 중에 "힘쓰기를 오래 해서 하루아침에 활연히 관통함에 이르면, 모든 사물의 표리(表裏)와 정추(精粗)가 이르지 않음이 없을 것이고 내 마음의 전체(全體)와 대용(大用)이 밝지 않음이 없을 것이니, 이것을 '물격(物格)'이라 이르며 이것을 '지지지(知之至)'라 이른다."라는 내용에 보이는데, 소주에 진력(陳櫟)의 "'내 마음의 전체'는 바로 명덕(明德)을 해석한 것이니 《장구(章句)》에서 이른바 '여러 이치를 구비한 것〔具衆理〕'이며, '내 마음의 대용'은 바로 장구에서 이른바 '만사에 응하는 것〔應萬事〕'이다."라는 설이 실려있다. 《大學章句大全 傳5章》

18 대학혹문(大學或問)……대용 : 《대학장구》 전(傳) 1장에서 《서경》 〈태갑 상(太甲上)〉의 말을 인용하여 "하늘의 밝은 명을 돌아본다.〔顧諟天之明命.〕"라고 한 것에 대해, 《대학혹문》 〈전일장(傳一章)〉 조에서 주자가 "사람은 천지의 중(中)을 받아 태어난다. 그러므로 사람의 명덕(明德)은 다른 것이 아니라 바로 하늘이 나에게 명하여 지극한 선이 보존되어 있는 것이니, 그 전체와 대용이 일상생활하는 사이에 발현되지 않은 때가 없다.〔是其全體大用, 蓋無時而不發見於日用之間.〕"라고 말한 것을 이른다.

다. 이른바 "내 마음의 전체와 대용이 밝지 않음이 없다."라는 것은 '그칠 곳을 안다.〔知止〕'를 말한 것이니, 만약 이것을 가지고 "명덕의 전체와 대용이 밝지 않음이 없다."라고 한다면 '지지(知止)'는 다만 명덕 가운데의 한 가지 일인데 어찌 "명덕이 다 밝아졌다."라고 말할 수 있겠습니까.

격물(格物)과 치지(致知)는 명명덕(明明德)의 발단이 됨에 불과하고 성의(誠意), 정심(正心), 수신(修身)에 이르러야 명명덕의 실체를 다하는 것입니다. 그렇다면 여기에서 이른바 "밝지 않음이 없다."라는 것은 다만 지(知)가 밝지 않음이 없는 것이고, 덕이 밝지 않음이 없는 것을 말한 것이 아닙니다. 그렇다면 진씨가 이 전체와 대용을 가지고 명덕의 전체와 대용이라고 한 것이 어찌 잘못이 아니겠습니까. 미호(渼湖 김원행(金元行)) 선생이 진씨의 설을 잘못이라고 한 것[19]은 이 때문인 듯합니다.

혹자는 말하기를 "마음이 명덕이면 내 마음의 체와 용이 어찌 명덕의 체와 용이 아니겠는가."라고 하였는데, 여기에 대해 저는 다음과 같이 대답하였습니다.

> "그렇지 않다. 마음이 바로 명덕이나 이 장에 '오심(吾心)'의 '심(心)' 자는 바로 '지(知)' 자이다. 어째서인가? 물격(物格)과 지지(知至)에 지(知)와 물(物)을 매번 상대하여 말하였다. 이미 '여러 사물의 표리(表裏)와 정추(精粗)'라고 말했으면 마땅히 '내 지〔吾知〕의 전체와 대용'이라고 말해야 하는데, '지'라고 하거나 '심'이라고 하지 않은 것은, 지식은 마음에 소유한 것이므로 근본을 미루어 말한 것이다.

19 미호(渼湖)……것 : 출전이 자세하지 않다.

장(章) 첫머리에 '지' 자를 해석할 적에 이미 먼저 '마음의 신령스러움〔心之靈〕'을 말하였다. 그러므로 여기에서 또다시 '심' 자를 '지' 자로 대신하여 장 첫머리의 뜻에 응한 것이다. 주부자(朱夫子)가 전문(傳文)을 해석한 묘법(妙法)이 이와 같다."

혹자는 말하기를 "지식은 바로 '용(用)'의 한쪽이니, 또한 전체로 말할 수 있겠습니까?"라고 하기에, 제가 다음과 같이 말하였습니다.

"지식과 지각을 나누어 말하면 지식은 진실로 용(用)에 속하나 다만 지식상에서 말하면 지식 또한 체(體)와 용을 겸한다. 《대학혹문》에 '지' 자를 해석하기를 '여러 이치를 묘하게 운용하여 만물을 주재한다.〔妙衆理而宰萬物〕'라고 하였으니, '묘(妙)'는 바로 용이고 '재(宰)'는 바로 체이다. '묘' 자와 '체' 자를 가지고 보면 '명덕(明德)'의 '구(具)' 자와 '응(應)' 자가 구별이 있으니, 더욱더 진씨의 설이 잘못임을 볼 수 있다."

저는 일찍이 "명덕(明德)의 체와 용은 미발(未發)을 겸하여 말할 수가 있고, 오심(吾心)의 체와 용은 다만 이발(已發)을 따라 말했다."라고 생각하였으니, 이렇게 보는 것이 어떻겠습니까, 어떻겠습니까?

이선장에게 답함

答李善長

전체(全體)와 대용(大用)을 《대학장구》의 〈보망장〉과 《대학혹문》에서 가리킨 바가 똑같지 않음은, 제가 지난번 편지에서 이미 그 이유를 말하였는데, 어찌하여 이것이 바른 뜻이 아니라고 의심합니까? 명덕의 전체는 본래 미발(未發)을 겸하여 말한 것이고, 지식의 전체는 오직 이발(已發)을 가지고 말한 것인데, 이제 지식의 전체를 가지고 명덕의 전체와 같다고 하면 지식과 명덕이 분별이 없어지니, 어찌 옳겠습니까.

또 '체(體)'와 '용(用)'이란 명칭이 몇 가지 쓰임이 있습니다. 동(動)과 정(靜)을 가지고 체와 용을 삼은 경우가 있고, '드러난 것〔顯〕'과 '은미한 것〔微〕'을 가지고 체·용을 삼은 경우가 있고, '본(本)'과 '말(末)'을 가지고 체·용을 삼은 경우가 있고, '재료(材料)'와 '조작(造作)'을 가지고 체·용을 삼은 경우가 있으니, 어찌 '전체와 대용'이라는 글자가 똑같다 하여 동일한 뜻으로 볼 수 있겠습니까. 만약 "전체와 대용을 이미 명덕에서 말하였으니, 다른 곳에서 말한 전체와 대용도 반드시 명덕일 것이다."라고 한다면 아마도 한 가지에 집착한 것인 듯합니다. 만약 "내 마음이 바로 명덕이다.〔吾心是明德〕"라고 한다면 여기의 '심(心)' 자는 곧 '지(知)' 자이니, 어찌 미발(未發)의 마음과 이발(已發)의 마음을 겸하여 볼 수 있겠습니까. 그래서 저는 여기의 전체와 대용을 지식의 전체와 대용이라고 하는 것입니다.

고명(高明)의 뜻이 반드시 어떤 것이 전체이며 어떤 것이 대용인가를 듣고자 하신다면 위에서 이른바 "재료와 조작"이 여기에 해당합니다. 재료와 조작은 사물〔物〕이 다 그러하고 지식 또한 그러한데, 지식은 마음의 신명에서 나와서 천하 만물의 근본에 능히 통합하여〔統之〕 알지 못하는 것이 없으니, 이는 바로 재료입니다. 그리고 천하 만물의 이치에 대하여 운용해서〔運之〕 알지 못하는 바가 없는 것은 조작입니다. '통지(統之)' 자와 '운지(運之)' 자를 보면 체와 용의 구분을 알 수 있고, '전(全)'이라고 말하고 '대(大)'라고 말하는 것은 알지 못하는 바가 없기 때문입니다. 혹자는 의심하기를 "지식은 지각(知覺)이 아니니, 어찌 이것을 전체라고 합니까?" 하는데, 이것은 옳지 않습니다. 주부자(朱夫子)가 일찍이 말씀하기를 "격물(格物)은 세세하게 나누어 말한 것이고, 치지(致知)는 전체로 말한 것이다."[20]라고 하셨으니, 이것이 어찌 '지식(知識)'의 지(知)에 전체가 있는 것이 아니겠습니까.

《대학혹문》에서 혹자가 대인(大人)의 학문과 소자(小子)의 학문에 대해 묻자, 주자가 '경(敬)'에 대해 논한 곳에서 말씀하신 '총명함을 개발하며 덕을 진전시키고 학업을 닦는다.〔開發聰明 進德修業〕'[21]라는 여덟 글자는 명덕(明德)과 신민(新民)을 가지고 말한 것이고, 함양(涵養)을

20 격물(格物)은……것이다 : 이 내용은 《주자어류》 권15 〈대학2(大學二) 경하(經下)〉에 보인다.

21 총명함을……닦는다 : 《대학혹문》 〈경1장(經一章)〉 조에 "나는 '경(敬)' 한 글자가 성학(聖學)의 처음이자 끝이 되는 것이라고 들었다. 《소학》을 배우는 자가 이를 통하지 않는다면 진실로 본원을 함양하여 물 뿌리고 청소하며 응하고 대답하며 나아가고 물러나는 의절(儀節)과 저 육예(六藝)의 가르침을 삼가 행할 길이 없게 되고, 《대학》을 공부하는 자가 이를 통하지 않으면 또한 총명함을 개발하며 덕을 진전시키고 학업을 닦아서 저 명덕과 신민의 공을 이룩할 길이 없게 된다.〔爲大學者, 不由乎此, 亦無以開發聰明, 進德修業, 而致夫明德, 新民之功也.〕"라고 보인다.

가지고 말한 것이 아닙니다. 본원(本原)을 함양함을 이미 《소학》을 논한 곳에서 말하였으므로 여기서는 다시 말하지 않고 단지 명덕과 신민을 가지고 말하였으니, '개발총명(開發聰明)'이라고 말한 것은 격물(格物)·치지(致知)를 말한 것이고, '진덕(進德)'이라는 것은 성의(誠意)·정심(正心)·수신(修身)을 말한 것이고, '수업(修業)'이라는 것은 제가(齊家)·치국(治國)·평천하(平天下)를 말한 것입니다. 이는 명덕과 신민의 조목을 말한 것이고, 아래 구(句)의 '명덕신민(明德新民)' 네 글자는 강령을 말한 것이니, 어찌 뜻이 중첩되는 혐의가 있겠습니까. 하물며 명덕과 신민의 위에 '치(致)' 자가 있으므로 또 명덕과 신민의 '지지선(止至善)'을 말한 것이니, 더더욱 뜻이 중첩된다고 의심해서는 안 됩니다.

문 '여러 이치를 묘하게 운용하여 만물을 주재함〔妙衆理宰萬物〕'[22]
답 《대학혹문》의 이 단락은, 수장(首章)의 《대학장구》의 '구(具)' 자를 바꾸어 '묘(妙)' 자로 만들고 '응(應)' 자를 바꾸어 '재(宰)' 자로 만들었는데,[23] 이는 서로 바꾸어서 하나는 먼저 체(體 구중리(具衆理))를

22 여러……주재함 : 《대학혹문》 〈경1장(經一章)〉 조에 "'지(知)'는 마음의 신명이니, 여러 이치를 묘하게 운용하여 만물을 주재하는 것이다.〔若夫知, 則心之神明, 妙衆理而宰萬物者也.〕"라고 보인다.

23 대학장구(大學章句)의……만들었는데 : 《대학장구》 경1장 '재명명덕(在明明德)' 조의 주에 "명덕은 사람이 하늘에서 얻은 것으로, 허령(虛靈)하고 어둡지 않아서 여러 이치를 갖추고 만사에 응하는 것이다.〔明德者, 人之所得乎天而虛靈不昧, 以具衆理而應萬事者也.〕 다만 기품에 구애된 바와 인욕에 가리운 바가 되면 때로 어두울 때가 있으나, 그 본체의 밝음은 일찍이 쉬지 않는다. 그러므로 배우는 자가 마땅히 그 발하는 바를 인하여 마침내 밝혀서 그 처음을 회복하여야 하는 것이다."라고 한 곳의 '구(具)'

말하고 뒤에 용(用 응만사(應萬事))을 말하고, 하나는 먼저 용(用 묘중리(妙衆理))을 말하고 뒤에 체(體 재만물(宰萬物))를 말한 것입니다. 그런데 '재(宰)'가 비록 '재제(宰制)'의 재이나, 주부자(朱夫子)가 일찍이 이 '재' 자를 논하여 "'주(主)'가 바로 재(宰)이고 '재(宰)'가 바로 제(制)이다."[24]라고 하셨으니, 마땅히 주재(主宰)의 뜻으로 보아야 합니다. 주재의 뜻으로 보면 '만물을 주재함〔宰萬物〕'이 어찌 체(體)가 아니겠습니까. 앞의 말에 대한 근거는, 수장(首章) 제4절의 소주(小註)에 실린 운봉 호씨(雲峰胡氏)의 설에 "묘하게 함이 있으면 그 용이 행해지고, 주재하게 함이 있으면 그 체가 확립된다.〔有以妙之 則其用行 有以宰之 則其體立〕"라고 한 것이니, 저는 일찍이 이 말을 채용하였습니다.

자와 '응(應)' 자를 두고 한 말이다.

24 주(主)가……제(制)이다 : 이 내용은 《대학혹문》 〈경1장(經一章)〉 조에 보인다.

이선장에게 답함

答李善長

'기질이 서로 운행한다.〔氣質交運〕'[25]는 말은 하늘의 기(氣)와 땅의 질(質)을 가지고 말하면 "천지의 기가 서로 운행한다.〔天地之氣交運〕"라는 말과 같으니, 질(質)이 '형질(形質)'의 질이 아니면 '운(運)'이라고 말하는 것도 무방할 듯합니다. '강(剛)'과 '유(柔)'에 대해서는 주자의 설에 음양(陰陽)의 덕(德)[26]이라고 하였으니, 이 뜻으로 보는 것이 좋겠습니다.

25 기질이 서로 운행한다 : 이 내용은 염계(濂溪) 주돈이(周敦頤)의 《태극도설(太極圖說)》에서 "오직 사람만이 빼어난 기운을 얻어 가장 영특하다."라고 하였는데, 주자(朱子)가 《태극도설해의(太極圖說解義)》에서 이에 대해 "사람과 물건〔동물이나 식물〕이 태어남에 태극의 도가 있지 않음이 없다. 그러나 음양·오행은 기질이 서로 운행하는데,〔然陰陽五行, 氣質交運〕 사람이 품부 받은 것이 홀로 빼어난 기운을 얻었다."라고 한 데에 보인다.

26 음양(陰陽)의 덕(德) : 《주자대전》 권76 〈금화반공문집서(金華潘公文集序)〉에 "양의 덕은 강하고 음의 덕은 유하다.〔陽之德剛, 陰之德柔.〕"라고 보인다.

이선장에게 답함

答李善長

문 〈정심(正心)〉 장의 네 가지[27]는 바로 마음의 용(用)인데 '분치(忿懥)'와 '호요(好樂)'는 의(義)·예(禮)·인(仁)에 나누어 소속시킬 수 있으나 '우환(憂患)'의 경우는 어느 쪽에 속합니까?

답 '우환'은 인(仁)에 속할 듯합니다. '기뻐함〔喜〕'과 '슬퍼함〔哀〕'이 모두 인(仁)에 속하니, '우환'은 바로 슬퍼함의 종류입니다. 《논어》〈관저(關雎)〉 장의 주에 '애(哀)'를 '우(憂)'라 하였으니,[28] 여기에서 볼 수 있습니다.

문 〈평천하(平天下)〉 장[29]에 "재화를 생산하는 데 큰 방도가 있다.〔生財有大道〕…인자는 재물로 몸을 일으킨다.〔仁者以財發身〕 운운"이라고 하였는데, '재화를 생산하는 방도〔生財之道〕'는 본업〔농업〕에 힘쓰고 씀씀이를 절약하는 데 있는데, 그 아래에 곧바로 '재물로 몸을 일으

27 정심(正心) 장의 네 가지 : 〈정심〉 장은 《대학장구》 전(傳) 7장이고, '네 가지'는 이른바 '사유(四有)'라는 것으로, 마음이 올바름을 얻지 못하는 네 가지 원인인 '노여움〔忿懥〕', '두려움〔恐懼〕', '좋아함〔好樂〕', '근심〔憂患〕'을 가리킨다.

28 논어……하였으니 : '《논어》〈관저(關雎)〉 장'은 "공자께서 말씀하셨다. '《시경》의 〈관저〉는 즐거우면서도 지나치지 않고, 슬프면서도 화(和)를 해치지 않는다.〔子曰: 關雎, 樂而不淫, 哀而不傷.〕"라고 한 《논어》〈팔일(八佾)〉 제20장이고, '애(哀)'를 '우(憂)'라고 해석한 것은 주자의 《집주》에 보인다.

29 평천하(平天下) 장 : 《대학》 전(傳) 10장을 가리킨다.

킨다.'라고 말하였으니, 이는 본업에 힘쓰고 씀씀이를 절약하는 것도 재물로 몸을 일으키는 방도가 되는 것입니까?

답 '본업에 힘쓰고 씀씀이를 절약함'은 재화를 생산하는 방도이고 '재물로 몸을 일으킴'은 재화를 생산한 효험이니, 비록 '생재유대도(生財有大道)'의 아래에 곧 '이재발신(以財發身)'이라고 말하였으나, 본업에 힘쓰고 씀씀이를 절약하는 것을 재물로 몸을 일으키는 방도로 삼은 것이 아닙니다. '재화를 생산하는 데 방도가 있다.〔生財有道〕'는 실로 '군자가 먼저 덕을 삼간다.〔君子先愼乎德〕'라는 절(節)[30]의 '땅이 있으면 이 재물이 있다.〔有土此有財〕'라는 것에 응하고, '재물로 몸을 일으킨다.〔以財發身〕'는 것도 이 절의 '재물이 모이면 백성이 흩어진다.〔財聚則民散〕'라는 것에 응합니다. 그러므로 이와 같이 서로 접속되어 있는 것입니다.

문 정자(程子)와 상채(上蔡 사양좌(謝良佐))와 화정(和靖 윤돈(尹焞))이 '경(敬)'을 말씀한 곳에 '한 가지를 주장하여 다른 곳으로 가지 않음〔主一無適〕'[31]이라 하고 '정제엄숙(整齊嚴肅)'[32]이라 하고 '성성법(惺惺法

30 군자가……절 : 《대학》 전(傳) 10장에 포함된 절을 가리킨다.

31 한 가지를……않음 : '마음을 전일(專一)하게 가져서 이리저리 옮기지 않는다.'라는 뜻으로, 이천 정이가 "마음을 전일하게 가지는 것이 '경(敬)'이고 이리저리 옮기지 않는 것이 '일(一)'이다.〔主一之謂敬, 無適之謂一.〕"라고 하였다. 《近思錄 卷4 存養》

32 정제엄숙(整齊嚴肅) : 몸가짐을 단정하고 엄숙히 하는 것을 이르는바, 이천 정이가 "다만 외면을 정제하고 엄숙히 하면 마음이 곧 전일해지니, 전일해지면 저절로 사악함이 침범하는 일이 없게 된다.〔只整齊嚴肅, 則心便一, 一則自無非辟之干.〕"라고 하였다. 《近思錄 卷4 存養》

)'[33]이라 하고 '수렴(收斂)하는 것'[34]이라 하였는데, 주자(朱子)는 일찍이 "굳이 내(內)와 외(外)를 나눌 필요가 없고, 다 똑같은 것이다."[35]라고 하셨습니다. 그러나 지금 상고해 보면 약간 똑같지 않음이 있는 듯하니, 어찌 제가 믿지 못하는 것이 아니겠습니까.

답 '정제엄숙(整齊嚴肅)'과 '주일무적(主一無適)'은 비록 내(內)와 외(外)의 구분이 있는 듯하나 정자(程子)가 "다만 외면을 정제하고 엄숙히 하면 마음이 곧 전일해진다."라고 하셨으니, 외면이 정제하지 않고서 마음이 능히 수렴되는 자는 있지 않습니다. '성성(惺惺)'이라는 것은 내와 외가 일치하는 것이므로 주자(朱子)가 "다 똑같은 것이다."라고 말씀한 것입니다.[36] 그러나 정자(程子)의 말씀은 겉〔表〕과 속〔裏〕가 서로 길러지는 것을 골고루 말씀하였으니, 사씨(謝氏)와 윤씨(尹氏)의 설에 비하여 더욱 치밀합니다.

33 성성법(惺惺法) : '성성(惺惺)'은 마음이 혼매하지 않고 밝게 깨어 있음을 이르는 것으로, 상채(上蔡) 사양좌(謝良佐)가 "경은 항상 성성하게 하는 법이다.〔敬, 是常惺惺法.〕"라고 하였다. 《心經附註 卷1》

34 수렴(收斂)하는 것 : 화정(和靖) 윤돈(尹焞)이 "'경'은 마음을 수렴하여 한 물건도 용납하지 않는 것을 말한다.〔敬者, 其心收斂, 不容一物之謂.〕"라고 하였다. 《心經附註 卷1》

35 굳이……것이다 : 《주자어류》에 혹자가 《대학》의 '경(敬)'을 논할 때 인용한 여러 설에 내(內)와 외(外)의 구분이 있는지를 묻자, 주자가 "굳이 내와 외로 구분할 필요가 없고 다 똑같을 뿐이니, 단지 이렇게 행하는 것이 '경(敬)'이다.〔不必分內外, 都只一般, 只恁行着都是敬.〕"라고 한 것을 가리킨다. 《朱子語類 卷17 大學四 或問上 經一章》

36 성성(惺惺)이라는……것입니다 :주자의 말은 '경(敬)'에 대해 언급하면서 했던 말인데, 사양좌(謝良佐)가 "'경'은 늘 마음이 깨어 있게 하는 방법이다.〔敬是常惺惺法.〕"라고 한 것과 연결되기 때문에 박윤원이 이렇게 인용한 것이다.

이선장의 〈홍범〉에 대한 문목에 답함

答李善長洪範問目

문 진씨(陳氏)[37]는 '초일(初一)'의 일(一)을 점수(點數)라 하고[38] '일오행(一五行)'의 일(一)을 차제(次第)라 하였으니,[39] 이것이 과연 옳습니까? 저의 생각에는 모두 점수(點數)로 말하였고 그 안에 자연스럽게 차제(次第)의 뜻을 내포하고 있으니, 위아래의 글 사이에 어찌 차별이 있겠습니까. 다만 '일왈(一曰)'·'이왈(二曰)'의 일(一)·이(二)만은 차제(次第)로 보는 것이 옳을 듯합니다.

답 진씨의 설을 그르다고 할 수가 없습니다. 주자의 말씀 또한 이와

37 진씨(陳氏) : 《서집전찬소(書集傳纂疏)》를 지은 진력(陳櫟, 1252~1334)으로 보이는데, 인용한 내용은 《서집전찬소》에 보이지 않는다.

38 초일(初一)의……하고 : '초일'은 《서경》 〈홍범〉 제4장에 "첫 번째는 오행이고, 다음 두 번째는 공경하되 오사로써 함이고, 다음 세 번째는 농사에 팔정을 씀이고, 다음 네 번째는 합함을 오기로써 함이고, 다음 다섯 번째는 세움을 황극으로써 함이고, 다음 여섯 번째는 다스림을 삼덕으로써 함이고, 다음 일곱 번째는 밝힘을 계의로써 함이고, 다음 여덟 번째는 상고함을 서징으로써 함이고, 다음 아홉 번째는 향함을 오복으로써 하고 위엄을 보임을 육극(六極)으로써 하는 것이다.〔初一曰五行, 次二曰敬用五事, 次三曰農用八政, 次四曰協用五紀, 次五曰建用皇極, 次六曰乂用三德, 次七曰明用稽疑, 次八曰念用庶徵, 次九曰嚮用五福, 威用六極.〕"라고 보이는데, 진씨는 여기의 '일(一)'을 순서상 '첫째'의 의미가 아니라 '여러 가지 중 하나'라는 뜻의 '점수(點數)'로 보았다는 말이다.

39 일오행(一五行)의……하였으니 : 《서경》 〈홍범〉 제5장에 "첫 번째 오행은 첫 번째는 수이고, 두 번째는 화이고, 세 번째는 목이고, 네 번째는 금이고, 다섯 번째는 토이다.〔一五行, 一曰水, 二曰火, 三曰木, 四曰金, 五曰土.〕"라고 보인다.

같은 것이 있으니, "'일오행'은 '차제'의 말이니, 앞장과 다르다. 뒤도 이와 같다.〔一五行者 次第之辭 與前章異 後倣此〕"[40]라고 말한 것은, 아마도 앞 장의 '초일(初一)'을 점수(點數)라 하고 뒤 장의 '일오행'을 차서(次序)라 한 것이 아니겠습니까. 9가지 강령을 총괄하여 말한 위 장〔제4장〕에서 이미 '점수'로 말하였으면 9가지 조목을 나누어 말한 이 장〔제5장〕 이하에서 굳이 또 점수를 말할 필요가 없습니다. 다만 위 장〔제4장〕의 '초(初)' 자와 '차(次)' 자를 이어서 별도로 차서가 있으니, 여기에서는 마땅히 '인하여 차례한다.〔因而第之〕'는 뜻을 중하게 여겨야 합니다.

위아래의 글자의 뜻에 차별을 두는 것이 어찌 나쁘겠습니까. 반드시 차별이 없는 것으로 보고자 하면 뜻이 국한되고 정체될 듯합니다. 또 '초일(初一)'의 일(一)에 이미 '초(初)' 자를 그 위에 놓았으면 이 '일(一)' 자는 완전히 점수(點數)이니, 만약 이 안에 차제(次第)의 뜻이 내포되었다고 하면 또한 중첩될 듯합니다.

문 '공(恭)·종(從)·명(明)·총(聰)·예(睿)'는 오사(五事)의 덕(德)이고, '숙(肅)·예(乂)·철(哲)·모(謀)·성(聖)'은 오덕(五德)의 용(用)인데,[41] 덕(德)과 용(用)의 구분이 분명하지 못하니, 다시 자세히

40 일오행은……같다 : 이 내용은 《서전대전(書傳大全)》 〈홍범〉 제5장의 소주(小註)에 보인다.

41 공(恭)……용(用)인데 : 《서경》 〈홍범〉 제6장에 "두 번째 오사는, 첫 번째는 용모이고, 두 번째는 말이고, 세 번째는 봄이고, 네 번째는 들음이고, 다섯 번째는 생각함이다. 용모는 공손하고, 말은 순종하고, 봄은 밝고, 들음은 귀밝고, 생각함은 지혜롭다. 공손함은 엄숙함을 만들고, 순종함은 다스림을 만들고, 밝음은 지혜를 만들고, 귀밝음

가르쳐 주시기 바랍니다.

답 공손한〔恭〕 뒤에 엄숙한〔肅〕 것이지 엄숙한 뒤에 공손한 것이 아니니, 어찌 공손함이 덕(德)이 되고 엄숙함이 용(用)이 되는 것이 아니겠습니까. 일은 순(順)히 한 뒤에 다스려지니, '예(乂)'가 어찌 '종(從)'의 용(用)이 아니겠습니까. 먼 곳을 밝게〔明〕 본다면 빠짐없이 골고루 알 것〔哲〕이고, 덕을 밝게〔聽〕 듣는다면 잘 살펴 헤아릴 것〔謀〕이니, 이는 '철(哲)'이 '명(明)'의 용(用)이 되고 '모(謀)'가 '총(聽)'의 용(用)이 되는 것입니다. 생각하여 곧바로 통하면〔睿〕 성(聖)스러워 통하지 않음이 없게 되니, 또한 '성(聖)'이 '예(睿)'의 용(用)이 됨을 볼 수 있습니다. 이것을 가지고 말하면 경계(境界)를 알 수 있으니, 어찌 분명하지 않다고 말하겠습니까.

문 '천자의 아름다운 광채를 가까이 한다.〔近天子之光〕'[42]의 '근(近)'

은 헤아림을 만들고, 지혜로움은 성스러움을 만든다.〔二五事, 一曰貌, 二曰言, 三曰視, 四曰聽, 五曰思. 貌曰恭, 言曰從, 視曰明, 聽曰聰, 思曰睿. 恭作肅, 從作乂, 明作哲, 聰作謀, 睿作聖.〕"라고 하였는데, 채침(蔡沈)의 주에 "공(恭)·종(從)·명(明)·총(聰)·예(睿)는 오사(五事)의 덕(德)이니, 공은 공경함이고, 종은 순종함이고, 명은 보지 못함이 없는 것이고, 총은 듣지 못함이 없는 것이고, 예는 은미한 것에 통하는 것이다. 숙(肅)·예(乂)·철(哲)·모(謀)·성(聖)은 오덕(五德)의 용(用)이니, 숙은 엄정(嚴正)함이고, 예는 조리(條理)이고, 철은 지혜이고, 모는 헤아림이고, 성은 통하지 않음이 없는 것이다."라고 하였다.
'오덕의 용〔五德之用〕'은 저본에 '오사의 용〔五事之用〕'으로 되어있는데, 채침의 주에 의거하여 바로잡아 번역하였다.

42 천자의……한다 : 이 내용은 《서경》 〈홍범〉 제16장에 "무릇 서민들이 극(極)으로 부연한 말을 교훈으로 삼고 행하면, 천자의 아름다운 광채를 가까이하여 말하기를 '천자가 백성의 부모가 되시어 천하의 왕이 된다.' 할 것이다.〔凡厥庶民極之敷言, 是訓是行,

자를 진씨(陳氏)는 "'성은 서로 비슷하다.〔性相近〕'의 근(近)과 같다." 라고 하였는데,[43] 이 설은 정도가 너무 지나친 듯합니다. 친근(親近)의 뜻으로 보는 것이 좋을 듯합니다.

답 진씨의 설이 잘못됨은 유겸산(兪兼山)이 이미 말하였습니다.[44] 그 아랫글의 "백성의 부모가 된다.〔作民父母〕"는 것을 가지고 친근(親近)의 증거로 삼았으니, 더욱 명백합니다.

문 '낙역불속(絡驛不屬)'[45]의 '불(不)' 자의 경우, 추계우(鄒季友)가 "후인(後人)이 전사(傳寫)할 적에 잘못하여 '하(下)' 자를 '불(不)' 자로

以近天子之光, 曰: 天子作民父母, 以爲天下王.〕"라고 보인다.

43 진씨(陳氏)는……하였는데 : '성상근(性相近)'은 《논어》 〈양화(陽貨)〉의 "성은 서로 비슷하나, 습관에 따라 서로 멀어진다.〔性相近也, 習相遠也.〕"라는 공자의 말씀으로, 《서전대전(書傳大全)》 〈홍범〉 제16장의 소주에 "진씨 아언(陳氏雅言)이 말하였다. '「근(近)」은 「친근(親近)」의 「근(近)」이 아니라 바로 「성은 서로 비슷하다.〔性相近〕」의 「근(近)」이다.'"라고 보인다. 진아언(陳雅言, 1318~1385)은 원말명초(元末明初)의 학자이다.

44 진씨의……말하였습니다 : 겸산(兼山)은 유숙기(兪肅基, 1696~1752)의 호로, 그가 진씨의 설이 잘못되었다고 한 것은 《겸산집》 권20 〈차의(箚疑) 서전(書傳) 상경(上經)〉에 보인다. 유숙기는 자가 자공(子恭), 본관이 기계(杞溪)로, 삼연(三淵) 김창흡(金昌翕)의 문인이다.

45 낙역불속(絡驛不屬) : '역(驛)' 자가 저본에는 '역(繹)'으로 되어있는데, 옛날에 통용했다는 설이 있으나, 《서경집전(書經集傳)》의 원문에 의거하여 수정하였다. 박윤원의 답글에도 이와 같이 되어있는데, 모두 수정하였다.
《서경》 〈홍범〉 제21장의 다섯 가지 복조(卜兆)인 우(雨)·제(霽)·몽(蒙)·역(驛)·극(克) 가운데 '역(驛)'에 대해 채침의 《집전》에서 "'역'은 이어지지 않음을 잇는 것이다.〔驛者, 絡驛不屬.〕"라고 말한 구절을 이른다.

쓴 것이다."라고 하였는데,[46] 지금 국가의 시험에서 '불(不)' 자를 '상(相)' 자로 읽으니, 무엇을 근거한 것인지 모르겠습니다.

답 '낙역불속'에 대해서는, 저는 일찍이 "이어지지 않음을 잇는다.〔絡驛其不續〕"라고 생각하였으니, 이는 "물건이 연속되지 않는 것을 계속함〔物之不連續者 繼續之〕"을 말한 것입니다. 중간에 '기(其)' 자를 놓은 뒤에야 말이 비로소 통하니, 이와 같이 보는 것이 좋을 듯합니다.

추씨(鄒氏)의 설에 '하(下)'를 '불(不)'이라고 한 것이 반드시 옳은지는 확실히 알 수 없고, 국가의 시험에 '불(不)'을 '상(相)' 자로 읽는 것도 무엇을 근거한 것인지 알 수 없습니다.

문 '항우약(恒雨若)'[47]에 대해, 혹자가 말하기를 "단비〔時雨〕에는 진실

46 추계우(鄒季友)가……하였는데 : 채침의 '낙역불속(絡驛不屬)'에 대해 말한 것은 자세하지 않고, 청나라 주학령(朱鶴齡, 1606~ 1683)의 《상서비전(尙書埤傳)》에 추계우가 "《사기색은(史記索隱)》에서 공안국(孔安國) 전(傳)의 '낙역하연속(絡繹下連續)'을 인용하고서 '이것은 눈물이 계속 나오는 모양이다.' 하였다.〔索隱引孔傳絡繹下連續, 是涕泣相連之狀.〕"라고 하고서 이렇게 말한 것이 실려있다. 추계우가 《사기색은》의 말을 인용한 것은, 《상서정의(尙書精義)》의 공안국 전에 '낙역불연속(絡驛不連屬)'이라고 되어 있는 것이 원래는 '낙역하연속(絡驛下連屬)'으로 되어 있던 것을 후대 사람이 전사(傳寫)를 잘못한 것임을 증명하기 위해서이다.

47 항우약(恒雨若) : 《서경》 〈홍범〉 제34장에 "아름다운 징조는 임금이 엄숙함에 제때 비가 내리며, 조리가 있음에 제때 날이 개며, 지혜로움에 제때 날이 따뜻하며, 헤아림에 제때 날이 추우며, 성스러움에 제때 바람이 부는 것이다. 나쁜 징조는 미친 짓을 함에 항상 비가 내리며, 참람한 짓을 함에 항상 볕이 나며, 게으름에 항상 날씨가 더우며, 급박함에 항상 날씨가 추우며, 몽매함에 항상 바람이 부는 것이다.〔曰休徵: 曰肅, 時雨若; 曰乂, 時暘若; 曰哲, 時燠若; 曰謀, 時寒若; 曰聖, 時風若. 曰咎徵: 曰狂, 恒雨若; 曰僭, 恒暘若; 曰豫, 恒燠若; 曰急, 恒寒若; 曰蒙; 恒風若.〕"라고 보인다.

로 약(若)이라는 말을 할 수 있지만 '항상 내리는 비〔恒雨〕'도 약(若)이라고 칭한 것은 어째서인가? 약(若)은 순(順)함이니, 좋은 징조와 나쁜 징조가 각각 유(類)에 따라 서로 응함은 또한 자연스러운 이치이므로 '이와 같다.〔若是〕'고 말한 것이다."라고 하였습니다.

답 '항우(恒雨)'는 바로 상서롭지 못한 기(氣)로 죄과에 대한 응보이니, '약(若)'을 순(順)이라고 하는 것은 명칭과 뜻이 합당하지 않습니다. 또 아름다운 징조 다섯 가지의 '시(時)'에 붙은 '약(若)' 자와 함께 똑같은 의미의 '약(若)' 자이면 또한 틀림없이 다른 뜻이 없을 것입니다. 다섯 가지의 '시(時)'와 다섯 가지의 '항(恒)'을 막론하고 '약(若)' 자는 모두 이와 같음을 말한 것이니, 바로 '각각 유(類)에 따라 응한다.〔各以類應之〕'[48]의 유(類)의 뜻입니다. '숙(肅)·예(乂)·철(哲)·모(謀)·성(聖)'의 덕(德)이 있으면 다섯 가지의 '시(時)'의 아름다운 징조가 이와 같게 되고, '미치고 참람하고 즐기고 급하고 몽매함〔狂僭豫急蒙〕'의 잘못이 있으면 다섯 가지의 '항(恒)'의 나쁜 징조가 이와 같게 됩니다. 저는 일찍이 이렇게 보았으나 다만 전(前) 시대의 사람 중에 이것을 말한 분이 없으니, 어떨지 모르겠습니다.

48 각각……응한다 : 이 내용은 《서경》 〈홍범〉 제34장에 대한 채침의 《집전》에 "하늘에 있으면 오행이 되고, 사람에게 있으면 오사가 되니, 오사가 갖추어지면 아름다운 징조가 각각 유(類)에 따라 응하고, 오사가 잘못되면 나쁜 징조가 각기 유(類)에 따라 응하니, 이는 자연의 이치이다.〔在天爲五行, 在人爲五事, 五事備, 則休徵各以類應之, 五事失, 則咎徵各以類應之, 自然之理也.〕"라고 보인다.

이선장에게 답함

答李善長

〈홍범(洪範)〉의 '약(若)' 자의 뜻에 대해 어리석은 저의 견해를 고집하여 지키고자 하는 것이 아니고, 다만 비록 '여(如)' 자처럼 보더라도 자연(自然)의 이치가 절로 각각 유(類)에 따라 응하는 가운데에 들어 있으니, 하필 '순(順)' 자로 본 뒤에야 자연의 이치를 볼 수 있겠습니까.

이선장에게 답함
答李善長

퇴계(退溪)의 '존양(存養)'에 대한 설[49]은 저 또한 일찍이 의심하였습니다. 함양(涵養)이 동(動)과 정(靜)을 겸한다면 존양 또한 마땅히 동·정을 겸해야 하니, 굳이 나누어 둘로 삼을 필요가 없을 듯합니다. 또 '존양' 두 글자가 실로 맹자(孟子)의 "마음을 보존하여 성(性)을 기른다.〔存心養性〕"라는 가르침을 근거로 삼으니, 《맹자》의 본문에는 오로지 정(靜)만 가지고 말씀하지 않은 듯합니다. 그러나 우옹(尤翁 송시열)은 퇴계의 말씀을 따라서 "섭평암(葉平巖)이 《근사록(近思錄)》 편제(篇題)에서 함양과 존양을 함께 말한 것은 잘못이다."[50]라고 하셨는데, 과연 어떨지 모르겠습니다.

49 퇴계(退溪)의……설 : 퇴계 이황(李滉)이 "존양을 성찰에 대응하여 말할 때에는 동과 정을 나누어 두 가지 일로 다루었고, 함양만을 말할 때는 동과 정을 겸하여 말한 것이 많았다.〔若言存養以對省察, 則分動靜, 爲兩段事, 若只言涵養, 則兼動靜說處多矣.〕"라고 한 말을 가리킨다. 《退溪集 卷40 答李叔獻問目》

50 섭평암(葉平巖)이……잘못이다 : 평암은 남송(南宋)의 학자인 섭채(葉采)의 호로, 송시열의 말은 《송자대전(宋子大全)》 권90 〈이여구에게 줌【임자년 정월 29일】〔與李汝九【壬子正月二十九日】〕〉에 보인다. 섭채는 《근사록》에 대한 최초의 주석서인 《근사록집해(近思錄集解)》를 저술하였는데, 송시열이 이렇게 말한 것은 섭채가 《근사록》 제4권에서 "이 권은 존양(存養 존심양성(存心養性))을 논하였다. 궁리(窮理)와 격물(格物)이 비록 지극하더라도 함양(涵養) 공부가 부족하면 지식이 장차 날로 어두워질 것이니, 또한 무엇으로 역행(力行)의 바탕을 삼겠는가. 그러므로 존양의 공부는 실로 지(知)와 행(行)을 관통하는 것이어서 이 권을 엮어 지와 행 두 가지 사이에 나열한 것이다."라고 해설하였기 때문이다.

이선장에게 답함
答李善長

남의 양자가 된 자는 본생(本生)의 외당(外黨 외가 친족)에 대하여 한 등급을 강복(降服)한다는 내용이 《의례문해(疑禮問解)》에 있으니, 《상례비요(喪禮備要)》에는 비록 이것을 말하지 않았으나, 본친(本親 본가 친족)을 위하여 모두 한 등급을 강등한다는 내용 안에 다 포함될 듯합니다. '외친(外親)이 두 계통이 없음'[51]은 정씨(鄭氏 정현(鄭玄))의 설이 있으니, 어찌 강복하지 않을 수 있겠습니까.

혹자가 "외조는 강복하고 외숙(外叔)은 강복하지 않는다.〔降外祖而不降舅〕"라고 말한 경우는 매우 의의(意義)가 없으니, 괴이합니다. '외친은 출계(出繼)나 입계(入繼)에 따라 강복함이 없다.'라는 것은 출계한 자를 가리킨 것이 아니니, "외친은 남에게 시집가도 강복하지 않는다."라는 글과 똑같은 뜻인 듯합니다. 어떠합니까?

51 외친(外親)이……없음 : 이 내용은 《예기》 〈복문(服問)〉의 "어머니가 쫓겨났으면 계모(繼母)의 당(黨)을 위하여 복을 입고, 자기 어머니가 죽으면 어머니의 당(黨 외가 친족)을 위하여 복을 입으니, 어머니의 당을 위하여 복을 입었으면 계모의 당을 위해서는 복을 입지 않는다.〔母出, 則爲繼母之黨服; 母死, 則爲其母之黨服. 爲其母之黨服, 則不爲繼母之黨服.〕"라는 것에 대한 정현(鄭玄)의 주에 보인다. 《禮記正義》

이선장에게 답함
答李善長

말씀하신바 "묘(墓)가 불탔을 경우의 예절"은 달리 근거할 만한 것이 없으나, 《춘추좌씨전》에 "새로운 사당이 불타자 3일을 곡했다.〔新宮焚三日哭〕"[52]라는 것과 똑같은 예(例)일 듯하니, 소복을 입고 곡을 하고 절을 하고 사당에 고유하는 것이 마땅할 듯합니다.

52 새로운……곡했다 : 이 내용은 《춘추좌씨전》 성공(成公) 3년에 보인다.

이선장에게 답함

答李善長

문　3대의 적장손(嫡長孫)이 장상(長殤)으로 죽었으면 그 아버지가 마땅히 강복(降服)하여 기년복을 입어야 합니까? 대공복을 입어야 합니까?

답　"장자(長子)로서 마땅히 삼년복을 입어야 할 자가 장상으로 죽었으면 기년으로 강복한다."라는 것이 비록 여헌(旅軒)의 말씀에 있으나,[53] 《상례비요》의 '상상(殤喪)' 조의 소주를 상고해 보면 고례(古禮)의 소(疏)의 설을 인용하여 "적장자(嫡長子)가 만약 성인(成人)이 되었으면 마땅히 참최 삼년복을 입어야 하고, 상(殤)으로 죽었으면 곡식이 아직 익지 않은 것과 같으니, 마땅히 '상(殤)의 대공(大功)' 조에 들어가야 한다. 운운"이라고 하였으니, 마땅히 소(疏)의 설을 바른 것으로 삼아야 합니다.

문　상상(殤喪)에 옛날에는 신주(神主)를 세우지 않았고, 우제(虞祭)를 지내고 나서는 영좌(靈座)를 철거하였는데, 정자(程子)와 주자(朱子) 이후로 8세 이상은 모두 신주를 세우니, 그 영좌를 고례(古禮)를 따라 우제를 지낸 뒤에 즉시 철거합니까? 복(服)의 원근(遠近)을 따라 설치해 둡니까?

53 장자(長子)로서……있으나 : 여헌(旅軒)은 장현광(張顯光, 1554~1637)의 호로, 인용한 내용은 《여헌집》 권5 〈권혁에게 답함〔答權赫〕〉에 보인다.

답 상상(殤喪)에 모두 신주를 세움은 이미 고례와 똑같지 않으니, 우제를 지낸 뒤에 영좌를 철거할 수가 없습니다. 그러므로 신재(愼齋 김집(金集)) 선생은 "마땅히 복이 다하기를 기다려야 한다."라고 말씀하셨으니, 이 말씀을 따르는 것이 마땅합니다.

이선장에게 답함

答李善長

문 아내의 상을 당한 자는 아버지가 생존해 계시기 때문에 담제(禫祭)를 지내지 못합니다. 그러나 만약 자식이 있으면 할아버지는 손자에게 압존(壓尊)이 되지 않으니, 만약 손자를 위해서 담제를 지낸다면 이것은 자식을 위하여 담제를 행하는 것입니다. 만약 행하지 않으면 그 자식 또한 상장(喪杖)을 짚지 않고 기년복을 입으니, 어머니를 위하여 상장을 짚지 않고 기년복을 입는 것이 어디에 있습니까?

답 아내의 상에 아버지가 생존해 계시면 상장을 짚지 않고 담제를 지내지 않으나 그 자식이 있으면 자식은 본래 마땅히 담제가 있어야 합니다. 그런데 할아버지가 손자를 위하여 담제를 주장함을, 마땅히 '대공복을 입어야 하는 자가 남의 상을 주관할 적에 삼년복을 입어야 하는 자가 있으면 그를 위하여 소상과 대상 두 제사를 지낸다.〔大功者主人之喪, 有三年者, 爲之再祭.〕'[54]라는 예(例)처럼 해야 합니다. 손자를 위하여 담제를 행하는가 자식을 위하여 담제를 행하는가를 막론하고 모두 해로울 것이 없으니, 어머니의 상에 어찌 상장(喪杖)을 짚지 않고 기년복을 입는 이치가 있겠습니까. 상장을 짚고 담제를 지내지 않는 것도 잘못이니, 담제를 행함에 의심할 만한 것이 없을 듯합니다.

54 대공복을……지낸다 : 이 내용은 《예기》 〈상복소기(喪服小記)〉에 보인다.

이선장에게 줌

與李善長

송별한 뒤에 긴 여름이 다 지나갔으나 아직 편지를 한 번도 보내지 못했던 것은 감히 먼저 문안 편지를 보내주기를 기다려서가 아니고, 제가 병으로 나태해졌기 때문이었습니다. 그립고 그리운 생각이 어찌 일찍이 조금이라도 해이해진 적이 있었겠습니까. 궁금합니다. 부임하신 이래로 도(道)를 공부하고 정무(政務)를 보시는 체후(體候)가 계속 만안(萬安)하셨습니까? 귀현(貴縣)의 풍토와 풍속이 참으로 어떠합니까? 3개월 뒤에 정사를 보고할 적[55]에 과연 규모를 세울 수 있겠습니까?

유자(儒者)의 다스림은 본래 재지(才智)가 용렬한 관리와는 똑같지 않으니, 교화를 먼저 행하고 형벌을 뒤에 행합니다. 고을을 다스리고 풍속을 교화하기를 만약 진 선생(陳先生)이 선거(仙居)의 백성을 가르치고 타이른 글[56]과 같이 한다면 어찌 100리 지방의 태고(太古)를 이루

55 3개월……적 : 그 지방 풍속에 의거하여 고을을 잘 다스렸기 때문에 정무 보고를 빨리 하게 된다는 말로, 《통전(通典)》의 "옛날에 주공(周公)이 백금(伯禽)으로 하여금 노(魯)나라를 다스리게 하였는데, 3년 뒤에 정무(政務)를 보고하였다. 주공이 '어찌하여 보고가 늦어졌는가?'라고 묻자, 백금이 대답하였다. '그곳의 다스림을 바꾸고 풍속을 바꾸는 것이 어려웠습니다. 그래서 늦어졌습니다.' 태공(太公)은 제(齊)나라를 다스렸는데, 3개월 뒤에 정무를 보고하였다. 주공이 '어떻게 보고를 빨리 하게 되었는가?'라고 묻자, 태공이 대답하였다. '그곳의 풍속을 따르고 예(禮)를 간략히 하여서 쉬웠습니다. 그래서 빨리 하게 되었습니다.'"라는 데서 유래하였다. 《通典 卷十五 選擧三 考績》

56 진 선생(陳先生)이……글 : 북송(北宋)의 진양(陳襄, 1017~1080)이 선거령(仙居令)이 되었을 때 백성을 가르친 글로, 《소학》〈가언(嘉言)〉 14장에 "나의 백성이

지 못하겠습니까.[57] 바람 따라 멀리 그리워하며 훌륭한 정사를 한다는 명성이 전파되기를 기다립니다.

주묵(朱墨)[58]의 여가에 혹 간편(簡編)을 보실 수 있습니까? 삼연옹(三淵翁 김창흡)은 일찍이 수령들의 책 읽는 것을 나무라기를 "마음을 두 가지 일에 쓰지 말라.〔心無二用〕"고 하였는데, 이는 진실로 좋은 말씀이나 또한 일률적으로 논할 수 있는 것이 아닙니다. 정사를 할 적에 만일 여가가 있다면 독서하는 것도 무방할 듯하니, 이는 바로 "벼슬하고 여가가 있으면 학문을 한다."[59]는 도입니다. 다만 다스리는 곳의 한가롭고 바쁜 정황이 어떠한지를 모를 뿐입니다. 이만 줄입니다.

된 자들은 아버지는 의롭고 어머니는 사랑하며, 형은 우애하고 아우는 공손하며, 자식은 효도하며, 부부간에 은혜가 있으며, 남녀 간에 분별이 있으며, 자제는 배움이 있으며, 마을에는 예절이 있으며, 빈궁(貧窮)과 환난(患難)이 있을 적에 친척이 서로 구원하며, 혼인과 상사(喪事)에 이웃 마을이 서로 돕는다. 그리고 농업을 폐하지 말며, 도적이 되지 말며, 도박을 배우지 말며, 다투거나 송사하는 것을 좋아하지 말며, 악으로써 선을 능멸하지 말며, 부유함으로써 가난한 자를 병탄(倂呑)하지 말며, 길가는 자는 길을 양보하며, 밭 가는 자는 밭두둑을 양보하며, 머리가 반백(斑白)이 된 자는 길에서 지거나 이는〔負戴〕 일이 없으면 예의(禮義) 있는 풍속이 만들어질 것이다."라고 보인다.

57 100리……못하겠습니까 : 목민관이 선정을 베풀어 평화로운 고장으로 만드는 것을 이르는바, 이백(李白)의 시에 "이곳 백 리의 고을만은 태고 시대처럼 순박하여, 흥겹게 희황 이전의 사람으로 누워 지낸다.〔百里獨太古, 陶然臥羲皇.〕"라고 한 데서 온 말이다. 《李太白集 卷10 經亂離後……贈江夏韋太守良宰》

58 주묵(朱墨) : 붉은색 먹〔墨〕인데, 옛날 수령들이 문서를 작성할 때 붉은 먹을 썼기 때문에 흔히 관청의 사무(事務)를 가리킨다.

59 벼슬하고……한다 : 《논어》 〈자장(子張)〉에 "벼슬을 하면서 여가가 있으면 학문을 하고, 학문을 하고서 여가가 있으면 벼슬을 한다.〔仕而優則學; 學而優則仕.〕"라고 보인다.

이선장에게 답함
答李善長

수양아들이 삼년복을 입는 것을 사계(沙溪 김장생)는 "그 아내가 따라 복을 입는 것은 의심할 것이 없다.〔其妻從服 無疑〕"라고 말했으나 이것은 고례(古禮)에 없는 것입니다. 그러므로 우옹(尤翁 송시열)은 선사(先師 김장생)의 말씀을 부득이한 의논이라고 하셨고, 신재(愼齋 김집(金集)) 또한 "따라 복을 입는 것〔從服〕은 지나친 것인 듯하다."라고 하였습니다.

그러나 제체(齊體)[60]의 사이에 남편은 자최와 참최를 입는데, 아내는 비단옷을 입는 것도 매우 온당치 못하니, 어떻게 처리하여야 바른 것이 될지 모르겠습니다. 우암(尤菴)은 또 "수양아들의 아내는 비록 함께 살면서 한솥밥을 먹더라도 시마복을 입는다."라고 하였으니, 어찌 복을 입는 일이 전혀 없는 지경에 이르겠습니까.

예(禮)는 마땅히 후(厚)한 쪽을 따라야 하니, "선사(先師)의 말씀에 따라 삼년복을 입는 것이 옳겠는가?"라고 하신 것은 비록 아직 결정하지 못한 말씀이더라도 단지 이에 따라 참작하여 행해야 합니까? 저도 감히 딱 잘라 말할 수가 없습니다.

60 제체(齊體) : 몸을 나란히 한다는 말로, 부부간을 말한다. 반고(班固)의《백호통(白虎通)》〈가취(嫁娶)〉에 "처(妻)라는 것은 나란함이니, 남편과 몸을 나란히 하는 것인바, 천자로부터 서인에 이르기까지 의의가 똑같다.〔妻者, 齊也, 與夫齊體, 自天子下至庶人, 其義一也.〕"라고 한 데서 유래하였다.

이선장에게 답함
答李善長

문 “〈태극도설(太極圖說)〉에 ‘중정(中正)’이 ‘인의(仁義)’ 앞에 있다.”[61]라고 하문하셨는데, 저는 일찍이 “〈태극도설〉은 바로 《주역(周易)》의 도(道)를 발명한 것이므로 중정을 가지고 말하였고, 중정은 인의에 비하여 더욱 중하므로 인의의 앞에 있다.”라고 생각하였으니, 이것이 옳은지 모르겠습니다.

답 보내주신 편지에 ‘사시(四時)와 순서가 부합함’[62]을 ‘희로애락(喜怒哀樂)’으로 보신 것은 마땅히 다시 헤아려보아야 할 듯합니다. 이 구(句)는 실로 《주역》〈건괘(乾卦) 문언(文言)〉의 말인데[63] 그 본문을 보면 희로애락이라는 뜻이 없는 듯하니, 혹 염계(濂溪)가 이 글을 인용

61 태극도설(太極圖說)에……있다 : 《근사록》 권1 〈도체(道體)〉에 실려 있는 염계 주돈이의 〈태극도설〉에 “성인이 중정인의로써 정하되 정을 위주로 하여 사람의 표준을 세웠다.〔聖人定之以中正仁義, 而主靜, 立人極焉.〕”라고 한 것을 두고 한 말이다.

62 사시(四時)와 순서가 부합함 : 이 내용은 〈태극도설〉에 “성인은 천지와 덕이 부합하며 일월과 밝음이 부합하며 사시와 차례가 부합하며 귀신과 길흉이 부합한다.〔聖人與天地合其德, 日月合其明, 四時合其序, 鬼神合其吉凶.〕”라고 보인다. 《近思錄 卷1 道體》

63 이 구(句)는……말인데 : 《주역》〈건괘(乾卦) 문언(文言)〉에 “대인(大人)은 천지(天地)와 함께 그 덕이 합하며 일월(日月)과 함께 그 밝음이 합하며 사시(四時)와 함께 그 순서가 합하며 귀신과 함께 그 길흉(吉凶)이 합하여, 하늘보다 먼저 하여도 하늘이 어기지 못하며 하늘보다 뒤에 하여 천시(天時)를 받드니, 하늘도 또한 어기지 못하는데 하물며 사람에 있어서이겠으며 하물며 귀신에 있어서이겠는가.”라고 보인다.

하면서 활법(活法)을 사용한 것입니까?

형이 말씀한 뜻을 자세히 살펴보면, 〈태극도설〉이 오행(五行)을 발휘하여 오성(五性)을 가지고 배합하였으므로 그 순서가 부합한다는 것을 가지고 성(性)이 동(動)하여 정(靜)이 되는 곳에서 말씀하고자 하였습니다. 그러므로 희로애락이라고 말씀한 것입니다. 그러나 이미 이와 같이 보았다면 사단(四端)을 말하지 않고 칠정(七情)을 말한 것은 어째서입니까? 이는 제가 이해하지 못하는 바입니다.

대저 "사시와 순서가 부합한다.〔與四時合其序〕"라는 것은 포괄하는 것이 매우 넓습니다. 예컨대 성인(聖人)이 일을 행하실 적에 드러나는 강함과 유함〔剛柔〕, 관대함과 엄함〔弛張〕, 나아감과 물러감〔進退〕, 말함과 침묵함〔語默〕이 사시와 순서가 부합하지 않는 것이 없습니다. 이제 만약 다만 희로애락을 가지고 말한다면 완비함이 될 수 없을 듯합니다. 《중용》에 "사시가 번갈아 행한다."[64]라는 것과 같은 것이 어찌 일찍이 희로애락을 말한 것일 뿐이겠습니까.

《근사록(近思錄)》에 "이 일을 그대로 지나쳐서는 안 된다.〔此事不得放過〕"[65]라고 하였는데, 이는 '눈이 뾰족한 물건에 찔릴까 두려워하면 큰

64 사시가 번갈아 행한다 : 《중용장구》 제30장에서 "중니(仲尼)는 요(堯)임금과 순(舜)임금을 조술(祖述)하시고 문왕(文王)과 무왕(武王)을 본받으시며, 위로는 천시(天時)를 따르시고 아래로는 수토(水土)를 인하셨다. 비유하자면 천지가 실어주지 않음이 없고 덮어주지 않음이 없는 것과 같으며, 비유하자면 사시가 교대로 운행함과 같으며, 일월이 교대로 밝음과 같다.〔辟如四時之錯行, 如日月之代明.〕"라고 공자를 찬미한 데에 보인다.

65 이……된다 : 《근사록》 권5 〈논역행(論力行)〉에 "눈은 뾰족한 물건을 두려워한다.

병통이니, 소홀히 지나쳐서는 안 됨〔目畏尖物 大是病痛 不可放忽〕'을 말한 것이고, '뾰족한 물건을 두려워하는 자가 그대로 지나치지 못함〔畏尖物者 不能放過〕'을 말한 것이 아닙니다.

'불가(不可)'와 '불능(不能)' 사이에서 공부(工夫)와 병통(病痛)이 나누어지는 것입니다. 만약 '그대로 지나치지 못함〔不能放過〕'으로 본다면 뾰족한 물건을 두려워함은 이미 병통이니, 또 어찌 병통을 중첩해서 말하겠습니까. 또 '이 일〔此事〕' 두 글자는 입론(立論)하는 말이니, 그 위에는 눈이 뾰족한 물건을 두려워하는 병통을 말하였고 그 아래에는 바로 공부에 혹시라도 해이해서는 안 됨을 말하였습니다. 그러므로 "이 일을 그대로 지나쳐서는 안 된다."라고 한 것이니, 그 뜻이 어찌 분명하지 않습니까.

'변여(便與)'의 '여(與)' 자는 의의(意義)가 매우 확실하니, '이긴다.〔克〕'라는 말은 적을 마주하여 서로 싸운 뒤에 이기는 것입니다. 이기려는 마음이 두려워하는 마음과 싸워서 이겼기 때문에 '여(與)' 자를 놓은 것이니, 여기에서 선현이 글자를 구차히 쓰지 않으셨음을 볼 수 있습니다.

심상(心喪)을 치르는 자가 즉길(卽吉)[66]할 때 반드시 길월(吉月)을 기

이 일을 그대로 지나쳐 버리지 말고 곧 이겨 내야 하니,〔目畏尖物. 此事不得放過, 便與克下〕 방안에 뾰족한 물건을 많이 두고서 모름지기 이치로 이것을 이겨야 한다. 뾰족한 것이 반드시 사람을 찌르지 않을 것이니, 어찌 두려워할 것이 있겠는가."라고 보인다.

66 즉길(卽吉) : 상복(喪服)을 벗고 길복(吉服)으로 바꾸어 입는 것으로, 곧 탈상을 가리킨다. 상복은 비록 대상(大祥) 때 벗으나 담제(禫祭) 후에 즉길할 때까지 흰 옷이나 약간 검은색을 띠는 베로 만든 옷을 입다가 길제에 비로소 평상복으로 갈아입는다.

다린다는 것은, 사계(沙溪 김장생)와 우옹(尤翁 송시열)으로부터 이미 정론(定論)이 있었으니, 어찌 다시 의논할 것이 있겠습니까. 삼년상을 치르는 자가 담제를 지낸 달에 즉길을 하는데 심상을 치르는 자가 담제를 지낸 달에도 오히려 즉길을 하지 않는다면, 가벼운 상이 도리어 중하게 되어 참으로 혹자와 같은 의심이 있게 됩니다.

그러나 저는 매번 "이것은 가벼운 것이 도리어 중하게 되는 것이 아니고, 다만 가볍게 되는 것이다."라고 생각하였습니다. 혹은 즉길을 하고 혹은 즉길을 하지 않음은 담제가 있는가 담제가 없는가의 구분이니, 만약 심상을 하는 자가 담제하는 달에 즉길을 한다면 심상에 과연 담제가 있겠습니까? 이것을 알면 혹자의 의혹을 어렵지 않게 분별할 것입니다.

이선장에게 답함
答李善長

'타고난 본능을 성이라 한다.〔生之謂性〕'[67] 한 조항을 혹자는 '본연지성(本然之性)'이라고 하고 혹자는 '기질지성(氣質之性)'이라고 하지만 '기질지성'이라고 말하는 것이 맞을 듯합니다. 왜냐하면 무릇 문자를 볼 때 인용한 고어(古語)는 마땅히 본문의 바른 뜻을 살펴보아야 하기 때문입니다. '생지위성(生之謂性)'[68]은 실로 고자(告子)의 말인데 정자(程子)가 인용한 것이니, 고자가 말한 '생지위성(生之謂性)'은 바로 기(氣)이고 이(理)가 아닙니다. 그러므로 정자가 이것을 발명(發明)하셨는데, 다만 고자는 '지각운동(知覺運動)'을 성(性)이라 하고 정자는 기질지성으로 말씀하셨으니, 이것이 조금 다른 것입니다. 그러나 '지각운동'은 바로 기(氣)이니, 고자가 이른바 '생지위성'은 '기질지성'이 아니고 무엇이겠습니까. 주자 또한 일찍이 '생지위성'을 '기질지성'이라 하였으니, 《주자어류》에 섭하손(葉賀孫)이 기록한 것이 가장 분명한데, 그 기록에 주자는 정자가 이에 대해 기록한 한 조항을 논하여 말씀하기를 "'생지위성'은 다만 아래에 '성'이라고 칭하는 것을 만들어 곧 기품이

67 타고난……한다 : 주자(朱子)는 "타고난 본능을 '성'이라 한다.〔生之謂性〕"라는 고자(告子)의 말을 설명하는 과정에서 '성(性)'을 '본연지성(本然之性)'과 '기질지성(氣質之性)'으로 나누어서 설명하였는데, 고자가 말한 성을 기질지성으로 보았다. 《孟子集註 告子上》《近思錄 卷1》

68 생지위성(生之謂性) : '위(謂)' 자가 저본에는 '위(爲)' 자로 되어있는데, 《맹자》에 의거하여 바로잡았다.

뒤섞여 있게 되었으니, 이는 곧 이(理)의 성(性)이 아니다.〔生之謂性是生下來喚做性底 便有氣稟夾雜 便不是理底性了〕"[69]라고 하셨습니다. 이미 "이(理)의 성(性)이 아니다."라고 하였고 보면 '본연지성'이 아님이 분명합니다. 오직 '생지위성'의 아래에 '천명(天命)'이나 '본연지성(本然之性)'을 많이 말했기 때문에 해설하는 자가 첫 구(句)의 '성(性)' 자와 아울러 본연지성으로 삼고자 한 것입니다.

그러나 '생지위성'의 아래에 곧바로 "성(性)은 바로 기(氣)이고, 기(氣)는 바로 성(性)이다."라는 것이 이어져 있으니, 정자(程子)가 '천명지성(天命之性)'을 해석하여 "성(性)은 곧 이(理)이다."라고 한 말씀과는 판연히 똑같지 않습니다. 그렇다면 이 '성(性)' 자를 어찌 '본연지성'으로 볼 수 있겠습니까. 보내주신 편지에 이른바 "만약 '본연지성'으로 보면 '성(性)은 곧 기(氣)이고, 기는 곧 성이다.'라는 한 구(句)에서 말할 수가 없다."라는 것이 참으로 옳습니다. 그러나 말씀하신바 "구양희손(歐陽希遜)의 문답에 기질(氣質)로 말씀하지 않은 것[70]이 분명하다."라는 것은 옳지 않을 듯합니다. 이른바 "천명(天命)"이라는 것은 '생지위성'을 가지고 '본연지성'이라 한 것이 아니고, 바로 형기(形氣) 가운데에서 갖추고 있는 이(理)가 바로 천명의 본체(本體)임을 보고자 한 것입니다. 이러한 부분은 오직 마땅히 말에 따라 해석을 해야 하는데, 어찌 말에 집착하여 본지(本旨)를 잃을 수 있겠습니까.

69 생지위성은……아니다 : 이 내용은 바로 주자의 문인인 섭하손(葉賀孫)이 기록한 글인바, 《주자어류》 권95 〈정자지서 1(程子之書一)〉에 보인다.

70 구양 희손(歐陽希遜)의……것 : '희손'은 구양겸지(歐陽謙之)의 자로, 강서성 여릉(廬陵) 사람인데, 이 내용은 출전이 자세하지 않다.

대저 '기질지성'과 '본연지성'은 두 가지의 성(性)이 있는 것이 아닙니다. 이(理)가 기(氣)를 떠나지 않는 관점에서 말하면 '기질지성'이라 이르고 이(理)가 기기(氣)와 뒤섞이지 않는 관점에서 말하면 '본연지성'이라 이르는 것입니다. 실제는 똑같은 성인데 혹은 뒤섞어 말하고 혹은 나누어 말하는 것이니, 마땅히 주장하여 말하는 것이 어떠한가를 볼 뿐입니다. '생지위성'에 이미 한 '생(生)' 자가 있으면 '생'은 바로 기이니, 어찌 "기질지성이 아니다."라고 말할 수 있겠습니까.

《근사록석의(近思錄釋疑)》에 또한 이 '성(性)' 자를 '기질지성'이라 하였으니, 저는 일찍이 이것을 따르고자 하였습니다. 이 편 가운데 여러 '성(性)' 자를 만약 주자의 말씀에 따라 나누어 보고자 하면 또한 나눌 수가 있습니다. "성은 바로 기이고 기는 바로 성이다.〔性卽氣 氣卽性〕"의 성(性)은 기질지성이고, "성이 아니다.〔不是性〕"[71]라고 한 곳 가운데의 성(性)은 본연지성이고, "선함은 진실로 성이다.〔善固性也〕"의 성(性)과 "악(惡) 또한 성이라고 말하지 않을 수 없다.〔惡亦不可不謂之性〕"의 성(性)은 모두 기질지성입니다. 그리고 "조금이라도 성을 말하기만 하면〔才說性〕"의 성(性)은 본연지성과 기질지성을 겸하여 말한 것이고, "곧 이미 성이 아니다.〔便已不是性〕"의 성(性)은 오로지 본연지성을 가리킨 것입니다. 무릇 사람이 성(性)을 말할 적에 다만 '계지자선(繼之者善)'[72]을 말함은 또 본연지성입니다. 이와 같이 나누어 보면

71 성이 아니다 : 저본에는 '불시성중(不是性中)'으로 되어있는데, 《주자대전》과 《주자어류》에 의거하여 '중(中)' 자를 빼고 번역하였다.

72 계지자선(繼之者善) : 이 내용은 《주역》 〈계사전 상(繫辭傳上)〉에, "한 번 음(陰)하고 한 번 양(陽)함을 도(道)라 이르니, 계속하여 함은 선(善)이고, 갖추어 있음은 성(性)이다.〔一陰一陽之謂道, 繼之者善也, 成之者性也.〕"라고 보인다. '계속하여 함은

아마도 착오를 면할 수 있지 않겠습니까.

"묘인(墓人)이 시동(尸童)이 된다."[73]라는 말은 다시 《주례(周禮)》를 상고해 보면 묘인은 바로 총인(冢人)의 관직이고, 묘를 지키는 자를 범연히 가리킨 것이 아닙니다. 총인의 관직이 묘제에 시동이 됨은 오로지 국가의 예를 가리켜 말한 것입니다. 정현의 주에 "묘제(墓祭)는 후토(后土)에게 제사하는 것이다."라고 하였으므로 정자는 "구설(舊說)에 묘인이 후토에게 제사할 때에 시동이 된다고 한 것은 잘못이다."[74]라고 하셨습니다. 이는 "옛날 선조의 묘에 제사하는 예가 있었는데, 정씨(鄭氏 정현)가 묘제를 해석하여 '후토에 제사하는 것이다.'라고 한 것[75]은 잘못이다."라고 말한 것이고, '후토와 인신(人神 조상신)은 똑같지 않아서 시동을 쓸 수 없다.'라고 말한 것이 아닙니다. 주공(周公)이 태산(泰山)에 제사할 적에 소공(召公)이 시동이 되었으니, 비록 인신(人神)이 아니더라도 또한 시동을 사용하였다는 것을 알 수 있습니다.

선이다.'라는 것은 천도가 끊임없이 유행하여 원(元)·형(亨)·이(利)·정(貞)의 사덕(四德)이 순환함을 이르고, '갖추어 있음은 성이다.'라는 것은 사람과 물건이 하늘의 사덕을 부여받아 본성으로 삼음을 이른다.

73 묘인(墓人)이 시동(尸童)이 된다 : 이 내용은 《주례(周禮)》 〈춘관종백(春官宗伯) 총인(冢人)〉에 보인다.

74 구설(舊說)에……잘못이다 : 이 내용은 《이정유서(二程遺書)》 〈이선생어 1(二先生語一) 서백전사설(瑞伯傳師說)〉에 보인다.

75 묘제(墓祭)를……것 : 이 내용은 정현의 주에 보이지 않고 공영달(孔穎達)의 소(疏)에 보인다. 《周禮注疏 春官宗伯 冢人》

이선장에게 답함
答李善長

근래에 서양학(西洋學 천주학(天主學))이 치성(熾盛)하고 만연(蔓延)하여 사람의 마음이 여기에 빠지는 폐해가 사람을 금수가 되게 하는 지경에 이르렀습니다. 이는 바로 왕년에 형이 형조(刑曹)에 있을 적에 통렬히 금하고 끊은 것인데,[76] 그 습관이 고쳐지지 않아서 10년이 지난 뒤에도 마침내 다시 이 지경에 이르니, 서양학에 가려지고 미혹된 폐해를 타개(打開)하기가 심히 어렵습니다. 다행히 성조(聖朝)에서 형벌과 가르침을 함께 시행함에 힘입어서 마음을 고치고 얼굴을 고친〔革心革面〕[77] 자가 많으나 아직도 뿌리를 영원히 끊기가 어렵다고 하니, 또한 '태워도 다 없어지지 않아서 바람이 불면 또 생겨난다.'[78]는 근심이 없을

76 형이……것인데 : 이정인(李廷仁)이 갑진년(1784 정조8)과 을사년(1785 정조9)에 결쳐 형조 좌랑과 정랑을 지낸 적이 있었고, 초기 천주교도들이 을사년 봄에 한양의 명례동(明禮洞)에 있는 김범우(金範禹)의 집에서 집회를 가졌다가 형조의 관원에게 적발된 이른바 '을사추조적발사건(乙巳秋曹摘發事件)'이 있었는바, 이 무렵의 일로 보인다.《承政院日記 正祖 8年 12月 27日, 9年 3月 17日》《C. C. 달레(Dallet), 한국천주교회사, 안응렬·최석우 역, 한국교회사연구소, 1987》

77 마음을……고친 : 완전히 고치지는 못하고 형벌이 무서워 일부만 고침을 가리키는바,《주역》〈혁괘(革卦) 상육(上六)〉에 "군자는 표범이 변하듯 하고 소인은 얼굴을 바꾼다.〔君子豹變; 小人革面.〕"라고 한 데서 온 말이다.

78 태워도……생겨난다 : 이 내용은 당나라 백거이(白居易)의 시 〈부득고원초송별(賦得古原草送別)〉에 "무성한 저 언덕 위의 풀이여, 한 해에 한 번씩 자라났다가 시드는구나. 들불로 태워도 다 타지 않아 봄바람 불면 다시 생기는구나.〔離離原上草, 一歲一枯

것이라고 어찌 장담하겠습니까. 우리 당(黨)의 제현(諸賢)은 바로 마땅히 도(道)를 호위하고 사학(邪學)을 물리치며 천리(天理)를 밝히고 인심(人心)을 바루어서 무너지는 풍속의 절반이라도 구제해야 할 것입니다. 삼가 이 일을 존형(尊兄)에게 바라는데, 어떻게 생각하시는지 모르겠습니다.

榮. 野火燒不盡, 春風吹又生.]"라고 한 데서 온 것이다.《白香山詩集 卷13》

별지
別紙

'담일(湛一)'[79]과 '정상(精爽)'을 나누어 둘로 만듦은 제 생각에는 옳지 않을 듯합니다. 마음은 바로 '기(氣)의 정상(精爽)'이니, '정상'은 마음의 전체가 되는 것입니다. 지각(知覺)의 체(體)와 용(用)이 '정상' 두 글자에서 벗어나지 않는데, '정상'은 바로 '담일'이니, 어찌 '정상' 위에 또다시 '담일'이 있어서 마음의 본체가 되겠습니까. 박 유선(朴諭善) 공[80]의 설은, 편지로 말씀해주신 몇 조항을 가지고 살펴보건대 바로 제가 매우 의심하는 것입니다. 그 말에 "'담일'은 바로 본연의 기이니, 성인과 범인이 똑같은 것이다.〔湛一是本然之氣 聖凡之所同也〕"라고 하고, "'정상'은 바로 혈기가 낳은 것이니, 성인과 범인이 똑같지 않다.〔精爽是血氣之所生 聖凡之所不同也〕"라고 한 것은, 분석을 비록 세밀히 한 것이나 도리어 원두(源頭)에서 두 갈래를 만들었습니다. 마음은 하나로 똑같을 뿐이니, 어찌 성인과 범인의 똑같은 마음이 있는 것 외에

79 담일(湛一) : 횡거(橫渠) 장재(張載)가 지은《정몽(正蒙)》에 "담일은 기의 근본이고, 공격하여 취함은 기의 욕구이다.〔湛一, 氣之本; 攻取, 氣之欲.〕"라고 하였는데, 주자(朱子)가 해석하기를 "담일이란 외물에 감촉하기 전의 담연(湛然)하고 순일(純一)한 마음의 상태이니, 이것이 기의 근본이다."라고 하였다.《正蒙 誠明》

80 박 유선(朴諭善) 공 : 정조의 세손 시절 강서원(講書院) 유선(諭善)이었던 박성원(朴聖源, 1697~1757)을 가리키는바, 1759년(영조35)부터 좌익선(左翊善)으로서 세손을 보도(輔導)한 공이 크다 하여 조정에서 1761년 실유선(實諭善)의 자리를 만들어 그를 승진시켰다.《承政院日記 英祖 35年 8月 4日, 37年 1月 4日》 박성원은 자가 사수(士洙), 호가 겸재(謙齋), 본관이 밀양(密陽)으로, 이재(李縡)의 문인이다.

또 성인과 범인의 똑같지 않은 마음이 있겠습니까. 마음이 본래 선한 이유는 기(氣)가 정상(精爽)하기 때문인데, 이제 "정상에 청(淸)·탁(濁)과 수(粹)·박(駁)의 차이가 있다."라고 하면 이는 마음을 기질로 삼아서 마음에 선(善)과 악(惡)이 있는 것이니, 어찌 옳겠습니까.

'심체(心體)의 허령(虛靈)'은 바로 '기(氣)의 정상(精爽)'이고 '정상(精爽)'은 바로 '담일(湛一)'인데, 이제 "정상은 담일이 아니고, 담일이 바로 본체이다."라고 말한다면 '허령'은 마음의 본체가 될 수 없어서 허령 위에 또다시 담일이 있는 것이니, 머리 위에 머리를 두는 것에 가깝지 않겠습니까. 지금 만약 "허령은 본체(本體)이고 담일은 곧 허령이니, 허령은 정상이 아니다."라고 한다면 '정상'은 지각이 될 수 없어서 허령과 둘이 되는 것이니, 이는 모두 온당치 못한 것입니다. 제가 삼가 일찍이 논하기를,

"원초(原初)에 담일의 기가 모여서 마음이 되는데, 이것이 바로 이른바 '정상'이라는 것이니, 정상은 혈기에서 나온 것이 아니다. 정상은 청(淸)·탁(濁)과 수(粹)·박(駁)의 차이가 없으므로 성인과 범인의 마음이 똑같은 것이다. 만약 이미 발하여 불선(不善)으로 들어간 것은 기질과 만난 이후의 마음이니, 마음의 본체에서 말할 수 있는 것이 아니다. 그렇다면 정상은 다만 담일(湛一)일 뿐이니, 어찌 탁하고 잡스러운 것이 있겠는가.

'정상'을 가지고 곧바로 '담일'이라 한 것은 주자의 말씀에 비록 보이는 것이 없으나, 정상이라는 명칭은 본래 마음의 명목을 한마디 말로 단정한 것이다. 그렇다면 정상은 본래 신명(神明)하니, 신명과 담일이 어찌 두 가지로 나누어진 것이겠는가. 장자(張子)가 이른바 '기의 근본〔氣之本〕'이라는 것은 바로 주자가 이른바 '기의 정상〔氣之

精爽〕'이다. 비록 기(氣)를 논하고 심(心)을 논한 차이가 있으나, 실제는 똑같은 기(氣)이다."

라고 하였습니다.

보내온 편지에서 말씀하기를 "'기의 본체'가 비록 담일하나 사람과 물건이 품부(稟賦) 받아 생긴 이후에는 품부 받은 기가 어지럽고 뒤섞여 혼탁하니, 어찌 본체를 온전히 얻을 수 있겠는가."라고 하셨는데, 이는 '기질(氣質)'상에서나 말할 수 있고, '심(心)'상에서는 말할 수가 없는 것입니다. 기질은 기의 근본을 얻지 못하였지만 오직 심은 기의 근본을 얻었습니다. 그러므로 신명(神明)하여 여러 이치를 갖춘 것인데, 이제 "정상은 담일이 아니고 혈기 가운데의 정상이다."라고 한다면, 이른바 "담일"이 과연 어느 곳에 붙겠습니까. 비록 담일을 찾고자 하나 찾을 방법이 없을 것이니, 어찌 크게 의심할 만하지 않겠습니까.

대저 정상(精爽)과 허령(虛靈), 담일(湛一)은 실로 똑같은 물건인데 이름이 다를 뿐이니, 각각 지두(地頭)를 차지하여 "성(性)은 삼층(三層)이다."라는 설(說)[81]에 가까워서 형의 마음에 우려하는 바와 같을 일은 없을 듯합니다. 이미 성삼층설(性三層說)에 가까운 것을 혐의하셨는데, 다시 정상을 가지고 기질로 삼아 호론(湖論)의 "거울과 쇠에 정하고 거친 것이 있다.〔鏡鐵精粗〕"라는 설[82]을 답습하고자 함은 어째

81 성(性)은……설(說) : 남당(南塘) 한원진(韓元震)이 주장한 학설인 성삼층설(性三層說)로, 성(性)을 인간과 물건이 모두 똑같은 '초형기(超形氣)의 성', 인간과 물건이 각각 다른 '인기질(因氣質)의 성', 인간과 인간이 서로 다른 '잡기질(雜氣質)의 성'으로 구분하여 논한 것이다.

82 거울과……설 : 흔히 모든 사람마다 명덕(明德)을 간직한 것을 거울이 사물을 밝게 비추는 것에 비유하는데, 호론(湖論)의 한원진도 이를 가지고 비유하여, 거울마다

서입니까? 이는 제가 이해하지 못하는 것입니다.

비록 떠돌아다니는 기(氣)가 어지러이 뒤섞인[83] 뒤라도 원초(原初)의 일원(一原)의 기(氣)는 일찍이 그치지 않았으니, 어찌 원초의 일원의 기가 모여서 마음이 되지 않았겠습니까. 형이 먼 원초를 인용하는 것을 혐의하심은 진실로 과합니다. 사람의 마음을 형상하는 곳에 '정상허령(精爽虛靈)' 네 글자면 진실로 충분합니다. 그러나 정상을 가지고 말하면 혹 정상에는 청(淸)과 탁(濁)의 구분이 있는 것으로 인식하고, 허령을 가지고 말하면 혹 허령에 우(優)·열(劣)의 구분이 있는 것으로 인식하여 장차 마음과 기질에 구분이 없게 될 것이니, 또 어찌 담일을 가지고 마음을 말하여 그 본체를 밝히지 않을 수 있겠습니까.

밝게 비추는 속성에는 정추(精粗)의 차이가 없지만 그 거울을 이루는 철(鐵)에는 정추의 차이가 있다고 주장한 것을 가리킨다. 한원진이 윤봉구(尹鳳九)에게 보낸 편지에 이러한 주장이 잘 드러나 있는데, 그 내용은 다음과 같다. "명덕(明德)의 허령은 바로 심(心)의 허령이니, 진실로 두 가지가 따로 있는 것이 아니다. 그러나 명덕은 단지 심(心)의 허령만을 가리켜 말하는 것인데, 이 허령은 누구나 똑같지 않은 바가 없고, 심(心)은 품부받은 기(氣)까지 아울러 말한 것인데, 품부받은 기(氣)에는 차이가 있다. 이것이 심(心)을 이를 때에는 똑같지 않다고 하고 명덕을 이를 때에는 똑같지 않음이 없다고 하는 이유이다. 이를 거울에 비유하자면, 명덕은 거울의 밝은 본체를 말한 것과 같으니, 밝은 본체를 가리켜 말한다면 어느 거울이나 똑같지 않은 바가 없다. 그리고 심(心)은 거울 자체를 말한 것과 같으니, 오로지 거울 자체만 말한다면 거울을 이루는 철(鐵)마다 정추(精粗)의 차이가 있다. 그러므로 밝은 본체를 가리켜 말한다면 똑같다고 이를 수 있지만 거울 자체를 가리켜 말한다면 똑같다고 이를 수 없는 것이다."《南塘集 卷13 與尹瑞膺》

83 떠돌아다니는……뒤섞인 : 이 내용은 횡거 장재의 《정몽(正蒙)》 〈태화(太和)〉에 "떠돌아다니는 기운이 어지러이 뒤섞이며 합하여 형질(形質)을 이루는데, 이것이 만 가지로 다른 사람과 물건을 나오게 한다."라고 보인다.

이선장에게 답함
答李善長

'경이직내(敬以直內)'[84]가 동(動)과 정(靜)을 통함은《대학장구(大學章句)》에 처음 이 뜻이 있는 것이 아니고,《주역》본문에서부터 이미 그러하였습니다. '직내(直內)'의 내(內)는 바로 심(心)이니, 바로 마음의 이면에 미발(未發)과 이발(已發)이 있다면 경이직내(敬以直內)가 어찌 동(動)과 정(靜)을 관통하는 것이 아니겠습니까. '의이방외(義以方外)'와 상대하여 말한 것은 경(敬)을 정(靜)이라 하고 의(義)를 동(動)이라 한 것이 아니고, 실제는 내(內)와 외(外)를 가지고 말한 것입니다. 정자(程子)가 말씀하기를 "경이직내와 의이방외는 내와 외를 합하는 도이다.〔敬直義方 合內外之道也〕"[85]라고 하셨고, 또 "경과 의로 좌우에서 자신을 잡아주면 표리가 똑같아진다.〔敬義夾持 表裏如一〕"[86]라

84 경이직내(敬以直內) : 이 내용은《주역》〈곤괘(坤卦) 문언(文言)〉에 "군자가 경(敬)하여 내면을 곧게 하고 의로움으로 외면을 바르게 하여 경과 의가 확립되면 덕이 외롭지 않다.〔君子敬以直內, 義以方外, 敬義立而德不孤.〕"라고 보인다. 그리고《대학장구》전(傳) 7장에 "마음이 있지 않으면 보아도 보이지 않으며, 들어도 들리지 않으며, 먹어도 그 맛을 알지 못한다."라고 한 것에 대해 주자(朱子)의 주에 "마음이 보존되지 못함이 있으면 그 몸을 검속(檢束)할 수가 없다. 이 때문에 군자는 반드시 이를 살펴서 경(敬)하여 마음을 곧게 하니,〔是以君子必察乎此, 而敬以直之〕그런 뒤에야 이 마음이 항상 보존되어 몸이 닦이지 않음이 없는 것이다."라고 보인다.

85 경이직내와……도이다 : 이 내용은《이정유서》〈명도선생어1(明道先生語一) 사훈(師訓) 유현질부록(劉絢質夫錄)〉에 보인다.

86 경과……똑같아진다 : 이 내용은 출전이 자세하지 않다.

고 하셨으니, 이것이 어찌 경과 의를 내와 외로 말씀한 것이 아니겠습니까.

주자(朱子)가 '경이직내'를 정(靜)에 소속시키고 '의이방외'를 동(動)에 소속시킨 경우는 바로 경의재(敬義齋)의 기문[87]과 하숙경(何叔京)의 글[88]에서 미루어 말씀한 것이니, 모두 옳을 듯합니다. 《주역》〈곤괘(坤卦) 문언(文言)〉에 대한 《본의(本義)》의 소주(小註)에 주자의 설을 많이 기재하였고, 또한 경과 의를 가지고 동과 정에 나누어 소속시켰습니다. 그러나 끝내 내(內)와 외(外)로 나누어 소속시키는 것이 바른 뜻이 되는 것만 못합니다. 그러나 말에 따라 해석하여 각각 해당되는 바가 있으니, 경이직내와 의이방외를 내와 외로 나누는 것도 괜찮고 동(動)과 정(靜)으로 나누는 것도 괜찮으며, 경이직내를 오로지 정에만 소속시키는 것도 괜찮고, 동과 정에 공통으로 소속시키는 것도 괜찮으니, 어찌 굳이 한쪽에 국한해서 볼 필요가 있겠습니까.

〈태극도설해의(太極圖說解義)〉 제2절에 "드러난 것에서 운운〔自其著者云云〕"[89]이라고 하였는데, 여기의 '저(著)' 자와 '미(微)' 자는 '현미무

87 경의재(敬義齋)의 기문 : 주자(朱子)가 지은 〈명당실기(名堂室記)〉를 가리킨다. 《朱子大全 卷78》

88 하숙경(何叔京)의 글 : 〈하숙경에게 답한 편지〔答何叔京〕〉를 가리킨다. 《朱子大全 卷40》

89 드러난 것에서 운운 : 주자의 〈태극도설해의(太極圖說解義)〉 제2절에 "드러난 것에서 살펴보면 동(動)과 정(靜)은 때가 같지 않고 음(陰)과 양(陽)은 자리가 같지 않지만 태극은 있지 않은 곳이 없다. 은미한 것에서 살펴보면 고요하고 막막하여 아무 조짐이 없지만 동과 정, 음과 양의 이치는 이미 그 속에 다 갖추어져 있다.〔自其著者而觀之,

간(顯微無間)'[90]의 현미(顯微)와는 똑같지 않으니, 이(理)의 체(體)와 용(用)을 가지고 말한 것이 아니고, 바로 이(理)와 기(氣)를 가지고 상대하여 말하였기 때문입니다.

그 위에서 '본연(本然)의 신묘함이고 타는 바의 기틀〔機〕이다.'와 '형이상(形而上)과 형이하(形而下)' 두 기둥을 가지고 말하고서,[91] 인하여 '음양(陰陽)과 동정(動靜)이 때〔時〕와 자리〔位〕가 똑같지 않음'과 '고요하고 막막하여 아무 조짐이 없음〔沖漠無朕〕'을 말한 것은 이(理)와 기(氣)를 가지고 상대하여 말한 것입니다. 기(氣)는 바로 형상이 있는 것이므로 '드러난다.〔著〕'라고 말하고, 이(理)는 형상이 없는 것이므로 '은미하다.〔微〕'라고 말한 것입니다.

그러나 '동정과 음양이 때와 자리가 똑같지 않다'의 아래에 '태극의 이(理)가 있지 않음이 없음'을 말하여 기(氣)가 반드시 이(理)를 싣고 있음을 나타낸 것은, 바로 '기(器) 또한 도(道)이다.'라는 뜻입니다. 그리고 '고요하고 막막하여 아무 조짐이 없음〔沖漠無朕〕'의 아래에 '음과 양의 이치는 이미 이 속에 다 갖추어져 있다.'고 말하여 이(理)가

則動靜不同時, 陰陽不同位, 而太極無不在焉; 自其微者而觀之, 則沖漠無朕, 而動靜陰陽之理, 已悉具于其中矣.〕"라고 보인다.

90 현미무간(顯微無間) : 드러난 현상과 감춰진 이치는 간격이 없다는 말로, 이천(伊川) 정이(程頤)의 〈역전서(易傳序)〉에 나온다.

91 그 위에서……말하고서 : 이 내용은 〈태극도설해의〉 제2절의 '드러난 것에서 살펴보면〔自其著者而觀之〕'의 바로 위 구절에 "태극이란 본연의 신묘함이고, 동정이란 태극이 타는 바의 기틀이다. 태극은 형이상의 도이고 음양은 형이하의 기이다.〔太極者, 本然之妙也; 動靜者, 所乘之機也. 太極, 形而上之道也; 陰陽, 形而下之氣也.〕"라고 한 것을 두고 한 말이다.

기(氣)에서 떠나지 않음을 나타낸 것은, 바로 '도(道) 또한 기(器)이다.'라는 뜻입니다. 그렇다면 이 두 단락은 혹은 기(氣)를 위주하면서 이(理)를 겸하여 말하고 혹은 이(理)를 주장하면서 기(氣)를 겸하여 말한 것이고, 이(理)의 체(體)와 용(用)을 가지고 상대하여 말한 것이 아님이 분명합니다.

제3절에서, '교착(交錯)하여 말할 경우 오행(五行)의 운행하는 순서와 태어난 순서가 똑같지 않은 것〔錯而言之 以五行之行之序 與生之序不同〕'[92]은 서로 변화함에 말미암은 것이니, '착(錯)'은 바로 교호(交互 교착(交錯))의 뜻입니다.

'수(水)'와 '화(火)'를 가지고 말하면 수는 하늘의 일(一)에서 생겼는

92 교착(交錯)하여……것 : 〈태극도설해의〉의 제3절에 "오행이란, 형질〔質〕은 땅에 갖추어지고 기운〔氣〕은 하늘에 유행하는 것이니, 형질로써 생겨난 순서를 말하면 수, 화, 목, 금, 토인데 수와 목은 양(陽)이고 화와 금은 음(陰)이며, 기운으로써 유행하는 순서를 말하면 목, 화, 토, 금, 수인데 목과 화는 양이고 금과 수는 음이다. 또 통합하여 말하면 기(氣)는 양이고 질(質)은 음이며, 또 교착하여 말하면 번갈아 양이 되고 번갈아 음이 된다.〔又統而言之, 則氣陽而質陰也; 又錯而言之, 則迭陽而迭陰也.〕"라고 한 것을 두고 한 말이다. 그런데 《근사록》에는 '번갈아 양이 되고 번갈아 음이 된다.'가 '동함은 양이고 정함은 음이다.〔動陽而靜陰也〕'로 되어있다. '형질로써 생겨난 순서'란, 하도(河圖)에 일육수(一六水)와 삼팔목(三八木)은 위의 숫자가 1과 3이어서 양이 되고, 이칠화(二七火)와 사구금(四九金)은 위의 숫자가 2와 4여서 음이 되는 것이다. '기운으로써 유행하는 순서'란 춘・하・추・동의 사시(四時)를 말한 것으로, 목은 봄, 화는 여름, 금은 가을, 수는 겨울인데, 봄과 여름은 만물을 낳으므로 양이 되고, 가을과 겨울은 만물을 죽이므로 음이 되는 것이다. 봄은 형질이나 운행의 순서에 모두 양이고, 가을은 형질이나 운행의 순서에 모두 음이므로, 절기를 말할 적에 춘(春)・추(秋)를 들고 하(夏)・동(冬)을 들지 않는 것이다.

데, 수는 본래 양(陽)이나 운행함에 이르러서는 겨울에 배합하여 음(陰)이 되니, 이는 동(動)이 변하여 정(靜)한 것입니다. 화는 땅의 이(二)에서 생겼는데, 화는 본래 음이나 운행함에 이르러서는 여름에 배합하여 양(陽)이 되니, 이는 정(靜)이 변하여 동(動)한 것입니다. 이것이 어찌 교착하는 것이 아니겠습니까. 그러므로 "교착하여 말하면 동함은 양이고 정함은 음이다."라고 하였으니, 참으로 '오행이 음양에 근원하는데 음 가운데 양이 있고 양 가운데 음이 있어서 착종(錯綜)하여 다하지 않아 조화(造化)와 발육(發育)의 묘(妙)함이 됨'을 밝힌 것입니다.

〈서명(西銘)〉에 '숭백(崇伯)의 아들'로부터 '백기(伯奇)'에 이르기까지[93]의 여섯 단락은 비록 말할 만한 차서(次序)와 조리(條理)가 없을 듯하나 세세히 살펴보면 또한 말할 만한 차서와 조리가 없지 않습니다. 효(孝)에는 크고 작은 것이 있으니 술을 좋아하지 않고 어버이를 봉양함은 바로 효의 작은 것이고, 나의 효를 미루어서 남에게 미침은 이것은 효의 큰 것입니다. 그러므로 〈서명〉에서 먼저 숭백의 아들과 영고숙

93 숭백(崇伯)의……이르기까지 : 횡거 장재의 〈서명(西銘)〉에 "맛있는 술을 싫어함은 숭백의 아들이 부모의 봉양을 돌아봄이고, 영재를 기름은 영봉인(潁封人 영고숙(潁考叔))이 선(善)을 남에게 준 것이다. 노력을 게을리하지 않아 기쁨을 이룬 것은 순임금의 공이고, 도망하지 않고 팽형(烹刑)을 기다린 것은 신생의 공손함이다. 부모에게서 받은 몸을 온전히 보전하여 돌아간 자는 증삼(曾參)이며, 부모의 뜻을 따름에 용감하고 명령에 순종한 자는 백기이다.[惡旨酒, 崇伯子之顧養; 育英才, 潁封人之錫類. 不弛勞而底豫, 舜其功也; 無所逃而待烹, 申生其恭也. 體其受而歸全者, 參乎; 勇於從而順令者, 伯奇也.]"라고 한 곳을 가리킨다. 《古文眞寶後集》

(穎考叔)을 말하여 효도가 작은 것에 말미암아 큰 것에 이름을 나타낸 것입니다.

자식이 어버이를 섬길 적에 겪게 되는 일이 평상(平常)적인 것과 변상(變狀)적인 것이 있습니다. 그래서 부모의 봉양을 돌아봄과 선(善)한 복을 줌[94]은 이미 평상적인 것을 말한 것이고, 〈서명〉에서 다음으로 순(舜)임금과 신생(申生)의 일을 예로 들어 효도로 변상적인 일을 잘 대처하는 것을 말한 것입니다. 효는 바로 자식이 종신토록 하는 일이니, 죽음에 이른 뒤에야 효의 일이 능히 결함 없이 완수되었음을 확정할 수 있으므로 〈서명〉에서 뒤이어 또 증자(曾子 증삼(曾參))가 임종할 때 손과 발을 열어 보인 것을 예로 들어 말하였습니다. 자식이 어버이를 섬길 적에 순(順)함을 주장으로 삼으니, 순함은 바로 효의 전체이므로 〈서명〉에서 끝에 또 백기(伯奇)가 명령을 순히 한 것을 예로 들어 말하였습니다.

'온전히 보전하여 돌아간다.〔歸全〕'라는 말은 아랫글에 '죽으면 나는 편안하다.〔沒吾寧〕'라는 뜻과 서로 응하고, '명령을 순히 한다.〔順令〕'의 순(順)은 아랫글에 '살아서는 나는 순히 섬긴다.〔存吾順事〕'의 '순(順)' 자와 서로 응하니,[95] 편(篇)이 장차 끝나려 하므로 여기에서 환기

94 부모의……줌 : 《맹자》〈이루 하(離婁下)〉에 "세속에서 이른바 불효라는 것이 다섯 가지이니, 그 사지를 게을리하여 부모 봉양을 돌보지 않음이 첫 번째 불효이다."라고 한 것과 《시경》〈대아(大雅) 기취(旣醉)〉에 "효자가 효성을 끊지 않으니, 너에게 선한 복을 길이 주리라.〔孝子不匱, 永錫庯類.〕"라고 한 데서 온 말이다.

95 온전히……응하니 : 〈서명〉에서 '백기(伯奇)'까지 나온 단락에 이어지는 마지막 부분에 "부귀와 복택은 하늘이 장차 나의 삶을 풍부하게 해주려는 것이고, 빈천과 걱정은 그대를 옥처럼 갈고 연마하여 완성시키려는 것이다. 나는 살아서는 하늘을 순히

(喚起)하여 끝맺고자 한 것입니다. 이렇게 논하면 인용한 예(例)의 선후(先後)를 또한 대략 구분할 수 있습니다. 그러나 숭백의 아들과 영고숙은 다만 차용(借用)하여 효의 크고 작음을 나타낸 것일 뿐이니, 우(禹)임금의 효가 영고숙에게 미치지 못한다고 말한 것은 아니고, 순임금과 신생의 일도 만난 변고가 같은 종류임을 말한 것일 뿐이니 신생의 효가 순임금과 같을 수 있음을 말한 것은 아닙니다.

섬기고 죽으면 나는 편안하다.[富貴福澤, 將以厚吾之生也; 貧賤憂戚, 庸玉汝於成也, 存吾順事, 沒吾寧也.]"라고 한 곳의 내용과 연결시켜 말한 것이다.

이선장에게 답함
答李善長

문 미발(未發)은 반드시 지계(地界)를 널리 헤아린 뒤에야 여러 설이 통할 수 있습니다. 주자(朱子)가 이른바 "사려가 아직 싹트지 않았다."라는 것과 "지각이 어둡지 않다."라는 것[96]은 바로 자사(子思)의 이른바 "미발(未發)"이니,[97] 진실로 똑같은 지계(地界)인데 '지극히 높은 층〔極層〕'이라고 말할 수 있습니다.

그 밖에 주자가 이른바 "껌껌하고 어둡기가 완악(頑惡)한 돌과 같아서 깨트려 열어줄 수가 없다.〔黑暗如頑石 劈斫不開〕"[98]라는 것과 또 이른바 "이미 절로 혼란하다.〔已自汨亂了〕"[99]라는 등의 말씀은 비록 매우

96 주자(朱子)가……것 : 인용한 두 내용은 주자가 장식(張栻)에게 답한 글에 "마음이 보존되어 있을 때는 사려가 아직 싹트지 않았어도 지각은 어둡지 않다.〔方其存也, 思慮未萌, 而知覺不昧.〕"라고 보인다. 《朱子大全 卷32 答張欽夫》

97 자사(子思)의 이른바 미발(未發)이니 : 《중용장구》 제1장에 "희로애락이 아직 발하지 않은 상태를 중이라 한다.〔喜怒哀樂之未發, 謂之中.〕"라고 할 때의 미발을 가리킨다.

98 껌고……없다 : 이 내용은 《주자어류》 권62 〈중용(中庸)〉에, 혹자가 희로애락의 감정이 아직 발하기 전에 중도(中道)에 맞지 않는 이유가 무엇이냐고 묻자, 주자가 "이것은 기질(氣質)이 혼탁하여 사욕(私欲)이 기승해서 객〔사욕〕이 와서 주인이 되었기 때문이다. 그래서 미발일 때에는 단지 덩그러니 지각이 없는 돌덩이 같아 깨뜨릴 수 없다가, 발(發)하면 곧 어그러져 버린다."라고 대답한 말을 인용한 것이다.

99 이미 절로 혼란하다 : 이 내용은 《주자어류》 권95 〈정자지서(程子之書)〉에 "적연부동(寂然不動)은 보통사람도 모두 이 마음을 가지고 있지만 감응하여 통함에 이르는 것은 오직 성인(聖人)만이 능하고 보통사람은 그럴 수 없다. 보통사람은 비록 이 마음을

높은 지점에는 이르지 않았으나 사물과 접하지 않은 때가 되므로 미발이라고 말하지 않을 수 없으니, 이는 지계(地界)를 널리 헤아린 것입니다. '지극히 높은 층〔極層〕'으로 보거나 '아직 지극히 높지 못한 층〔未極層〕'으로 본 뒤에야 여러 설을 조처할 수 있습니다.

답 미발(未發)은 지계(地界)를 널리 헤아릴 수가 없습니다. '미발' 두 글자는 자사(子思)에게서 나왔으니, 자사가 말씀한 '미발' 외에 어찌 별도의 미발이 있겠습니까. 일찍이 《외암집(巍巖集)》에 "미발에 깊고 얕은 것이 있다."[100]라고 한 것을 보고서는 자못 기뻐할 만한 듯하였는데, 뒤에 보니 도리어 옳지 않았습니다.

미발은 바로 중(中)이니, 만약 껌껌하고 어둡기가 완악한 돌과 같은 것을 '얕은 미발'이라고 한다면 이는 미발에 중(中)이 아닌 것이 있는 것입니다. 미발과 중을 나누어 둘로 만들면 어찌 자사가 이른바 "미발을 중이라 한다.〔未發之謂中〕"라는 뜻이겠습니까. 주자의 이른바 "일꾼에게도 미발이 있다."[101]라는 것은 정론(定論)이 아닐 듯합니다. 지각 없는 돌덩이 같아 깨뜨릴 수 없음은 기록을 잘못한 것인 듯하므로 마땅

가지고 있지만 미발(未發)의 때에 이미 절로 혼란하여 사려가 어지럽고 꿈속에서도 뒤섞여 있는데 끝내 잡아서 보존하는 방도가 없으니, 감응하여 발하는 때에 이르러 어떻게 성인의 중절(中節)함과 같음을 얻을 수 있겠는가."라고 보인다.

100 미발에……있다 : 이 내용은 외암(巍巖) 이간(李柬)의 《외암유고(巍巖遺稿)》 권12 〈미발변(未發辨)〉에 보인다.

101 일꾼에게도 미발이 있다 : 이 내용은 《주자대전》 권54 〈서언장에게 답함〔答徐彦章〕〉에 "미발은 외물에 아직 응하지 않은 때이니, 설령 시장바닥의 상인이나 일꾼이나 노예라 할지라도 이 시절이 없는 경우는 없다.〔未發只是未應物時, 雖市井販夫厮役賤隷, 亦不無此等時節.〕"라고 보인다.

히 임택지(林擇之)에게 보낸 편지[102]를 정론으로 삼아야 할 것이니, 어떻습니까, 어떻습니까?

우옹(尤翁 송시열)이 "일반 사람들은 미발이 없다."[103]라고 하셨는데, 이는 계구(戒懼)의 공부(工夫)[104]가 없으면 중(中)의 체(體)가 확립되지 못해서 비록 사물과 접하지 않더라도 미발이라고 말할 수가 없기 때문입니다. 지금 고명의 의논은 외암(巍巖)의 설과 같으나 비교적 더욱 폭넓어서 중인(衆人)의 혼매(昏昧)하고 산란(散亂)한 병통을 "지극히 높은 지계(地界)가 아니고, 매우 충분한 지두가 아니다.〔未極層未十分地頭〕"라고 말씀하였으니, 너무 느슨하다고 이를 만합니다.

문 미발(未發) 때에는 공부를 말할 수 없습니다. 그러므로 정자(程子)의 "중을 구한다.〔求中〕"[105]라는 말씀은 말의 병통이 있음을 면치 못할

102 임택지(林擇之)에게 보낸 편지 : 《주자대전》 권43 〈임택지에게 답함〔答林擇之〕〉 제20서(書)를 가리킨다. 편지의 요지는 '사물에 감응하기 전에 만약 마음을 주재하는 것이 없다면 고요한 미발의 상태에 편안할 수 없어서 저절로 천성(天性)이 혼미해진다. 그래서 계신공구(戒愼恐懼)와 신독(愼獨)을 하지 못하면, 사물과 접하기 전에 이미 마음이 어지러워져서 다시는 고요한 미발의 상태가 없게 된다.'는 것이다. 이 편지는 주자가 41세 무렵에 쓴 것으로, 중화신설(中和新說)을 확립하고 난 이후의 견해이다.

103 일반……없다 : 이 내용은 《송자대전(宋子大全)》 권113 〈박사원에게 줌〔與朴士元〕〉에 보인다.

104 계구(戒懼)의 공부(工夫) : 계구는 감정이 아직 발하지 않았을 때의 함양(涵養) 공부에 해당하는 계신공구(戒愼恐懼)의 줄임말이다. 《中庸章句 1章》

105 중을 구한다 : 《근사록》 권4 〈존양(存養)〉에 "소계명(蘇季明 소병(蘇昞))이 묻기를 '희로애락이 발하기 전에 중을 구함〔求中〕이 가능합니까?' 하니, '불가하다. 이미 희로애락이 발하기 전에 구하기를 생각하면 이것은 또 도리어 생각함이니, 생각하였으면 곧 이미 발한 것이다.'"라고 하였다.

듯하니, 마땅히 주자의 말씀을 바른 의논으로 삼아야 할 것입니다.

답 미발일 때의 공부는 바로 계신공구(戒愼恐懼)이니, 어찌 공부를 말할 수 없다고 말합니까? '중을 구한다.〔求中〕'라는 말은 바로 소병(蘇昞)의 말인데, 문목(問目) 가운데 '정자(程子)의 설'이라는 것은 저로서는 감히 알 수 없는 것이고, 고명(高明)의 의논에 또 '정자 말씀의 병통'이라 한 것은 온당치 못할 듯합니다.

정자는 미발을 '존양(存養)'을 가지고 말씀하셨으니,[106] 존양은 바로 미발일 때의 공부입니다. 주자(朱子) 또한 매번 '평평하게 보존하고 간략히 수습한다.〔平平存在 略略收拾〕'라는 말을 가지고 미발일 때의 공부로 삼았습니다. "미발일 때에는 공부를 붙일 곳이 없다."[107]라는 것은, 지극히 고요할 때에는 마음을 두어 힘을 쓸 수 없다는 말이고, 미발일 때에 전혀 공부가 없다는 말은 아닙니다.

《중용혹문》에서 논한 것은, 다만 여씨(呂氏)의 이른바 "잡는다.〔執〕"[108]라는 것과 양씨(楊氏)의 이른바 "체험하다.〔體〕"[109]라는 것이 다

106 정자는……말씀하셨으니 : 《근사록》 권4 〈존양〉에서 또 소계명이 희로애락이 발하기 전에 중을 구해야 한다는 여대림(呂大臨)의 말을 가지고 질문하자, 이천 정이가 "희로애락이 발하기 전에 존심양성(存心養性)한다고 말한다면 괜찮지만, 희로애락이 발하기 전에 중을 구한다〔求中〕고 말한다면 옳지 않다."라고 답한 데에 보인다.

107 미발일……없다 : 이 내용은 《주자어류》 권26 〈논어 8(論語八) 이인편 상(里仁篇上)〉에 제자가 안인자(安仁者)와 이인자(利仁者)를 비교하여, 이인자도 미발일 때에는 공부를 붙일 곳이 없는가에 대해 묻자, 주자가 "미발일 때에는 본래 공부를 붙일 곳이 없으니, 미발일 때에는 요순에서 길거리에 다니는 사람까지 모두 똑같다.〔若未發時, 自著不得工夫, 未發之時, 自堯舜至於塗人一也.〕"라고 한 데에 보인다.

108 여씨(呂氏)의 이른바 잡는다 : 여씨는 정문사선생(程門四先生)의 한 사람인 여대림(呂大臨)으로, 그가 《서경》 〈대우모(大禹謨)〉의 '진실로 그 중도를 잡는다.〔允執

힘을 쓰는 데 관계되기 때문일 뿐이니, 《심경부주(心經附註)》도 동일한 뜻입니다.[110] 이것을 가지고 마침내 "미발일 때에는 공부를 말할 수 없다."라고 말해서는 안 됩니다.

고명의 의논이 전에는 이미 "계구(戒懼)가 동(動)·정(靜)을 관통한다."라고 하였고, 혹은 오로지 정(靜)할 때에 소속시키기도 하였습니다. 그렇다면 계구는 정할 때의 공부가 되는 것인데, 지금은 "미발일 때에는 공부가 없다."라고 말씀하시니, 전후(前後)로 말씀한 것이 어찌

厥中]'라는 것을 가지고 미발의 뜻을 밝힌 것을 두고 한 말이다. 《中庸或問 卷上》

109 양씨(楊氏)의 이른바 체험하다 : 양씨는 정문사선생의 한 사람인 양시(楊時)로, 《중용혹문》 〈권 상(卷上)〉에 "양씨가 '미발의 때에 마음으로 체험하면 중의 뜻이 저절로 드러나니, 중을 잡아서 잃지 않아 사사로운 인욕이 없으면 발하는 것이 반드시 절도에 들어맞는다.' 하고, 또 '모름지기 미발일 때에 이른바 「중」을 체험해야 한다.' 하였는데, 그가 '체험하다', '체득하다', '잡다'라고 한 말은 또한 여씨가 잘못한 것이다.[楊氏曰: 未發之時, 以心驗之, 則中之義自見, 執而勿失, 無人欲之私焉, 則發必中節矣. 又曰: 須於未發之際, 能體所謂中. 其曰: 驗之體之執之, 則亦呂氏之失也.]"라고 보인다.

110 심경부주(心經附註)도……뜻입니다 : 《심경부주》 권1 〈중용천명지위성장(中庸天命之謂性章)〉에 진덕수(眞德秀)가 다음과 같이 말한 것을 두고 한 말이다.

"주자(朱子)는 여씨(呂氏)의 '중을 구한다.[求中]'라는 말과 양씨(楊氏)의 '이른바 중을 체험한다.[體所謂中]'라는 말을 모두 깊이 비판하였으나, 스승인 이통(李侗)의 행장을 지을 적에는 '하루 종일 꼿꼿이 앉아 희로애락이 발하기 전의 기상이 어떠한가를 체험하면서 이른바 중을 구했다.[終日危坐, 以驗夫喜怒哀樂之前氣象爲如何, 而求所謂中.]'라고 하였으니, 그렇다면 이통 또한 여씨의 설과 같은 것이다. … 일찍이 생각해보건대 미발일 때에는 다만 공경하여 존양(存養)을 할 뿐이고 마음을 중을 구하는 데 두어서는 안 된다. 그러나 사려(思慮)가 나타나기 전에 지각(知覺)이 어둡지 않아서 성(性)의 체(體)가 저절로 가려질 수 없으니, 정자(程子)의 이른바 '고요한 가운데에 사물이 있다.'라는 것이다. 이는 모든 배우는 자들이 깊이 음미하여 실제로 체험하면 스스로 알게 될 것이니, 오로지 언어로써 찾아서는 안 됨을 이른 것이다."

모순되지 않겠습니까. 계구는 바로 공부이니, 하필 구하거나〔求之〕 체득하거나〔體之〕 잡은〔執之〕 뒤에야 공부가 되겠습니까.

주자가 일찍이 계구를 말씀하면서 "엄숙하여 두려워하는 바가 있는 듯하다.〔肅然如有所畏〕"라고 하셨으니, '여(如)' 자가 매우 좋은데, 이러한 지두(地頭)는 말로 형용하기가 어렵습니다.

문 16장의 '귀신지덕(鬼神之德)'의 '덕(德)' 자 위에 반드시 '위(爲)' 자를 덧붙인 것[111]은 의의가 없지 않습니다. 귀신이라는 것은 바로 통합하여 말한 것이고 '덕' 자는 바로 정상(情狀)이니, 만약 '귀신의 덕'으로 보면 '덕' 자가 오로지 귀신에게 소속되어서 별 뜻이 없고, 만약 '귀신지위덕(鬼神之爲德)'으로 보면 귀신에서 '덕' 자에 무게가 있게 되어 절로 깊은 뜻이 있습니다. 이 때문에 '덕' 자 위에 반드시 '위(爲)' 자를 덧붙인 것입니다. 그렇다면 위덕(爲德)이라고 말한 것은 곧 귀신이 정상(情狀)이 되는 소이(所以)인 것과 같은 것입니까?

답 '위(爲)' 자의 뜻은 논하신 것이 매우 분명하지 못합니다. 말씀하신 바 "'귀신의 덕〔鬼神之德〕'으로 보면 '덕' 자가 오로지 귀신에게 소속되어서 별다른 뜻이 없고 만약 '귀신지위덕(鬼神之爲德)'으로 보면 귀신에서 '덕' 자에 중점이 있게 되어 절로 깊은 뜻이 있다."라는 것은 귀신과 덕을 두 가지로 삼는 병통이 있는 듯합니다.

111 귀신지덕(鬼神之德)의……것 : 《중용장구》 제16장에 "귀신의 덕이 지극하도다. 보아도 보이지 않고 들어도 들리지 않지만, 만물의 근간이 되어 빠뜨려질 수 없도다.〔鬼神之爲德, 其盛矣! 視之而不見, 聽之而不聞, 體物而不可遺.〕"라고 한 곳의 '귀신지위덕(鬼神之爲德)'을 가리켜 말한 것이다.

제가 생각하건대 '덕' 자는 바로 귀신이니, '덕' 자 위에 '위(爲)' 자를 가한 것은 "귀신이 귀신이 되는 소이〔鬼神之所以爲鬼神〕"라는 말과 같습니다. 《중용장구》에 '위덕(爲德)' 두 글자를 함께 해석한 것[112]은 실로 귀신이 되는 소이의 뜻을 부대(附帶)한 것이니, 어떨지 모르겠습니다.

112 중용장구에……것 : 《중용장구》의 주자 주에 "'위덕'은 '성정과 공효'라는 말과 같다.〔爲德, 猶言性情功效.〕"라고 하였는데, 소주(小註)에 "성정은 바로 음·양 두 기운의 양능(良能)이고 공효는 바로 천지의 공용(功用)이니, 사람들은 모름지기 양능과 공용에서 그 덕을 알아야 한다. '귀신의 덕'은 '귀신의 실로 그러한 이치'라는 말이다.〔鬼神之德, 言鬼神實然之理.〕"라는 주자의 해설이 실려있다. 《中庸章句大全 16章》

이선장에게 줌
與李善長

기(氣)가 몸에 충만하지 않음을 '뇌(餒)'라 하니, '이것이 없으면〔無是〕'의 뇌(餒)[113]는 도의(道義)가 결핍된 것도 아니고 기가 결핍된 것도 아니고, 바로 '몸〔體〕이 충만하지 않음'을 말한 것입니다. '부족하게 여기다〔不慊〕'의 뇌(餒)[114]도 몸이 충만하지 못함을 말한 것이고 기가 결핍된 것이 아니니, 위아래의 두 '뇌(餒)' 자의 뜻은 마땅히 다른 뜻이 없을 것입니다.

113 기(氣)가……뇌(餒) : '무시(無是)의 뇌(餒)'는 《맹자》 〈공손추 상(公孫丑上)〉의 '호연지기(浩然之氣)' 장에 "'감히 묻겠습니다. 무엇을 호연지기라고 합니까?' 맹자가 말하기를 '말하기 어렵다. 그 기(氣)됨이 지극히 크고 지극히 강하니, 정직함으로써 잘 기르고 해침이 없으면, 이 호연지기가 천지의 사이에 가득 차게 된다. 이 기가 의와 도에 배합되니, 이것이 없으면 충만하지 못하게 된다.'〔其爲氣也, 配義與道, 無是, 餒也.〕"라고 보이는데, 주자의 주에서 '뇌(餒)'를 "굶주리고 결핍되어 기가 몸에 충만하지 못한 것이다.〔飢乏而氣不充體也.〕"라고 해설하였다.

114 부족하게 여기다〔不慊〕의 뇌(餒) : 이 또한 《맹자》의 '호연지기' 장에 "이 호연지기는 의리(義理)를 많이 축적하여 생겨나는 것이다. 의리가 하루아침에 갑자기 엄습하여 취해지는 것이 아니니, 행하고서 마음에 부족하게 여기는 바가 있으면 굶주려 충만하지 못하게 된다.〔行有不慊於心, 則餒矣.〕"라고 보인다.

이선장에게 답함
答李善長

논하신바 "보름에 참례(參禮)한다."라는 한 절(節)은 《주자가례(朱子家禮)》와 《격몽요결(擊蒙要訣)》이 서로 같지 않은데, 마땅히 《주자가례》를 바름으로 삼아야 할 것입니다. 이미 술을 진설하지 않았다면 오직 모사(茅沙)를 진설하기만 하는 것은 의의(意義)가 없으니, 저의 집에서는 예전에 보름의 참례에 술을 진설하지 않으면 모사(茅沙)도 함께 진설하지 않았습니다.

"나머지는 위의 의식처럼 한다."[115]라고 한 것은 바로 대강(大綱)으로 말씀한 것이니, 어찌 모사를 가리켜 말한 것이겠습니까. 무릇 제사에 술잔을 올리고 축문을 읽은 뒤에 재배(再拜)를 하고 사유(事由)를 고(告)하면 두 줄로 서서 재배를 하는 것은, 그 의의를 참으로 분명히 알기 어렵습니다. 그러나 저의 얕은 식견으로 생각하건대, 시제(時祭)와 기제(忌祭)의 축문(祝文)은 오로지 제사를 행하기 위한 것이므로 술잔을 올린 뒤에 곧바로 축문을 읽고, 축문을 읽는 것이 끝나면 재배합니다. 그리고 사유를 고하는 축문은 다만 사유를 고하기 때문에 술을 따라 올린 뒤에 재배하여 초하루와 보름의 의식과 똑같이 하는 것인데,

115 나머지는……한다 : 이 내용은 《주자가례》 '설날, 동지, 초하루, 보름에는 참례한다〔正至朔望則參〕' 조에 "보름에는 술을 진설하지 않고 신주를 내오지 않는다. 주인은 차를 붓는데, 장자(長子)가 돕는다. 장자가 먼저 내려가고 주인은 향안(香案)의 남쪽에 서서 재배하고서 내려간다. 나머지는 위의 의식처럼 한다.〔餘如上儀.〕"라고 보인다.

축문으로 고유한 뒤에 또 재배를 행하니, 그 뜻이 각각 해당되는 바가 있는 것이 아니겠습니까. 선배의 말씀을 보지 못했으니, 감히 딱 잘라 말할 수가 없습니다.

이선장에게 줌
與李善長

어떤 사람이 묻기를 "본생친(本生親)의 본생자매(本生姊妹)를 위해 마땅히 소공복(小功服)을 입어야 합니까? 마땅히 시마복(緦麻服)을 입어야 합니까? 예경(禮經)에 '세 번 강복(降服)한다.'라는 글이 없습니다."라고 하기에, 제가 답하기를

"본생친의 자매를 위해 소공복(小功服)을 입으면 본생친의 본생 자매에게는 강복하여 시마복을 입는다는 뜻이 본래 그 속에 내포되어 있으므로 예(禮)에 비록 이것을 말하지 않았으나 미루어 알 수 있으니, 어찌 굳이 '세 번 강복한다.'라는 글이 없는 것을 의심합니까. 이는 두 아들이 각기 남의 양자가 되었을 때 두 번 강복하지 않는 것과는 똑같지 않습니다."

라고 하였습니다.

그 사람이 또 묻기를 "삼촌 관계인 고모를 위한 복은 본래 기년복인데 세 번 강복하여 시마복에 이르는 것은 정리(情理)상 온당하지 못한 바가 있습니다."라고 하기에, 제가 다시 대답하기를

"이미 마땅히 강복해야 할 의리가 있다면 세 번 강복하는 것도 해로울 것이 없습니다. 기년복에서 시마복이 되는 것은 비록 박하게 하는 데에 가까우나 이는 바로 '예로써 정(情)을 빼앗는다.'[116]라는 것입니

116 예로써 정(情)을 빼앗는다 : 예의 절차를 줄임으로써 슬픈 감정을 억제하도록 하는 것을 이른다.

다. 제 생각에 본종(本宗)을 강복하는 뜻이 매우 엄격하여 다른 것은 돌아볼 겨를이 없으니, 다른 설은 제외하고 집사가 본생의 자매에게 강복하여 소공복을 입는 것은 진실로 정통(正統)이 둘인 혐의가 없는 것입니다. 그러나 집사의 본생 둘째 아들이 본생 형제와 똑같이 고모의 상에 소공복을 입는 것은 어찌 정통이 둘인 혐의가 없겠습니까. '생부에게 이미 강복하였으니 자기는 굳이 또 강복할 것이 없다.'고 해서는 결코 안 됩니다."

라고 하였습니다. 이것이 바로 연전(年前)에 어떤 사람의 질문에 답한 것인데, 그 집안에서는 저의 이 말을 따라 고모의 상에 시마복을 입었습니다.

지금 우옹(尤翁 송시열)의 말씀에 운운하신 것이 있음을 보았으니, 당시에 널리 상고하지 못한 것이 심히 한스럽습니다. 그러나 우옹의 말씀은 저의 뜻에 끝내 믿음이 가지 않는 점이 있습니다. 비록 두 아들이 각각 출계(出繼)한 것에 비하여 똑같이 한 예(例)로 삼았으나 제가 살펴보건대 똑같지 않은 점이 있을 듯하니, 어떻습니까, 어떻습니까?

추신 우암(尤菴)이 이르시기를 "두 아들이 각각 출계하고 두 딸이 각각 출가하였으면 모두 두 번 강복하지 않고, 출계한 사람의 자손이 다시 출계하더라도 또한 두 번 강복하지 않으며, 오직 출계하고 출가한 뒤에 다시 강복할 수 있다."라고 하셨습니다.-이것은 송원석(宋元錫)에게 답한 편지[117]에 보입니다.-

117 송원석(宋元錫)에게 답한 편지 : 《송자대전》 권129 〈원석에게 답함〔答元錫〕〉을 가리킨다. 송원석은 송시열의 재종손(再從孫)이다.

이선장에게 답함

答李善長

예(禮)에 세 번 강복함이 있는지의 여부에 대한 의문은 진실로 감히 알 수 없는 것인데, 이는 두 아들이 각각 출계한 것과는 끝내 똑같지 않습니다. 우옹(尤翁)이 이른바 "역(亦)"자도 미루어 말씀하신 것인 듯하니, 이 때문에 제가 의심하는 것입니다. 그러나 감히 자기 생각을 믿지 못하고 스승의 말씀을 따라야 하니, 마땅히 우옹의 설을 따라야 할 것입니다.

이선장에게 줌
與李善長

조우(趙友 조씨 성을 가진 친구)가 찌〔籤〕로 논한 것은 이미 다 보았는데 별도로 다시 더 지적할 만한 것이 없습니다. 그러나 제1조의 '기(氣)의 정상(精爽)'을 논한 곳에 이 정상의 기(氣)가 바로 원초(原初)의 담일(湛一)한 기라고 말하지는 않았습니다. 그러므로 명목이 분명하지 못해서 사람들로 하여금 의구심을 일으키게 하기가 쉬우니, 아마도 미진할 듯합니다.

'존덕성(尊德性)'[118]을 지(知)와 행(行)을 겸하여 보는 설은 경문(經文)

118 존덕성(尊德性) : 《중용장구》 27장에 "군자는 덕성을 높이고 학문을 말미암으니, 광대함을 지극히 하고 정미함을 다하며, 고명을 다하고 중용을 따르며, 옛것을 익히고 새로운 것을 알며, 후함을 돈독히 하고 예를 높이는 것이다.〔君子尊德性而道問學, 致廣大而盡精微, 極高明而道中庸, 溫故而知新, 敦厚以崇禮.〕"라고 보이는데, 주자의 주에 "'존덕성(尊德性)'은 마음을 보존하여 도체(道體)의 큼을 다하는 것이고, '도문학(道問學)'은 지식을 지극히 하여 도체의 세세함을 다하는 것이니, 이 두 가지는 덕을 닦고 도를 모으는 큰 단서이다. 털끝만한 사심으로 자신을 가리지 않고〔致廣大〕, 털끝만한 사욕으로 자신을 얽매지 않으며〔極高明〕, 이미 아는 것을 함영하고〔溫故〕, 이미 능한 것을 돈독히 하는 것은〔敦厚〕 모두 존심(存心 존덕성)의 등속이다. 이치를 분석하는 것은 털끝만한 차이가 나지 않게 하고〔盡精微〕, 일을 처리하는 것은 과불급의 잘못이 있지 않게 하며〔道中庸〕, 의리는 날마다 알지 못하던 것을 알고〔知新〕, 절문은 날마다 삼가지 못하던 것을 삼가는 것은〔崇禮〕 모두 치지(致知 도문학)의 등속이다. 존심이 아니면 치지할 수가 없고, 존심한 자는 또 치지를 하지 않으면 안 된다. 그러므로 이 다섯 구는 큰 것과 작은 것이 서로 자뢰(資賴)하고 머리와 끝이 서로 응하여 성현(聖賢)

의 본지(本旨)가 아닐 듯합니다. 만약 '존덕성'이 치지(致知)를 겸했다면 어찌하여 '도문학(道問學)'과 상대하여 말했겠습니까. 이 단락의 소주에 운봉(雲峯)의 설[119]이 가장 분명한 듯하니, 어찌 이것을 인용하여 밝히지 않습니까?

이 덕에 들어가는 방법을 보여 준 것이 이보다 더 자세함이 없으니, 배우는 자가 마땅히 마음을 다하여야 할 것이다."라고 하였다.

119 이 단락의……설 : 운봉(雲峯)은 원(元)나라 학자 호병문(胡炳文)의 호로, 《중용장구대전》 27장의 소주에 운봉 호씨가 "이 글을 읽는 자가 왕왕 진씨(陳氏)가 '「존심(存心)」은 역행(力行) 공부이다.' 한 것으로 인하여 마침내 '고명(高明)', '온고(溫故)', '지신(知新)'을 '지(知)'에 소속시키는 것인지를 의심하니, 주자가 《중용장구》에서 다만 '존심'과 '치지(致知)'라고만 말하였고 일찍이 '역행'과 '치지'라고 말하지 않았음을 자못 알지 못한 것이다.…요컨대 '존심'은 크게 힘쓰는 것이 아니므로 털끝만한 사심(私心)으로 마음을 가리지 않고 털끝만한 사욕(私欲)으로 마음을 얽매지 않으면 충분하며, 이것에 함영(涵泳)하고 이것을 돈독히 하면 충분하니, 굳이 그 안에서 또 '지(知)'와 '행(行)'을 구분할 필요가 없다. '치지' 공부의 경우는 그 안에 도리어 본래 '행'을 겸하여 말한 것이니, 십분 세밀히 하지 않으면 할 수가 없다."라고 한 말을 가리킨다.

이선장에게 줌

與李善長

학어(鶴馭)가 상빈(上賓)하셨으니,[120] 신하와 백성들이 목을 빼고서 쾌차하시기를 바랬던 나머지에 애통함이 어찌 다함이 있겠습니까. 4개월 동안 소식이 막혀서 그리운 생각만 형에게로 달려갔는데, 어느덧 가을이 되었습니다. 이때 형의 정무(政務) 보시는 체후가 평안하십니까? 그리운 마음 그지없습니다.

금년 여름은 처음에는 가물다가 끝에는 홍수가 지니, 귀읍(貴邑)의 추수하는 일은 과연 어떻습니까? 한 번 흉년이 들고 한 번 풍년이 드는 것은 실로 백성을 맡아 기르는 분의 근심과 기쁨으로 이어지니, 이 때문에 또한 삼가 염려스럽습니다.

심일지(沈一之)[121]가 갑자기 고인이 되었으니, 놀랍고 슬픈 마음이 어찌 다함이 있겠습니까. 높은 학문과 문장을 갖춘 그가 여기에서 생을 끝마침은 우리 당(黨)의 불행한 일이니, 거듭 가슴 아프고 애석합니다. 형은 동문(同門)에서 강마(講磨)한 정의(情誼)로 마땅히 더욱 애통하

120 학어(鶴馭)가 상빈(上賓)하셨으니 : 세자의 죽음을 뜻한다. 학어는 학가(鶴駕)와 같은 말로, 왕세자(王世子)의 수레나 왕세자를 가리킨다. 주(周)나라 영왕(靈王)의 아들인 진(晉)이 도술을 닦아 신선이 된 뒤에 백학(白鶴)을 타고 구지산(緱氏山)에 내려왔다는 전설에서 유래하였다.《列仙傳 卷上》 상빈은 천제(天帝)의 처소에 손님이 된다는 뜻으로 죽음을 미화한 말이다.

121 심일지(沈一之) : 일지는 심정진(沈定鎭, 1725~1786)의 자로, 호는 제헌(霽軒), 본관은 청송(青松)이다. 박필주(朴弼周)·김원행(金元行)의 문인이다.

실 것입니다.

고을에 부임하신 지가 이제 한 해가 지났으니, 정사하는 규모가 마땅히 가닥이 잡혔을 것입니다. 주자(朱子)[122]가 말씀하시기를 "주현(州縣)에서 벼슬한 자는 법령에 매여 있더라도 오히려 뜻한 바 한두 가지 일을 시행할 수 있다."[123]라고 하셨으니, 알지 못하겠습니다. 근래에 또한 이와 같이 할 수 있습니까? 형이 스스로 생각하시기에 참으로 다시 어떻습니까? 태만하지 말고 힘쓰시기를 바랍니다. 이만 줄입니다.

122 주자(朱子) : 저본에는 '정자(程子)'로 되어있는데, 《주자대전(朱子大全)》에 의거하여 바로잡아 번역하였다.

123 주현(州縣)에서……있다 : 이 내용은 《주자대전》 권40 〈하숙경에게 답함〔答何叔京〕〉에 보인다.

이선장에게 줌

與李善長

초겨울에 만났다가 작별했던 일은 급하게 지나가서 매우 한스럽습니다. 임기 전에 승진하는 기회는 본디 우연히 오는 것인데 결국 얻으셨으니, 의지와 경황(景況)이 참으로 어떠하십니까? 풍기군(豐基郡) 백성들은 기쁜 마음으로 어진 사또를 맞이해서 장차 춘각(春脚)의 교화를 입게 되었으니,[124] 삼가 풍기군 사람들을 위하여 축하합니다. 귀군(貴郡)은 퇴계(退溪)가 일찍이 다스리신 곳이니, 유풍(流風)과 유택(遺澤)이 아직도 남아 있을 것이고, 또 산수(山水)의 아름다움이 퇴계의 문집 속에 많이 기재되어 있으니, 상고하여 알 수 있습니다. 이제 형이 이 지역의 읍재(邑宰)가 되었으니, 좋은 복(福)이라고 이를 만합니다. 장차 선현(先賢)의 발길이 이르렀던 옛 자취를 더듬어서 현가(絃歌)의 남은 소리를 이을 수 있겠습니까?[125] 저로 하여금 마음이 달려가게 합니다.

124 풍기군(豐基郡)……되었으니 : 이정인이 1789년에 풍기 군수가 되었는바, 군수가 되어 선정(善政)을 베풀게 될 것을 비유한 말이다.《承政院日記 正祖 13年 10月 13日》 춘각(春脚)은 양춘각(陽春脚) 또는 유각양춘(有脚陽春)의 줄임 말로, 당(唐)나라의 재상(宰相) 송경(宋璟)이 선정을 베풀자 백성들이 “그의 발길이 닿는 곳마다 따뜻한 봄빛이 만물을 비춰주는 것 같다.〔所至之處, 如陽春煦物也.〕”라고 하면서 그를 유각양춘이라고 불렀던 데에서 유래한다.《開元天寶遺事 卷下》

125 현가(絃歌)의……있겠습니까 : 현가는 공자의 제자 자유(子游)가 무성(武城)의 재(宰)로 있을 적에 공자가 그곳을 지나다가 금슬(琴瑟)을 연주하며 노래하는 소리를 들었다는 고사에서 온 말로, 예악(禮樂)으로 백성을 다스려 교화함을 비유하는바, 이정인도 선현을 따라 이렇게 할 수 있는지를 물은 것이다.《論語 陽貨》

이선장에게 답함

答李善長

귀읍(貴邑) 백성들의 풍속이 매우 완악(頑惡)하여 관장(官長) 노릇하기가 매우 어렵다는 것을 종전에 듣지 못한 것은 아니나 우리 형이 부임하신 뒤로부터 이것을 걱정하지 않았던 것은, 다스리는 방도가 있다고 여겨서입니다. 이 반착(盤錯)을 만나면 이기(利器)를 변별할 수가 있으니,[126] 참으로 시험하기 좋습니다.

대체로 정치를 함에 한쪽에 편중되면 병폐가 있는데, 백성들을 통솔하는 것이 매우 어려워서 풀어놓으면 태만해지고 너무 급하게 몰아붙이면 혼란해지니, 오직 위엄과 은혜를 병행하여야 안정시키고 어루만져 달랠 수 있습니다. 보내온 편지에 말씀하신바 "너그럽게 하고 엄격하게 하는 사이"라는 말씀이 이미 이것을 아신 것이니, 어찌 저의 말을 다시 올릴 필요가 있겠습니까.

"정사를 함은 공평하게 하는 것만 한 것이 없다."[127]라는 것은 우리

126 반착(盤錯)을……있으니 : 반착은 반근착절(盤根錯節)의 줄임 말로, 뿌리와 가지가 뒤엉킨 것처럼 사태가 복잡하게 전개되어 처리하기 어려운 것을 말하는데, 보통 걸출한 재능을 발휘할 수 있는 절호의 기회라는 뜻으로 쓰이곤 한다. 이기(利器)는 예리한 칼이나 톱으로, 후한(後漢)의 우후(虞詡)가 "반근착절의 상황을 만나지 않는다면 칼이 예리한지 무딘지 분간할 수가 없으니, 지금이야말로 내가 공을 세울 기회이다.〔不遇盤根錯節, 無以別利器, 此乃吾立功之秋.〕"라고 말한 고사가 전한다.《通鑑節要 卷19 後漢和帝》

127 정사를……없다 :《설원(說苑)》 권7 〈정리(政理)〉에 공자(孔子)가 "관리의 됨됨이를 아는 자는 법을 받들어 백성을 이롭게 하지만 관리의 됨됨이를 모르는 자는

부자(夫子)의 가르침이니, 모름지기 '공평〔平〕' 한 글자로써 오랫동안 정사를 해나가시면 마땅히 효험이 있어서 백성들이 반드시 명령을 따를 것이므로 풍속을 바꾸는 것을 거의 기대할 수 있을 것입니다. 어떻습니까, 어떻습니까?

어제 찬선(贊善) 김 형(金兄)의 편지를 받았는데 형에 대해 언급한 것이 많았습니다. 그가 "형이 부임하는 곳마다 정치를 잘한다는 명성이 있음은 학문이 넉넉해서 이루어낸 것이다."라고 하니, 참으로 옳고 참으로 옳습니다.

법을 잘못 써서 백성을 침탈하니, 이것이 모두 원망이 생기는 이유이다. 관직에 임해서는 공평함만 한 것이 없고 재물에 임해서는 청렴함만 한 것이 없으니, 청렴하고 공평한 수령은 공격할 수가 없다.〔臨官, 莫如平, 臨財, 莫如廉, 廉平之守, 不可攻也〕"라고 한 말이 보인다.

이선장에게 줌

與李善長

사문(斯文 유학(儒學))이 불행하여 미호(渼湖) 가의 좨주(祭酒) 형이 갑자기 후학들을 버리시니,[128] 애통함을 어찌 다 말하겠습니까. 그 얼음 병과 가을 달의 기상[129]을 어느 곳에서 다시 볼 수 있겠습니까. 우러러 생각하건대 사문(師門)은 두 대의 교분과 정의(情誼)가 매우 돈독하시니, 애통하고 슬퍼하는 감회를 어떻게 스스로 억제하십니까? 우리 당(黨)에서는 모범으로 삼을 분이 없고 사림(士林)에서는 우러러 의지할 분이 없으니, 이것까지 생각한다면 어찌 개인에 관계된 사사로운 것만을 위하여 슬퍼할 뿐이겠습니까.

128 미호(渼湖)……버리시니 : 좨주(祭酒) 벼슬을 지낸 김이안(金履安, 1722~1791)의 죽음을 두고 한 말이다. 김이안은 자가 원례(元禮), 호가 삼산재(三山齋), 본관은 안동(安東), 시호는 문헌(文獻)이다. 농암 김창협의 증손자이고 미호 김원행의 아들이다. 1762년(영조38) 학행(學行)으로 천거되어 경연관(經筵官)에 기용되었고, 찬선(贊善), 좨주 등을 지냈다. 부친의 문하에 출입하던 박윤원 등과 교유하면서 성리학과 예학(禮學)을 깊이 연구하였다.

129 얼음……기상 : 고결한 인품을 형용한 말로, 등적(鄧迪)이 주자(朱子)의 스승인 연평(延平) 이통(李侗)의 인품을 두고 "마치 얼음 병과 가을 달〔氷壺秋月〕처럼 티 하나 없이 투명하니, 우리가 미칠 바가 아니다."라고 한 데서 유래한다. 《宋史 卷428 李侗列傳》

이선장에게 답함
答李善長

존시조(尊始祖)이신 수도정(守道正) 공[130]은 과연 체천(遞遷)하지 않아야 하는데 체천하였다면 비록 오랜 세월이 지난 뒤에라도 참으로 그 잘못을 바로잡는 것이 마땅하니, 사판(祠版 신주(神主))을 이미 매안(埋安)하였다가 다시 세우는 것이 어찌 나쁠 것이 있겠습니까.

다만 듣건대 "수도(守道) 공은 대군(大君)이 아니다."라고 하는데, 대군이 아니면 '별자(別子)'라고 칭할 수가 없어서 백세불천(百世不遷)의 신위가 될 수 없습니다. 《의례(儀禮)》와 《가례(家禮)》 및 국전(國典)에 모두 이와 같으니, 귀종(貴宗)의 여러분이 '별자는 불천한다.'는 예(例)를 사용하고자 하는 것은 무엇을 근거로 하신 말씀인지 모르겠습니다. 저는 편지로 말씀하신 것에 대해 처음에 범연히 보면서 사당을 세우라는 내용으로 답장을 보내고자 하였습니다. 그래서 글의 초안을 잡아 조사순(趙士純)[131]에게 보였는데 조사순은 불가하다 하니, 그 말이 매우 옳습니다. 저 또한 그의 말을 따랐으니, 이제 다시 의논할 것이 없습니다.

단유(壇壝)[132]의 경우도 혹 한 가지 방법일 수 있으나 이것도 행하기

130 존시조(尊始祖)이신 수도정(守道正) 공 : 이정인의 시조인 이덕생(李德生, ?~1449)으로, 조선 제2대 왕인 정종(定宗)의 제7남이다. 처음에 명선대부(明善大夫) 수도정(守道正)에 봉해졌고, 고종 때 현록대부(顯祿大夫) 수도군(守道君)으로 추봉되었다.

131 조사순(趙士純) : 인물 정보가 자세하지 않다.

어려운 점이 있습니다. 묘소(墓所)를 비록 실전(失傳)하였더라도 우(禹) 좨주(祭酒)[133]의 사단(祉壇)은 오히려 고택(故宅)의 유허(遺墟)가 아직 남아 있었기 때문에 세울 수 있었고, 김(金) 태사(太師)[134]의 묘단도 징험할 수 있는 옛 산과 동네 이름이 있었기 때문에 세울 수 있었습니다. 그러나 수도정 공 같은 분은 참으로 제단(祭壇)을 만들 곳이 없습니다. 종가(宗家)의 집에 제단을 만들고자 하면 이미 부조(不祧)[135] 신위가 아니고, 그 종자(宗子)는 이미 없어진 종(宗)이니, 그 집에 제단을 쌓는 것은 의의가 없을 듯합니다. 어떨지 모르겠습니다.

132 단유(壇壝) : 유(壝)는 단을 둘러싸 만든 토담으로, 단유는 제단(祭壇)과 그 둘레의 경역을 일컫는다.

133 우(禹) 좨주(祭酒) : 성균 좨주(成均祭酒)를 지낸 우탁(禹倬, 1263~1342)을 말한다. 우탁은 자가 천장(天章), 호가 백운(白雲), 본관이 단양(丹陽)이다. 성균 좨주로 치사한 뒤 예안(禮安)에 은거하면서 후진 교육에 전념하였다. 경사(經史)에 통달하였고 역학(易學)에 더욱 조예가 깊어 세상에서 역동 선생(易東先生)이라 일컬어졌다. 시호는 문희(文僖)이다.

134 김(金) 태사(太師) : 안동 김씨(安東金氏)의 시조 김선평(金宣平, ?~?)을 가리킨다. 김선평은 고창군(古昌郡 지금의 안동)의 성주(城主)로서 930년(고려 태조13)에 권행(權幸), 장길(張吉) 등과 함께 태조를 도와 후백제의 견훤(甄萱)을 고창군에서 대파하는 공을 세우고 함께 삼태사(三太師)가 되었다. 안동에 삼태사묘(三太師廟)가 있다.

135 부조(不祧) : 5대가 지나도 신주를 체천(遞遷)하지 않고 사당에 영구히 봉사하는 것을 말한다.

이선장에게 답함
答李善長

말씀하신 뜻은 자세히 받들어 보았습니다. 사당 안의 절사(節祀)와 고유(告由)는 본래 각기 다른 조항의 일이니, 여러 신위에 참례(參禮)를 행할 때 해당되는 신위에 별도로 고하는 것은 온당치 못할 듯합니다. 추석의 다례(茶禮)를 끝낸 뒤에 다시 술과 과일을 진설하고 해당되는 신위에 이장(移葬)을 고유하는 것이 옳을 듯합니다. 하루에 두 번 제사하지 않는 것은 바로 성대한 제사를 가리켜 말한 것이니, 고유할 때에 술과 과일을 진설함은 두 번 제사하는 혐의가 없을 듯하고, 또한 반드시 번쇄(煩瑣)한 일이 되는 것은 아닐 듯한데, 어떻습니까, 어떻습니까?

이선장에게 줌
與李善長

'정 수재(程秀才)'의 정(程)은 과연 오자(誤字)가 아닙니다. 우연히 한 문집을 보니, "이 일이 소백온(邵伯溫)의 《문견록(聞見錄)》[136]에 실려 있는데, 사마공(司馬公)이 정수재를 칭할 적에 옛 성(姓)을 따른 것은 태어난 바로 되돌아가는 뜻일 것이다."라고 하였습니다. 지난 때에 본문의 사실을 기억하지 못해서 찌를 잘못 붙이게 되었으니, 한스럽습니다. 그 찌는 버리시는 것이 어떻겠습니까?

가평(嘉平)의 최례(崔禮) 어른은 바로 첨추(僉樞) 최석(崔祏)[137] 씨의 종제(從弟)인데 사람됨이 질박하고 정성스럽고 단정하고 정직합니다. 평소 연다(烟茶)[138]를 피우는 것을 그르다고 여겨 왕왕 너무 지나치게 배척하였는데, 지금 형과 처음 만났을 때도 이러한 의논이 있었습니까? 제가 일찍이 한남당(韓南塘 한원진)의 문집을 보니, 남당 또한 일찍이 담배를 피우셨는데 이후에 마침내 시를 짓고서 그만 피우셨습니다.

136 문견록(聞見錄) : 송(宋)나라의 문신·학자인 소백온(邵伯溫)의 저서로, 20권이다. 소흥(紹興) 연간 이전까지의 송나라 왕조의 여러 가지 일을 기록했다.

137 최석(崔祏) : ?~? 자는 숙고(叔固)이다. 도암(陶菴) 이재(李縡)의 문인으로, 낙론(洛論)의 입장에서 호락논쟁에 깊이 관여한 인물 중 하나이다.

138 연다(煙茶) : 담배의 이칭으로, 《인조실록(仁祖實錄)》 16년 8월 4일에는 "손님을 대할 때 차나 술을 대신하기 때문에 '연다(煙茶)' 또는 '연주(煙酒)'라고 부르기도 한다." 하였고, 이의현(李宜顯, 1669~1754)의 《경자연행잡지 하(庚子燕行雜識下)》에는 손님을 대접할 때 차와 함께 내놓기 때문에 이렇게 칭한다고 하였다.

선배들이 이처럼 용기 있게 고치셨으니, 형도 이것을 본받을 수 없겠습니까? 저 또한 최례 어른의 의견과 대략 똑같습니다.

이선장에게 답함

答李善長

시제(時祭)에 다만 아버지 사당만 받드는 집안에서 조비(祖妣)의 신위가 없다 하여 죽은 아내의 신위를 선비(先妣)의 신위에 부묘(祔廟)하는 것은 임시방편의 예(禮)에서 비롯된 것인데, 이제 이미 고조(高祖)의 신위를 새로 장방(長房)에 봉안하였다면 마땅히 한 대(代)를 띄워 부묘하는 뜻[139]을 따라야 합니다. 고조고비(高祖考妣)에 제사하는 축문에 "아무 친(親)을 부식한다.〔某親祔食〕"고 쓰는 것이 비로소 예의 뜻에 부합할 것입니다. 만일 앞뒤가 크게 다른 것을 혐의쩍게 여긴다면 시제(時祭)를 지내기 하루 전에 비(妣)의 감실(龕室)을 고조비(高祖妣)의 감실로 옮긴다는 뜻으로 글을 지어 고유하는 것이 완곡할 듯한데, 어떨지 모르겠습니다.

139 한 대(代)를……뜻 : 이 내용은 《예기》 〈상복소기(喪服小記)〉에 "사대부로서 제후에 부묘(祔廟)할 수 없는 자는 사대부인 조부(祖父)에 부묘하고, 그 처는 조고(祖姑)에 부묘하고 첩은 첩의 조고에 부묘한다. 없으면 한 대(代)를 띄우고 위로 올려 부묘한다. 부묘는 반드시 그 소목(昭穆)으로 한다."라고 보인다.

이선장에게 답함

答李善長

“기가 본래 선하다.〔氣本善〕”라는 말이 있는데, 호연지기(浩然之氣)와 원기(元氣)를 가지고 보면 기(氣)가 본래 선함을 알 수 있으니, 어찌 굳이 경전(經傳)상에 ‘기본선(氣本善)’이라는 세 글자가 분명히 있은 뒤에야 옳겠습니까. 기가 본래 선하기 때문에 마음 또한 본래 선한 것이니, 마음은 이(理)가 아니고 바로 기입니다. 기가 만약 본래 선하지 않다면 마음이 어찌 본래 선하겠습니까.

‘순전히 선함〔純善〕’과 ‘본래 선함〔本善〕’은 성(性)과 심(心)의 구별이 됩니다. ‘순(純)’이라는 것은 박(駁)의 상대인데, 순선하면 악(惡)이 없으니, 이는 성(性)에다 할 수 있는 말입니다. 그리고 ‘본(本)’이라는 것은 말(末)의 상대인데, 본래 선하여도 말류(末流)는 악이 됨을 면치 못하니, 이는 ‘마음〔心〕’에다 할 수 있는 말입니다. 유씨(兪氏)의 설에 ‘순(純)’ 자와 ‘본(本)’ 자를 가지고 심(心)과 성(性)에서 바꿔 말한 것은, 그 까닭을 알 수 없습니다. 고명(高明)의 의논은 이미 선생께 전수(傳受)받은 것도 있는 데다 스스로 발휘(發揮)하신 것도 참으로 정밀하고 분명하니, 다시 헤아릴 필요가 없습니다.

이선장에게 답함
答李善長

듣건대 혼사(婚事)를 경영하느라 바빠서 정신이 어지러울 수밖에 없었다고 하시니, 이는 참으로 보통 있는 일입니다. 배움은 반드시 종일토록 독서해야 하는 것은 아닙니다. 사물을 응접하는 것도 바로 학문이니, 어찌 번거로움을 싫어하는 마음을 가져서야 되겠습니까.

〈서명(西銘)〉에 여섯 성현의 일[140]이 있는데, '맛있는 술을 싫어한다.'와 '영재를 기른다.' 두 구(句) 중에 한 구는 두 가지 뜻이 있으니, 이는 본래 분명합니다. 그 아래 네 구는 진실로 위의 예(例)처럼 나누어 소속시키기가 어려우나 하늘을 섬기는 뜻과 어버이를 섬기는 뜻을 겸하고 있음은 마땅히 위 두 구와 다르지 않습니다. 주자(朱子)의 이른바 "유추하면 볼 수 있다."[141]라는 것은 이 때문에 하신 말씀인 듯합니

140 서명(西銘)……일 : 횡거 장재의 〈서명(西銘)〉에 보이는 숭백(崇伯), 영봉인(穎封人), 순(舜)임금, 신생(申生), 증삼(曾參), 백기(伯奇)의 일을 이른다. 자세한 내용은 76쪽 주93 참조.

141 유추하면……있다 : 이 내용은 《주자어류》 권98 〈장자지서1(張子之書一)〉에 혹자가 '맛있는 술을 싫어한다.〔惡旨酒〕'에서 '용감하고 명령에 순종하다.[勇於從而順令]'까지 여섯 성현의 일에서 이일분수(理一分殊)를 볼 수 있는지를 묻자, 주자가 "'맛있는 술을 싫어함'과 '영재를 기름'은 하늘을 섬기는 것이고, '부모의 봉양을 돌아봄〔顧養〕'과 '선(善)을 남에게 줌[錫類]'은 어버이를 섬기는 것이다. 1구(句)마다 모두 두 가지 뜻이 있으니, 유추하면 볼 수 있다.〔推類可見〕"라고 한 데 보인다. '이일분수(理一分殊)'의 '이일'이란 우주의 근원은 유일(唯一)의 이치 한 가지라는 뜻이고, '분수'란 이 유일의 이치가 나뉘면 천만 가지 현상으로 분리되어 각각 다른 형태와 성질을 갖게 된다는

다. 그러나 이 또한 대강(大綱)으로 말씀하신 듯하니, 굳이 '맛있는 술을 싫어함'과 '영재를 기름'의 준례를 가지고 억지로 끌어 맞추어서 안배하고 포치(鋪置)한다는 혐의에 걸릴 필요가 없습니다. 어떨지 모르겠습니다.

근래에 사학(邪學 천주학(天主學))이 더욱 치성(熾盛)하니, 걱정스럽고 한탄스러운 마음을 이루 다 말할 수 있겠습니까. 석불(釋佛 불교(佛敎))의 폐해가 양주(楊朱)·묵적(墨翟)보다 심하고 양학(洋學)의 폐해가 석불보다 심하니, 미친 듯이 날뛰는 사나운 물결을 막지 않으면 사람들이 장차 모두 빠질 것인데, 어떻게 하면 말끔히 물리칠 수 있겠습니까? 발본색원(拔本塞源)할 방도가 반드시 있을 것이니, 형께서도 한 번 생각해 보시기 바랍니다.

뜻이다. 《朱子語類 卷1 理氣上 太極天地上》《性理大全 卷26 理氣 總論》

이선장에게 답함

答李善長

'소심외기(小心畏忌)' 등의 말[142]은 대상 축문(大祥祝文)에 쓸 수 없다는 것은 저의 말이 별도로 근거한 바가 있는 것이 아니고, 또한 남계(南溪 박세채)의 설을 전적으로 주장한 것이 아닙니다. 남계는 이것을 다만 소상(小祥)에만 사용하고 대상과 담제(禫祭)에 통용하고자 하지 않았는데, 저의 생각에는 비록 소상이라 하더라도 굳이 쓸 필요가 없다고 여깁니다. 점차 슬픔이 줄어드는 뜻으로 말하면 소상과 대상 축문의 내용이 마땅히 삼우(三虞) 때보다 더 많을 수가 없으므로 '숙흥야매애모불령(夙興夜處哀慕不寧)' 여덟 자면 지극하니, 굳이 다른 말을 첨가하여 쓸 필요가 있겠습니까.

또 '담제(禫祭)'의 담(禫)은 '담담하여 편안하다.'라는 뜻이 있으니, 그렇다면 '소심외기' 등의 글자는 어찌 무거운 복에 쓰는 것이 아니겠습

142 소심외기(小心畏忌) 등의 말 : 《가례》 〈상례(喪禮) 소상(小祥)〉에 "축문은 앞전의 졸곡 때와 똑같이 하는데, 다만 '세월이 머물지 않아 벌써 소상이 되었습니다. 아침 일찍 일어나 밤늦게 잠들도록 조심하고 삼가서 몸을 게을리하지 않았으며 슬픔과 그리움에 편치 않았습니다. 감히 결생·유모·자성·예제로 이 상사를 올리오니 부디 흠향하소서.'라고 한다.〔祝版同前, 但云 : 日月不居, 奄及小祥. 夙興夜處, 小心畏忌, 不惰其身, 哀慕不寧. 敢用潔牲, 柔毛, 粢盛, 醴齊, 薦此常事, 尙饗.〕"라고 하고, 《가례》 〈상례(喪禮) 대상(大祥)〉의 '모두 소상의 의절과 같이 한다.〔皆如小祥之儀〕' 조에 "다만 축문의 '소상'을 '대상'으로 바꾸고 '상사'를 '상사(祥事)'로 바꾼다.〔惟祝版, 改小祥曰大祥, 常事曰祥事.〕"라고 하였다. 이 《가례》의 내용에 따르면 대상과 소상에 모두 '소심외기' 등의 말을 사용한다.

니까. 그러므로 저는 대상제와 담제에 이것을 쓴다는《가례》의 글에 대해 일찍이 의혹한 것입니다. 그러다가 도암(陶菴 이재(李縡))이 논한 것을 보건대 "《상례비요》에 비록 이 글이 실려 있으나 사대부의 집안에서 대부분 사용하지 않으므로 나 또한 감히 쓰지 않았다."[143]라고 하셨습니다. 이에 이 말씀을 깊이 믿고서 집안에서 연전에 소상을 행할 때 사용하지 않았으니, 참람하고 망령되지 않겠습니까.《주자가례》와《상례비요》는 비록 후학들이 높이고 믿는 책이나, 소주(小註)에 기재된 것은 다 따를 수 없는 경우가 있으니, 이와 같은 종류가 매우 많습니다. 사계(沙溪)가 이것을 모두 취하여 기록한 것은 사람들이 참고해 보고서 취사선택함이 있게 하고자 하셨을 뿐입니다.

'소상즉(小祥則)'[144]의 '즉(則)' 자의 경우, 저의 어리석은 소견으로는 다만 소상에 그친다는 것만 알고 상제와 담제에 통용된다는 것은 보지 못하였는데, 수암(遂菴 권상하(權尙夏))은 이에 대하여 오탈(誤脫)이 있다고 하셨으니, 선배들도 이미 의심한 것입니다. 그러나 저의 말은 감히 스스로 옳다 여겨서 반드시 사람들로 하여금 쓰지 못하게 하려는 것은 아닙니다.

143 상례비요에……않았다 : 이 내용은 도암 이재의《사례편람(四禮便覽)》권6〈소상(小祥) 축문식(祝文式)〉에 보인다.

144 소상즉(小祥則) :《상례비요》〈소상(小祥)〉에 "소상 때에는 '밤이 깊어서야 잠든다.' 아래에 '조심하고 삼가서 몸가짐을 나태하게 하지 않는다.'라는 여덟 글자를 쓴다.〔小祥則夜處下, 有小心畏忌不惰其身八字.〕"라고 보인다.

이선장에게 답함
答李善長

축문의 설을 이처럼 반복해서 말씀해주신 덕분에 저의 몽매함이 풀어지니, 참으로 다행입니다. 지난날 저의 편지 가운데 "소주(小註) 운운" 한 것은 실로 《상례비요》의 소주를 가리킨 것인데, 《가례》를 함께 예로 든 글의 아래에 있으니, 《가례》는 다만 겸해서 말한 것일 뿐입니다.

《가례》는 본문(本文)이니 과연 소주가 아니고, 《상례비요》의 소주도 제가 감히 다 버리고자 하는 것은 아닌데, 다만 이 조항이 매우 의심할 만하므로 말했을 뿐입니다. 이 여덟 글자는 이미 《의례(儀禮)》의 부제(祔祭)의 축문(祝文)이니, 부제에 사용하는 것은 괜찮은데 온공(溫公)이 이것을 '소상(小祥)' 조(條)로 옮겨 사용한 것[145]은 어째서입니까? 진실로 감히 알 수가 없습니다.

수암(遂菴)의 말씀은 비록 의미가 있는 듯하나 또한 연역(演繹)하여 하신 말씀인 듯하므로 제가 감히 단정하여 따르지 못하는 것입니다. 그러나 《가례》에 이미 기재되어 있고 《상례비요》에 또 기록되어 있으니, 오직 마땅히 따라 사용하여야 합니까? 도암이 《가례》와 《상례비요》를 높이고 믿음이 의당 얼마나 크셨겠습니까. 그런데 유독 이 구(句)에 대해서 쓰지 않은 것은 반드시 이유가 있으셨을 것이니, 마땅히

145 온공(溫公)이……것 : 온공은 북송의 명상(名相)으로 온국공(溫國公)에 봉해진 사마광(司馬光)을 가리키고, 해당 내용은 사마광의 《서의(書儀)》 권9 〈상의5(喪儀五) 소상(小祥)〉에 보인다.

높은 의식(儀式)으로 잘못 이해하신 것은 아닐 것입니다. 이 구절의 말을 상제와 담제까지 사용하는 것은 끝내 길게 끌고 가는 것에 관계됩니다.

이선장에게 줌

與李善長

하서(河西) 김 선생(金先生)의 승무(陞廡)하는 예(禮)가 이루어지니[146] 실로 사문(斯文)의 경사입니다. 선생을 높이고자 한 유지(遺志)가 바로 우리 성상(聖上)의 광감(曠感)[147]의 뜻을 성취한 것임을 여기에서 볼 수 있으니, 삼가 지극히 공경하고 감탄하는 마음을 이길 수 없습니다.

146 하서(河西)……이루어지니 : 하서는 김인후(金麟厚, 1510~1560)의 호로, 팔도의 유생들이 김인후와 조헌(趙憲)을 문묘에 배향하자는 논의를 여러 번 하였지만 정조가 줄곧 윤허하지 않다가 1796년(정조20) 9월 17일 김인후를 문묘에 배향하라고 윤허하고 11월 6일에 배향한 것을 가리킨다. 《承政院日記 正祖 20年 9月 17日, 11月 6日》《日省錄 正祖 21年 8月 15日》

147 광감(曠感) : 광세지감(曠世之感)의 줄임말로, 동시대에 태어나지 못해 서로 만나지 못한 데 대한 감회를 말한다.

이선장에게 답함

答李善長

거취(去就)의 일에 대하여 형이 저를 위해 도모하셨는데 오히려 제가 스스로 깊게 헤아리는 것만 못할 듯합니다. 직책이 이미 걸맞지 못하고 천거를 또 무릅쓰기가 어려우며, 질병 또한 억지로 힘쓸 수 없는 형세이니, 제가 어찌 벼슬길에 나아갈 수 있겠습니까.

더구나 본래 학문이 공허하고 소략한 자가 노쇠하고 병들고 정신이 혼미하여 예전에 들은 것을 모두 잊어서 비록 글의 뜻에 나열된 것이라도 또한 뜻대로 하기가 어려우므로 반드시 털끝만 한 보익(補益)도 없을 것이니, 나아가서 예학(睿學 왕세자의 학문)에 보탬이 없기보다는 차라리 나아가지 아니하여 저의 졸렬한 분수를 지키는 것이 낫습니다. 이러한 이유로 강력히 사양하여 반드시 교체될 것을 계획하였는데 직함을 여러 달 동안 헛되이 띠고서 성상의 엄한 교지를 번거롭게 내리게 하였으니, 황공하여 몸 둘 곳이 없을 따름입니다.

이선장에게 줌

與李善長

제가 제수받은 관직을 일곱 달 동안 헛되이 띠고서 한결같이 태만히 하니, 황공한 마음을 어찌 다 말할 수 있겠습니까. 이 관직을 맡고부터 친구들이 모두 한번 출사(出仕)하기를 권하였고, 우리 형께서도 그러하여 이제 또 이처럼 간곡한 말씀을 해주셨습니다. 차갑고 따뜻함을 비록 제 스스로 안다고 하더라도[148] 출처(出處)의 일을 붕우(朋友)들과 의논하지 않을 수 있겠습니까.

그러나 구구한 제가 고집을 부려 진실로 변통할 수 없는 점이 있습니다. 이 때문에 매번 외인(外人)의 분분한 의논을 불러왔습니다. 그 의리에 대처하는 곡절은 편지로 다 말할 수 있는 것이 아니니, 요컨대 후일에 서로 만났을 때 한번 다 말씀드리겠습니다. 그러나 근래 전하는 말들이 또한 와전(訛傳)된 것이 많으니, 멀리서 들으시고 굳이 다 믿으실 필요는 없습니다. 어떻습니까, 어떻습니까?

148 차갑고……하더라도 : 도(道)를 펼 만하면 조정에 나아가 벼슬하고 그렇지 못하면 물러나 은거함을 스스로의 뜻에 따라 결정하는 것을 이르는바, 수당(隋唐) 시기의 고승인 몽산(蒙山) 도명선사(道明禪師)의 "예컨대 사람이 물을 마심에 차갑고 따뜻함은 제 스스로 아는 것과 같다.〔如人飮水, 冷煖自知.〕"라는 말을 원용한 것이다.《五燈會元 卷2 袁州蒙山道明禪師》

이사심[149] 홍재 에게 줌

與李士深 洪載

고명이 과거(科擧)에서 신(申) 학사(學士)와 동방급제(同榜及第)를 하였으니, 정분이 친밀한 동료의 운기(運氣)가 함께 형통하는 이치를 또한 볼 수 있습니다. 보존하고 있는 고상한 뜻은 일찍이 고인(古人)의 사업을 담당하였던 것으로 삼가 기억하는데, 이제 벼슬길을 시작하였습니다. 자신의 경륜을 펼 길이 갖추어졌고 친구들의 기대도 매우 간절하니, 엎드려 바라건대 마음에 더욱 새기고 스스로 분발해서 원대한 일에 더욱더 힘써서 세도(世道)를 붙들고 우리 당(黨)을 빛내주시는 것이 어떻겠습니까. "외면(外面)은 변하나 내면은 변치 않는다."[150]라는 것이 바로 퇴옹(退翁 이황(李滉))이 다른 사람을 권면하며 하신 말씀이니, 삼가 집사를 위하여 이 말씀을 외웁니다. 행여 제 말을 망령되다 여기지 않고 받아들이시겠습니까?

149 이사심(李士深) : 사심은 이홍재(李洪載, 1727~1794)의 자로, 호는 일선(一蟬), 본관은 한산(韓山)이다. 1774년(영조50) 문과에 급제하고 성균관 대사성, 강화부 유수(江華府留守) 등을 지냈다. 성리학과 예론(禮論)에 밝았고, 시에도 능하였다. 저서에 《일선와고(一蟬窩稿)》가 있다.

150 외면(外面)은……않는다 : 이 내용은 출전이 자세하지 않으나, 《주역(周易)》 〈혁괘(革卦) 상육(上六)〉의 "소인은 낯빛만 바꾼다.〔小人革面.〕"를 원용한 말로 보인다. 혁면(革面)은 겉으로는 변하여 순종하나 내면은 그렇지 못함을 이른다. 이에 대한 이천 정이의 《역전(易傳)》에 "소인(小人)은 혼우(昏愚)하여 고치기 어려운 자이니, 비록 마음은 교화되지 못하더라도 얼굴을 고쳐 윗사람의 명령과 가르침을 따른다."라고 하였다.

이사심에게 답함

答李士深

선조(先祖)의 묘(墓)에 대한 세일제(歲一祭)[151]는, 사계(沙溪)의 설을 따르면 마땅히 일헌(一獻)을 해야 하는데 일헌에는 축문이 없습니다. 우복(愚伏 정경세(鄭經世))의 설을 따르면 마땅히 삼헌(三獻)을 해야 하는데 삼헌에는 축문이 있으나 축문이 예서(禮書)에 보이지 않으니, 그렇다면 오직 지어서 사용해야 합니다. 저의 생각에는 사계의 설을 따르는 것이 마땅할 듯한데, 어떨지 모르겠습니다.

151 세일제(歲一祭) : 《주자가례(朱子家禮)》에는 사(士)와 서인(庶人)의 경우 고조까지만 사당에 모시고 5대 이상은 친진조(親盡祖)라 하여 제사하지 않는 것으로 되어있으나, 우리나라에서는 5대 이상의 선조에게 1년에 봄이나 가을에 한 번씩 묘제(墓祭)를 지내며 이것을 '세일제(歲一祭)'라 칭하였다. 이것을 세속에서는 시제(時祭) 또는 시향(時享)이라 하나 문헌에서 근거를 찾을 수 없다. 축문은 송시열과 이재(李縡)가 지은 것이 있어서 노론(老論)들은 이것을 사용하는데, 대체로 4대 이내의 조상에게 봄이나 가을에 지내는 묘제(墓祭) 때 이것을 약간 가감하여 사용한다.

이사심에게 답함

答李士深

문 아내의 상을 당한 어떤 사람이 아버지가 생존해 계셔서 상장(喪杖)을 짚지 않았기 때문에 담제(禫祭)를 지내지 않아야 하는데, 연제(練祭 소상제)를 마땅히 행해야 하는가의 여부를 자의(諮議) 권진응(權震應)에게 묻자, 그가 답하기를 "예(禮)에 상장을 짚지 않으면 담제를 지내지 않는다고 하였으나 연제를 지내지 않는다는 글이 없으니, 연제는 행할 수 있다."라고 하였습니다.

뒤에 우암(尤菴)이 구제백(具濟伯)의 질문에 답하신 것[152]을 보니, 우암이 말씀하기를 "아내의 상은 실로 3년의 체단(體段)을 갖추고 있습니다. 그러므로 연제・상장・대상・담제 네 가지는 단지 하나로 묶여 있는 절차인데, 이제 상장을 짚지 않는다 하여 담제를 지내지 않고 오직 연제만을 행함은 반쯤 올라가다가 아래로 떨어지는 일일 듯합니다. 내가 생각하기에 《예기(禮記)》〈상복소기(喪服小記)〉의 주(註)의 설이 정론이 될 수 없을 듯하나, 이미 주의 설을 타파할 수 없으면 단지 이에 따라 행할 뿐입니다. 운운"이라고 하셨습니다.

근래 장령(掌令) 김종후(金鍾厚)[153]의 의논을 보니, 말하기를 "모든

152 우암(尤菴)이……것 : 《송자대전》 권83의 〈구제백에게 답함[答具濟伯]〉을 가리킨다.

153 김종후(金鍾厚) : 1721~1780. 자가 백고(伯高), 호가 본암(本菴), 본관이 청풍(淸風)이다. 정암(貞菴) 민우수(閔遇洙)의 문인으로 어려서부터 사부(詞賦)에 능하여 문명이 있었고, 진사가 된 뒤부터는 성리학자로 알려졌다. 지평, 장령, 경연관 등을

장기(杖期)의 상(喪)에 연제와 대상제와 담제가 있는 것은 삼년상의 체제를 갖추기 위한 것이니, 이미 상장을 짚지 않고 기년복을 입었다면〔不杖期〕 어찌 삼년상의 체제를 논할 것이 있겠는가. 이미 삼년상의 체제를 일삼을 것이 없으면 다만 상을 당한 지 꼭 한 해가 지난 날에 복을 벗고 그 제사는 기제(忌祭)가 됨에 불과할 뿐이니, 연제와 대상과 담제 세 가지는 하나도 논할 만한 것이 없다."라고 하였습니다.

이제 남계(南溪)가 윤명상(尹明相)의 질문에 답한 것[154]을 보니, 남계가 말씀하기를 "적자(適子)가 아내를 위하여 상장을 짚지 않으면 담제를 지내지 않지만 11개월째에 연제를 지내는 것은 이로 인하여 다 폐해서는 안 될 듯하다."라고 하였습니다. 대체로 앞뒤로 유가(儒家)들의 의논이 똑같지 않으니, 어느 것을 따라 행해야 할지 모르겠습니다.

답 물으신 예설(禮說)은, 일찍이 어떤 사람이 이것을 저에게 묻기에, 제가 고례(古禮)의 "부제(祔祭)는 시아버지가 주관하고 우제(虞祭)와 졸곡(卒哭)은 남편이 주관한다."[155]라는 글을 인용하여 답하기를 "시아버지가 비록 상(喪)을 주관하나 마땅히 그 남편이 아내를 위하여 연제를 행하는 것을 허락해서 삼년상의 체(體)의 의의를 보존하여야 하니, 예경(禮經)의 소(疏)에서 '상장을 짚지 않으면 담제를 지내지 않는다.

역임하였다. 문집으로 《본암집》이 있고, 편서에 《가례집고(家禮集考)》, 《청풍세고(淸風世稿)》가 있다.

154 남계(南溪)가……것 : 남계 박세채(朴世采)의 《남계속집(南溪續集)》 권17 〈윤여필【명상】의 물음에 답함〔答尹汝弼【明相】問〕〉을 가리킨다.

155 부제(祔祭)는……주관한다 : 이 내용은 《예기》 〈상복소기(喪服小記)〉에 "부인의 상에 우제와 졸곡은 그 남편이나 아들이 주관을 하고, 부제는 시아버지가 주관을 한다."라고 보인다. 여기의 부제는 졸곡제를 마친 다음 곧바로 지내는 제사이다.

〔不杖則不禫〕'[156]고 한 것 때문에 연제까지 아울러 그만두어서는 안 된다. 운운"이라고 하였습니다.

그 사람은 저의 말을 따라 김사천(金沙川)[157]에게 찾아가 질정하였더니, 김사천은 상제와 연제, 대상과 담제가 일관된 일이라는 뜻을 가지고 "담제를 지내지 않으면 연제 또한 마땅히 행하지 않는다."고 말해서 저와 의견이 부합하지 않았습니다. 그런데 지금 상주(喪主 상중인 이정인을 가리킴)가 말씀하신 것을 받아보고서 사천의 의논이 매번 이와 같았음을 알았습니다. 그리고 산수헌(山水軒) 권 공(權公)[158]의 말은 지금 처음 들었는데 바로 저의 소견과 부합하니, 저의 말이 조력자가 있어서 외롭지 않음을 스스로 다행스럽게 여깁니다. 권 공이 이른바 "예에 상장을 짚지 않으면 담제를 지내지 않으나 연제를 지내지 않는다는 글이 없다."라는 것은 가장 분명하니, 이것은 제가 일찍이 고집하여 말한 것입니다. 우옹(尤翁 송시열)은 비록 "담제를 지내지 않고 다만 연제만을 행하는 것은 반쯤 올라가다가 아래로 떨어지는 것이다."라는 말씀을 하셨으나, 그 아래에 또 "작게 기록한 주석의 설을 타파할 수가 없으면 다만 이에 따라 행할 수 있다."라는 의논이 있었습니다. 저의 뜻은 이 예를 갑자기 결정하기가 어려우니, 신중히 하는 도리상 우선 그 아래 말씀을 따르는 것이 무방할 듯합니다.

156 상장을……않는다 : 이 내용은 《예기정의(禮記正義)》 〈상복소기〉의 공영달(孔穎達)의 소에 보인다.

157 김사천(金沙川) : 인물 정보가 자세하지 않다.

158 산수헌(山水軒) 권 공(權公) : 산수헌은 권진응(權震應, 1711~1775)의 호로, 자는 형숙(亨叔), 본관은 안동(安東)이다. 권상하(權尙夏)의 증손이며 한원진(韓元震)의 문인으로, 예(禮)에 밝았다.

남계는 "시아버지가 며느리의 제사를 주관하는 것은 오직 부제(祔祭)뿐이다. 운운"이라고 말씀하였는데, 이는 제가 지난날 어떤 사람의 물음에 답한 글 안에서 인용한 것이니, 이것은 충분히 아버지가 살아 있을 때 아내를 위하여 연제를 행해야 하는 것의 한 증거가 될 수 있습니다. 그런데 일찍이 듣건대 김사천은 남편이 우제와 졸곡을 주관하는 것을 후세에 행할 수 없다고 하니, 이것은 알 수 없습니다.

'남편이 아내의 상에 복을 입을 적에 삼년상의 체를 갖춘다.〔夫之服妻 具三年之體〕'의 '구(具)' 자는 매우 엄중하니, 비록 압존(壓尊)으로 인하여 상장을 짚지 않으나 연제는 마땅히 행하여 삼년상의 체제를 갖추는 의의를 잃지 않을 수 있으니, 만약 연제까지 아울러 지내지 않는다면 삼년상의 체제를 갖추는 의의가 어디에 있겠습니까.

"상장을 짚지 않으면 연제와 담제를 지내지 않는다."고 말하지 않고 다만 "담제를 지내지 않는다."고 말하였으니, 예에서 이렇게 글을 쓴 것은 반드시 이유가 있을 것입니다. 또 비록 "상장을 짚지 않는다."고 하였으나 끝내 다른 기년복과 똑같지 않기 때문에 "아버지가 살아계시면 상장을 짚지 않고 기년복을 입는다."고 말하지 않고, 다만 "상장을 짚지 않으면 담제를 지내지 않는다."고 말했으니, 아직도 연제를 행하는 한 절차가 있기 때문입니다. 이제 '상장을 짚지 않는다.'라는 글을 다른 기년복의 부장기(不杖期)와 똑같이 여긴다면 담제를 지내지 않는다는 것을 어찌 말할 필요가 있어서 굳이 말하겠습니까. 다만 담제를 지내지 않는다고 말했으면 연제가 그대로 남아 있어서 다른 부장기와 다름을 볼 수 있습니다. 혹자는 말하기를 "예에 비록 연제를 지내지 않는다고 말하지 않았으나, 실제는 담제를 들어 연제를 포함한 것이다."라고 하는데, 이 설은 저도 믿지 않습니다.

제가 일찍이 증거로 삼을 만한 말씀을 하나 얻었습니다. 사계(沙溪) 선생이 말씀하기를 "아버지의 상에 경(潁)을 하고 나면[159] 비로소 아내의 두 상제(祥祭 소상제와 대상제)를 행할 수 있다."라고 하셨으니, 이는 아버지가 살아 계실 때에 아내의 상을 만난 자가 아버지가 별세하여 이미 장례하였으면 아내의 연제와 대상제를 행할 수 있다는 것입니다. 이것은 틀림없이 아버지가 살아계실 때 시아버지가 며느리의 상을 주관하고 남편은 본래 마땅히 연제와 대상제를 행해야 하는 경우이니, 아버지가 별세하였기 때문에 아버지가 살아계실 때 아내를 위하여 행한 예를 바꾸어서 비로소 연제와 대상제의 예를 편다는 것이 아닙니다. 이에 근거하면 아버지가 살아 계실 때에 아내를 위하여 상장을 짚지 않은 자가 연제와 대상제를 행함을 알 수 있습니다. 상장을 짚지 않고 담제를 지내지 않는 것이 이미 압존의 의리에 맞으니, 다만 연제를 행하고 또 삼년상의 체를 보존한다면, 이는 참으로 완전히 구비하여 흠이 없을 것입니다. 고례(古禮)에 뜻을 정밀하게 세움이 이와 같을 듯한데, 어떨지 모르겠습니다.

159 경(潁)을 하고 나면 : 우제(虞祭)를 지낸 뒤를 이르는바, 《예기》 〈잡기 하(雜記下)〉에 "삼년상이 겹쳤을 경우에는 졸곡이 되어 경질(潁経)로 바꾼 뒤에 전상(前喪)의 연제나 상제의 제사를 지낸다.〔三年之喪, 則旣潁, 其練祥皆行.〕"라고 보인다.

이사심에게 답함

答李士深

말씀하신바 "지(智)·인(仁)·용(勇)[160]의 차제(次第)"에 대한 설은 고견(高見)이 참으로 맞습니다. 덕(德)에 들어가는 순서는 지(智)가 항상 인(仁)보다 먼저인데, 우선 이 《중용장구》의 제4장과 제5장의 주지(主旨)가 이미 "도가 밝아지지 않기 때문에 도가 행해지지 않음"을 말하였고,[161] 그 아래 여러 장에서는 바로 '지·인·용'을 말하여 도에 들어가는 문으로 삼았으니, 반드시 먼저 '지'를 말하여 도가 밝아진 이후에 도가 행해짐을 드러냈습니다.[162] 그렇다면 삼달덕(三達德)의 순서는 마땅히 고명의 말씀처럼 지(智)를 먼저로 보고 행(行)을 나중으로 보

160 지(智)인(仁)용(勇) : 이 세 가지는 이른바 '삼달덕(三達德)'으로, 《중용》 제20장에 "지·인·용 이 세 가지는 천하의 달덕(達德)이니, 이것을 행하는 것은 하나〔성(誠)〕이다."라고 보인다.

161 중용장구의……말하였고 : 《중용장구》 제4장에 "공자께서 말씀하셨다. '도(道)가 행해지지 못하는 이유를 내가 아노니, 지혜로운 자는 과(過)하고 어리석은 자는 불급(不及)하기 때문이다. 도가 밝아지지 못하는 이유를 내가 아노니, 어진 자는 과하고 어질지 못한 자는 불급하기 때문이다. 사람들이 음식을 먹고 마시지 않는 이가 없건마는 맛을 아는 이가 적다.'"라고 하고, 제5장에 "공자께서 말씀하셨다. '도가 행해지지 못하겠구나.'"라고 한 것을 가리킨다.

162 반드시……드러냈습니다 : '지(智)'를 먼저 말한 것에 대한 일례로 제6장에 "공자께서 말씀하셨다. '순임금은 큰 지혜이실 것이다. 순임금은 묻기를 좋아하시고 천근(淺近)한 말씀을 살피기 좋아하시되, 남의 악을 숨겨 주고 선을 드러내시며 두 끝을 잡으시어 중(中)을 백성에게 쓰시니, 이 때문에 순임금이 되신 것이다.〔子曰: 舜, 其大知也與. 舜好問而好察邇言, 隱惡而揚善, 執其兩端, 用其中於民, 其斯以爲舜乎.〕"라고 하였다.

아야 합니다. 정자(程子)의 훈(訓)은 본래 세 가지의 조목을 평탄하게 설명하였으므로 한 덕에서 각각 한 가지 일을 말씀하여 하나도 빠트려서는 안 되는 실제를 보이신 것이니,[163] 그렇다면 지를 먼저 하고 행을 뒤에 한 뜻이 일찍이 그 말씀 속에 들어 있지 않은 적이 없습니다. 이제 고명의 말씀은 바로 정자의 가르침 안에 포함된 뜻인데, 오로지 공부의 선후(先後)를 위주로 말씀해서 중점을 '지(智)'에 돌렸으니, 말의 뜻이 자세히 구비되었습니다. 그래서 충분히 정자의 말씀을 발휘할 수 있으니, 저로 하여금 공경하고 감탄하게 합니다.

163 정자(程子)의……것이니 : 정자가 지(智)·인(仁)·용(勇)을 설명한 것이 여러 곳에 보이는데, 몇 가지를 예로 들면 《이정유서(二程遺書)》〈명도선생어3(明道先生語三)〉에 "아는 것이 분명하고 믿는 것이 독실하고 행하는 것이 과감함은 지·인·용이다. 예컨대 공자께서 이른바 '성인(成人)'이라는 것도 이 세 가지에서 벗어나지 않으니, 장무중(臧武仲)의 지(智)와 맹공작(孟公綽)의 인(仁)과 변장자(卞莊子)의 용(勇)이다."라고 보이고, 《이정유서》〈이천선생어1(伊川先生語一)〉에 "지는 아는 것이고, 인은 지킴이고, 용은 결단함이다.〔知知, 仁守, 勇決.〕"라고 보이고, 또 "대체로 도(道)에 있어서는, 가리는 것은 지(智)에 달려있고, 지키는 것은 인(仁)에 달려있고, 결단하는 것은 용(勇)에 달려있다. 사람이 도에 있어서 단지 지키지 못하고 결단하지 못하는 것이 병통이다."라고 보인다.

이사심에게 답함

答李士深

문 아버지 상에 소상(小祥)이 되기 한 달 전에 자신이 죽을 경우, 자신의 아들이 성복(成服)한 뒤에 즉시 자신을 대신하여 할아버지 상에 승중복(承重服)을 입는데, 할아버지의 소상은 마땅히 죽은 아버지를 장례하고 졸곡한 뒤에 날짜를 가려 소상제를 행해야 할 것입니다. 혹자는 "소상 날에 간략히 제수(祭需)를 진설하여 날짜를 물려 제사를 행하게 된 이유를 아뢰되, 여러 숙부는 먼저 상기가 차면 먼저 상복을 벗는 의리에 따라 이때 연복(練服)을 입는 것이 옳다."라고 하고, 혹자는 "비록 '제수를 간략히 진설한다.' 하더라도 빈(殯)을 이미 동일한 집에서 했으면 제사를 폐하는 것이 옳다."라고 하는데, 어떨지 모르겠습니다.

답 이는 '주인이 외지(外地)에서 상을 들은 경우, 부음을 들은 날에 제사를 행하고 복을 벗는다.'라는 것과 똑같지 않으니, 굳이 상이 난 날에 간략히 제전(祭奠)을 진설할 필요가 없습니다. 더구나 새로운 상에 같은 집에서 빈(殯)을 하였고, 또 주인이 바로 아버지 상에 장례하기 전인 경우에 있어서이겠습니까. 비록 제전을 간략히 진설하더라도 행할 수 없을 듯하니, 단지 고유만 하고 여러 숙부가 먼저 복을 벗는 것이 마땅할 듯합니다.

신자수[164] 대년 에게 줌

與申子壽 大年

서쪽에 가서 놀았던 지가 이미 5~6년인데 그곳의 강산(江山)이 여전히 눈에 어렴풋이 남아 있습니다. 그런데 지금 우리 형의 부석(鳧舃)[165]이 그 사이에 머물러 있으시니, 참으로 한 번 채찍질하여 가서 모임을 가져 함께 황학루(黃鶴樓)[166] 위에서 술잔을 잡고서 저의 흉금(胸襟)을 깨끗이 씻고 싶습니다. 그러나 그렇게 할 수가 없으니, 다만 스스로 바람 앞에서 멀리 그리워할 뿐입니다.

부임한 지 몇 달이 지났는데, 관직 생활하는 정황이 더욱 아름답고 이 초여름 날씨에 정무 보는 체후가 더 수고롭지 않으십니까? 고을이 작고 경계(境界)가 궁벽하여 공사(公事)에 여가가 많아 백운(白雲)과

164 신자수(申子壽) : 자수는 신대년(申大年, 1731~?)의 자로, 본관은 평산(平山)이다. 갑오년(1774 영조50) 증광시에서 급제하고 헌납, 강계 부사(江界府使) 등을 지냈다.

165 부석(鳧舃) : 오리와 신발로 지방관이 되어 정사하고 있는 자취를 이른다. 후한(後漢) 명제(明帝) 때에 왕교(王喬)가 섭현(葉縣)의 현령(縣令)으로 있었는데, 신선술(神仙術)을 익혀 매월 초하루와 보름이면 항상 섭현에서 조정으로 날아와 황제를 알현(謁見)하였다. 명제는 그가 자주 오는데도 수레가 보이지 않는 것을 이상하게 여겨 몰래 태사(太史)를 시켜 엿보게 하였더니, 그가 올 때마다 한 쌍의 들오리가 동남쪽에서 날아왔다. 그래서 다시 날아오기를 기다려 그물로 잡았는데, 한 쌍의 신발만 얻었다 한다.《後漢書 方術列傳 王喬傳》

166 황학루(黃鶴樓) : 평안도 삼등현(三登縣)에 있던 누대의 이름인데, 신대년이 1771년에 평안도 삼등 현령(三登縣令)이 되었다는 기록이 있다.《新增東國輿地勝覽 卷55 平安道 三登縣》《承政院日記 英祖 47年 12月 22日》

방초(芳草)에서 날마다 최호(崔顥)의 시에 화답하여 마땅히 이미 100편의 경거(瓊琚)를 얻었을 터인데,[167] 멀리 있어서 그 중에 한두 가지도 들을 길이 없으니 답답합니다.

저는 어버이를 받들고 그럭저럭 보내고 있으나 약한 몸에 병이 자주 들어 책을 계속해서 보지 못하니, 근심하고 한탄한들 어찌하겠습니까. 나머지는 단지 시전(視篆)[168]하시는 몸이 더 길하시기를 바랄 따름입니다. 이만 줄입니다.

167 날마다……터인데 : 당나라의 문인 최호(崔灝)의 시 〈등황학루(登黃鶴樓)〉가 이백(李白)으로부터 당인(唐人)의 칠언율시(七言律詩) 가운데 제일이라는 격찬을 받기까지 하였는바, 신대년도 삼등의 황학루에서 풍경을 즐기며 최호의 시에 화답하여 좋은 시를 많이 지었을 것이라는 말이다. 《唐詩三百首 卷4》 경거(瓊琚)는 보옥(寶玉)으로 상대방의 훌륭한 시문을 비유하는바, 《시경》 〈위풍(衛風) 목과(木瓜)〉의 "나에게 목과를 주거늘 경거로써 보답한다.〔投我以木瓜, 報之以瓊琚.〕"라는 구절에서 유래하였다.

168 시전(視篆) : 관인(官印)을 들고 공무를 본다는 뜻으로, 결재하는 도장은 보통 전서(篆書)로 새겨져 있기 때문에 결재권을 지닌 지방관의 정무 수행을 비유한다.

김중관[169] 재순 에게 답함

答金仲寬 在淳

행랑채에서 사망한 것이 이미 산재(散齊)하는 날에 있었으면 제사를 폐지함에 의심할 것이 없습니다. "한 집에서 신첩(臣妾)의 상(喪)이 있으면 신첩을 장례한 뒤에 제사 지낸다."[170]라는 글은 또한 대강으로 말한 것입니다. 가령 오늘 장례하였을 경우 내일 제사하는 것이 괜찮겠습니까? 시신이 나간 지가 3일이 되지 않았다면 불결함이 변함없이 그대로이니, 비록 단헌(單獻)이라도 어찌 행할 수 있겠습니까. 비록 정리(情理)상 심히 서운한 일이지만 마땅히 제사를 정지하고 폐해야만 합니다.

169 김중관(金仲寬) : 중관은 김재순(金在淳, 1733~?)의 자로, 본관은 안동(安東)이다. 갑오년(1774 영조50) 식년시에 합격하고 호조 좌랑, 상주 목사(尙州牧使) 등을 지냈다.

170 한 집에서……지낸다 : 이 내용은 《예기》 〈잡기 하(雜記下)〉에 "한집에 살던 사람이 죽은 경우, 죽은 사람이 비록 신첩이라 하더라도 반드시 장사를 치른 뒤에 제사를 지낸다.〔如同宮, 則雖臣妾, 葬而後祭.〕"라고 보인다.

김중관에게 답함
答金仲寬

일찍이 《속문해(續問解)》[171]를 보니, 최석유(崔碩儒)가 "적부(適婦)를 위하여 부장기(不杖期)를 하는 것은, 3대(代)를 이은 자를 가리킨 것입니까?"라고 묻자, 신재(愼齋 김집(金集))가 "마땅히 편지로 말한 것처럼 해야 한다."라고 답하였습니다. 이에 의거하면 적부의 상에 기년복을 입는 경우는 바로 마땅히 참최 3년복을 입어야 하는 장자(長子)의 아내이니, 지차(之次)의 아들의 경우 비록 장부(長婦)라도 마땅히 대공복을 입어서 여러 자부(子婦)와 똑같이 해야 합니다. 이제 우옹(尤翁 송시열)의 설을 보건대 더욱 분명합니다. 신재와 우옹 두 선생의 말씀이 이와 같으므로 오직 이것을 따라 행해야 하니, 다시 무엇을 의심하겠습니까.

171 속문해(續問解) : 사계(沙溪) 김장생(金長生)이 예에 관해 문답한 내용을 실은 것이 《의례문해(疑禮問解)》이고, 여기에서 빠진 내용을 그의 아들 신독재(愼獨齋) 김집(金集)이 보완해서 편찬한 것이 《의례문해속편(疑禮問解續編)》인바, 이것을 가리킨다.

김중관에게 답함

答金仲寬

전권(田券 논밭의 매수 증서)을 또 이렇게 보내주시고 말씀한 바가 간곡하나 저의 미혹되고 막힌 견해로는 감히 간절한 명령을 따를 수가 없으니, 죄송하고 죄송합니다. 종전에 형이 만약 땅값을 쳐서 우리 땅과 바꾼 일이 없다면, 제가 빙가(聘家 처가)의 제사를 돕는다는 뜻으로 묘전(墓田)을 마련하여 갖추어둔 후함을 따르는 방도이므로 명분이 없는 물건이 아니니, 주는 자와 받는 자가 진실로 할 말이 있습니다. 그러나 이것은 그렇지 않아서 이미 토지의 값을 주고서 또 그 토지를 돌려준 것이니, 이것은 형의 입장에서 은혜를 상하게 하는 일입니다.[172] 이미 토지에 대한 돈을 받고 또 그 토지를 받는다면 이것은 저의 입장에서 청렴을 손상하게 하는 일이니, 제가 기필코 사양하는 것은 실로 여기에 기인합니다. 평소 서로 마음을 알아주는 사이인데, 어찌 자세히 헤아려주지 않습니까?

형의 입장에서는 이 일이 혹 '의기가 있다.〔有意氣〕'라는 세 글자에 가까우나 저의 입장에서는 장차 몰염치(沒廉恥)의 죄로 돌아갈 것이니, 부디 다시 생각하여 양해해 주기 바랍니다. 이에 불공(不恭)함을 피하지 않고 감히 또 되돌려 드리니, 이후로 비록 백 번 보내주더라도

172 형의……일입니다 : 형의 입장에서는 아우에게 지나치게 많이 주는 것이 오히려 은혜를 상하게 하는 일이라는 말로, 《맹자》 〈이루 하(離婁下)〉에 "얼핏 보면 줄 만하고 자세히 보면 주지 말아야 할 경우에 주면 은혜를 상한다."라고 한 데서 온 말이다.

또한 마땅히 백 번 되돌려 드릴 것입니다. 그리하면 '충고를 자주 하면 멀어진다.'[173]는 경계를 어길 듯한데, 어떠십니까? 곧 버리는 물건과 같다면 단지 한전(閒田 주인 없는 토지)으로 만들 뿐입니다.

173 충고를……멀어진다 : 이 내용은《논어》〈이인(里仁)〉에 "자유(子游)가 말하였다. '친구 간에 충고를 자주하면 이에 멀어지게 된다.'"라고 보인다.

근재집

제10권

書서

유여성[1] 한준 에게 답함

答兪汝成 漢雋

어제 집안 아우를 통해 대략 소식을 들었으니 다행입니다. 아우는 수십 년 동안 북산(北山)의 사람[1]으로 지내다가 갑자기 이곳에 옴에, '소인은 거처하는 곳의 편안함을 생각한다〔小人懷土〕'[2]는 심사가 없을 수 없습니다. 게다가 평소의 친구와 이웃들과 헤어짐에 있어서이겠습니까. 때때로 마주 대화하며 옛날을 이야기하는 즐거움을 이제 다시는 얻을 수 없단 말입니까. 뜬구름 같은 세상 모이고 흩어지는 것이 꿈과 같으니, 다만 저를 울적하게 할 뿐입니다.

일찍이 세상의 붕우(朋友)들을 살펴보건대, 서로 가까운 곳에 거처하여 날마다 서로 왕래하면서 손을 잡고 은근(慇懃)한 정을 나누며 즐겁게 웃고 대화하면서 생사(生死) 간에도 서로 저버리지 않겠다고 말합니다. 그러다가 집을 옮겨 먼 곳에 살게 되어 얼굴을 자주 볼 수 없게 됨에 미쳐서는 번번이 버려두고 서로 잊는 지경에 이릅니다. 그러

1 유여성(兪汝成) : 유한준(兪漢雋, 1732~1811)으로, 여성은 그의 자이고 호는 저암(著菴), 본관은 기계(杞溪)이다. 1768년(영조44) 진사시에 합격하고 벼슬이 형조 참의에 이르렀다. 뇌연(雷淵) 남유용(南有容)의 제자로 송시열(宋時烈)을 추숭하여 《송자대전(宋子大全)》을 손에서 놓지 않았다고 한다. 당대에 뛰어난 문장가로 손꼽혔으며 그림에 대한 관심도 높아 당시 화가들의 그림에 제발문(題跋文)을 많이 지었다.

1 북산(北山)의 사람 : 북산은 백악산(白岳山)을 가리킨다. 박윤원의 집은 백악산 아래 삼청동에 있었으므로 이렇게 말한 것이다.

2 소인은……생각한다 : 이 내용은 《논어》 〈이인(里人)〉에 보인다.

나 우리들이야 어찌 이렇겠습니까. 오직 각각 옛정을 보존하여 서로 멀리하고 버리지 않아야 옳을 것입니다. 형의 마음 또한 저의 마음과 같습니까?

문자(文字)를 짓는 일에 있어서는 새집의 정돈이 아직 끝나지 않아서 서책들을 모두 다락에 묶어 두었기 때문에 형편상 할 겨를이 없습니다. 비록 예전의 학업을 찾아 다스리고자 하여도 장차 누구와 함께 강마(講磨)하고 토론하겠습니까? 우리 형과 서로 멀리 떨어진 것이 더욱 한스럽습니다.

유여성에게 줌

與兪汝成

강(講)하는 일은 어느 편(篇)을 하지 못하고 있습니까? 글을 짓는 것은 무리들 보다 뛰어난데 책을 외우는 것은 남들보다 못하니, 아마도 이른바 능한 것이 있고 능하지 못한 것이 있다는 것일 것입니다.

그러나 참으로 고명(高明)으로 하여금 우주 간에 있는 모든 책들을 쓸어버리고 오로지 한 책에만 힘을 쏟게 한다면 이를 통달함에 여유가 있을 것입니다. 이로부터 우활하다는 비난이 마땅히 더욱 심해질 것인데, 기개가 조금도 꺾이지 않을 수 있겠습니까? 아니면 여전히 태사공(太史公)의 불사(不捨)를 고집하겠습니까?[3]

3 여전히……고집하겠습니까 : 불사(不捨)는 포기하지 않는다는 의미이고 태사공(太史公)은 《사기》를 지은 사마천(司馬遷, 기원전145～기원전86)을 이른다. 비장군(飛將軍)으로 유명한 이광(李廣, ?～기원전119)의 손자 이릉(李陵, ?～기원전72)이 흉노의 대군과 싸우다가 중과부적으로 항복하였다. 이 소식을 들은 무제(武帝)가 크게 노하여 그의 일족을 몰살시키려고 하자, 사마천이 패전에 대해 변론하다가 무제의 노여움을 사 궁형(宮刑)에 처해지고 투옥되었다. 그러나 사마천은 불굴의 의지로 옥중에서 저술을 계속하다가 무제의 신임을 다시 회복하여 기원전 91년경에 마침내 《사기》를 완성하였으므로 이렇게 말한 것이다.

유여성에게 답함

答兪汝成

오랫동안 푸른 산자락에서 오는 편지를 보지 못하여 나 자신부터 편지를 쓰고 귀를 기울였으나 또한 감히 답장이 빨리 오는 것을 바라지는 못했습니다.

그런데 단옷날 보내주신 편지를 지금 받아 보니, 친구의 얼굴이 여기에 있습니다. 막혔던 것이 통하고 울적함이 풀리니, 그 기쁨이 진실로 한이 없습니다. 이에 비로소 편지가 드물면 더욱 진기한 것이 될 수 있다는 것을 알았으며, 더하여 첫 무더위에 기거(起居)가 깨끗하고 편안하시다는 것까지 알았습니다.

뇌연(雷淵) 남공(南公)[4]과 종유하신다고 들었습니다. 이로써 예원(藝苑 문장가들의 사회를 이르는 미칭(美稱))의 의론을 접하고 대가(大家)의 소장(所藏)을 열람하여 이목(耳目)이 더욱 열리고 넓어지며 또 장려를 받아 구양수(歐陽脩)와 소식(蘇軾)[5] 사이의 지우(知遇)와 다름이 없게

4 뇌연(雷淵) 남공(南公) : 남유용(南有容, 1698~1773)으로 뇌연은 그의 호이다. 자는 덕재(德哉), 본관은 의령(宜寧)으로 도암(陶菴) 이재(李縡)의 문인이다. 1740년(영조16) 알성시 문과에 급제하고 대제학과 형조 판서 등을 지냈다. 1754년에 원손보양관(元孫輔養官)이 되어 뒤에 정조가 된 세손을 세살 때에 가르쳤다.

5 구양수(歐陽脩)와 소식(蘇軾) : 북송의 저명한 문장가들로 당송팔대가(唐宋八大家)에 속한다. 구양수(1007~1072)는 자가 영숙(永叔)으로 당나라 한유(韓愈)와 함께 고문(古文) 운동의 영수로 꼽히며 벼슬이 참지정사(參知政事)에 이르렀다. 소식(1037~1101)은 자가 자첨(子瞻), 호가 동파(東坡)로 시(詩)·사(詞)·음악·서법(書法)에 두루 조예가 깊었다. 구양수는 소식이 급제한 가우(嘉祐) 2년의 과거에서

될 것이니, 그렇다면 한 시대를 충분히 진동(振動)시킬 수 있을 것입니다. 훌륭하다고 이를 만합니다.

남공은 실로 아름다운 명망을 누리고 있고 경전(經典)에 널리 통달하고 의리에 밝으니, 필시 그 문장이 세상의 실속 없이 오로지 겉만 화려한 것을 숭상하는 자들과는 같지 않을 것입니다. 우리 형이 남공을 흠모하여 본받으려는 것은 다시 마땅히 의거(依據)하는 바가 있을 것이니, 어찌 기뻐할 만한 일이 아니겠습니까.

돌아보건대 저는 일찍이 남공의 문하에 오른 적은 없지만, 문장가들의 월조평(月朝評)[6]를 삼가 들어보건대, 이 노인이 마땅히 제공(諸公) 중에 으뜸이 되어야 한다고 하니, 실로 평소에 흠모함이 있었습니다.

지금 고명께서 외람되이 저의 비루한 이름을 들어 번거롭게 문장의 종장(宗匠)께 들려주시니, 무슨 영광이 이와 같겠습니까. 다만 칭찬이 실제보다 지나치니, 이것이 비록 친구의 명성을 이끌어주겠다는 뜻에서 나온 것이나, 다만 제가 사람들을 속이는 죄를 무겁게 하기에 딱 알맞을 뿐입니다. 바라건대 지금 이후로는 다시는 이와 같은 일을 하지 말아서 저의 마음을 편안하게 해주시면 참으로 다행이겠습니다.

예부 시랑으로 지공거(知貢擧 과거시험위원장)의 직책을 맡았는데 당시에는 과거에 급제한 자들이 자신을 급제시킨 지공거를 스승으로 삼는 풍습이 있었는바, 이 인연으로 소식은 평생 구양수를 스승으로 섬겼다.

6 월조평(月朝評) : 월단평(月旦評)과 같은 말로 매달 초하루에 행해지는 인물에 대한 비평을 뜻한다. 후한 영제(靈帝) 때 여남(汝南)의 명사인 허소(許劭)와 그의 종형제인 허정(許靖)은 매달 초하루에 지방 사람들의 인물을 평했는데, 이 인물평이 정확해서 사람들은 '여남의 월단평'이라고 부르며 높이 평가하였다. 《後漢書 卷68 許劭列傳》 조선조에서는 '단(旦)'이 태조(이성계)의 이름이므로 이를 휘하여 뜻이 같은 '조(朝)'로 바꿔 표기하였다.

보내신 편지에, 문장이 황폐해져서 소인(小人)으로 귀착될까 두렵다고 말하신 것은 끝내 예전의 뜻인 듯합니다. 군자는 본래 문장을 짓지만, 소인으로 문장에 능한 자 또한 어찌 한정이 있겠습니까. 군자와 소인의 구분은 마음에 달려있지 글에 달려있는 것이 아니니, 마땅히 배움이 진전되지 못함을 걱정할 것이요 문장이 진전되지 못함을 걱정하여서는 안 됩니다.

근간에 들으니 봉록(鳳麓) 김장(金丈)[7]께서 자못 경학(經學)에 유념하시어 《중용》을 천 번을 읽었다고 합니다. 이 어른 또한 젊어서 문장을 좋아하였다가 말년에 학문에 나아갔는데, 지금 유여성은 여전히 머리를 돌리려 하지 않으니, 나이가 아직 노년(老年)에 이르지 못해 그러한 것입니까? 이는 심히 개탄할 만한 일입니다.

학문은 바로 사람에게 있어서 폐할 수 없는 것이니, 문장이라고 하여 어찌 일찍이 배우지 않고서도 좋은 문장을 지을 수 있겠습니까. 제가 전후(前後)로 여성에게 권면해드린 것은, 항상 문장은 도(道)에 근본하고 경서(經書)를 위주로 해야 한다는 말씀이었으니, 만약 형께서 믿지 못하겠으면 시험 삼아 남공에게 질정(質正)해 보십시오. 남공 또한 반드시 그렇다고 말씀하실 것입니다. 나머지는 이만 줄입니다.

7 봉록(鳳麓) 김장(金丈) : 김이곤(金履坤, 1712~1774)으로 봉록은 그의 호이고 자는 후재(厚哉), 본관은 안동(安東)이다. 음직으로 출사하여 동궁 시직(東宮侍直), 신계 현령(新溪縣令) 등을 지냈다. 경사(經史)와 음악에 조예가 깊었으며, 특히 시가에 조예가 깊어 자신만의 독특한 문체인 봉록체(鳳麓體)를 이루었다.

유여성에게 줌

與兪汝成

지난번 편지에서 말씀하신 것은 모두 잘 알았습니다. 형의 훌륭한 견해는 진실로 주장하는 바가 있지만 저의 견해 또한 완전히 틀린 것은 아닙니다. 가령 그 분이 유명한 사람이라면 행적(行蹟)을 생략하여도 또한 괜찮습니다. 다만 그 분이 유명한 사람 아니기 때문에 참으로 숨겨진 덕을 드러내 찬양하여 후세에 보이고자 한 것입니다. 공규(孔戣)의 묘지문(墓誌文) 여덟 자[8]가 그 용모와 성질을 기록한 것이 어찌 참으로 분명하고 확실한 것이 아니겠습니까.

지금 집사께서 허회(虛懷 겸손히 마음을 비움), 정언(正言) 등의 말로 이에 해당시키고자 하시나 이는 범연히 칭하는 말일 뿐일 듯합니다.

대저 세속(世俗)에서 아첨하여 쓰는 묘지문의 섬세하고 치밀하며 과장된 것은 이 또한 부끄러워할 만한 일이지만, 만약 이로 인해 잘못을 바로잡는 일에 너무 지나쳐 행적을 마음대로 빼버린다면, 월자(刖者 죄를 저질러 발뒤꿈치를 잘리는 형벌을 받은 사람)를 보고 천하의 신발을 폐기하는 것에 가깝지 않겠습니까? 이는 구구한 이 몸이 감히 알지 못하는

8 공규(孔戣)의……자 : 공규(752~824)는 당나라 목종(穆宗) 때의 명신으로 자가 군엄(君嚴), 시호가 정(貞)이며 공자(孔子)의 38세손이다. 강직(剛直)과 청검(淸儉)으로 많은 치적을 남겼으며 벼슬이 상서좌승(尙書左丞)에 이르렀다. 묘지문의 여덟 자는 당나라의 문장가인 한유(韓愈)가 지은《당 정의대부 상서좌승 공공 묘지명(唐正議大夫尙書左丞孔公墓志銘)》의 "흰 낯빛 큰 키에, 웃음 적고 과묵했네.〔白而長身, 寡笑與言.〕"를 이른다.

바입니다.

그러나 모든 의론은, 비록 평소 뜻이 같은 사람이라고 하여, 하나하나 모두 서로 부합할 수는 없습니다. 이는 예로부터 그러한 것이요, 또 글로써 글을 논하는 것은 제 몸에 있어서는 심히 불가하기 때문에 또한 깊이 분변(分辨)하지 않고자 하는 것입니다.

유여성에게 답함

答兪汝成

전후로 보내주신 답장은 다정하게 저를 돌보아주는 뜻이 있으니, 매우 감사한 일입니다. 학문을 논한 말씀은 지나친 사양(辭讓)이니, 겸허함에서 나온 것임을 알지만 구구한 이 몸은 적이 다시 미혹됨이 있습니다.

당금(當今) 동배(同輩)의 무리 중에 재주가 높고 기상이 맑으며 행실이 방정하고 뜻이 깨끗하여 한 걸음에 도(道)에 나아갈 수 있는 사람이 있다면 족하(足下)가 바로 그런 사람입니다. 이 때문에 언급한 것이니, 이는 실로 서로 권면하는 도에서 나온 것이지 족하에게 아첨한 것이 아닙니다.

그런데도 지금 다만 주저하고 뒷걸음치면서 마치 가능하지 않은 것처럼 하시니, 어찌 도를 고원(高遠)하여 행하기 어려운 것으로 여기시는 것이 아니겠습니까. 아니면 뜻이 문장에 있어서 문장의 수사(修辭)에 오로지 힘써서 도가 멀리 있는 것이 아님을 알지만 이를 행할 겨를이 없어서 그런 것입니까. 만일 혹시라도 그런 것이라면 이는 잘못입니다.

문장은 참으로 아름답습니다만 그 실제를 말하면 도학(道學)만 못합니다. 그러므로 문장과 도학 이 두 가지는 경중(輕重)이 현격하고 대소(大小)가 나뉘니, 군자가 마음을 씀에 마땅히 이것을 버리고 저것을 위해서는 안 되는데, 하물며 문장이 실로 도에 근본함에 있어서이겠습니까. 청컨대 다시 그 말을 펼쳐 놓고 족하께서 살펴보시기를 바랍니다.

제가 일찍이 듣건대 "문장은 도를 싣는 것이니 도가 바르면 이치가 밝고 이치가 밝으면 말의 뜻이 전달된다."라고 하였습니다. 주공(周公)과 공자(孔子)의 문장은 더할 나위가 없거니와 맹자(孟子)의 문장이 어찌 시원하고 분명하여 수많은 논변을 굴복시키고 여러 의심을 깨우쳐 준 것이 아니겠습니까. 이는 다름이 아니라 지언(知言)[9]에 말미암았기 때문입니다.

맹자가 일찍이 말씀하시기를 "나는 말을 알며〔知言〕, 나는 나의 호연지기(浩然之氣)를 잘 기른다."라고 하였으니, 말을 알기 때문에 그 이치가 분명하고 호연지기를 잘 기르기 때문에 그 글이 통창한 것입니다. 이 때문에 그 글이 육경(六經)[10]과 같이 후세에 전해져 함께 무궁하게 찬란히 빛나는 것입니다. 그러므로 제가 말하기를 "문장은 실로 도에 근본한다."라고 한 것입니다.

양한(兩漢) 이래로 저술에 뛰어난 자들은 모두 문인(文人)이었을 뿐이니, 어찌 귀히 여길 것이 있겠습니까. 사마천(司馬遷)은 뛰어난 사가(史家)였지만 화식(貨殖)에 있어서는 매우 식견이 없었고, 반고(班固)는 훌륭한 글 솜씨를 가졌으나 충의(忠義)를 기리지는 못하였습

9 지언(知言) : 남이 하는 말의 속뜻을 정확하게 파악하는 것을 말한다. 《맹자》 〈공손추 상(公孫丑上)〉에 보이는데 주자는 《집주(集註)》에서 "지언은 마음을 다하여 성(性)을 알아서 모든 천하의 말에 그 이치를 궁구하고 지극히 해서, 그 시비(是非)와 득실(得失)의 소이연(所以然)을 알지 못함이 없는 것이다."라고 풀이하였다. 그러나 후세에서는 곧바로 진리를 앎을 비유하는 말로 쓰인다.

10 육경(六經) : 유가에서 말하는 여섯 가지의 중요한 경전(經典)으로, 《시경》·《서경》·《예경》·《악경(樂經)》·《역경(易經)》·《춘추(春秋)》인데, 《악경》은 진(秦)나라 때 분서갱유(焚書坑儒)로 없어지고 지금은 오경(五經)만 남아 있다.

니다. 한유(韓愈)는 대학자였지만 공자의 도와 묵자(墨子)의 도를 분변하지 못하였고, 소식(蘇軾)은 기재(奇才)였지만 선불(禪佛)을 숭상하였으며, 증공(曾鞏)은 박학다식하였으나 기(箕)와 양(揚)을 뒤섞어 하나로 썼습니다. 이는 모두 도를 본 것이 밝지 못해서 그런 것이니, 도를 본 것이 밝지 못하므로 그 말이 순일(純一)하지 못한 것입니다.

대저 글은 장차 말을 세우고자 짓는 것인데 말이 순일하지 못하다면 또한 어찌 글을 지을 것이 있겠습니까. 이 때문에 군자가 글을 지음에 있어 반드시 도를 근본으로 삼는 것입니다. 심성(心性)에서 이를 함양하고 인의(仁義)에서 유영(遊泳)하며 궁격(窮格)[11]하여 그 이치를 알며 실천하여 지극한 경지에 나아가는 것이니, 이런 뒤에야 발언한 것이 법도에 맞고 토해낸 글이 문장(文章)을 이루니,[12] 근본이 없는 데도 이와 같을 수 있겠습니까.

《예기》〈학기(學記)〉에 이르기를 "삼왕(三王)이 대천(大川)에 제사 지낼 적에 하수(河水)를 먼저 하고 바다를 뒤에 하였다." 하였으니, 이는 모두 근본을 중하게 여김을 말한 것입니다. 대저 성현(聖賢)의 일은 쉽게 말할 수 있는 것이 아니나, 이를 해본 적이 없다고 하여 또한 행하기 어려운 일이라고 말할 수 없습니다. 저 월(越)나라 사람들

11 궁격(窮格) : 궁리격물(窮理格物)의 준말로, 사물의 이치를 철저히 연구하여 물리(物理)의 극치에 도달하는 일이다.

12 문장(文章)을 이루니 : 위의(威儀)와 학문(學問)이 성취되어 볼 만함이 있음을 말한다. 《논어》〈공야장(公冶長)〉에 "오당(吾黨)의 소자(小子)들이 뜻은 크나 일에는 소략하여 찬란하게 문장(文章)을 이루었을 뿐이요, 이것을 마름질할 줄은 모른다."라고 하였는데, 이에 대한 주자(朱子)의 주에 "성장(成章)은 문리(文理)가 성취되어 볼 만함이 있음을 말한다."라고 하였다.

은 연(燕)나라를 바라보며 아주 멀리 떨어져 있는 지역이라고 여기지만 수레 끌채를 북쪽으로 향하고 그치지 않고 간다면 이르지 못할 자가 없을 것인데, 성인(聖人)이 보통사람에 있어서 어찌 연나라와 월나라처럼 멀겠습니까.

족하의 아름다운 자질과 빼어난 재행(才行 재지(才智)와 덕행(德行))으로 그치지 않고 이를 행한다면 끝내 반드시 이를 수 있을 것입니다. 바라건대 족하는 말단인 문사(文詞) 때문에 근본인 도학(道學)을 버리지 마시고 반드시 이를 겸할 방도를 생각하신다면 매우 다행일 것입니다.

저는 일찍이 세상의 문인들이 문견(聞見)이 많다고 잘난 체하고 막연하여 실제가 없으면서 미친 듯이 설치며 스스로 방자하면서도 돌이킬 줄을 모르는 것을 병통으로 여겼습니다. 감히 족하가 이렇다고 말하는 것은 아닙니다. 이렇게 말하는 까닭은 오히려 차츰차츰 변하여 이 지경에 이를까 두렵기 때문입니다. 이에 미리 족하를 위하여 말하는 것이니, 부디 족하는 양찰(諒察)해주시기 바랍니다.

유여성에게 답함

答兪汝成

여성 족하(足下)여! 보내주신 답장에서 제가 올린 말을 칭찬하고 장려해주시니, 잠규(箴規 잘못을 바로잡게 하는 경계)를 기꺼이 듣는 사람이 아니라면 어떻게 이럴 수가 있겠습니까.

꿈을 해설한 말은, 점몽자(占夢者)가 말한 것은 믿고, 안영(晏嬰)이 말한 것은 믿지 못하겠습니다.[13] 지금 저는 도(道)가 있는 사람이 아니니, 그 말이 비록 좋으나 누가 이를 믿을 수 있겠습니까. 그런데도 족하는 불초하다고 배척하지 않고 또 칭찬하고 장려해주시니, 저에게는 실로 영광스러운 일입니다. "어리석은 자가 말하면 지혜로운 자가 선택한다."라는 것은 이를 이르는 것입니다.

대저 사람이 덕(德)을 진전시키지 못하는 것은 항상 스스로 어질다고 여겨 남의 말을 거부하기 때문입니다. 스스로 현능(賢能)하다고 여기면 좁아지고 남의 말을 거부하면 외로워지니, 좁고 외로우면 덕이 진전되지 못하는 것입니다. 그러므로 군자는 스스로 어질다고 여기지 않고 남의 말을 거부하지 않아 이로써 자신의 덕(德)과 업(業)을 넓히는 것입니다. 저는 이 때문에 족하가 반드시 진전될 것임을 아는 것이니, 족하는 힘쓰십시오.

13 꿈을……못하겠습니다 : 점몽자(占夢者)는 꿈을 해몽해주는 사람을 이른다. 이 내용은 무엇을 말하는지 미상이다. 유한준이 박윤원에게 보낸 편지에도 안영(晏嬰)에 대한 내용은 보이지 않는다.

경전(經傳)에 이르기를 "어진 이를 어질게 여기되 여색을 좋아하는 마음과 바꿔서 한다.〔賢賢易色〕"[14]라고 하니, 족하가 글을 좋아하는 마음을 가지고 이를 도학(道學)에 사용한다면 족하가 학문을 성취하고 도를 확립시키는 것은 거의 분명한 일일 것이니, 족하는 힘쓰십시오.

14 어진……한다 : 이 내용은 《논어》 〈학이〉에 보인다.

유여성에게 답함
答兪汝成

영보정(永保亭)[15]에 올랐을 때에 족하를 그리워하는 마음이 끝이 없었는데, 그 후 밤의 꿈에 족하와 함께 정자 위에서 노니면서 마음이 더욱 기쁘고 즐거웠습니다. 이 어찌 그리움이 깊어서 꿈에 나타난 것이 아니겠습니까. 얼마 뒤에 온 편지에 이 정자에 대해 언급하였으니, 이는 거의 정신으로 서로 통한 것입니다.

저는 시 두 편을 짓고 그만두었는데 헤아려보건대 이미 다 들으셨을 것이니, 지금 굳이 거듭 말할 것이 있겠습니까. 문사(文辭)의 근본이 비천하고 약하며 접한 경치에 정신을 빼앗겨 추락한 것이 몇 층일 뿐만이 아니니, 누가 강산(江山)이 시상(詩想)을 북돋는다고 말했습니까? 이 말은 나를 속인 것이 아니겠습니까. 정자 안에 제영(題詠)된 글이 매우 많았는데, 목판에 분칠하여 글씨를 새긴 것이 마치 물고기 이빨처럼 빽빽이 늘어서 있어 번잡하고 조밀하니, 다 읽을 수가 없었습니다.

장소를 기록한 한 현판을 보았었는데, 돌아보는 사이에 다시 찾아도 정신이 혼미하여 찾지 못함에 이르러는, 참으로 천만 사람 가운데 한 사람을 찾는 것과 같아서 지척(咫尺)에 있는데도 찾을 수가 없었습니다. 이와 같이 많으니, 더 할 말이 없음을 알 수 있습니다.

그러나 그 무엇이 읍취헌(挹翠軒)의 시(詩)보다 낫겠습니까.[16] 대저

15 영보정(永保亭) : 충청남도 보령시에 있던 충청 수영(忠淸水營) 안에 지은 정자로 빼어난 경관으로 명성이 높다.

이 정자는 시를 짓기에 가장 어려운 곳입니다. 만약 물빛과 산색(山色)을 범연히 말한다면 바닷가에 있는 누각이 어느 것인들 그렇지 않겠습니까. 오직 그 형세(形勢)와 면목(面目)을 그려내야 실상(實相)에 방불할 수가 있는데, 읍취헌이 이미 다 그려냈습니다. '지여박박(地如拍拍)'의 구절은 이미 현판에 새겨져 있는데도 또 기둥에 새겨 놓아서 밝게 비추고 찬란히 빛나니, 다만 사람으로 하여금 놀라게 합니다. 장관(壯觀)을 이루는 것은 또한 하나의 큰 바다입니다.

이 구절은 십분(十分)의 묘사를 얻은 것이니, 비유하자면 감여가(堪輿家)가 땅을 살펴서 한 번 '용이 누운 형세〔臥龍形〕', 또는 '거북이 엎드린 형세〔伏龜形〕'라고 정해 놓으면 뒤에 오는 자들이 이를 바꾸지 못하는 것과 같습니다. 이미 용이라고 말했으면 거북이라고 말할 수 없고 이미 거북이라고 말했으면 용이라고 말할 수가 없습니다.

지금 그 땅을 새의 날개에 견주었으니, 그렇다면 다시 무슨 물건으로

16 그……낫겠습니까 : 읍취헌(挹翠軒)은 조선 중기의 문신이자 저명한 시인인 박은(朴誾, 1479~1504)으로 읍취헌은 그의 호이고 자는 중열(仲說), 본관은 고령(高靈)이다. 홍문관에 재직 중, 1498년 20세의 약관으로 유자광(柳子光)을 탄핵하다가 파직되자 자연에 묻혀 살며 술과 시로써 세월을 보냈는데, 갑자사화 때 동래(東萊)로 유배되고 다시 의금부에 투옥되어 26세의 나이에 죽임을 당하였는데, 당대 최고의 시인 중의 한 명으로 꼽힌다. 언급된 시(詩)는 《읍취헌유고(挹翠軒遺稿)》 제3권에, '수영(水營) 뒤의 정자〔營後亭子〕'라는 제목으로 실려 있다. 《지봉유설(芝峯類說)》 권13 〈문장부(文章部) 동시(東詩)〉에 "충청 수영의 영보정은 제일가는 명승지이다. 예로부터 제영시(題詠詩)가 매우 많은데, 유독 박은(朴誾)의 '땅은 날개를 치며 날아오르는 새와 같고, 누각은 한들한들 매인 데 없는 배와 같아라.〔地如拍拍將飛翼, 樓似搖搖不繫篷.〕' 라는 일련(一聯)이 으뜸으로 회자된다."라고 하였는데, 여기에 보이는 구절은 〈수영(水營) 뒤의 정자〉 네 번째 수의 첫 번째와 두 번째 연이다.

형용할 수가 있겠습니까. 이 때문에 읍취헌의 후세에, 평소 시에 뛰어나다고 자처하는 사람들조차도 왕왕 붓을 놓아 두고 시를 짓지 못하였는데 하물며 비루하고 졸렬한 이 몸과 같은 경우에 있어서이겠습니까. 사양하지 않고 억지로 말하고자 하는 자는 다만 그 망령됨을 보이는 것일 뿐이니, 굳이 말할 필요가 있겠습니까.

연(年) 자 운(韻)의 시는 평숙(平叔 아우 박준원)이 이미 편지로 알려 왔는데, 제가 답하기를 "스스로 2백 년 뒤에 읍취헌의 의발(衣鉢)을 전해 받고자 하니 그 뜻이 장하다."라고 하였습니다. 그런데 이 말은 다만 농담으로 한 것이 아니요 실로 또한 시가 웅건(雄健)하여 말한 것인데, 혹시라도 말이 거만하다고 죄를 주시는 것은 아니겠지요.

지금 보내온 한 율시(律詩)는 또 깨끗하고 대범하여 좋아할 만합니다. 두세 번을 읊었는데도 그만 둘 수가 없었습니다. 지난 유람이 흡족하지 못하고 또 여성과 함께하지 못하여 한스러우나, 무슨 수로 함께 가서 마치 꿈속을 훨훨 날 듯 유람할 수 있겠습니까.

유여성에게 답함

答兪汝成

서로 상의하지 않았는데도 똑같이 남산(南山)에 살 곳을 정하였으니, 우리처럼 매우 서로 좋아하는 사이가 아니라면 어찌 이와 같은 인연을 얻을 수 있겠습니까. 저는 호숫가에 오래 있을 것이 아니니, 종당에는 옛날 북리(北里)에서 살았던 때처럼 조석(朝夕)으로 계속 볼 수 있을 것입니다.

막 편지를 써서 먼저 이 기쁜 마음을 말하려는 생각을 가졌으나 미처 쓰지 못했는데, 바로 지금 보내주신 편지를 받고 삼가 가을 이래로 동정(動靜)을 더욱 삼가고 있음을 알았으니, 위로되고 감사한 마음 어찌 다함이 있겠습니까. 이 아우는 어리석음과 게으름이 날로 심해지고 의지와 학업이 날로 퇴보하여 네 치 사이를 출입하는 공부[17]조차 끊어질까 근심하면서 헛되이 삼하(三夏)를 보내고 있을 뿐이니, 돌이켜 초심(初心)을 돌아보건대 다만 스스로 두려워할 뿐입니다.

보내신 편지에 비록 말하기를 "한 편의 책을 읽어 보지 못했더라도 반드시 문장 한 편을 짓지 못하는 것은 아닐 것이다."라고 하였습니다. 우리 형과 같은 경우는 여전히 한 가지 일에만 마음을 쓰고 있을 뿐이

17 네……공부 : 네 치 사이는 입과 귀의 거리로, 귀로 듣고 그대로 입으로 전하기만 하고 뜻을 생각하지 않아서 자신에게 전혀 도움이 되지 않는 공부를 가리킨다. 《순자(荀子)》 〈권학(勸學)〉에 "소인이 공부하는 것을 보면, 귀로 듣고는 곧바로 입으로 내놓는다. 입과 귀의 사이는 네 치일 따름이니, 일곱 자인 몸을 어떻게 아름답게 할 수 있겠는가."라고 한 데에서 온 말이다.

니, 이 아우가 과연 무엇 때문에 학문에 전심(專心)하지 않겠습니까.

지금 두 사람이 있으니, 한 사람은 말하기를 "내가 장차 나의 농기구(農器具)를 잘 수리해서 내 밭을 잘 경작하겠다."라고 하고, 또 한 사람은 "내가 막 하는 일이 있어서 밭을 힘써 경작할 여가가 없다."라고 하여, 두 사람의 밭이 끝내 모두 똑같이 황무지가 되었는데, 향리(鄕里)의 사람들이 저 사람은 꾸짖고 이 사람은 꾸짖지 않는 것은 어찌 그 말이 진실이냐 아니냐의 차이가 있는 것이 아니겠습니까.

이 말을 가지고 생각해보건대, 후일 서로 마주 대하면 여성이 저 영숙(永叔 박윤원의 자)에게 부끄러울 것이 아니라 도리어 저 영숙이 여성에게 부끄러울 것이니, 여성이 이를 들으면 반드시 아연(啞然)하여 웃을 것입니다. 천만 자중자애(自重自愛)하시기를 바라면서 이만 줄입니다.

여성이 지은 〈단궁난(檀弓難)〉[18]에 대해 찌를 붙여 논한 내용

《예기》의 "스승을 섬기되 범함도 없고 숨김도 없다.〔事師 無犯無隱〕"[19]

18 단궁난(檀弓難) : 이 글은 유한준이 《예기》 〈단궁〉 편의 의심스러운 부분에 대해 논변한 글로, 유한준의 문집인 《자저(自著)》 권26 〈잡저(雜著)〉에 실려 있다. 난은 논변류(論辯類)의 문장 형식을 이른다.

19 스승을……없다 : 일반적으로 범(犯)은 면전(面前)에서 직간함을 이르고 은(隱)은 은미하게 간함을 이르는데, 유한준은 이렇게 보지 않고 글자대로 새긴 것이다. 이 내용은 일부만 인용된 것으로, 〈단궁 상〉의 전문은 아래와 같다. "어버이를 섬기되 은미(隱微)하게 간(諫)함은 있고 면전에서 직간(直諫)함이 없으며, 좌우로 나아가 봉양하되 일정한 방소(方所)가 없으며, 부지런히 일하여 죽음에 이르며, 삼년상(三年喪)을 지극히 한다. 군주를 섬기되 면전에서 직간함은 있고 은미하게 간함은 없으며, 좌우로 나아가 봉양하되 일정한 방소가 있으며, 부지런히 일하여 죽음에 이르며, 상(喪)을

라는 것에 대해

○〈단궁난〉 옛날 붕우(朋友)간에 옳은 일을 하도록 서로 권(勸)하였는데, 스승에게 불행히도 과실이 있을 경우 나아가 범하지도 못하고 물러나 숨길 수도 없다면 이러한 처지는 스승과 붕우가 같지 않은 것이다. 어디에 사일(事一)의 의리[20]가 있는가.

논 무범(無犯)과 무은(無隱)은 간하지 않음을 말하는 것이 아닙니다. 스승에게 간하면 반드시 거절당하지 않으므로 얼굴을 범하고 간할 필요가 없고, 허물이 있으면 마땅히 의심하여 물어야 하므로 은미할 필요가 없는 것이니, 간하고 난 뒤에 또 의심하여 묻는다면 이는 스승을 '허물이 없음〔無過〕'에 들이고자 하는 것입니다. '처지가 스승과 붕우는 같지 않으니, 사일의 의리가 아니다〔處之不如朋友而非事一之義〕'라는 구절은 무엇을 말한 것입니까?

《예기》의 "도(道)를 높여야 하면 따라서 높이고 도를 낮춰야 하면 따라서 낮춘다.〔道隆則從而隆 道汚則從而汚〕"[21]라는 것에 대해

부모의 삼년상에 견준다. 스승을 섬기되 면전에서 간함도 없고 은미하게 간함도 없으며, 좌우로 나아가 봉양하되 일정한 방소가 없으며, 부지런히 일하여 죽음에 이르며, 심상(心喪) 3년을 한다."

20 사일(事一)의 의리 : 아버지와 스승과 임금을 섬기기를 똑같이 하는 의리로, 진(晉)나라의 난공자(欒共子)가 "사람은 세 분의 은혜로 살아가기에 섬기기를 똑같이 하여야 한다.〔民生於三, 事之如一.〕 아버지는 나를 낳아 주시고, 스승은 나를 가르쳐 주시고, 임금은 나를 먹여 주셨으니, 아버지가 아니면 태어나지 못하고 임금이 먹여 주지 않으면 자라지 못하고, 스승이 가르쳐 주지 않으면 알지 못하니, 낳아 주신 것과 똑같다."라고 한 데에서 온 말이다. 《國語 晉語》《小學集註 明倫》

21 도(道)를……낮춘다 : 이 내용은 일부만 인용된 것으로, 〈단궁〉의 전문은 아래와

○〈단궁난〉 도는 도리(道理)이니, 도리는 높일 수도 있고 낮출 수도 있다. 그러므로 예(禮)보다 높이기도 하고 낮추기도 하는 것이다.〔故隆殺之於禮也〕

논 '지어(之於)'라는 글자는 병통이 있는 듯하니, '높이기도 하고 낮추기도 하는 것이 예이다.'라고 말하는 것만 못합니다.

《예기》의 "상(喪)은 3년을 기한(期限)으로 삼으니, 장례가 끝나더라도 잊지 못하는 것이다.〔喪 三年以爲極 亡則 弗之忘矣〕"라는 것에 대해

○〈단궁난〉 망(亡)은 무엇을 말하는지 미상이다.

논 '망' 자의 주(注)에 '장례가 끝난 것을 망이라 한다'는 뜻으로 풀었는데, 굳이 다른 뜻을 구할 것이 있겠습니까.

《예기》의 "하후씨(夏后氏)는 흑색을 숭상하고 은인(殷人)은 백색을 숭상하고 주인(周人)은 적색을 숭상하였다.〔夏后氏尙黑 殷人尙白 周人尙赤〕"[22]라는 것에 대해

같다. "자사(子思)의 아들인 자상(子上)의 출모(出母 쫓겨난 어머니)가 죽었는데 자상이 상복을 입지 않자, 문인이 자사에게 묻기를 '옛날 선생님의 선군자(공자)께서는 백어(伯魚)로 하여금 출모의 상복을 입도록 하지 않았습니까?'라고 하자, 자사가 '그러하다.'라고 답하였다. 〈문인이〉 '선생님께서 아들 백(伯)으로 하여금 상복을 입지 않게 한 것은 어째서입니까?'라고 묻자, 자사가 말씀하였다. '옛날 나의 선군자께서는 도를 잃은 바가 없어서 도를 높여야 하면 따라서 높이시고 도를 낮춰야 하면 따라서 낮추셨는데, 내 어찌 이렇게 할 수 있겠는가? 나의 처가 되는 자는 백의 어미가 될 수 있지만, 나의 처가 되지 않는 자는 백의 어미가 될 수 없다.' 공씨(孔氏) 집안에서 출모의 상복을 입지 않는 것은 자사로부터 시작되었다."

22 하후씨(夏后氏)는……숭상하였다 : 이 내용은 일부만 인용된 것으로, 〈단궁 상〉

○〈단궁난〉 우(禹)임금은 물을 다스린 공으로 천하를 얻었고, 탕(湯)임금은 정벌로 천하를 얻었고, 주(周)나라는 화(火)가 금(金)을 이김을 취한 것이다. 그러므로 이를 따라 색(色)을 숭상한 것이다. 물은 흑색이고 월건(月建)은 인(寅)이며, 금은 백색이고 월건은 축(丑)이며, 불은 적색이고 월건은 자(子)이다. 그러므로 각각의 유(類)에 따라 월건으로 삼아 생(生)·아(芽)·맹(萌)을 속하게 한 것이요[23] 오로지 생(生)·아(芽)·맹(萌)만을 취하여 건으로 삼은 것은 아니다.-은나라의 경우는 은인이라고 하고 주나라는 주인이라고 하였는데 하나라에 이르러는 하인이라고 하지 않고 반드시 하후씨라고 하였다. 이것이 어찌 우연이겠는가? 의미가 있는 것이 아니겠는가?-

의 전문은 아래와 같다. "하후씨(夏侯氏)는 흑색(黑色)을 숭상하여 대사(大事 초상)에 염(殮)할 때 어두울 때를 이용하고 융사(戎事)에 검은 말을 타고 희생으로 검은색을 사용하였으며, 은(殷)나라 사람은 백색(白色)을 숭상하여 대사에 염할 때 일중(日中 한낮)을 이용하고 융사에 흰 말을 타고 희생으로 흰색을 사용하였으며, 주(周)나라 사람은 적색(赤色)을 숭상하여 대사에 염할 때 일출(日出)을 이용하고 융사에 붉은 말을 타고 희생으로 붉은색을 사용하였다."

23 각각의……것이요 : 이 내용은 《예기주소(禮記注疏)》 정현(鄭玄)의 주에 "하(夏)나라가 건인(建寅)의 달을 정월(正月)로 삼은 것은 식물(植物)이 생겨날 때는 그 색이 검기 때문이요 …… 은(殷)나라가 건축(建丑)의 달을 정월로 삼은 것은 식물이 싹을 틔울 때에 그 색이 희기 때문이요 …… 주(周)나라가 건자(建子)의 달을 정월로 삼은 것은 식물이 싹이 돋을 때는 그 색이 붉기 때문이었다."라고 하였으므로 이렇게 말한 것이다. 초저녁에 북두칠성의 자루가 자방(子方)을 가리키는 달은 '건자(建子)의 달'이라고 하며 한 달 뒤에 축방(丑方)을 가리켜 '건축(建丑)의 달'이 되고, 또 한달 뒤에 인방(寅方)을 가리켜 '건인(建寅)의 달'이 되는바, 이를 월건(月建)이라고 한다. 주나라는 '건자의 달'을, 은나라는 '건축의 달'을, 하나라는 '건인의 달'을 정월(正月)로 삼았다.

논 '인(人)' 자는 친하게 칭하는 말이고 '씨(氏)' 자는 높이는 말입니다. 은나라는 공자 조상의 나라요 주나라는 당대의 왕의 나라이기 때문에 친하게 여겨 인이라고 칭한 것이요 하후는 시대가 멀기 때문에 높여서 씨라고 칭한 듯합니다.

《예기》의 "진(晉)나라 헌공(獻公)이 세자(世子) 신생(申生)을 죽이려 하자, 신생이 두 번 절하고 머리를 조아리고 마침내 죽었다.[24] 이 때문에 시호를 공세자(恭世子)라고 하였다.〔晉獻公將殺其世子申生 申生再拜稽首乃卒 是以爲恭世子〕"라는 것에 대해

○〈단궁난〉 막 헌공이 신생을 죽이려고 하였을 적에 신생이 어떻게 대처했어야 옳았겠는가? 오직 출분(出奔 국외로 도망감)이 있을 뿐이다. 진실로 천하가 한 집안이어서 도망갈 만한 곳이 없다면 신생의 처지가 된 자는 장차 어디로 가는 것이 옳겠는가? 형편상 끝내 죽음이 있을 뿐이니, 이에 이르러 군자가 신생에게 어떻게 대처하여야 하는가?

논 천하가 한 집안이라면 비록 형만(荊蠻)[25]으로 도망가도 옳은 것이니, 어찌 끝내 죽어야 할 뿐이겠습니까.

24 진(晉)나라……죽었다 : 헌공은 춘추 시대(春秋時代) 제후이다. 헌공의 애첩(愛妾) 여희(驪姬)가 자신이 낳은 아들 해제(奚齊)를 세자로 삼기 위해 세자 신생(申生)을 모함하였는데, 주변에서 신생에게 사실을 밝혀 억울한 누명을 벗으라고 권하자, 신생은 사실을 밝히면 여희의 죄가 드러나 늙은 헌공이 상심할 것이라며 거절하였고, 외국으로 출분(出奔)하라고 권하자 더러운 누명을 쓰고 출분하면 어느 나라인들 받아주겠느냐며 거절하고 자결하였다.

25 형만(荊蠻) : 고대에 중원(中原)에 살던 중국인들이 초(楚)나라와 월(越)나라 혹은 중국 남부 지역을 칭할 때 쓰던 이름이다.

《예기》의 "노(魯)나라 사람이 아침에 대상제(大祥祭)를 지내고 저녁에 노래하는 자가 있었는데, 자로(子路)가 비웃자, 부자(夫子)께서 말씀하시기를 '한 달만 넘겼더라면 좋았을 것이다.' 하셨다.〔魯人有朝祥而暮歌者 子路笑之 夫子曰 踰月其善也〕"[26]라는 것에 대해

○〈단궁난〉 예(禮)에 대상 날에는 소금(素琴 장식하지 않은 거문고)을 연주하니 거문고 연주와 노래가 같은 것이다. 그러므로 노나라 사람이 노래한 것에 대해 공자께서 그 급함을 비판하셨지 예가 아님을 비판하지는 않으셨다. 혹자가 말하기를 "거문고는 손으로 타고 노래는 기(氣)로 하니, 기는 안에 있어 마음과 가깝기 때문에 무겁고 손은 밖에 있어 멀기 때문에 가볍다."라고 하였다. 대저 안의 기와 밖의 손이 똑같이 한 몸에서 나온 것이니, 만일 밖에 있어 가벼울 수 있다면, 무릇 대상 날에 자기 몸에 가벼운 가죽옷을 입고 살진 말을 타고 음란한 음악을 들으며 여색(女色 여자의 아리따운 자태)을 보아도 괜찮겠는가?

논 한 몸 중에 실로 무겁고 가벼운 구분이 있으니, 안이라 가깝고 밖이라 멀다는 말은 이치가 없는 것이 아니니, 배척하여서는 안 될 듯합니다. 그러나 '대상 날〔祥之日〕' 이하의 말은 끌어다 맞춘 것이 너무 지나칩니다.

26 노(魯)나라……하셨다 : 이 구절은 〈단궁 상〉의 내용이 일부 생략된 채로 인용되었는데, '자로소지(子路笑之)' 이후의 전문(全文)은 아래와 같다 "부자(夫子)께서 말씀하시기를 '유(由)야! 너는 남을 책망함이 끝내 다함이 없구나. 3년의 상(喪)도 이미 오래이다.'라고 하셨다. 자로가 나가자, 부자께서 말씀하시기를 '더 많이 할 것이 있겠는가. 한 달만 넘겼더라면 좋았을 것이다.'라고 하셨다."

《예기》의 "노나라 장공이 송나라 군대와 승구에서 싸웠다.〔魯莊公及宋人 戰于乘丘〕"[27]라는 것에 대해

○〈단궁난〉 승구에서 죽은 자는 현분보(縣賁父)요, '흰 살〔白肉〕'은 허벅지 속 살이 아니다.[28] -정현(鄭玄)이 말하기를 '두 사람이 적에게 달려 나아가 죽었다.'라고 하였으니, 복국(卜國) 또한 함께 죽었음을 말한 것이다.-

논 '마침내 죽었다〔遂死〕'의 '수(遂)' 자 위와 아래에 '함께 죽었다〔幷死〕'는 글이 비록 없으나, 당시의 사세(事勢)로 상고해 보건대 두 사람이 같이 죽은 듯합니다. 장공이 이미 '미말(微末 형편없다)'이라고 복국을 꾸짖었고, 현분보가 또 '용맹이 없다〔無勇〕'는 말로 자책하였습니다. 그렇다면 복국이 여기에서 또한 마땅히 부끄러움을 알았을 것이니,

27 노나라……싸웠다 : 이 내용의 〈단궁 상〉의 전문은 아래와 같다. "노(魯)나라 장공(莊公)이 송(宋)나라 군대와 노나라 땅 승구(乘丘)에서 싸울 적에, 현분보(縣賁父)가 말을 몰고 복국(卜國)이 거우(車右, 수레의 오른쪽에 있는 용사)가 되었는데, 말이 놀라는 바람에 수레가 전복되어 공(公)이 수레에서 떨어지자, 좌거(佐車)가 수레에 오를 때 잡는 끈을 주었다. 장공이 말하기를 '형편없구나. 복국이여!'라고 하자, 현분보가 말하기를 '이전에는 전쟁에서 수레가 전복되지 않았는데 오늘은 수레가 전복되었으니, 이는 용맹이 없는 것이다.'라고 하고, 마침내 싸우다가 죽었다. 어인(圉人)이 말을 씻기다가 유시(流矢)가 흰 살에 박혀 있는 것을 발견하였다. 공이 말하기를 '그들의 죄가 아니었다.'라고 하고 마침내 뇌문(誄文 제문)을 지어 주었으니, 사에게 뇌문을 지어 주는 것이 이때부터 시작되었다."

28 흰 살〔白肉〕은……아니다 : 《예기주소(禮記注疏)》의 정현의 주(注)에 "'흰 살'은 허벅지 속살이다.〔白肉, 股裏肉.〕"라고 하였고 공영달의 소(疏)에 "허벅지 속의 살이 희기 때문에 흰 살이라 이른 것이요, 고기 색깔이 희다고 이른 것이 아니다."라고 하였는데, 유한준이 이를 부정(否定)한 것이다. 부정의 논거(論據)가 여기에는 나와 있지 않으나, 《자저(自著)》의 〈단궁난〉에는 "말의 허벅지가 반드시 흰 것은 아니다. 마침이 말이 백마(白馬)였고 화살이 이 말의 몸 위에 명중한 것이다."라고 보인다.

부끄러움에 격동되어 반드시 현분보를 따라 죽었을 것입니다. 정현은 아마도 이에 본 것이 있어서 말한 것일 것이니, 굳이 이의(異意)를 세울 것이 없을 듯합니다. '흰 살'이 허벅지 속 살이 아니라는 것은 옳을 듯합니다.

《예기》의 "증자(曾子)가 병이 들어 누워 위독해졌는데, 깜짝 놀라며 '아!' 하고 탄식하였다.〔曾子寢疾病 瞿然曰 呼〕"[29]라는 것에 대해

○〈단궁난〉 '호(呼)'는 두 아들을 불러 앞에 이르게 한 것이다.

논 주(注)[30]에 이르기를 "호는 탄식하며 숨을 내쉬는 소리이다."라고 하였으니, 병중에 처음 동자(童子)의 말을 듣고 놀란 바가 있어서 저절로 탄식하되 기운이 없고 음성이 미약하여 말을 할 수 없었기 때문에

29 증자(曾子)가……탄식하였다 : 이 내용의 〈단궁 상〉의 전문은 아래와 같다. "증자(曾子)가 병이 들어 누웠는데 위독하였다. 제자인 악정 자춘(樂正子春)은 평상(平床) 아래에 앉아 있고, 아들들인 증원(曾元)과 증신(曾申)은 발끝에 앉아 있었으며, 동자(童子)는 귀퉁이에 앉아 촛불을 잡고 있었는데, 동자가 말하기를 '화려하고 고우니 대부(大夫)가 사용하는 대자리일 것입니다.'라고 하자, 악정 자춘이 말하기를 '그만 말하라.'라고 하였다. 증자가 듣고 깜짝 놀라며 '아!' 하고 탄식하였다. 동자가 말하기를 '화려하고 고우니 대부가 사용하는 대자리일 것입니다.'라고 하자, 증자가 말하기를 '그러하다. 이는 계손씨(季孫氏)가 준 것인데 내가 바꾸지 못하였으니, 증원은 일어나 대자리를 바꾸어라.'라고 하였다. 증원이 대답하기를 '부자(夫子)의 병이 심하여 바꿀 수가 없으니, 바라건대 내일 아침이 되면 공경히 바꾸겠습니다.'라고 하였다. 증자가 말하기를 '네가 나를 사랑하는 것이 저 동자만도 못하구나. 군자가 사람을 사랑함은 덕(德)으로써 하고 소인이 사람을 사랑함은 고식(姑息)으로써 하니, 내 무엇을 바라겠는가? 내 바름을 얻고 죽으면 그만이다.'라고 하였다. 이에 몸을 들어 부축하여 자리를 바꾸었는데, 자리로 돌아와 편안해지기도 전에 별세하였다."

30 주(注) : 원나라의 학자 진호(陳澔)가 지은 《예기집설(禮記集說)》의 주를 이른다.

호라고 한 것입니다. 이는 참으로 병들었을 때의 일을 기록한 자가 잘 형용한 것입니다. 지금 호를, 두 아들을 불러 앞에 이르게 한 것이라고 한다면 이는 도리어 증자의 의사(意思)를 심하게 없애버리는 것입니다.

《예기》의 "선왕(先王)이 예(禮)를 만드셨으니, 길가는 사람도 차마 하지 못하는 마음이 있다.〔先王制禮 行道之人 皆不忍也〕"[31]라는 것에 대해
○〈단궁난〉 행도(行道)는 행로(行路)와 같다. 길가는 사람이 모두 이 차마 하지 못하는 마음이 있음을 말한 것이지 반드시 인의(仁義)를 행하는 사람이 있음을 말하는 것이 아니다.
논 인의를 행함은 사람의 덕행(德行)을 가지고 말한 것이요 행로는 사람의 본심을 가지고 말한 것입니다. 두 설이 모두 통하니, 마땅히 함께 보존하여야 합니다.

《예기》의 "대공(大功)에는 몸에 익히는 업(業)을 그만 두니, 혹자가 말하였다. '대공에는 입으로 외는 것은 해도 된다.'〔大功 廢業 或曰 大功誦 可也〕"라는 것에 대해
○〈단궁난〉 입으로 외는 것은 육예(六藝)의 글이니, 그렇다면 업(業)

31 선왕(先王)이……있다 : 이 내용의 〈단궁 상〉의 전문은 아래와 같다. "자로(子路)에게 누님의 상이 있었는데, 상복을 벗을 때가 되었는데 벗지 않자, 공자께서 '어찌하여 상복을 벗지 않는가?'라고 물으시니, 자로가 대답하였다. '저는 형제가 적어 누님에 대한 상복을 차마 벗지 못하고 있습니다.' 공자께서 '선왕(先王)이 예(禮)를 만드셨으니, 길가는 사람도 모두 차마 하지 못하는 마음이 있으나 감히 어기지 못한다.'라고 하시니, 자로가 이 말씀을 듣고 마침내 상복을 벗었다."

은 육예의 업이다.

논 업은 순거(簨簴) 위에 있는 판자이니, 업을 그만둔다는 것은 음악을 연주하지 않는 것입니다. 《주례(周禮)》의 사업(司業) 또한 사악(司樂 음악을 관장하는 관리)입니다. 주자의 정설(定說)이 이와 같으니, 어찌 다른 주장을 용납하겠습니까.

《예기》의 "자장(子張)이 병이 들자 아들 신상(申祥)을 불러 말하였다. '나는 오늘에야 거의 군자에 가깝구나.'〔子張病召申祥而言曰 吾今日其庶幾乎〕"[32]라는 것에 대해

○〈단궁 하〉 살아서 군자의 도를 잃지 않아 죽으면서 스스로 이를 다행으로 여긴 것이다.

논 진씨(陳氏)가 말하기를 "또한 증자의 '근심을 면한 것을 알겠다〔知免〕'는 뜻이 있다." 하였다.[33]

《예기》의 "증자가 말하였다. '자사가 제수(弟嫂)에게 곡할 때 위를 만들었는데, 신상이 언사에게 곡할 때에도 이렇게 하였다.'〔曾子曰 子思之哭嫂也爲位 申詳之哭言思也亦然〕"[34]라는 것에 대해

32 자장(子張)이……가깝구나 : 저본에는 '신생(申生)'으로 되어있으나 〈단궁 상〉에 의거하여 신상(申祥)으로 고쳤다. 〈단궁 상〉의 원문에는 '언왈(言曰)'과 '오금(吾今)' 사이에 "군자의 죽음을 종(終)이라 하고 소인의 죽음을 사(死)라 하니,"라는 구절이 있다.

33 진씨(陳氏)가……하였다 : 진씨는 《예기집설(禮記集說)》을 지은 진호(陳澔)를 이른다. 그러나 이 내용은 진호의 주가 아니라 장락 황씨(長樂黃氏 황간(黃幹))의 설로 세주(細注)에 보인다.

○〈단궁난〉 별혐(別嫌)[35]이라 복(服)이 없고 추원(推遠)[36]이라 위를 만든 것이니, 형수나 제수에게 위를 만드는 것은 예(禮)이다. 언사는 신상의 아내의 형제인데 형수나 제수에게 곡(哭)하는 예를 썼으니, -아내의 형제에게는 별혐하고 추원하는 의리가 없다.- 이 때문에 신상을 비판한 것이다.

논 별혐과 추원은 한 가지 일이니, 별혐하여 추원하기 때문에 복이 없고 추원이 아니기 때문에 위를 만드는 것입니다. 형수나 제수를 곡하여 위를 만드는 것은 형제의 내상(內喪 여자의 상)에 돈독히 하는 것이니, 형수와 제수와 아내의 형제는 원래 같지 않으나 아내의 형제가 또한 서로 정이 두터워 친한 사이라면 위를 만드는 것도 가합니다. 그러므로 신상이 위를 만든 것이니, 증자의 말은 그 위를 만든 것을 비판한 것이 아니고 부인(婦人)들이 먼저 용(踊)을 한 것을 비판한

34 자사가……하였다 : 위(位)는 곡하는 자리이다. 이 내용은 일부만 인용된 것으로, 〈단궁 상〉의 전문은 아래와 같다. "소공복(小功服)에 위(位)를 만들지 않는 것은 바로 위항(委巷, 시골)의 예(禮)이다. 자사가 제수(弟嫂)에게 곡할 적에 위를 만들어 부인이 먼저 용(踊)을 하였는데, 신상(申祥)이 처남인 언사(言思)에게 곡할 적에도 이렇게 하였다."

35 별혐(別嫌) : 꺼려야 할 일을 구별함을 이른다. 《예기》 〈예운(禮運)〉에 "예(禮)는 군주에게 있어 치국(治國)의 중요한 수단이 된다. '꺼려야 할 일을 구별하고〔別嫌〕', 일의 미묘한 차이를 분명히 하며, 귀신을 접대하고 제도를 바로잡고 인의(仁義)를 구별하는 것이니, 이는 모두 정사를 잘 다스리고 군주를 안정시키는 수단이다."라고 보인다.

36 추원(推遠) : 밀어내서 멀리한다는 의미이다. 《예기》 〈단궁 상(檀弓上)〉에 "상복에 있어서 형제의 아들에 대한 복을 자기 아들과 같이하는 것은 '끌어당겨 올린 것〔引而進之〕'이고, 수숙(嫂叔)의 사이에 복이 없는 것은, 밀어내서 멀리한 것이다.〔推而遠之〕"라고 보인다.

것입니다. 형수나 제수의 상이면 별혐하기 때문에 부인들로 하여금 먼저 용하게 하는 것이요 아내의 형제의 경우에는 아들을 상주(喪主)로 삼으니, 부인들이 먼저 용하는 것은 그 예(禮)를 잃은 것입니다.

《예기》의 "증자가 말하였다. '나는 어버이의 상(喪)을 집행할 때 물과 미음을 입에 넣지 않은 것이 7일이었다.'〔曾子曰 吾執親之喪 水漿不入於口者七日〕"[37]라는 것에 대해

○〈단궁난〉 증자가 이 일을 스스로 말한 것인데, 자신의 선(善)을 스스로 자랑하였으니, 이는 향당(鄕黨)의 자기 지조를 아끼는 자들도 오히려 부끄럽게 여기는 것인데, 하물며 증자에 있어서이겠는가.

논 물과 미음을 7일 동안 입에 넣지 않은 것은 효자(孝子)의 소략한 예절에 불과하니, 증자가 스스로 말한 것이 어찌 자랑한 것이겠습니까. 만약 자랑이 될까를 꺼려 말하지 않는다면 또한 성인(聖人)의 일이 아닙니다.

《예기》의 "백고(伯高)가 죽자 공자께서 말씀하셨다. '나는 어디에 곡해야 하는가? 나는 사씨(賜氏 자공(子貢))를 주인으로 삼아 곡하겠다.'〔伯

37 증자가……7일이었다 : 이 내용은 일부만 인용된 것으로, 〈단궁 상〉의 전문은 아래와 같다. "증자(曾子)께서 자사(子思)에게 이르시기를, '급(伋)아, 나는 어버이의 상을 집행할 적에 물과 미음을 입에 넣지 않은 것이 7일이었다.'라고 하니, 자사가 말씀하기를 '선왕이 예를 만들 때 지나친 자는 굽혀서 나아가게 하고, 미치지 못하는 자는 발돋움하여 따르게 하였습니다. 그러므로 군자가 어버이의 상을 집행할 적에 물과 미음을 입에 넣지 않기를 3일 동안 하여 지팡이를 짚은 뒤에 일어나게 하였습니다.'라고 하였다."

高死 孔子曰 吾惡乎哭諸 吾哭諸賜氏〕”[38]라는 것에 대해

○〈단궁난〉 공자께서 사씨를 말미암아 백고를 보지 않았다면 마땅히 어디에서 곡해야 하는가?

논 사씨를 말미암아 백고를 보지 않았다면 반드시 말미암은 다른 사람이 있을 것이니, 어찌 주인삼아 곡할 곳이 없겠습니까.

《예기》의 “자하(子夏)가 자기 아들을 잃고 슬픔으로 시력을 잃자, 증자가 말하였다. ‘어버이를 잃었을 적에 사람들에게 알려지게 하지 못하였다.’〔子夏喪其子而喪其明 曾子曰 喪爾親 使民未有聞焉〕”[39]라는 것

38 백고(伯高)가……곡하겠다 : 이 내용은 일부만 인용된 것으로, 〈단궁 상〉의 전문은 아래와 같다. “백고(伯高)가 위(衛)나라에서 죽어 공자에게 부고하자, 공자께서 말씀하기를 ‘나는 어디에서 곡을 해야 하는가? 형제간의 상에는 내가 사당에서 곡을 하고, 아버지 친구의 상에는 내가 사당 문밖에서 곡을 하고, 스승의 상에는 내가 정침(正寢)에서 곡을 하고, 붕우의 상에는 내가 침문(寢門)의 밖에서 곡을 하고, 내가 알고 지내는 사람의 상에는 내가 들에서 곡을 한다. 들에서 곡을 하면 너무 소원하고 정침에서 곡을 하면 너무 중하다. 저 백고는 사(賜 자공)로 말미암아 나를 처음 만나보았으니, 나는 사씨(賜氏)를 주인으로 삼아 곡을 하겠다.’라고 하고, 마침내 자공(子貢)에게 명하여 주인이 되게 하고, 말씀하기를 ‘너를 위해 곡하러 온 자에게는 절을 하고, 백고를 알고 온 자에게는 절을 하지 말라.’라고 하였다.”

39 자하(子夏)가……못하였다 : 이 내용은 일부만 인용된 것으로, 〈단궁 상〉의 전문은 아래와 같다. “자하(子夏)가 그 아들을 잃고 시력(視力)을 잃자, 증자(曾子)가 조문할 적에 말씀하기를 ‘내 들으니, 붕우가 시력을 잃으면 그를 위해 곡한다.’라고 하고는 증자가 곡을 하자, 자하 또한 곡하면서 말하기를, ‘하늘이여! 나는 죄가 없습니다.’라고 하였다. 증자가 노하여 말씀하기를 ‘상(商 자하)아! 그대가 어찌 죄가 없단 말인가? 내 그대와 함께 부자(夫子, 공자)를 수수(洙水)와 사수(泗水)의 사이에서 섬겼는데, 그대는 물러나서 서하(西河) 가에서 노년을 보내면서 서하의 사람들로 하여금 그대를 부자와 똑같은 인물로 의심하게 하였으니 이것이 그대의 첫 번째 죄요, 그대가 어버이를

에 대해

○〈단궁난〉 자하가 상복을 벗고 난 뒤에 거문고를 탔으나 소리를 제대로 이루지 못하니, 말하기를 "슬픈 마음이 다 잊히지 않았습니다." 하였으니,[40] 저 자하가 어찌 어버이의 상에 알려짐이 없었겠는가. 또한 증자가 그 선(善)을 요구한 것이 지나친 것이다. 그렇지 않다면 스승을 숨기고 친척에게 박(薄)하게 대하는 것을 보통사람들도 부끄럽게 여기는데, 자하가 이런 짓을 하였다고 말하겠는가.

논 논한 것이 옳습니다.

《예기》의 "태산(泰山)이 무너지면 내가 장차 어느 곳을 우러러보며 대들보가 부러지고 철인(哲人)이 시들어 죽으면 내가 장차 어느 곳에 의지하겠는가.〔泰山其頹 則吾將安仰 梁木其壞 哲人其萎 則吾將安放〕"[41]

잃었을 적에는 효성(孝誠)으로 사람들에게 알려지게 하지 못하였으니 이것이 그대의 두 번째 죄요, 그대가 아들을 잃었을 적에는 너무 슬퍼하여 그대의 시력을 잃었으니 이것이 그대의 세 번째 죄이다. 그런데 그대가 어찌 죄가 없다고 말하는가?'라고 하자, 자하가 그 상장(喪杖)을 던지고 절하며 말하기를 '내가 잘못하였다. 내가 잘못하였다. 내 친구들을 떠나 홀로 거처한 지가 또한 이미 오래되었기 때문이다.'라고 하였다."

40 자하가……하였으니 : 이 내용은 〈단궁 상〉에 "자하가 이미 상복을 벗고 뵙자, 공자께서 거문고를 주셨는데 소리를 조율하자 음률이 고르지 못하였으며 거문고를 탔으나 소리를 제대로 이루지 못하였다. 〈자하가〉 일어나 말하였다. '슬픈 마음이 아직 잊히지 않았습니다마는 선왕(先王)이 만든 예(禮)라 감히 지나칠 수가 없었습니다.'"라고 보인다.

41 태산(泰山)이……의지하겠는가 : 이 내용은, 공자가 세상을 떠나기 얼마 전에 아침 일찍 일어나 뒷짐을 진 채 지팡이를 끌고 문 앞에서 서성이며 노래하기를 "태산이 무너지고, 대들보가 꺾이고, 철인이 쓰러질 것이다."라고 하였는데, 이 노래를 들은 자공(子貢)이 한 말이다.

라는 것에 대해

○〈단궁난〉 기록한 자의 오류이다. "태산이 무너지고 대들보가 부러지면 내가 장차 어느 곳을 우러러보며 철인이 시들어 죽으면 내가 장차 어느 곳에 의지하겠는가."라고 하여야 한다.

논 과연 기록한 자의 오류입니다. '안앙(安仰)'이란 글자는 '양목기괴(梁木其壞)' 아래에 있는 것이 참으로 합당합니다.

《예기》의 "공자의 상에 관을 장식하되 유의(柳衣)[42]를 두르고 삽(翣)[43]을 세우고 피(披)[44]를 설치하였으니, 이것은 주나라의 예이고, 정기(旌旗)에 숭아(崇牙)[45]를 만들어 장식하였으니 이것은 은나라의 예이고, 마전한 삼을 감고 조기(旐旗)를 설치하였으니 이것은 하나라의 예이다.〔孔子之喪 飾棺墻置翣設披 周也 設崇 殷也 綢練設旐 夏也〕"라는 것에 대해

○〈단궁난〉 삼대(三代)의 예(禮)로써 공자를 장례지낸 것은 또한 제자들이 공자를 높인 뜻이다. 그러나 공자께서 항상 말씀하기를 "나는 은나라 사람이다."[46]라고 하였으니, 이는 성인께서 근본을 잊지 않는

42 유의(柳衣) : 출빈(出殯)할 때에 영구를 싣는 수레에서 관을 덮는 일종의 장막이다.

43 삽(翣) : 발인(發靷) 때에 상여의 앞과 뒤에서 들고 가는 치장 제구의 하나로, 죽은 사람의 영혼을 좋은 곳으로 인도해 달라는 염원을 담고 있다. 그려진 형상이나 무늬에 따라 운삽(雲翣), 보삽(黼翣), 불삽(黻翣) 등이 있다.

44 피(披) : 관의 양쪽을 묶는 비단 끈이다.

45 숭아(崇牙) : 정기(旌旗)의 주변 장식으로 치아(齒牙)의 모양으로 되어 있다.

46 나는 은나라 사람이다 : 공자의 조상은 송나라(宋)의 동성(同姓) 대부(大夫)였는데, 송나라는 은나라의 후손을 봉해준 나라이므로 이렇게 말한 것이다.

뜻인 것이다. 공자의 장례를 지낼 적에 은나라의 예로 행하는 것이 어찌 문제될 것이 있겠는가. 방 가운데를 파서 시신(屍身)을 목욕시키고, 사당의 담장을 허물고 단(壇) 위로 넘어가는 것은 은나라의 도이니. 상례(喪禮)를 은나라의 예를 따르는 것은 공자의 문하에서 숭상하는 것이다. 하루에 세 번 판자를 묶은 끈을 끊는 것이 거의 공자의 뜻을 행하는 것이요,[47] 상례를 검소하게 하는 것이 공자의 명령인 것이다. 어찌 굳이 삼대(三代)의 예로 공자를 장례지낸 이후에야 만족스러울 것이 있겠는가.

논 예는 진실로 근본을 잊지 않으나, 또한 반드시 더하고 덜어냄이 있으니, 사치하게 하는 것보다 검소하게 치르되 실로 중도(中道)를 얻는 것이 귀합니다. 부자의 장례에 하필 순전히 은나라 예를 쓴 뒤에야 가(可)하겠습니까. 부자께서 예에 있어 비록 은나라 예를 좋아하셨으나 -연제(練祭)를 지내고 부묘(祔廟)하는 것이 이것입니다.-[48] 또한 주나라 제도를 따르고자 하셨으니,[49] 성인(聖人)의 뜻을 여기에서 볼 수 있습니

47 하루에……것이요 : 이 내용은 공자의 상(喪)을 보려고 온 연(燕)나라 사람에게, 자하(子夏)가 한 말로 〈단궁 상〉에 보이는 전문은 아래와 같다. "지금 하루에 세 번 판자를 묶은 끈을 끊으면〔三斬板〕 이미 봉분이 끝났으니, 이는 거의 부자의 뜻을 행한 것이 아니겠는가.〔尙行夫子之志乎哉?〕" '삼참판'은 봉분을 쌓는 법으로, 《예기집설》에 "판자를 구덩이 양 곁에 비스듬히 대고서 노끈을 사용하여 판자를 묶은 다음 흙을 안에 넣고 다져서 흙이 판자와 더불어 같은 높이로 평평해지면 판자를 묶은 노끈을 끊고, 또다시 이 판자를 다진 흙 위에 올려놓고 그 가운데에 흙을 채워 다지는 방법이다."라고 보인다.

48 부자께서……이것입니다 : 이 내용은 〈단궁 하(檀弓下)〉에 "은나라는 연제를 지내고서 부묘하였고〔殷練而祔〕 주나라는 졸곡을 하고 부묘하였는데, 공자는 은나라 제도를 좋게 여기셨다."라고 하였으므로 이렇게 말한 것이다.

다. 문인(門人)들이 부자를 높이고자 하는 정성 때문에 삼대의 예를 겸하여 사용하였으니 이것이 어찌 안 될 것이 있겠습니까. 부자의 '봉분의 경우 도끼 모양과 같은 것을 따르겠다.'라는 가르침[50]은 다만 당시의 잘못을 바로잡은 것이요 유명(遺命)이 아닙니다. 또 자하가 삼참판(三斬板)을 말한 설에 '상호재(尙乎哉)' 세 글자가 있으니,[51] 그렇다면 또한 단정한 말이 아닙니다.

《예기》의 "증자가 부하에서 조문하였는데, 주인이 이미 조제(祖祭)를 마치고 전지하였다.〔曾子弔於負夏 主人旣祖 塡池〕"[52]라는 것에 대해

○〈단궁난〉 전(塡)은 전(奠 안치(安置))의 뜻이고 지(池)는 유거(柳車

49 주나라……하셨으니 : 공자께서 "내가 하(夏)나라 예를 말할 수 있으나 그 후손인 기(杞)나라가 충분히 증명해 주지 못하며, 내가 은(殷)나라 예를 배웠는데 그 후손인 송(宋)나라가 있다. 그러나 내가 주(周)나라 예를 배웠고 지금 이것을 쓰고 있으니, 나는 주나라 예를 따르겠다."라고 하였으므로 이렇게 말한 것이다. 《中庸章句 第28章》

50 부자의……가르침 : 이 내용은 〈단궁 상〉에 "옛날에 부자께서 말씀하시기를 '나는 봉분(封墳)이 당(堂)과 같은 것을 보았으며 제방(堤防)과 같은 것을 보았으며 큰 지붕을 덮은 것과 같은 것을 보았으며 도끼 모양과 같은 것을 보았는데, 도끼 모양과 같은 것을 따르겠다.' 하셨으니, 이는 마렵봉(馬鬣封)을 이른 것이다."라고 보인다.

51 자하가……있으니 : 자세한 내용은 165쪽 주39 참조.

52 증자가……전지(塡池)하였다 : 이 내용은 일부만 인용된 것으로, 〈단궁 상〉의 전문은 아래와 같다. "증자가 부하(負夏)에서 조문할 적에 주인이 이미 조전(祖奠)을 마치고 전지하였는데, 영구를 밀어 방향을 다시 안쪽으로 향하게 한 뒤 당에 올라갔던 부인(婦人)을 내려오게 한 뒤에 조문 받는 예를 행하였다. 이에 종자(從者)가 말하였다. '이것이 예입니까?' 증자께서 대답하였다. '조(祖)는 장차라는 뜻이니, 어찌 돌아와 유숙할 수가 없겠는가?'" 전지에 대해 《예기집설》의 유씨(劉氏)의 주(注)에는, 제수를 거두어들인다는 의미의 전철(奠徹)로 보았다.

상여(喪輿))의 홈통이다. 조제를 마친 뒤에 이 홈통을 유거에 안치하니, 길을 떠나려는 것이다. 또 예(禮)에 사(肂)를 서쪽 계단에 파는데, '사'는 진열이니, 시신을 구덩이에 진열하는 것이다.[53] 관을 사의 가운데에 안치하고 흙을 바르는 것을 빈(殯)이라 한다. 장례를 지내려고 빈을 열 적에 조전(祖奠)을 진설하고 바로 지감(池坎)을 행하는데, 이는 효자가 차마 빈의 구덩이를 비워두지 못하므로 조제를 마친 뒤에 이를 메우는 것이다.

논 유거의 지(池)를 인용하여, 전지를 홈통을 유거에 안치하는 것으로 본 것은 의미가 통할 듯한데, 지감의 설은 천착(穿鑿)일 듯합니다.

《예기》의 "숙손무숙의 어머니[54]가 죽었는데 소렴을 마친 뒤에 시신을 드는 자들이 시신을 내면서 지게문을 나오자, 상주가 단문(袒免)을 하고 또 그 관(冠)을 벗어 던지고 괄발을 하였는데, 자유가 '예를 아는구나.'라고 하였다.〔叔孫武叔之母死 旣小斂 擧者出尸出戶 袒 且投其冠括髮 子游曰 知禮〕"라는 것에 대해

○〈단궁난〉 '출시(出尸)'는 연문(衍文)이다. 시신을 든 자들이 지게문을 나오려 할 적에 상주(喪主)가 단문을 하고 괄발을 하였으니, 그렇다면 단문과 괄발이 시신을 염한 뒤, 안치(安置)하기 전에 있는 것이니,

53 사(肂)를……것이다 : 이 내용은 《예기집설》에 "사(肂)를 서쪽 계단 위에 파는데, 사는 진열이니 시신을 구덩이에 진열함을 이른다. 관을 사의 가운데에 안치하고 흙을 바르는 것을 빈(殯)이라 한다. 계빈(啓殯)하여 장차 장례를 하게 되면 할아버지 사당의 뜰 가운데에 조전(祖奠)을 올린 뒤에 떠나간다."라고 보인다.

54 숙손무숙의 어머니 : 저본에는 숙손무숙으로 되어 있으나, 《예기》 원본에 의거하여 '숙손무숙의 어머니'로 고쳤다.

예에 벗어난 것이 아니다. 자유가 손숙무손이 예절을 어기지 않는 것을 가상히 여겼기 때문에 "예를 아는구나."라고 한 것이다.

논 해석한 바가 통할 듯하나, 또 다른 설이 있으니, '시(尸)'를 '호(戶)'로 읽는 것입니다. 이렇게 하면 '출호(出戶)'는 연문이 아니게 됩니다. 앞의 출호는 시신이 지게문을 나가는 것이요 뒤의 출호는 주인이 지게문을 나가는 것입니다. "예를 아는구나."라고 한 말은 반어법의 말로 비웃은 것인데, 이는 군자의 밝고 바른 어법이 아니니, '지례(知禮)' 위에 '불(不)' 자 한 자가 빠진 듯합니다. 어떨지 모르겠습니다.

《예기》의 "명기는 귀신의 기물(器物)이요 제기는 사람의 기물이니, 고인이 어찌 그 어버이를 죽은 사람으로 여겼겠는가.〔明器 鬼器也 祭器 人器也 古之人胡爲而死其親乎〕"[55]라는 것에 대해

○〈단궁난〉 주나라 예에 사(士) 이하는 다만 귀기(鬼器)를 썼으니, 그렇다면 사 이하만이 유독 그 어버이를 죽은 사람으로 여겼겠는가.

논 진실로 논한 바와 같습니다.

《예기》의 "공자께서 말씀하였다. '처음 죽었을 때 염소 갖옷을 입고

55 명기(明器)는……여겼겠는가 : 이 내용은 일부만 인용된 것으로, 〈단궁 상〉의 전문은 아래와 같다. "중헌(仲憲)이 증자(曾子)에게 말하였다. '하후씨(夏侯氏)는 명기(明器)를 사용하였으니 백성들에게 망자(亡子)의 무지함을 보인 것이고, 은(殷)나라 사람은 제기(祭器)를 사용하였으니 백성들에게 망자에게 앎이 있음을 보인 것이고, 주(周)나라 사람은 두 가지를 겸하여 썼으니 백성들에게 의심스러움을 보인 것이다.' 증자가 말씀하였다. '그렇지 않을 것이다. 그렇지 않을 것이다. 명기는 귀신의 기물이요 제기는 사람의 기물이니, 옛 사람이 어찌하여 그 어버이를 죽은 것으로 여겼겠는가.'"

검은 관을 쓴 자는 그것을 〈심의로〉 바꿀 뿐이다.'〔夫子曰 始死 羔裘玄冠者 易之而已〕"[56]라는 것에 대해

○〈단궁난〉 처음 죽었을 때는 소렴(小殮)하기 전이다. 염소 갖옷과 검은 관은 석구(裼裘) 차림[57]과 함께 길사(吉事) 등에 입는 것이니, 자유(子游)가 어찌 석구 차림으로 조문하였겠는가.

논 염소 갖옷과 검은 관을 바꾼다는 것은 상주를 가리킨 것이지 조문(弔文)하는 사람을 가리킨 것이 아닙니다. 염소 갖옷과 검은 관 차림으로 조문하지 않는다는 것은 소렴한 뒤를 이르는 것이고 소렴하기 전 상주가 복장을 바꿔 입기 전에는, 조문하는 자는 그래도 염소 갖옷과 검은 관 차림으로 하니, 자유가 석구 차림으로 조문한 것은 의심할 만한 것이 아닌 듯합니다.

《예기》의 "노나라 애공이 공자의 뇌사(誄辭)를 지었다.〔魯哀公 誄孔子〕"라는 것에 대해

○〈단궁난〉 살아 있을 때의 행장(行狀 사적(事跡))을 나열한 것을 뇌사라고 한다. 애공의 글은 애도한 것인데 어찌 뇌사라고 할 수 있겠는가.

논 성인(聖人)의 도(道)와 덕(德)은 지극히 크니, 그 만의 하나도 형용하기 어렵습니다. 그러므로 애당초 감히 나열하여 진술하지 못하

56 공자께서……뿐이다 : 이 내용은 일부만 인용된 것으로, 〈단궁 상〉의 전문은 아래와 같다. "부자(夫子)께서 말씀하시기를 '처음 죽었을 때 염소 갖옷〔羔裘〕을 입고 검은 관(冠)을 쓴 자는 그것을 바꿀 뿐이다.'라고 하셨으니, 부자는 염소 갖옷과 검은 관으로 조문하지 않으셨다."

57 석구(裼裘) 차림 : 웃옷을 벗어서 안에 입은 갖옷의 아름다움이 밖에 드러나게 하는 것을 말한다.

고 다만 애도의 뜻만을 부친 것입니다. 본래 이는 특별한 예(例)이니, 또한 뇌사라고 말할 수 있습니다. 논하신 바는 뇌사의 뜻에 너무 얽매인 듯합니다.

《예기》의 "대상(大祥)을 지내고서 호관(縞冠)을 쓰며, 이달에 담제(禫祭)를 지내고 한 달이 지나면 음악을 연주한다.〔祥而縞 是月禫 徙月樂〕"라는 것에 대해

○〈단궁난〉 대상이 그믐에 있으면 이달에 어떻게 담제를 지낼 수 있겠는가. 대상이 열흘에 있는 것은, 이는 공자가 10일에 생황(笙簧)을 불고 노래한 것[58]이 달을 넘기지 않은 것이다. 반드시 대상이 월반(보름 내)에 있어야 한다면, 월반에 대상이 또 어찌 저 사람들 모두에게 그렇겠는가.

논 고대에는 대상의 제사에 '죽은 날〔死日〕'을 쓰지 않고 날을 점쳐 대상을 지냈으니, 그렇다면 대상이 그믐날에 있지 않을 듯합니다. 짐작하건대 한 달의 중순(中旬)에 대상을 지내면 하순(下旬)에 담제를 지내고, 하순에 대상을 지내면 월말에 담제를 지냅니다. -대상에 상순(上旬)을 말하지 않는 것은 원일(遠日)을 먼저 점치기 때문입니다.-[59] 부자께서 10일에

58 공자가……것 : 이 내용은 〈단궁 상〉에 "공자는 대상을 지내신 지 5일에 거문고를 탔으나 음률(音律)을 제대로 이루지 못하셨고 10일에 생황(笙簧)을 불고 노래하였다."라고 보인다.

59 원일(遠日)을……때문입니다 : 날짜를 점쳐 정할 때에 한 달의 상순, 중순, 하순에 있어 같은 순(旬)에 날짜가 정해지는 경우를 근일이라 하고, 다음 순에 정해지는 경우를 원일이라고 한다. 《예기》〈곡례(曲禮)〉에 "무릇 날짜를 점칠 적에는 열흘 이후를 '원모일(遠某日)'이라 하고 열흘 이내를 '근모일(近某日)'이라 하니, 상사(喪事)는 원일(遠

생황을 불고 노래하신 것은 필시 담제가 달을 넘겨 있었기 때문일 것입니다.

《예기》의 "대부의 적자의 장상에는 견거(遣車)가 1승이다.〔大夫之適長殤 車一乘〕"[60]라는 것에 대해

○〈단궁난〉 〈잡기(雜記)〉에 '사(士)는 견거가 없다'고 했으니, 대부의 적자(嫡子)로 이미 사(士)의 명을 받은 자인데 어찌 견거가 있을 수 있겠는가. 모두 자식에게 사사로이 준 것이라면 복승(服乘 수레와 말)에 어찌 차등이 있겠는가.

논 대부의 적자는 응당 지위를 이어받아 대부가 될 자입니다. 그러므로 견거를 쓴 것이니, 예의 뜻이 아마도 이와 같을 듯합니다. 나라의 제도가 이미 쓸 수 있도록 허락한 것이라면 사사로이 준 것이 아닙니다.

《예기》의 "계무자가 병이 위독하였는데, 교고가 입고 있던 자최복(齊

日)을 먼저 점치고 길사(吉事)는 근일(近日)을 먼저 점친다."라고 보인다.

60 대부의……1승이다 : 〈단궁 상〉의 원문에는 이 구절 위에 다음과 같은 구절이 있다. "군주(君主)의 적자(嫡子)의 장상(長殤)에는 견거(遣車)가 3승이고, 공(公)의 서자(庶子)의 장상에는 견거가 1승이다." 견거(遣車)는 장례를 지낼 때에 '희생 꾸러미〔包〕'를 싣고 가는 수레이다. 견거 한 대당 희생 한 꾸러미를 싣는데 대부는 다섯 꾸러미이고, 제후는 일곱 꾸러미이고, 천자는 아홉 꾸러미이다. 상(殤)은 성인(成人)이 되기 전에 일찍 죽는 것으로 이를 세 가지 등급으로 나누는데, 16세부터 19세 사이에 죽은 경우를 장상(長殤), 12세부터 15세 사이에 죽은 경우를 중상(中殤), 8세부터 11세 사이에 죽은 경우를 하상(下殤)이라고 한다. 등급에 따라 상복을 줄여서 입고 장례 의식도 강등되며, 8세 이전에 죽은 사람에 대해서는 복을 입지 않는다.

衰服)을 벗지 않고 들어가 만나보았다. 무자가 말하기를 '좋지 않은가? 군자는 미세한 실례(失禮)를 드러내는 것이다.' 하였다.〔季武子寢疾 蟜固不說齊衰而入見 武子曰 不亦善乎 君子表微〕"[61]라는 것에 대해

○〈단궁난〉 사람이 장차 죽으려 할 적에 그 말이 선한 법이니, 무자의 말이 그 진심에서 나오지 않은 것임을 어찌 알겠는가. -정현이 말하였다. "당시에 어쩔 수가 없어서 거짓으로 좋은 척한 것이다."-

논 이 말과 정현의 소(疏)는 각각 하나의 설이 되는데 어느 것이 옳은지는 모르겠습니다.

《예기》의 "아내의 형제 중에 그 아버지의 후계자가 될 자가 죽으면 적실에서 곡하되, 아버지가 살아 계시면 아내의 방에서 곡한다.〔妻之昆弟爲父後者死 哭之適室 父在哭於妻之室〕"라는 것에 대해

○〈단궁난〉 아버지가 살아 계신다는 것은 아내의 아버지가 살아 계신 것이니, 높은 분을 범하기 때문에 적실에서 곡하지 않고 아내의 방에서 곡하는 것이다.-진호(陳澔)가 말하였다. "'아버지가 살아 계신다.'의 아버지는 자기

61 계무자(季武子)가……하였다 : 〈단궁 하(檀弓下)〉의 원문에는 '입견(入見)'과 '무자(武子)' 사이에 "교고(蟜固)가 말하였다. '이 도(道)가 장차 없어지려 합니다. 사(士)는 오직 공문(公門)에서만 자최복을 벗는 것입니다.'"라는 구절이 있다. 이 경문(經文)에 대해, 진호는《예기집설》에서 "계무자가 병이 위독할 때 교고가 마침 자최(齊衰)의 상복을 입고 있었는데, 그 흉복(凶服)을 입은 채로 들어가 문병하고, 또 말하기를 '대부의 문에서는 상복을 벗어서는 안 되고, 오직 군주의 문에서만 벗는 것입니다. 이 예가 장차 없어지려고 하니, 제가 상복을 입고 온 것은 장차 없어지려고 하는 이 예를 구하려고 하는 것입니다.'하였다. 무자가 그 말을 좋게 여겨서 말하기를 '실례(失禮) 중에 분명한 것은 사람들이 다 알 수 있으나, 실례 중의 미세한 것으로 말하면 오직 군자만이 표출하여 밝힐 수 있다.' 하였다."라고 하였다.

의 아버지이다."-

논 아내의 아버지가 살아계시는 것이라면 어찌 높은 분을 범하는 의리가 있겠습니까. 이 말이 혹 '예에 아내의 아버지가 별세하셨을 적에 적실에서 곡하는데, 아내의 형제를 곡하기를 또한 적실에서 하면 높음을 범하는 혐의가 있기 때문에 아내의 아버지가 살아계시면 감히 그렇게 하지 못한다'라고 말하는 것입니까? 그렇다면 이는 제가 알 수 있는 것이 아닙니다. 진씨가 '자기 아버지가 살아 계시면'이라고 말한 것이 옳은 듯합니다.

《예기》의 "반함(飯含)할 때 쌀과 자개를 사용하는 것은 차마 죽은 이의 입을 비워 둘 수가 없어서 그런 것이니, 음식의 도로써 그렇게 하는 것이 아니라 아름다운 물건을 사용할 뿐인 것이다.〔飯用米貝 不忍虛也 不以食道 用美焉爾〕"라는 것에 대해

○〈단궁난〉 운운(云云).-정씨(鄭氏)가 말하였다. "높이는 것이다."-

논 정씨의 말은 타당하지 않습니다.

《예기》의 내용 : 서운해하는 것은 슬픔이 변하는 것이다.〔慍 哀之變也〕[62]

○〈단궁난〉 '온(慍)'은 온축할 온(蘊)이니, 슬퍼하는 정(情)은 심중에 온축되는 것이다. 그러므로 경(經)에 "싫증이 나면 서글퍼진다.〔慍斯

62 서운해하는……것이다 : 이 내용은 일부만 인용된 것으로, 〈단궁 하〉의 전문은 아래와 같다. "단(袒)을 하고 머리를 묶는 것은 모습이 변하는 것이고, 서운해하는 것은 슬픔이 변하는 것이다. 꾸밈을 제거함은 아름다움을 제거하는 것이니, 단을 하고 머리를 묶는 것은 꾸밈을 제거하는 것 중에 심한 것이다. 단을 하는 일이 있고 습(襲)을 하는 일이 있으니, 이는 슬퍼함의 절도이다."

戚〕"[63]라고 한 것은 이것을 말한 것이다. 슬픔과 노여움은 다른 정이다. 논 사람의 정이 지극해지면 변하니, 예컨대 '즐거움이 지극하면 슬퍼진다'[64]는 따위가 이것입니다. 슬픔과 즐거움은 본래 상반되는 것이지만 오히려 서로 원인이 되어 생겨나는 것이니, 슬픔과 노여움, 근심과 두려움은 본래 서로 가까운 것이 아니겠습니까. 슬픔이 깊어지면 분노가 생겨나는 것이니, 온(慍)을 온축할 온(蘊)으로 보는 것은 적확(的確)한 것이 아닐 듯합니다.

《예기》의 "변과 질갈 차림으로 장례하는 것은 신과 더불어 교접하는 도이니, 공경하는 마음이 있어서이다.〔弁経葛而葬 以神交之道也 有敬心焉〕"[65]라는 것에 대해

○〈단궁난〉 부모가 3월에 돌아가신 경우 그 다음 4월에 이르게 되면

63 성이 나면 슬퍼진다 : 이 내용은 〈단궁 상〉에 보인다. 저본에는 '온사척(蘊斯戚)'으로 되어있으나, 〈단궁 상〉과 《자저(自著)》의 〈단궁난〉에 의거하여 '온사척(慍斯戚)'으로 수정하여 번역하였다.

64 즐거움이 지극하면 슬퍼진다 : 이 내용은 주나라 무왕의 〈상명(觴銘)〉에 "즐거움이 극에 달하면 슬퍼지고〔樂極則悲〕, 술에 빠져 그릇된 행동을 하면 종묘사직이 위태로워지리라."라고 보인다.《後漢書 朱穆傳 注》〈상명〉은 무왕이 강태공(姜太公)의 말을 따라 술잔에 명(銘)을 써서 자신을 경계한 것이다.

65 변과……있어서이다 : 이 내용에 대해 《예기주소(禮記注疏)》의 정현(鄭玄)의 주에 "천자(天子)와 제후(諸侯)는 상복을 바꾸어 입고 장례하는데, 흰 명주의 변(弁)을 관(冠)으로 쓰고 칡으로 환질(環経)을 만들어 착용했다가 우제(虞祭)와 졸곡제(卒哭祭)를 지내고 나면 비로소 다음 받을 상복을 입는다. 한 철이 지나면 슬픔이 쇠하여 공경심이 생겨나니 공경하면 상복에 꾸밈이 있기 마련이다."라는 내용이 있는바, 아래 〈단궁난〉의 비판은 이에 대한 것이다.

봄이 여름이 되어 한 철이 지난 것인데, 한 철이 지났다고 불과 한 달 사이에 슬픔이 쇠할 수 있겠는가. 공자께서 가난한 자들에게 곧바로 장례하라고 한 것은 염을 끝내면 곧바로 장례하라는 것이니, 어찌 모두 철을 넘겨야 하겠는가. 철을 넘기지 않는 경우 슬픔이 쇠하지 않는다면, 곧바로 장례하는 모든 사람은 장차 장례를 꾸미면 안 된단 말인가.

논 '신교(神交)'의 신(神)은 본래 토지신(土地神)을 가리킨 것인데, 엄릉 방씨(嚴陵方氏)가 신기친(神其親)의 신으로 오해한 것입니다.[66] 이미 토지신을 가리켰다면 공경하는 마음이 있다는 것은 바로 그 토지신을 공경한 것이지 어버이 상에 슬픔이 쇠퇴하여 공경이 생겨남을 말한 것이 아닙니다. 또 이른바 한 철이 지난다고 말한 것은 다만 3개월을 한 철로 보아 이 철이 지나는 것을 말한 것이지, 한 철의 끝 달과 다음 철의 첫 달이 서로 바뀌는 것을 한 철이 지난다고 말한 것이 아니니, 이는 정현의 설에 대강 말한 것입니다. 곧바로 장례를 치러야 할 자들처럼 가난하여 예를 갖출 수 없는 경우는 마땅히 별도로 논해야 할 듯합니다.

66 엄릉 방씨(嚴陵方氏)가……것입니다 : 엄릉 방씨는 송나라 학자 방각(方慤)으로, 자는 성부(性夫)인데 휘종(徽宗) 선화(宣和) 연간에 진사가 되고, 벼슬은 예부 시랑에 이르렀으며 저서에 《예기집해(禮記集解)》가 있다. 《예기집설(禮記集說)》 세주(細註)에 방각이 이르기를 "자유(子游)가 말하기를 '창문 아래에서 반함을 하고 문 안에서 소렴(小斂)을 하고 동쪽 계단에서 대렴(大斂)을 하고 손님의 자리인 서쪽 계단에 빈소하고 뜰에서 단문(袒免)을 하고 묘에 장례를 함은 먼 곳에 나아가는 것이다.' 하였으니, 장례에 이르게 되면 먼 곳에 나아감이 지극한 것이다. 그러므로 신(神)의 도(道)로써 사귀는 것이다."라고 하였으므로 이렇게 말한 것이다. '신기친'은 그 어버이를 신으로 여긴다는 의미로 보인다.

《예기》의 "죽을 먹으면 주인·주부·실로가 병이 들까 염려되므로 군주가 밥을 먹도록 명하는 것이다.〔歠 主人主婦室老 爲其病也 君命食之〕"라는 것에 대해

○〈단궁난〉 주부는 상주의 아내인데, 공영달(孔穎達)의 소(疏)에는 "망자(亡者)의 아내이다."라고 하였다.

논 주부는 마땅히 겸해서 보아야 하니, 소의 설이 틀린 것이 아닙니다.

《예기》의 "반곡하여 당에 오르는 것은 죽은 아버지가 예를 행하던 곳으로 돌아온 것이고, 주부가 실에 들어가는 것은 그 공양하던 곳으로 돌아온 것이다.〔反哭升堂 反諸其所作也 主婦入于室 反諸其所養也〕"라는 것에 대해

○〈단궁난〉 당(堂)과 실(室)은 다만 사당 안일 뿐이 아니다. 어찌 유독 어버이가 예를 행하던 곳일 뿐이겠는가.-소에는 "모두 사당에 있을 때를 이른다."라고 하였다.-

논 소의 설이 틀렸다고 할 수 없습니다. 어버이가 기거하고 출입하던 곳이니 어느 곳인들 찾지 않을 수 있겠습니까마는, 반드시 어버이가 예를 행하던 곳을 찾는 것은, 여기에서 아버지의 영혼의 빙의(憑依)가 가장 잘 되기 때문입니다. 예의 뜻은 매우 오묘하니, 이처럼 범연히 논하여서는 안 될 듯합니다.

《예기》의 "북방에 장례를 하되 머리를 북쪽으로 두게 하는 것은 삼대의 공통된 예이다.〔葬於北方北首 三代之達禮也〕"[67]라는 것에 대해

67 북방(北方)에……예이다. : 〈단궁 하〉의 원문에는 이 구절 아래에 "귀신 세계로

○〈단궁난〉 땅에는 모두 동서남북(東西南北)이 있으니 그 장소의 북방에 나아가 장례하는 것이다.-《예기집설》에는 "북방은 국도(國都)의 북쪽이다." 하였다.-

논 본 주와 〈단궁난〉의 설이 모두 통합니다. 만약 국도의 북쪽이란 설을 따른다면 도성 외곽에 정해진 곳에 사람을 장례하게 되니, 예컨대 진(晉)나라의 가성(佳城)과 당(唐)나라의 북망(北邙) 따위일 것입니다.

《예기》의 "상례에는 죽음의 도가 있다.〔喪有死之道焉〕"[68]라는 것에 대해

○〈단궁난〉 미상(未詳)이다.

논 죽음의 도는 마땅히 죽음을 싫어하는 도로 보아야 합니다.

《예기》의 "자사가 말하였다. '융의 우두머리가 되지 않는 것만도 좋지 않습니까.'〔子思曰 毋爲戎首 不亦善乎〕"[69]라는 것에 대해

갔기 때문이다."라는 구절이 더 있다.

68 상례(喪禮)에는……있다 : 이 내용은 일부만 인용된 것으로, 〈단궁 하〉의 전문은 아래와 같다. "군주(君主)가 신하의 상에 임했을 때에는 무당과 축관이 복숭아나무로 벽제(辟除)를 하고 갈대 비로 쓸며, 낮은 신하가 창을 잡는 것은 죽음을 싫어해서이니, 산 자와 다르게 하는 것이다. 상례에는 죽음을 싫어하는 도가 있으니, 선왕이 말씀하기 어렵게 여기신 바이다."

69 자사(子思)가……않습니까 : 이 내용 역시 일부만 인용된 것으로, 〈단궁 하〉의 전문은 아래와 같다. "노(魯)나라 목공(穆公)이 자사에게 묻기를 '옛 군주를 위하여 돌아가 복(服)을 입는 것이 옛날의 도입니까?'라고 하니, 자사가 말씀하였다. '옛날의 군자는 사람을 등용하기를 예(禮)로써 하고, 사람을 물러나게 하기를 예(禮)로써 하였습니다. 그러므로 옛 군주에게 돌아가 복을 입는 예(禮)가 있었습니다. 지금의 군주는 사람을 등용할 적에는 무릎 위에 올려놓을 듯이 하고, 사람을 물러나게 할 적에는 깊은

○〈단궁난〉 융(戎)은 화란(禍亂)이다. 화란의 괴수가 되지 않는 것만으로도 다행일 뿐이다.

논 융을 병(兵)으로 보는 것과 화란으로 보는 것이 모두 가합니다. 병 또한 화란인 것입니다.

《예기》의 "국소자의 어머니가 별세하니, 국소자가 말하기를 '아, 그러지 말라.' 하고 또 말하였다. '우리 집안의 초상에 모두 와서 구경할 것이다.'〔國昭子之母死 曰 噫 毋 曰 我喪也斯沾〕"[70]라는 것에 대해

○〈단궁난〉 아래의 '왈(曰)' 자는 연문(衍文)이고 '사첨(斯沾)'의 사(斯)는 어조사이다.-정현이 말하였다. "사는 모두이다."-

논 아래의 '왈' 자는 연문이 아닐 듯합니다. 이는 국소자가 자장을 만류하며 말하기를 "그러지 말라." 하고, 또 말하기를 "우리는 현달한 집안이다. 마땅히 사람들이 모두 와서 상례를 보아 우리들로 하여금 반드시 성인(聖人)의 옛 상례를 따르도록 하게 하려고 할 것이다."라고 하였을 뿐입니다. 여기의 말과 소(疏)의 설이 비록 다르나 본문에서

못에 떨어뜨릴 듯이 하니, 구란(寇亂)의 우두머리가 되지 않는 것만 해도 좋지 않겠습니까. 어찌 다시 돌아가 복을 입는 예가 있겠습니까.'"

70 국소자(國昭子)의……것이다 : 이 내용은 일부만 인용된 것으로, 〈단궁 하〉의 전문은 아래와 같다. "국소자(國昭子)의 어머니가 별세하자, 자장(子張)에게 묻기를 '장례에 묘에 이르러 남자와 부인이 어떻게 자리를 잡아야 하는가?' 하자, 자장이 말하기를 '사도경자(司徒敬子)의 상에 부자께서 도우셨는데, 남자는 서향(西向)을 하였고 부인은 동향(東向)을 하였습니다.' 하였다. 국소자가 말하기를 '아, 그러지 말라.' 하고, 또 말하기를 '우리 집안의 초상에 모두 와서 구경할 것이니, 그대가 이 일을 전적으로 주관해서 손님은 손님대로 자리하고 주인은 주인대로 자리하게 하라.'라고 하자, 부인들이 남자를 따라서 모두 서향하였다."

찾아보면 마땅히 이와 같아야 할 듯합니다. 사를 어조사라고 하는 것은 혹 옳을 듯합니다.

《예기》의 "계강자의 어머니가 별세하였는데 속옷을 진열하자, 경강이 말하였다. '부인은 꾸미지 않고서는 감히 시부모를 뵙지 않으니, 장차 사방의 손님이 올 것인데 속옷을 어찌 여기에 진열한단 말인가?'〔季康子之母死 陳褻衣 敬姜曰 婦人不飾 不敢見舅姑 將有四方之賓來 褻衣何爲陳於斯〕"라는 것에 대해

○〈단궁난〉 사방의 손님들이 비록 높고 중하나 어찌 시부모만큼 엄하겠는가. 다만 내외(內外)와 친소(親疎)를 가지고 말한 것이다.

논 내외와 친소의 설은 참으로 옳습니다.

《예기》의 "유장이 병이 들어 자리에 눕자, 공이 시동(尸童)에게 청하였다. '유장이라는 자는 과인의 신하가 아니요, 바로 사직의 신하입니다. 그가 죽었다는 말을 들었으니, 제가 갈 것을 청합니다.'〔柳莊寢疾 公請於尸曰 柳莊非寡人之臣 社稷之臣也 聞之死 請往〕"[71]라는 것에 대해

71 유장(柳莊)이……청합니다 : 이 내용은 일부만 인용된 것으로, 〈단궁 하〉의 전문은 아래와 같다. "위(衛)나라에 태사(大史)가 있었는데, 이름을 유장(柳莊)이라 하였다. 그가 병이 들어 자리에 눕자, 공(위나라 군주)이 말하기를 '만약 병이 위급해지면 내 비록 제사를 지내고 있더라도 반드시 고하라.'라고 하였다. 〈공이 제사하려던 차에 유장이 죽었다는 부고가 오자〉, 공이 〈조상신에게〉 재배(再拜)하고 머리를 조아리고서 시동(尸童)에게 청하기를, '신하 유장이라는 자는 과인(寡人)의 신하가 아니요, 바로 사직(社稷)의 신하입니다. 그가 죽었다는 말을 들었으니, 제가 갈 것을 청합니다.'라고 하고, 제복(祭服)을 벗지도 않고 가서 마침내 이것으로 수의(襚衣)를 하고, 그에게 채읍(采邑)으로 구씨(裘氏)의 읍과 현반씨(縣潘氏)의 읍을 주고서 이것을 글로 써

○〈단궁난〉 시동 앞에서 과인(寡人)이라 칭한 것은 공(公)의 말인 것이다. 무엇으로 이것을 아는가? 제복(祭服)을 벗지 않았기 때문이다. 입고 온 제복을 주어 수의(襚衣)로 삼게 한 것과 유장에게 채읍(采邑)을 준 것은 모두 비례(非禮)이다.-소(疏)에 이르기를 "과인이라는 말은, 후세 사람으로 기록을 남긴 자의 말이다." 하였다.-

논 소의 설은 너그럽고 후한데, 〈단궁난〉의 설은 가혹하고 각박합니다.

《예기》의 "계손씨의 어머니가 별세하자, 애공이 조문하였다.〔季孫之母死 哀公弔焉〕"[72]라는 것에 대해

○〈단궁난〉 구(廐)는 '빈 행랑〔空廊〕'이란 말과 같다. '수용(修容)'은 선용(先容)[73]을 도모한다는 것이다. 식(飾)은 예를 수식하는 것이다.

서 관(棺)에 넣고 말하기를 '대대로 만대의 자손에 이르기까지 변함이 없으리라.'라고 하였다."

72 계손씨(季孫氏)의……조문하였다 : 〈단궁 하〉에는 이 내용의 아래에 다음과 같은 문장이 있다. "증자(曾子)가 자공(子貢)과 함께 조문을 하자, 문지기가 '군주가 계시다'고 하여 들여보내지 않았다. 증자가 자공과 함께 구(廐)에 들어가서 용모를 꾸미고서 자공이 먼저 들어가자, 문지기가 말하기를 '조금 전에 주인에게 이미 고했습니다.'라고 하였고, 증자가 뒤따라 들어가자 문지기가 피하였다. 내류(內霤 문 지붕 뒤에 있는 처마)를 지나가자 경(卿)과 대부(大夫)들이 모두 자리를 피하였으며, 공이 한 계단을 내려와서 읍하니, 군자가 말하기를 '꾸밈을 지극히 하는 도는 사람을 감동시킴이 크다.'라고 하였다."

73 선용(先容) : 본래 먼저 수식(修飾)을 가한다는 의미이다. 전한(前漢) 추양(鄒陽)의 〈우옥중상서자명(于獄中上書自明)〉에 "구불구불 휘어진 나무의 뿌리는 기괴하기 이를 데 없는데 천자가 사용하는 그릇이 되는 것은 어째서인가? 좌우 근신(近臣)이 먼저 수식〔容〕을 하기 때문이다."라고 했는데, 그 주에 "'용'은 새기고 꾸미는 것이다."라고 하였다. 《史記 卷83 鄒陽列傳》

증자와 자공 두 분이 조용하고 박절하지 않음을 찬미한 것이다.

논 본문은 참으로 어려운 구절이니, 지금의 해석 또한 억지스러운 주장에 속합니다. 그러나 구(廐)는 결코 마구간이 아니니, 빈 행랑이란 주장이 옳을 듯합니다. 수용(修容)을 '선용을 도모함〔圖先容〕'의 용이라고 한 것은 적연(的然)한 줄 모르겠습니다.

《예기》의 "원양이 곽목(椁木)에 올라가서 노래하자, 부자께서 못 들은 척하시고 지나가셨다.〔原壤登木而歌 夫子爲弗聞也者而過之〕"[74]라는 것에 대해

○〈단궁난〉 이사(夷俟)[75]는 작은 허물인데 공자께서 지팡이로 그의 정강이를 두드리셨고 곽목에서 노래한 것은 큰 패역(悖逆)인데 공자께서 버리지 않으셨으니, 감히 알지 못하겠다.

논 이는 진실로 성인(聖人)의 마음씀이니, 이미 주자의 정론(定論)이

74 원양(原壤)이……지나가셨다 : 이 내용은 일부만 인용된 것으로, 〈단궁〉의 전문은 아래와 같다. "공자의 친구에 원양(原壤)이라는 사람이 있었는데, 그의 어머니가 죽자, 부자(공자)께서 도와서 곽(椁 외관(外棺))을 손질하였다. 원양이 곽목(椁木)에 올라가서 말하기를 '오래되었구나. 내가 음악에 흥을 가탁하지 못함이여!'라고 하고, 노래 부르기를 '곽목의 무늬는 살쾡이 머리처럼 아롱지고, 곽목을 손질함은 부드러운 여자 손을 잡은 것처럼 매끄럽다.'라고 하였다. 부자께서 못 들은 것처럼 하고 지나가시자, 수행하는 자가 말하기를 '선생님께서는 절교할 만하지 않습니까?'라고 하니, 부자께서 말씀하기를 '내 들으니, 친척이 된 자는 친척이 된 정(情)을 잃지 않으며, 친구가 된 자는 친구가 된 우호(友好)를 잃지 않는다고 하였다.'라고 하였다."

75 이사(夷俟) : 걸터앉아서 사람을 맞이한다는 의미이다. 《논어》〈헌문(憲問)〉에 "원양이 걸터앉아서 공자를 기다리니, 공자께서 말씀하시기를 '어려서 공손하지 않고 장성해서 칭찬할 만한 일이 없고 늙어서 죽지 않는 것이 바로 적(賊)이다.' 하시고, 지팡이로 그의 정강이를 치셨다."라고 보인다.

있습니다.[76]

《예기》의 "숙중피가 아들 자류를 가르쳤다.〔叔仲皮學子柳〕"[77]라는 것에 대해

○〈단궁난〉 고모와 자매의 복은 시부모의 복에 끌어다 쓸 수 있는 것이 아닌데도, 숙중연(叔仲衍)은 이를 끌어다 씀에 자류가 이를 따라 그 아내가 끝내 세최(繐衰)를 하고 환질(環絰)[78]을 하였다. 자류의 아내는 처음에는 아름답지 않은 것은 아니었으나 끝내는 예(禮)를 잃었

76 주자의 정론(定論)이 있습니다 : 주자의 정론은 호씨(胡氏)의 설을 인용한 것으로 《논어집주대전(論語集註大全)》 권14 〈헌문(憲問) 46 원양이사(原壤夷俟)〉 편의 소주(小註)에 보이는바, 그 내용은 다음과 같다. "원양(原壤)이 어머니의 상(喪)에서 노래를 부르자 공자께서 못 들은 척하셨는데, 지금 걸터앉아 공자를 기다리자 책망하셨다. 어찌하여 중한 잘못은 버려두고 가벼운 잘못은 책망하셨는가? 그가 어머니 상에서 노래한 것을 따진다면 원양과 마땅히 절교하여야 할 것이다. 두 다리를 뻗고 걸터앉은 그의 정강이를 치신 것은 그래도 원양을 친구로 여기신 것이니, 훌륭한 덕(德)이 예(禮)에 맞아 행동거지에 나타남을 여기서도 볼 수 있다."

77 숙중피(叔仲皮)가……가르쳤다 : 저본에는 중숙피(仲叔皮)로 되어있으나 〈단궁 하〉에 의거하여 바로잡았다. 〈단궁 하〉에는 이 내용의 아래에 다음과 같은 문장이 있다. "숙중피(叔仲皮)가 죽었을 때 자류(子柳)의 아내는 노둔한 사람이었으나 시아버지를 위하여 그래도 최복(衰服)을 입고 두 가닥으로 꼰 수질(首絰)을 하였다. 숙중연(叔仲衍)이 조카에게 이것을 고하자, 〈자류는 숙중연에게 자기의 아내로 하여금〉 세최(繐衰)를 하고 환질(環絰)을 하게 할 것을 청하였다. 숙중연이 말하기를 '옛날에 내가 고모와 자매의 상을 당했을 적에도 이와 같이 하였으나 나를 금하는 이가 없었다.'라고 하니, 자류는 물러나 자기 아내로 하여금 세최를 하고 환질을 하게 하였다."

78 세최(繐衰)를 하고 환질(環絰) : 세최는 삼베의 승수(升數)가 4승 반인 베로 만든 상복으로, 소공(小功)의 복을 말하며 환질은 삼 한 가닥을 고리처럼 둥글게 꼬아서 머리 위에 얹는 것을 말한다.

다. 자류는 진실로 예를 알았다고 말할 수 없고 숙중연은 더욱 심하다.

논 논한 것이 참으로 옳습니다.

《예기》의 "성읍(成邑) 사람 중에 그 형이 죽었으나 최복(衰服)을 입지 않는 자가 있었는데, 자고가 장차 성읍의 읍재(邑宰)가 된다는 말을 듣고 마침내 최복을 입었다.〔成人有其兄死而不爲衰者 聞子皐將爲成宰 遂爲衰〕"라는 것에 대해

○〈단궁난〉 자고(子皐)의 현명(賢明)함이 이와 같았으니, 벼를 보상해주지 않은 것[79]이 어찌 큰 죄가 되겠는가. 그런데 정현은 이를 '총애를 믿고 백성들에게 포악하게 한 것'이라고 하였고, 방씨(方氏)는 또 '인(仁)하지 못하고 서(恕)하지도 못한 것'이라고 하였으니,[80] 아! 어찌 그리도 심한가?

논 정씨와 방씨가 논한 것은 유씨(劉氏)가 이미 그 잘못을 말하였습니다.[81]

79 벼를……것 : 이 내용은 〈단궁 하〉에 "계자고(季子皐)가 그의 처를 장례할 적에 남의 벼를 침범하게 되었다. 신상(申祥)이 고하기를 '이것을 보상하십시오.'라고 하니, 자고가 말하기를 '맹씨(孟氏)가 이 때문에 나를 죄주지 않고 붕우들이 이 때문에 나를 버리지 않을 것이니, 내가 이곳의 읍재(邑宰)가 되어 길을 사서 장례한다면 뒤에 계속되기가 어려울 것이다.'라고 하였다."라고 보인다.

80 방씨(方氏)는……하였으니 : 방씨의 말은 송(宋)나라 위식(衛湜)이 찬(撰)한 《예기집설(禮記集說)》에 보인다. 방씨에 대한 자세한 내용은 179쪽 주67 참조할 것.

81 정씨와……말하였습니다 : 유씨(劉氏)는 북송의 학자 유이(劉彝, 1029~1086)로 자는 집중(執中), 복주(福州) 장락(長樂) 사람으로 흔히 장락 유씨(長樂劉氏)라고 부른다. 유씨의 말은 진호(陳澔)의 《예기집설(禮記集說)》에 실려 있는데 그 내용은 다음과 같다. "자신이 읍재(邑宰)가 되어 오히려 길을 사서 장례한다면 뒤에 반드시 준례가

유여성에게 답함

答兪汝成

사람이 그리워지는 것은, 호서(湖西)에 있을 때보다 관외(關外)[82]가 더욱 심합니다. 어찌 산천(山川)이 가깝고 멀고의 차이가 있어서 그런 것이 아니겠습니까. 전별(餞別)의 시(詩)가 뒤이어 천 리 밖에서 도착함에 편지 한 편을 보는 것과 같을 뿐이 아니니, 지극히 위로되고 지극히 위로됩니다.

이번 여름은 서쪽이 도리어 몹시 무더워서 사람이 병이 날 것 같은데, 이러한 때에 기거(起居)가 어떠하신지요? 이 아우는 어버이를 뵈러 와서 어버이 모시는 일이 대략이나마 마땅함을 얻었으니 개인적으로 다행입니다.

황학루(黃鶴樓)의 뛰어난 경치는 과연 듣던 대로입니다. 사방을 산이 빙 둘러 에워싸고 있고 평호(平湖)의 한 자락이 그 사이에서 흘러나오는데, 강물이 맑고 얕아 바닥의 흰 돌들이 환히 보여 셀 수가 있습니

되어 계속하기가 어려울 것이다. 이 또한 너무 우직하여 지나치게 우려한 일면이기는 하나, 이는 성심(誠心)에서 나온 것이요 문식(文飾)하는 말이 아니다. 정현의 주에 '그가 맹씨(孟氏)의 총애를 믿고 백성에게 포학하게 굴었다.' 하였고, 방씨는 또 '인(仁)하지 못하고 서(恕)하지 못하다.'는 말까지 더하였으니, 너무 심하다. 어찌 자고(子皐)와 같이 어진 이에게 이런 일이 있을 수 있겠는가."

82 관외(關外) : 본디 중국의 함곡관(函谷關) 밖을 가리키는 말로 보통 서북방의 먼 변경을 가리키는데, 여기서는 평안도(平安道) 삼등현(三登縣)을 말한 것이다. 박윤원의 부친인 박사석(朴師錫)이 1765년(영조41) 12월에 제수되어 당시 삼등 현감으로 있었다.

다. 황학루는 언덕에 의지하여 세워졌는데 강물을 굽어보고 있습니다. 비록 그다지 웅장하고 걸출하지는 않으나 또한 지극히 맑고 깨끗하여 난간에 올라 거닐어봄에 훌쩍 속세를 벗어난 것같은 생각이 듭니다.

앵무주(鸚鵡洲)는 호수의 남쪽 끝에 있는데 푸른 절벽이 깎아지르듯 솟아있고, 바위의 뿌리가 마치 자라가 물속에 들어가 있는 듯하여 그 위에 앉을 수가 있습니다. 또 아래에 층대(層臺)가 있어서 7~8명이 앉을 수 있고 절벽 위에는 붉은 글자가 새겨져 있습니다. 달 밝은 밤에 배를 띄워 물길을 거슬러 올라가면 안개 낀 수면이 넘실거리며 주변 경물(景物)이 맑고 아름다운데, 푸른 절벽의 소나무와 삼나무의 그림자가 흐르는 물에 거꾸로 비칩니다. 황학루를 돌아보면 마치 그림 속의 누각인양 아스라하니, 이것이 더욱 뛰어난 볼거리입니다.

만약 우리 형이 이 황학루 위에 있게 되면 반드시 지금 사람들의 시와는 다른 최호(崔顥)의 시[83] 같은 명시를 지었을 것입니다. 그러나 멀리 떨어져 있어서 이 일이 이루어질 수가 없으니, 매우 한스러울 만합니다. 이만 줄입니다.

83 최호(崔顥)의 시 : 최호(704~754)는 당나라의 시인으로 현종(玄宗) 개원(開元) 연간에 진사에 급제하고 벼슬이 태복시 승(太僕寺丞)에 이르렀다. 시는 중국 호북성(湖北省) 무창(武昌 옛 이름 강하(江夏))에 있는 황학루(黃鶴樓)를 읊은 〈등황학루〉를 이르는데, 최호가 지은 이 시는 천고의 절창으로 일컬어진다. 시선(詩仙) 이백이 황학루에 올라 최호의 시를 보고 "눈앞에 아름다운 경치 펼쳐져 있으나 내 시로 표현할 수 없었는데, 최호가 쓴 시 머리 위에 있네.〔眼前有景道不得, 崔顥題詩在上頭.〕"라고 칭찬하고 시를 짓지 않았다고 한다. 편지에서 박윤원이 언급하고 있는 삼등현(三登縣)의 황학루는 이를 본떠 이름한 것이다.

유여성에게 답함
答兪汝成

편지를 써놓고 부치지 못했는데 그대의 편지가 먼저 이르렀습니다. 이는 이별한 후의 첫 편지인 데다 또 더하여 천 리 밖에서 얻은 것이니, 그 위로됨이 끝이 없습니다.

황학루는 오래 볼수록 더욱 기이하니, 소적(小敵 대수롭지 않은 적)이 아닙니다. 저의 시에 어찌 말씀드릴 만한 것이 있겠습니까. 바야흐로 대적(大敵)을 보고 두려워 필봉(筆鋒)이 꺾였습니다. 우리 형은 황학루는 보지 못하고 다만 네 군(郡)을 돌아보았고 이 아우는 네 군은 보지 못하고 다만 황학루만을 보았으니, 갑론을박(甲論乙駁)한들 우선 결론 내릴 수가 없습니다. 그러나 황학루는 본래 뛰어난 절경인데도 형은 도리어 하나의 홍쟁(泓崢)[84]에 견주니, 이 한마디 말로 황학루를 때려 부순 것입니다. 만일 우의(羽衣)를 입은 신선이 이 말을 들었다면 반드시 상천(上天)에 하소연하였을 것입니다.

강산(江山)의 경승(景勝)은 반드시 시에 의해 드러납니다. 청천(晴川)과 방초(芳草)의 구절[85]이 나옴에 강하(江夏)의 황학루가 천하제일

84 홍쟁(泓崢) : 홍쟁소슬(泓崢蕭瑟)의 줄인 말로 빼어난 산천의 경치를 훌륭한 시문(詩文)으로 형상화하는 것을 말한다. '숲에는 조용히 있는 나무가 없고 내에는 정체한 물이 없다.〔林無靜樹, 川無停流.〕'라는 진(晉)나라 곽박(郭璞)의 시를 대하고, 완부(阮孚)가 "홍쟁소슬(泓崢蕭瑟)한 느낌을 어떻게 말로 표현할 수가 없는데, 이 글을 접할 때마다 나는 나의 정신이 형체를 떠나 멀리 비상(飛翔)하는 듯한 감회에 젖곤 한다."라고 평한 데에서 나온 것이다. 《世說新語 文學》

명승지의 이름을 차지한 것이니, 나의 시가 최호만 못한 것이 부끄럽습니다. 우리 여성으로 하여금 이 누대가 제일의 선경이 됨을 알게 하여 깜짝 놀라 일어나게 하지 못하니, 강산이 또한 장차 나를 비웃을 것입니다. 부디 나를 위해 하나의 시어(詩語)를 다시 지어 이 일을 해명하여 산신령에게 사죄해주시기 바랍니다. 하하 웃습니다.

85 청천(晴川)과 방초(芳草)의 구절 : 최호의 시 〈등황학루〉 중의 "비 개인 강엔 한양의 숲이 역력히 비치고, 향기로운 풀은 앵무주 물가에 무성하도다.〔晴川歷歷漢陽樹, 芳草萋萋鸚鵡洲.〕"라는 두 구절을 이른다.

유여성에게 줌
與兪汝成

제가 일찍이 족하에게 문장(文章)을 버리고 실학(實學)을 하라고 받들어 권한 것이 이미 여러 해가 되었습니다. 족하가 비록 분명하게 거절하지는 않았으나 또한 결연(決然)하게 제 말을 따르지도 않았습니다. 이에 저는 항상 이일을 마음속으로 개연(慨然)히 탄식하였으나, 붕우 간에 있어서 너무 잦은 충고와 자신의 밭은 버려두고 남의 밭을 매는 것에 대해 모두 경계하는 바가 있으니, 감히 일일이 떠들 수가 없었습니다. 그러나 그 마음만은 일찍이 잊은 적이 없습니다.

지난날에는 작별에 임하여 항상 예전에 했던 말을 다시 되풀이하니, 족하가 이르기를 "그렇다면 마땅히 그대의 말대로 먼저 《대학》을 읽어야 하는가?〔先讀大學矣乎〕" 하였습니다. 호(乎)라는 것은 또한 결정하지 못한 말입니다.

제가 족하의 허락을 억지로 받아내지 못하니, 족하가 또 이르기를 "그대가 돌아간 뒤에 편지로써 자주 권면한다면 어찌 그대의 경책(警策 따끔하게 일깨워 주는 일종의 충고)에 유익함이 없겠는가."라고 하였습니다. 이때 원집(元執)[86]이 자리에 있다가 말하기를 "장문의 편지가 와서 장문의 편지로 답하면 도리어 독서에 해가 될 것입니다."라고 하니, 우리

86 원집(元執) : 김이중(金履中, 1740~1787)으로, 원집은 그의 자이고 선원(仙源) 김상용(金尙容)의 6대손이며 유한준의 생질(甥姪)이다. 1787년(정조11) 나이 48세로 병으로 작고하였다. 《自著 卷25 元執墓誌銘》

들이 함께 한번 웃고 말았습니다.

족하가 문장을 너무 좋아하기 때문에 원집의 말이 이와 같았으니, 원집은 위양(渭陽 외삼촌)을 잘 아는 사람이라고 이를 만합니다. 저는 원집의 말이 옳다고 여겼기 때문에 앞의 편지에서 일반적인 문안을 제외하고는 다만 여여숙(呂與叔)[87]의 한 구절을 들었을 뿐이니, 이는 긴 편지의 번거로움을 제거하여 실학을 공부함에 방해되지 않고자 한 것입니다. 그런데 답장을 받아보니, 그대가 읽는 책은 《대학》이 아니라 바로 반고(班固)[88]의 글이었습니다.

먼저 들은 것들이 위주가 되고 익숙한 것들을 잊기 어려워서 부화(浮華)함이 날로 자라나고 의리가 날로 소멸된다면, 족하가 도(道)에 있어서 끝내 되돌아 올 수 있는 날이 없을 것입니다. 이미 "고인의 가르침을 저버렸다."라고 말하고, 또 말하기를 "군자의 반열에 스스로 설 수가 없다."라고 하여, 깊이 자책(自責)하여 장차 이를 고치려는 듯하더니, 끝내 또 결론지어 말하기를 "내가 좋아하는 바를 따르겠다."라고 하였습니다. 이는 고집하는 것이 견고할수록 이루는 것이 더욱 힘이 드는 것입니다.

족하의 문장에 대한 탐닉(耽溺)이 지극히 심하니, 탐닉에 빠져 돌아

87 여여숙(呂與叔) : 여대림(呂大臨, 1040~1092)으로 여숙은 그의 자이다. 문음(門蔭)으로 관직에 오르고 뒤에 진사시에 급제하였으며 벼슬이 비서성 정자(秘書省正字)에 이르렀다. '정문 4선생(程門四先生)'의 한 사람으로 육경(六經)에 통달하고, 특히 《예기》에 밝아 정자의 예학을 계승하여 심성지학(心性之學)을 깊이 연구하였다.

88 반고(班固) : 32~92. 후한(後漢) 중기의 문신이자 역사가로 자는 맹견(孟堅)이다. 부친인 반표(班彪)의 유지를 받들어 부친의 저서인 《사기후전(史記後傳)》을 기초로 하여 평생에 걸쳐 《한서(漢書)》를 편찬하였다.

오지 못하면 그 폐해가 장차 커질 것입니다. 이 몸이 외람되이 붕우의 자리에 있는데 어찌 근심하고 탄식하지 않을 수 있겠습니까. 이에 저의 말이 많아지지 않을 수 없고 편지가 길어지지 않을 수 없는 것입니다.

대저 친구 간에 규경(規警 바르게 일깨움)하는 방도는, 그 병통을 분명하게 지적하는 것이 가장 좋습니다. 족하께서 겸허하게 남의 의견을 수용하는 도량을 가지고 만일 배척하지 않고 제 말을 들어준다면 먼저 족하의 평소의 의견의 잘못을 논하고 다음으로 이 편지의 잘못을 언급하고자 하는데 괜찮겠습니까?

삼가 살펴보건대 족하의 병통은 인(仁)만 좋아하고 배움을 좋아하지 않는 데에 있습니다. 인만 좋아하고 배움을 좋아하지 않으면 반드시 그 폐단이 있으니,[89] 이에 이 몸은 족하를 위하여 깊이 근심하는 것입니다. 족하는 평소 말하기를 "심(心)·성(性)·정(情)의 설은 미묘하여 궁구하기 어려워 통달하여 알 수 없으니, 굳이 애를 써서 이해를 구할 필요가 없고, 다만 마땅히 일상(日常)의 일과 행위의 사이에서 천리(天理)와 인욕(人欲)을 분변하여 천리는 보존하고 인욕은 제거할 뿐이다." 하시니, 이 때문에 족하가 만 권의 책을 읽고서도 여전히 궁리(窮理)·격물(格物)의 공부가 없는 것입니다.

대저 천리와 인욕은 그 사이에 터럭 하나도 용납되지 않습니다. 궁리·격물의 공부 없이 공(公)과 사(私)를 분별할 수 있는 사람은 있지 않습니다.

89 족하의……있으니 : 이 내용은 《논어》 〈양화(陽貨)〉에 공자께서 여섯 가지 폐단이 되는 경우를 들면서 "인(仁)만 좋아하고 배움을 좋아하지 않으면 그 폐단이 어리석음〔愚〕이 된다."라고 하신 말씀이 보이므로 이렇게 말한 것이다.

옛날 안자(顔子)는 부자(夫子)께 인(仁)을 물어 극기복례(克己復禮 일신의 사욕(私慾)을 이기고 예(禮)를 회복함)의 가르침을 듣고는 곧바로 그 조목(條目)을 물었습니다. 안자는 일찍이 천리와 인욕의 구분을 이미 분명하게 알았기 때문에 곧바로 그 조목을 알려주기를 청한 것입니다. 그렇지 않다면 마땅히 어느 것을 이기고 마땅히 어느 것을 회복해야 하는지를 어떻게 알았겠습니까?

안자가 천리와 인욕의 구분을 이미 분명하게 알았던 것은 박문(博文)과 궁리·격물의 공부가 있었기 때문입니다. 안자의 박문과 궁리·격물의 공부가 없는데도 천리와 인욕을 분별하고자 한다면, 도적을 자식으로 잘못 인식하지 않는 자가 거의 드물 것입니다. 이로써 살펴본다면 족하가 "성리(性理)의 설을 굳이 이해할 필요가 없고 다만 일상생활의 사이에서 이를 닦고자 한다."라고 말한 것은 잘못입니다.

대저 심·성·정의 설은 진실로 미묘하여 연구하기 어렵지만 돌이켜서 구하고 묵묵히 살핀다면 경계(境界)의 구분과 조리(條理)가 찬연하게 드러나 잘 알 수 있습니다. 그러므로 학문을 하는 방도는 반드시 궁리·격물의 공부를 먼저 하여야 합니다.

태극(太極)과 음양(陰陽)의 이치가 어찌 지극히 정미(精微)한 것이 아니겠습니까마는 궁리·격물의 공부가 깊어지면 이것들을 꿰뚫어 볼 수가 있습니다. 삼천과 삼백 가지의 예문(禮文)[90]이 어찌 참으로 크고 많은 것이 아니겠습니까마는 궁리·격물의 공부가 정밀하면 이해할 수가 있습니다. 어찌하여 처음에 힘을 쓰지 않고 먼저 그 연구하기

90 삼천과……예문(禮文) : 삼백 가지의 큰 예(禮)인 경례(經禮)와 삼천 가지의 자잘한 예인 곡례(曲禮)를 이르는바 이 내용은《예기》〈예기(禮器)〉에 보인다.

어려움을 근심한단 말입니까?

대저 지극한 성(誠)은 금석(金石)도 뚫을 수가 있습니다. 비록 지극히 둔한 자라도 진실로 성을 쌓아 이를 구한다면 끝내는 반드시 이를 알게 되는데, 하물며 족하처럼 총명한 분이 이 근심을 알지 못한단 말입니까. 다만 구하지 않을 뿐입니다.

정자(程子)가 이르기를 "사람의 오장(五臟)과 육부(六腑)는 몸에 매여 있는 것인데도 사람들이 이를 알지 못하니 그렇다면 어찌 농동(儱侗 혼연하여 분별이 없는 모양)한 것이 아니겠는가." 하였습니다. 지금 저 심·성·정은 바로 우리 몸이 소유한 것인데도 잘 살펴 알지 못한다면 어찌 더욱 크게 농동한 것이 아니겠습니까.

성현(聖賢)의 천 마디 만 마디 말이란, 다만 사람으로 하여금 그 마음을 보존하고 그 성(性)을 기르고 그 정(情)을 요약(要約)하여 모두 본래 소유하고 있는 것을 통하여 이를 확충하게 하는 것일 뿐이요 밖에서 구한 것이 아닙니다. 만일 심·성·정의 이치가 끝내 알 수 없는 것이라면 성인(聖人)께서 어찌 이를 말씀하셨겠습니까. 성인께서 어찌 이렇게 막연하며 흐릿하고 분명치 않아서 헤아리기 어려운 말을 하시어 반드시 사람들로 하여금 알지 못하게 하셨겠습니까.

이로써 살펴보건대, 족하가 말한바 '심·성·정의 설은 굳이 이해를 구할 필요가 없다'는 것은 잘못입니다. 그러므로 저는 말하기를 "족하의 병통은 인(仁)을 좋아하되 배움을 좋아하지 않는 데에 있다."라고 하는 것입니다. 인을 좋아하되 배움을 좋아하지 않으면 이른바 인이라는 것이 반드시 인이 되는 것은 아니어서 혹 유약(柔弱)함에 잘못되어 도리어 인을 해치기도 하니, 이 몸은 이를 깊이 우려하는 것입니다.

대저 이 도(道)는 알고 난 뒤에 행할 수가 있습니다. 길을 아는 자는 반드시 진보(進步)하고, 호랑이에게 물려 본 자는 반드시 얼굴빛이 변하는 것[91]입니다. 그러므로 정자(程子)와 주자(朱子) 등 제현(諸賢)은 반드시 '진실로 알고 힘써 행하는 것'을 가지고 곡진하게 가르침으로 삼아 둘 다 진전되고 치우치지 않고자 하였습니다.

옛사람 중에는 혹 앎은 참되지 못하더라도 행함에 능히 힘을 다한 분들이 있었습니다. 여신공(呂申公 여공저(呂公著))의 효(孝)·제(弟)는 거의 신명(神明)에 통하는 것이었지만 그의 견해는 유가와 불가가 뒤섞여서 하나가 됨을 면치 못했습니다. 또 사마온공(司馬溫公)은 평생토록 남을 대하여 말하지 못할 일을 한 적이 없었다[92]고 하지만, 그의 의론(議論)은 '소진(蘇秦)과 장의(張儀) 등 종횡가(縱橫家)들의 우두머리는 맹자'라고 의심함을 면치 못했으니, 이는 모두 궁리·격물의 공부가 부족함에 따른 폐해입니다.

궁리·격물의 공부가 없어서는 안 됨이 이와 같으니, 만일 "여신공이나 사마온공과 같은 위인이 되면 충분하니, 지(知)와 행(行) 두 가지를 모두 갖춘 정자와 주자를 굳이 법으로 취할 필요가 없다."라고 말하신다면, 이 몸이 어찌 감히 다시 말할 것이 있겠습니까.

91 호랑이에게……것 : 실제로 경험하여야 그 고통을 제대로 알 수 있음을 말한 것이다. 이 내용은 주자가 편찬한 《이정유서(二程遺書)》 권15 〈입관어록(入關語錄)〉에 "옛날에 범에게 부상당한 자가 있었는데, 다른 사람들은 범을 말할 때에 비록 삼척동자라도 모두 범이 두려울 만한 것인 줄을 알았으나, 끝내 일찍이 범에게 부상당한 경험이 있는 자의 정신과 얼굴빛이 두려워하여 지성(至誠)으로 두려워하는 것과는 같지 않았으니, 이것이 실제로 본 것이다."라는 내용을 원용한 것이다.

92 사마온공(司馬溫公)은……없었다 : 이 내용은 《소학》 〈선행(善行) 실경신(實敬身)〉에 보인다.

족하의 병통은 인만을 좋아하고 배움을 좋아하지 않는 데에 있는데, 그 근원을 살피면 하나의 문사(文辭)를 좋아하시는 것이 그 빌미가 됩니다. 독서가 비록 많으나 여전히 궁리·격물의 공부가 없는 것은 다름이 아니라, 문사에 대한 한결같은 생각이 뱃속에 가로 놓여 있어서 베어내도 제거되지 않고 갈아내도 없어지지 않아서 독서를 함에 오직 넘쳐흐르도록 널리 섭렵하는 것만을 능사(能事)로 삼고 의리를 강명(講明)하는 것에는 그다지 뜻이 없어서입니다. 그러므로 의사에 드러나고 의론에 나타나는 것이 잘못이 매우 많으니, 이 때문에 제가 매번 문사를 가지고 경계로 삼는 것입니다.

대저 문장은 도학(道學)에 근본하니, 도학이 옳아야 문장 또한 좋아짐을 거의 혀가 닳도록 예전부터 말하였으나 여전히 족하는 들으려 하지 않으니, 그렇다면 지금 군이 다시 자세하게 말하여 듣기 싫어하는 마음을 늘릴 것이 없지만, 또한 그 말을 다하지 않을 수 없는 점이 있습니다.

족하가 일찍이 말하기를 "문사(文辭)가 마땅히 공교(工巧)하려면 반드시 수사(修辭)를 말해야 한다."라고 하였지만, 수사라는 두 글자는 그 본래의 뜻을 구해보면 족하의 생각과 같은 것이 아닙니다. 명도(明道) 선생이 이 뜻을 해석하여 말하기를 "언사(言辭)를 닦고 살핌에 바로 성(誠)을 세워야 함을 말한 것이다. 만약 다만 언사(言辭)를 수식하는 것으로 마음을 삼는다면 이는 다만 거짓을 할 뿐이다."[93]라고 하였습니다. 충신(忠信)과 진덕(進德)의 실제(實際)를 먼저 하지 않

93 언사(言辭)를……뿐이다 : 이 내용은 《근사록(近思錄)》 권2 〈위학류(爲學類)〉에 보인다.

고 한갓 그 문사만을 수식하고 성(誠)을 세우고자 하지 않는다면, 본말(本末)이 어그러지고 경중(輕重)이 뒤바뀔 것이니, 어찌 잘못이 아니겠습니까.

족하는 또 말하기를 "삼대(三代) 이상은 문장과 도가 하나였지만 삼대 이하로는 문장과 도가 둘이 되었으니, 형편상 문장을 짓지 않을 수 없다."라고 하지만, 문장과 도가 어찌 둘인 적이 있었습니까. 사람들이 스스로 둘이라고 여기는 것일 뿐입니다. 전국시대(戰國時代) 이후에 도술(道術)이 분열되어 사마천(司馬遷)과 반고(班固)의 무리가 그 문장을 가지고 선성(先聖)의 도에서 떨어져 나가니, 이로부터 의리와 문사가 나뉘어 두 길이 되었습니다. 족하는 이와 같은 것을 보고는 마침내 문장과 도가 둘이 되었다고 하여, 하나가 되지 못함만 근심하고 하나가 아님은 근심하지 않으니, 어찌 주자의 도학(道學)이 문장을 겸하지 못함을 본 적이 있습니까.

도학과 문장은 본래 겸할 수 없는 일이 아닙니다. 만약 두 가지가 겸할 수 없는 것이라면, 마땅히 도학을 취하고 문장을 버리기를 맹자의 웅어(熊魚)의 설[94]처럼 하여야 합니다. 저 죽음은 진실로 싫어할 만한 것이지만 오히려 이를 취하는데, 하물며 이 도의 경우 밟고도 죽은 자를 보지 못함에 있어서이겠습니까.[95]

94 맹자의 웅어(熊魚)의 설 : 생명과 의리를 둘 다 취할 수 없는 경우에는 생명을 버리고 의리를 취함을 말한다. 웅어는 팔진미의 하나인 곰 발바닥 요리와, 보통의 물고기 요리의 병칭이다. 《맹자》 〈고자 상(告子上)〉에 "어물(魚物)도 내가 원하는 바요 웅장(熊掌)도 내가 원하는 바이지만 이 두 가지를 겸하여 얻을 수 없다면 어물을 버리고 웅장을 취하겠다. 삶도 내가 원하는 바요 의(義)도 내가 원하는 바이지만 이 두 가지를 겸하여 얻을 수 없다면 삶을 버리고 의를 취하겠다."라고 보인다.

그런데 족하의 취하고 버림은 어찌 이리도 어긋난단 말입니까. 족하는 사람이 불후(不朽)해지는 것이 다만 문장에 달려있다고 여기십니까? 제가 지난번 편지에 이미 안자(顔子)의 심재(心齋)[96]에 대해 말씀드린 바가 있으니, 안자의 일을 가지고 밝혀보겠습니다.

안자는 일찍이 한 글자의 글도 지은 적이 없지만, 인(仁)을 떠나지 않은 학문과 극기복례(克己復禮)의 행실은 만세에 전해져 보이고 있습니다. 그렇다면 사람이 불후해지는 것이 과연 오로지 문장에만 달려있을까요. 안자가 책을 저술하지 않은 것은 다만 일찍 죽어서 미처 못한 것이 아닙니다. 하늘이 수명을 몇 년 빌려주었더라도, 이때 공자께서 시(詩)와 서(書)를 산정하고 《춘추》를 지으셨으니, 그렇다면 안자는 의당 스스로 책을 저술하지 않았을 것입니다. 증자(曾子)가 《대학》을 짓고 자사(子思)가 《중용》을 지은 일들은, 바로 부자(夫子)께서 돌아가신 이후에 도학(道學)이 전해지지 못할까 두려워 지은 것으로 부득이하여 지은 것입니다.

95 밟고도……있어서이겠습니까 : 이 내용은 《논어》 〈위령공 하(衛靈公下)〉의 "백성들이 인(仁)에 대하여 필요로 함이 물과 불보다도 심하니, 물과 불은 밟다가 죽은 사람을 내가 보았지만 인(仁)을 밟다가 죽은 사람은 보지 못하였다."라고 한 공자의 말씀을 원용한 것이다.

96 안자(顔子)의 심재(心齋) : 심재는 마음의 재계(齋戒)라는 의미로 마음을 텅 비워 모든 잡념을 없애고 순일하게 하는 것을 말한다. 《장자》 〈인간세(人間世)〉에 "안자가 '마음의 재계란 무엇입니까?'라고 물으니, 공자가 이르기를 '뜻을 전일하게 하여 귀로 듣지 말고 마음으로 들을 것이며, 마음으로도 듣지 말고 기(氣)로써 들어라. 듣는 것은 귀에서 그치고, 마음은 부합하는 데서 그치지만, 기는 텅 빈 것으로 온갖 것을 다 포용한다. 오직 도(道)는 텅 빈 데에 모이는 것이니, 텅 빈 것이 바로 마음의 재계인 것이다.' 하였다."라고 보인다.

지금 만약 안자가 《대학》과 《중용》을 짓지 않았다고 하여 증자와 자사보다 못하다고 본다면 옳은 말이겠습니까. 저는 이것으로써 사람이 불후함은 오로지 문장에만 달려있지 않음을 압니다. 그러나 족하는 이미 명성을 좋아하고 밖으로 치달리는 사사로운 마음을 가지고 다만 지금 세상의 사마천과 반고가 되고자 할 뿐이니, 그렇다면 저의 말이 어찌 귀에 들어오겠습니까. 안타깝습니다. 강개(慷慨)하고 숙연(肅然)한 마음을 성현(聖賢)의 경전(經傳)에 쓰지 않고 한갓 반고의 문장에 사용할 뿐입니다.

족하가 막 《한서(漢書)》의 〈곽광전(霍光傳)〉을 읽었다고 하니, 그렇다면 바로 고해 주기에 좋은 한 가지 설이 있습니다. 옛날 구래공(寇萊公)이 〈곽광전〉을 읽다가 '불학무술(不學無術)'이란 말에 이르자 탄식하기를 "장공(張公)이 나를 두고 말한 것이다." 하였습니다.[97] 고인(古人)들은 남의 규계(規戒)를 따름이 이와 같았습니다.

지금 족하는 〈곽광전〉을 읽었는데도 붕우(朋友)의 규계(規戒)를 따르지 않으니, 이 또한 고인들과 다른 것입니다. 족하가 문장에 능한 것을 가지고 제가 번번이 불학(不學)에 견주는 것은 진실로 망령된

97 구래공(寇萊公)이……하였습니다 : 구래공은 송(宋)나라의 명상(名相)인 구준(寇準)으로 내국공(萊國公)에 봉(封)해졌기 때문에 이렇게 칭한 것이다. 구준은 북송 초의 명신(名臣)인 장영(張詠)과 젊어서부터 친하였는데, 구준은 일찍 벼슬에 진출하여 공부를 착실히 할 기회가 없었다. 구준이 지방관으로 좌천되어 있을 적에 장영을 만나 잘 대접하고 한마디 가르침을 청하자, 장영은 "〈곽광전(霍光傳)〉을 읽어 보아야 한다."라고 하였다. 구준이 무슨 뜻인지 깨닫지 못하고 돌아와 〈곽광전〉을 읽다가 '곽광은 배우지 않아 학술이 없었다.〔不學無術〕'라는 구절에 이르자, 이 말이 장영이 자기를 두고 한 말인 줄 깨달았다고 한다. 《宋名臣言行錄 前集 卷4 寇準》

일일 것입니다. 그러나 구래공의 화산(華山) 시[98]가 참으로 인구(人口)에 회자(膾炙)되었는데도 장공이 오히려 불학으로 규계하였으니, 이는 일찍 성인(聖人)의 학문에 종사하지 못한 것을 말한 것입니다. 족하는 진실로 문장에 능하지만 성현(聖賢)의 학문에 있어서는 그렇지 못하기 때문에, 이에 제가 규계를 드리는 것이니, 이는 망령됨에 이르지 않을 듯합니다.

족하가 이번 편지에 "내가 좋아하는 바를 따르겠다.〔從吾所好〕"라는 공자의 말씀[99]을 인용하여 말함에, 저는 악연(愕然)히 놀라며 크게 성인의 뜻을 잃었다고 여깁니다. 부자(夫子)가 좋아하신 것이 무슨 일이겠습니까? 부자께서 일찍이 말씀하시기를 "옛것을 좋아하여 급급히 구하였다.〔好古敏而求之〕"[100]라고 하셨고, 또 이르시기를 "10호쯤 되는 조그만 읍에도 반드시 충신한 자는 있지만 나처럼 배우기를 좋아하지는 못할 것이다.〔十室之邑 必有忠信 不如某之好學〕"[101]라고 하셨으니,

98 구래공의 화산(華山) 시 : 구준이 8살에 지었다는 화산이란 제목의 오언절구로 전문은 다음과 같다. "다만 위로 하늘이 있을 뿐, 다시 나란히 할 산이 없네. 머리 들어보니 붉은 해가 가깝고 고개 돌려보니 흰 구름 낮게 드리워져 있구나.〔只有天在上, 更無山與齊. 擧頭紅日近. 回首白雲低.〕"《御定佩文齋詠物詩選 卷51》《古今事文類聚 前集 卷46》

99 내가……말씀 : 이 내용은 《논어》 〈술이(述而)〉에 "부(富)를 만일 구해서 얻을 수 있다면 말채찍을 잡는 자의 천한 일이라도 내가 또한 하겠다. 그러나 만일 구할 수 없다면 내가 좋아하는 바를 따르겠다.〔從吾所好〕"라고 한 공자의 말씀을 인용한 것이다.

100 옛것을……구하였다 : 이 내용은 《논어》 〈술이(述而)〉에 "나는 나면서부터 안 자가 아니라 옛것을 좋아하여 급급히 구한 자이다."라고 한 공자의 말씀을 인용한 것이다.

101 10호쯤……것이다 : 이 내용은 《논어》 〈공야장(公冶長)〉에 "열 가호쯤 사는 조그

부자께서 좋아하신 바를 알 수가 있습니다. 오직 좋아하신 바가 이와 같았기 때문에 이르시기를 "내가 좋아하는 바를 따르겠다."라고 하신 것이니, 어찌 좋아하지 말아야 할 것을 좋아하였다고 말하였겠습니까.

지금 어떤 사람이 장기와 바둑을 좋아하고, 사냥을 좋아하고, 주색(酒色)을 좋아하면서 말하기를 "내가 좋아하는 바를 따르겠다."라고 한다면 저는 이것의 위태로움을 아니, 족하가 문사(文辭)를 좋아하는 것이 이것과 다를 바가 없습니다. 부귀는 하늘에 달려있어서 이를 얻음에 천명(天命)이 있으니 진실로 구할 수 있는 것이 아니지만, 도학(道學)의 경우는 구하면 이를 얻고 하고자 하면 곧 이르는데, 무엇을 꺼려서 이를 하지 않고 마땅히 좋아하지 말아야 할 것을 좋아하는 일을 반드시 좇는단 말입니까?

족하가 스스로 천리(天理)와 인욕(人欲)을 구분한다고 말하지만 이렇게 문사를 좋아하는 한 가지 일을 가지고도 그대가 욕(欲)에서 벗어나지 못하고 있음을 검증할 수 있습니다. 이른바 욕이란 것은, 반드시 음악과 여색, 물화(物貨)와 재리(財利)에 관심을 둔 이후에야 욕이라고 하는 것이 아니요 무릇 이 중에 한 가지라도 향하는 바가 있으면 모두 욕이라고 부릅니다.

족하가 문사에 탐닉함이 이와 같으니, 이는 욕이라고 부를 수 있는 것이 아니겠습니까. 그러나 족하가 이 욕을 이기지 못하는 것은, 다만 도(道)에 대해 보지 못하였기 때문이니, 도에 봄이 있으면, 자연히 이것이 중하고 저것이 가벼워질 것입니다.

만 읍에도 반드시 나(丘)처럼 충신한 자는 있지만 나처럼 배우기를 좋아하지는 못할 것이다.〔必有忠信如丘者焉, 不如丘之好學也.〕"라고 한 공자의 말씀을 인용한 것이다.

바라건대 족하는 한만한 서문(序文)이나 기문(記文)의 글을 점차 사절하시고 백가(百家)의 오류투성이의 책들을 물리치고 빨리 의리(義理)의 문자들을 취하여 반 개월의 공부를 하시기 바랍니다. 이렇게 하면 반드시 향하고 바라는 바가 있어 흥기(興起)될 것이니, 여기에서 저의 말이 족하를 속이지 않았음을 비로소 아실 것입니다.

이렇게 하지 않고 여전히 이전의 견해를 지켜 돌아올 것을 생각하지 않는다면 이로부터 족하에 대한 저의 기대와 바람이 끊어져서 저의 말을 다시는 족하의 앞에 올리지 않을 것입니다. 저는 충심이 지나쳐 말을 가릴 줄 모르니, 부디 양찰(諒察)하여 용서해 주시기를 엎드려 바랍니다.

유여성에게 답함

答兪汝成

문 조카에 대한 대상(大祥) 제문(祭文)이 선배들의 문집에 많이 보이는데, 이것이 과연 축문(祝文)과 서로 방해가 되지 않는 것입니까?

답 선배들이 조카의 대상에 제문으로 축문을 대신한 것은 필시 제사를 주관하는 자로서 결정한 일일 것입니다. 존형의 경우는 이와 달라서 다만 어린 고아를 위하여 제사를 대행하는 경우이니, 제문으로 축문을 대신하여서는 안 됩니다. 만약 대신한다면 제문 중에 또한 장차 "고아인 아들이 어려서 일을 맡을 수 없다.〔孤子幼未將事〕"라는 말을 써야 한단 말입니까? 이것은 제가 이해할 수 없는 바입니다.

유여성에게 답함
答兪汝成

문 오늘 저녁이 어버이의 기일(忌日)인데 죽은 아이의 대상이 비록 이미 지나갔으나 길제(吉祭)를 올리기 전에 미처 개제(改題)[102]하지 못하여 축문을 쓰는 것에 방해되니, 다만 축문 없이 단헌(單獻)으로 3년 안에 하는 것과 같이 하여야 합니까?

답 길제를 올리기 전이면 끝내 상(喪)을 끝낸 것이 아닙니다. 조상의 제사는 축문 없이 단헌으로 3년 안에 하는 것과 같이 한다는 것은 말씀하신 것이 옳습니다.

102 개제(改題) : 죽은 이의 관직명이나 봉사손의 이름 등 신주에 기록된 사항을 고쳐 쓰는 것으로, 추증이나 삭탈 등 관직에 변동이 있거나 친진(親盡)하여 봉사손이 바뀌었을 경우에 개제한다.

유여성에게 답함

答兪汝成

문 어떤 사람이 선조(先祖)의 기제(忌祭)가, 졸곡(卒哭)·부제(祔祭)·상제(祥祭)·담제(禫祭) 등과 겹쳤을 때 기제를 행하는가 않는가에 대해 질문하자, 신독재(愼獨齋)[103]가 답하기를 "장례(葬禮)와 우제(虞祭)가 이미 지났다면, 기제를 모시는 것이 인정(人情)과 예(禮)에 어긋나지 않을 듯하다."라고 하였습니다. 이미 말하기를 '장례와 우제가 지나면 선조의 기제를 마땅히 행해야 한다'고 하였으니, 그렇다면 삼우(三虞)의 뒤와 졸곡의 전에 기제사를 행할 수 있습니까?

답 신독재의 설이 이와 같다면 비록 졸곡 전이라 하더라도 선조의 기제는 마땅히 지내야 할 듯합니다. 다만 기제사 때 산재(散齋) 2일과 치제(致齋) 1일을 지내야 하니, 장례하는 다음날부터 계산하면 기일에 이르러 4일이 된 후에 기제사를 행할 수 있을 듯합니다. 마땅히 이를 헤아려서 정지 여부를 결정해야 합니다.

103 신독재(愼獨齋) : 김집(金集, 1574~1656)의 호이다. 자는 사강(士剛), 본관은 광산((光山), 시호는 문경(文敬)으로 사계(沙溪) 김장생(金長生)의 아들이다. 아버지와 함께 예학(禮學)의 기본적 체계를 완비하였으며, 송시열(宋時烈) 등에게 학문을 전하여 기호학파 형성에 중요한 역할을 하였다. 1591년(선조24) 진사시에 합격하였으나, 벼슬에 관심을 두지 않고 경전(經典)의 연구와 수양에 전념하였다.

유여성에게 답함

答兪汝成

외손(外孫)의 초상(初喪)과 장례(葬禮) 전에 외조부(外祖父)의 기제사에 예를 갖춰서는 안 될 의리가 없으니, 제사는 산 사람을 따르는 예(禮)인 것입니다. 제사를 주관하는 사람이 생질(甥姪)의 소공복(小功服)을 입고 있다면 소공의 장례 전에 어찌 단헌(單獻)을 할 수 있겠습니까. 이는 의심할 것이 없을 듯합니다.

유여성에게 답함

答兪汝成

문 외손자며느리의 상은 시마복(緦麻服)인데 외손자가 양자로 나갔다면 복이 없는 것입니까? 아니면 시집간 사람의 경우는 강등하지 않으니 비록 양자를 갔더라도 복은 그대로 입습니까?

답 비록 외친(外親)이라도 또한 두 계통이 없다고 하는 것이 바로 사계(沙溪)[104] 어른의 설이니, 외손자가 양자를 가면 그 외손자며느리에 대해서는 마땅히 복이 없어야 합니다. 《의례》〈상복(喪服)〉의 소(疏)에서 말한 것은 출가한 사람이 외조부모(外祖父母)・내구(內舅 외숙(外叔))・이모(姨母)를 위해 복을 입을 경우 강등하지 않고 본복을 입는다는 것을 가리킨 것이지 이와 같은 것을 가리켜 말한 것이 아닙니다.

104 사계(沙溪) : 김장생(金長生, 1548~1631)의 호로, 자는 희원(希元), 본관은 광주(光州), 시호는 문원(文元)이며 율곡 이이와 구봉(龜峰) 송익필(宋翼弼)의 문인이다. 유일(遺逸)로 천거되어 많은 벼슬에 제수되었으나, 대부분 사직하고 고향에 은둔하면서 아들 김집과 함께 예학(禮學)의 기본적 체계를 완비하였으며, 송시열(宋時烈) 등에게 학문을 전하여 기호학파 형성에 중요한 역할을 하였다.

유여성에게 답함

答兪汝成

문 부인(婦人)이 사친(私親 자신의 친족(親族))의 시마복(緦麻服)을 이미 입은 뒤에 출가하였다면 마땅히 강등의 예를 써야 합니까?

답 여자가 본친(本親)의 복을 입다가 다하지 못한 채 출가하였다면 마땅히 이 복을 따라야 합니다. 모든 복은 처음 입은 복으로 결정하기 때문입니다. '따른다〔遂之〕'라는 글은 고례(古禮)에 보이는데 우암(尤菴 송시열) 어른께서 또한 일찍이 이를 인용하여 질문에 답하신 적이 있습니다. 이에 의거하면 비록 시마복이라도 이미 복을 입었으면 출가한 뒤에 이를 낮추어 복을 입지 않아서는 안 됩니다.

유여성에게 답함

答兪汝成

담제(禫祭) 때의 출주고사(出主告辭)[105]는 《가례(家禮)》와 《상례비요(喪禮備要)》에는 실려 있지 않고 다만 구준(丘濬)의 《가례의절(家禮儀節)》에만 있습니다. 마땅히 《가례》를 따라야 하고 《가례의절》을 따라서는 안 됩니다.

이는 대상 때에 이미 신주를 사당에 들였는데 담제 때에 다시 받들어 예전 자리에서 제사를 지내는 것은 여전히 상제(喪祭)의 의리가 남아 있기 때문입니다. 그러므로 출주고사가 없는 것입니다. 아무 일도 하지 않는 것을 혐의로 여길 것이 없습니다.

105 출주고사(出主告辭) : 제사를 지내기 위해 사당에서 신주를 모시고 나올 때 아뢰는 고사를 이른다.

유여성에게 줌
與兪汝成

엎드려 생각하건대 근간에 기거(起居)가 모두 신명의 도움을 받으실 것입니다. 저번에 금강산에서 읊은 시들을 요청하셨는데 경솔하게 시가 없다고 우러러 답하였습니다. 그러나 시가 없다고 말한 것은, 골목에 사람이 없다고 말한 것과 같으니 사람이 없다는 것은 참으로 사람이 없다는 것이 아니라 좋은 사람이 없다는 것입니다.[106] 시가 없다는 것은 진실로 시가 없다는 것이 아니라 좋은 시가 없다는 것입니다.

비록 흉중에 초고(草稿)가 있더라도 마음에 차지 않으면 내놓고 싶지 않았습니다. 그러므로 시가 없다고 말한 것인데, 뒤에 다시 생각해보니 시는 견흥(遣興 흥을 돋우어 마음을 달래는 것)일 뿐입니다. 어찌 반드시 좋아야 할 필요가 있겠습니까.

명산(名山)을 비록 잘 묘사하지 못했다고 하더라도 애오라지 나의 유람을 기록하였으면 충분한 것입니다. 고인들을 따라잡기를 바랄 수 없더라도 또한 각자 자신의 뜻을 말하면 될 뿐입니다. 예컨대 이백(李白)이 황학루(黃鶴樓)에서 시를 짓지 않은 것은 구구하게 모방하려고 하지 않았기 때문입니다.[107]

106 골목에……것입니다 : 이 내용은 《시경》 〈정풍(鄭風) 태숙우전(大叔于田)〉의 "숙이 사냥을 나가니 골목에 사는 사람이 없도다. 어찌 사는 사람이 없으리오마는 숙과 같이 진실로 아름답고 또 어진 사람이 없기 때문이로다.〔叔于田, 巷無居人. 豈無居人, 不如叔也洵美且仁.〕"라고 한 구절을 원용한 것이다.

107 이백(李白)이……때문입니다 : 황학루(黃鶴樓)는 호북성(湖北省) 무창현(武昌

이에 흉중의 초고를 처음 종이 위에 드러내면 시가 없는 것이 변하여 시가 있는 것이 됩니다. 시의 고하(高下)를 극진하게 논하면 시가 없다고 말하지만 뛰어나고 졸렬함을 따지지 않으면 시가 있다고 말하여 시가 있고 시가 없는 것이 보는 바에 따라 달라지니, 어찌 한정(限定)할 수 있겠습니까. 다만 이를 기록하여 올리니, 만일 보신다면 금강산 유람의 대강을 알 수 있을 것입니다. 나머지는 이만 줄입니다.

縣)에 있는 누대의 이름으로, 당(唐)나라의 시인인 최호(崔顥)가 이곳을 찾아 지은 〈등황학루(登黃鶴樓)〉 시가 만고의 절창(絶唱)으로 알려져 있다. 뒤에 시선으로 널리 알려진 이백이 황학루에 올라 시를 지으려 하였으나 현판에 있는 최호의 시를 보고 압도되어 붓을 놓고 시를 짓지 못한 일이 있었으므로 이렇게 말한 것이다.

유여성에게 답함
答兪汝成

문 강후(絳侯)가 좌단(左袒)이냐 아니냐를 물은 것[108]에 대해 정자(程子)께서 말씀하시기를 "이때는 다만 마땅히 의리로써 병사들을 몰아갈 뿐이니, 저들에게 따를 것이냐 안 따를 것이냐에 대해 물어서는 안 된다."라고 하였습니다. 강후의 이 질문은 의미가 없는 것이 결코 아닌데, 어떻게 생각하시는지 듣고 싶습니다.

답 정자께서 강후의 이 일에 대해 논한 것은 진실로 의리(義理)를 완전하게 하려는 순연(純然)한 방도였는데, 강후의 질문은 또한 위험을 행하면서 편안함을 구한 것이 아니니, 이때 인심(人心)의 향배(向背)와 순역(順逆)이 분명하였습니다. 이에 강후는 인심이 반드시 유씨(劉氏)를 편들고 여씨(呂氏)를 편들지 않을 것임을 명백히 알았던 것인데, 양단(兩端)을 가설하여 질문한 것은 우선 시험해 본 것이 아니고 인심이 한(漢)나라 편임을 분명히 드러내서 군중(軍中)에 믿음을 보여

108 강후(絳侯)가……것 : 강후는 한나라의 장군으로 개국공신(開國功臣)인 주발(周勃)의 봉호이며 좌단(左袒)은 왼쪽 소매를 벗어 어깨의 맨살을 드러낸다는 뜻으로, 같은 편이 되어 생사를 같이 함을 이르는 말이다. 한고조(漢高祖)가 죽은 뒤에 여후(呂后)가 정사(政事)를 전단하여 여씨의 세력이 유씨(劉氏)를 능가하였는데, 여후가 죽자 우승상(右丞相) 진평(陳平)과 태위(太尉) 주발이 모의하여 여씨(呂氏)들을 제거하려고 하였다. 이때 주발이 북군(北軍)에게 고하기를 "여씨를 위하는 자는 오른쪽 어깨를 드러내고〔右袒〕 유씨를 위하는 자는 왼쪽 어깨를 드러내라.〔左袒〕"라고 하였는데, 군중(軍中)이 모두 좌단을 하니, 주발이 북군을 이끌고 여씨를 토벌하였다. 《漢書 卷3 高后紀》

천하에 대의(大義)를 밝히고자 한 것입니다. 또한 어찌 지략(智略)과 모려(謀慮)가 범상치 않은 것이 아니겠습니까.

한고조(漢高祖)가 유씨를 편안하게 할 자로 주발을 칭한 것은 '사람을 잘 알았다〔知人〕'고 이를 만합니다. 강후의 일은 곧바로 기변(奇變)이라고 말할 수는 없으나 또한 병가(兵家)에서 계책을 쓰는 방도인 것입니다.

유여성에게 답함

答兪汝成

지방 수령으로 가는 행차를 전송한 이후 하루도 그리워하지 않은 적이 없었습니다. 산천이 막혀 소식이 묘연(渺然)하니, 다만 눈을 들어 끝까지 바라보며 슬퍼하고 있을 뿐입니다. 이은선위(吏隱仙尉)[109]의 풍취를 들으니, 진실로 말년의 호사(好事)로 저의 마음을 놀라게 합니다.

바다와 산은 진실로 아름답고 백성들은 사슴처럼 순진해서 태고(太古)의 정치를 베풀 수 있습니까?[110] 차조를 심고 연단(鍊丹)하는 나머지에 또 황당(黃堂) 위에서 거문고를 탄다면, 도원량(陶元亮)·갈치천(葛穉川)·복불제(宓不齊) 세 사람을 겸하는 것이니,[111] 한 사람 여성

109 이은선위(吏隱仙尉) : 이은은 어진 사람이 이록(利祿)과 영화에 뜻을 두지 않고, 낮은 관직에 처해 은자(隱者)처럼 사는 것을 뜻하며 선위는 일찍이 남창 현령(南昌縣令)을 지냈던 한(漢)나라 매복(梅福)이 뒤에 신선이 되었다는 전설에서 기인된 말로, 지방관을 뜻한다.

110 백성들은……있습니까 : 이 내용은 《장자》 〈천지(天地)〉의 "지극히 잘 다스려진 시대에는 현인(賢人)을 숭배하지 않으며 능력 있는 자를 부리지도 않아서, 임금은 표지와 같고 백성들은 사슴과 같다.〔上如標枝, 民如野鹿.〕"라고 한 구절을 원용한 것인데, 태고(太古)의 정치는 태평성대의 정치를 이른다. 표지는 높이 솟아 있는 나뭇가지를 이른다.

111 차조를……것이니 : 도원량은 남북조 시대 진(晉)나라의 은사이며 시인인 도연명(陶淵明, 365~427)으로, 원량(元亮)은 그의 자이다. 뒤에 도잠(陶潛)으로 개명하였는데, 일설에는 연명이 그의 자라고도 한다. 도연명이 지은 〈곽 주부에게 화답함〔和郭

(汝成)의 신상(身上)에 너무 많은 것이 있는 것이 아닙니까. 이 말을 들으시면 반드시 껄껄 웃으실 것입니다.

主簿]〉 시에 "차조 찧어 맛난 술 담았다가, 술 익으면 내 따라 마시리라.〔春秫作美酒, 酒熟吾自斟.〕"라는 구절이 있으므로 이렇게 말한 것이다. 갈치천(葛稚川)은 진(晉)나라의 선인(仙人)인 갈홍(葛洪)으로, 치천은 그의 자이다. 구루(句漏) 지방에 좋은 단사(丹砂)가 생산된다는 말을 듣고 선약(仙藥)을 만들기 위해 구루 영(句漏令)을 자청하였으므로, 위의 연단(鍊丹)과 연계하여 말한 것이다.《晉書 卷72 葛洪列傳》 복불제(宓不齊)는 공자의 제자로 자가 자천(子賤)이다. 자천이 선보(單父) 지방을 다스릴 때 거문고를 타면서 당(堂) 아래로 내려가지 않고도 고을이 잘 다스려졌다고 하므로 탄금(彈琴)과 관련하여 말한 것이다.《論語 公冶長》

유여성에게 답함

答兪汝成

5월 초순에 임득여(任得汝)[112]가 편지를 보내 와 스스로 말하기를 "꽃이 필 시절에 금강산에 들어가는데, 돌아오는 길에 척주(陟州 삼척(三陟))에 들러 주인장과 함께 며칠간의 모임을 갖겠다."고 하니, 이 소식을 듣고 즐거웠습니다.

선위(仙尉)[113]의 풍류는 참으로 비로봉(毗盧峯)의 소식과 한 가지이니, 이 몸이 날아가서 죽서루(竹西樓)[114] 위에서 한번 취(醉)할 수 없음이 한(恨)스럽습니다. 이번에 멀리서 보낸 벗의 편지가 홀연히 창문에 비바람이 가득 몰아치는 중에 떨어져 늙고 병든 이 몸으로 하여금 벌떡

112 임득여(任得汝) : 임로(任魯, 1755~1828)로 득여는 그의 자이다. 호는 영서 거사(潁西居士)이고 본관은 풍천(豊川)이다. 1777년(정조1)에 아버지인 임종주(任宗周)가 홍국영(洪國榮)에 의해 단천(端川)에 유배되었다가 별세하자, 과거를 포기하고 학문에만 전념하였다. 학문이 높아지자 나라의 부름이 이어져서 1809년(순조9)에 제용감 부봉사(濟用監副奉事)로 출사하였고, 외직으로 충원 현감(忠原縣監) 등을 지냈다.

113 선위(仙尉) : 지방 수령을 이르는 말로 유여성을 이른다. 자세한 내용은 215쪽 주110 참조.

114 죽서루(竹西樓) : 삼척도호부(三陟都護府) 읍성(邑城) 내에 있는 누각으로 관동팔경(關東八景) 중의 하나이다. 《신증동국여지승람》에는 "객관(客館) 서쪽에 있다. 절벽 높이가 1천 장(丈)이고 기이한 바위가 총총 섰다. 그 위에 나는 듯한 누를 지었는데 죽서루라 한다. 아래로 오십천(五十川)을 내려다보고, 냇물이 휘돌아서 못을 이루었다. 물이 맑아서 햇빛이 밑바닥까지 통하여, 헤엄치는 물고기도 낱낱이 헤아릴 수 있으니, 영동(嶺東)의 절경이다."라고 하였다.

일어나 봉함을 뜯게 하니, 이로써 스스로 온갖 시름을 잊었습니다. 내려주신 은혜가 실로 많습니다.

이 아우는 바로 각종 질병에 시달리고 있으니, 어찌 다만 네다섯 가지일 뿐이겠습니까. 조석(朝夕) 간에 죽더라도 꺼릴 것이 없습니다. 세자궁(世子宮)의 직함은 병으로 억지로 나아갈 수 있는 형편이 못 됐고 의리상 또한 무릅쓰고 행하기 어려운 점이 있으니, 애당초 감히 한번 나갈 수 없는 일이었습니다. 그런데 지금 허미(虛縻)[115]한 지가 5개월이 지나 포만(逋慢 책임을 회피하고 게을리함)한 죄가 쌓이니 황공하여 몸 둘 곳이 없습니다.

출처(出處)는 마치 음식과 같으니, 차갑고 따뜻하게 할 것은 스스로 알 뿐[116] 타인들은 진실로 함께 알 수가 없습니다. 그러나 평생 제 마음을 알아준 벗인 여성과 같은 경우는 마땅히 제가 금일 처신하는 의리를 알 것입니다.

아우의 환갑(還甲)이 내년입니다. 어렸던 아우가 이미 육십 먹은 사람이 되었으니, 세월이 마치 '나는 북〔飛梭〕'처럼 빠름을 알 수 있습니다. 또 아우가 병치레가 잦아 일찍 노쇠하였으니, 이를 가엽게 여길

115 허미(虛縻) : 벼슬에 제수되었으나 이를 사양하고 나아가지 않았는데도 벼슬을 체직시키지 않을 경우에 쓰는 말이다. 박윤원은 1798년 원자의 서연관(書筵官)에 제수되었으나 병으로 사양하고 나아가지 않았는데, 체직되지 않았으므로 이렇게 말한 것이다.

116 출처(出處)는……뿐 : 출처는 조정에 나가 벼슬하거나 집에 물러나 은거함을 이른다. 음식을 먹을 적에 자신의 식성과 취향에 따라 따뜻하게 데워 먹을 수도 있고 시원하게 식혀 먹을 수도 있는바, 이처럼 출처에 있어 자신이 알아서 대응해야 함을 말한 것이다.

뿐입니다. 사수(士受)가 수부랑(水部郎)으로 별세하여 이미 장례를 치렀습니다.[117] 그의 학문과 지식과 깨끗한 지조는 우리 사문(斯文)이 의지하고 믿는 것이었으니, 그를 잃은 것이 더욱 슬프고 애석합니다.

117 사수(士受)가……치렀습니다 : 사수는 박윤원의 족질(族姪)인 박종복(朴宗福, 1732~1798)의 자이다. 인제 현감(麟蹄縣監), 금성 현령(錦城縣令) 등의 벼슬을 지냈으며 1798년(정조22) 공조 정랑(工曹正郎) 등을 지내다가 별세한바, 수부(水部)는 공조를 가리킨다.

유여성에게 줌
與兪汝成

우리 외숙이신 석은공(石隱公)[118]의 유고(遺稿)를 집사께서 이미 일찍이 취하여 교정을 보았습니다. 지금 많은 세월이 흘렀으나 아직도 일을 마치지 못하여 지체되고 있으니 어찌 근심할 만한 일이 아니겠습니까. 집사가 아니면 다른 사람의 손과 눈에 부탁할 수가 없기에, 이에 다시 보내오니 부디 찌지를 붙이는 수고로움을 잊고 유종(有終)의 미를 거두어주시는 것이 어떻겠습니까.

비단 교정뿐 아니라 또한 마땅히 초산(抄删 추려내고 산삭하는 일)의 일도 하여야 합니다. 글이 체체(棣棣)[119]하다고 말하나 진실로 유념하여 정밀히 가린다면 어찌 산삭할 만한 것이 없겠습니까. 어제 지으신 서문(序文)을 보았는데 전체적으로 격(格)을 잃은 듯하고 말의 뜻이 또 타당하지 못한 것이 많습니다. 이에 한 본을 고쳐 짓지 않을 수가 없었습니다.

시문은 명절(名節 명예와 절조)에 비하면 여사(餘事)입니다. 그러나

118 석은공(石隱公) : 유언민(兪彦民, 1709~1773)으로 석은은 그의 호이고 자는 이천(伊天), 본관은 기계(杞溪)이다. 1743년(영조19) 정시 문과에 급제하고 벼슬이 예조참판에 이르렀다. 유한준은 같은 기계 유씨로 유언민의 일가가 되는바, 박윤원과는 이성8촌(異姓八寸) 간이다.

119 체체(棣棣) : 이 말은 《시경》 〈패풍(邶風) 백주(柏舟)〉에 "위의가 성대하여〔威儀棣棣〕 가릴 것이 없도다."라고 보이는데, 주자는 《집전(集傳)》에서 "체체는 풍부하고 익숙한 모양이다.〔富而閑習之貌〕"라고 풀이하였다.

유집(遺集)의 머리에 다는 글의 체(體)는 마땅히 문사(文詞)를 위주로 하고 수립(樹立)한 도덕이나 행의(行義)에 대해서는 간략하고 쉽게 사실을 서술하고 그 사이에 의론(議論)을 병행하여 문장이 사람으로 인하여 중해짐을 보여야 합니다. 그래야 비로소 문집(文集) 서문의 체단(體段)이 있게 됩니다. 그런데 지금 그대의 글은, 당시에 자신이 눈으로 직접 본 것들 이하의 경우 늘어놓은 서술들이 매우 번거로워 마치 행록(行錄)이나 유사(遺事) 따위와 같으니, 마땅히 이와 같아서는 안 될 듯합니다. 다시 바라건대 옛 견해를 씻어내고 새로운 뜻을 불러오는 것이 어떻겠습니까?

만일 그 목격한 바를 세밀히 기술하여 멀리 후대에 전해 보이고자 한다면 별도로 한 문자를 짓는 것이 좋을 것입니다. 외숙께서는 본래 선량하고 식견이 있는 선비로 평소의 언론(言論)과 풍채(風采)가 실로 많은 사람을 감동시키신 분이시니, 이것이 말년에 절의를 세우신 기본인데 서문 중에는 이러한 뜻이 적은 듯하니, 흠이 될 만합니다.

또 외숙께서는 재주와 학식과 포부가 참으로 크셨으니, 지위는 비록 아경(亞卿)[120]에 올랐지만 그 재주를 다 쓰이지 못한 한(恨)이 있습니다. 서문 중에 또한 마땅히 이에 대한 내용이 대략 삽입되어야 할 것입니다. 원집(原集)을 더욱더 익숙히 읽게 되면 서문을 짓는 뜻에 혹 도움이 될 것입니다. 금일 이 원고를 보내 올림은 또한 이러한 이유에서입니다.

서문 중에 평하신 것은 또한 충분한 칭정(稱停 내용이 과장됨이 없이

120 아경(亞卿) : 종2품 벼슬을 높여 이르던 말로 정2품 벼슬을 이르는 경(卿)에 버금간다는 뜻이다. 유언민은 벼슬이 예조 참판, 도승지 등 종2품에 그쳤다.

사실에 부합하는 것)이 부족합니다. 이는 아마도 문장을 참획(鑱畫)[121]하고 언어를 구사하고 다듬는 절묘한 솜씨가 다 발휘되지 못함이 있어서 그런 것일 것입니다. 어리석은 이 몸의 의견은 이와 같은데 고견은 어떠신지 모르겠습니다.

121 참획(鑱畫) : 날카로운 붓끝의 획이라는 의미로, 문장을 날카롭게 짓는다는 뜻으로 보이는데 분명하지 않다.

송치존[122] 양정 에게 줌

與宋穉存 養鼎

가을에 서울에 있었는데도 한 번 얼굴을 보지 못하였고, 초겨울에 계산(稽山)에 갔을 적에 형은 겨우 며칠 전에 장석(丈席)을 지나쳐 갔으니,[123] 또 서로 길이 어긋난 것을 한탄하였습니다. 알지 못하겠습니다. 늦추위에 어버이 모시는 체후가 어떠하신지요?

근간에 합방(合榜) 위에서 그대의 훌륭한 이름을 보고,[124] 이 때문에 기뻐하였습니다. 그러나 이것은 여사(餘事)이고 이번 겨울에 반드시 절실하게 공부한 것이 있을 것이니, 이것을 듣기를 원합니다. 독서는 어느 책을 읽고 있으며 의미(意味)[125]는 점점 아름다워지고 있습니까?

122 송치존(宋穉存) : 송양정(宋養鼎, 1740~1772)으로 치존은 그의 자이고 본관은 은진(恩津)이다. 1771년(영조47) 정시 문과에 급제하였으나 이듬해 병으로 별세하여 벼슬은 승문원 정자(正字)에 그쳤다.

123 계산(稽山)에……갔으니 : 계산은 충청북도 영동(永同)의 옛 이름이고 장석(丈席)은 스승의 자리라는 뜻이다. 스승에게 물을 적에 한 길〔丈〕쯤 간격을 두는 데서 나온 말인데, 학문과 덕망이 높은 사람을 이르기도 한다. 스승은 1769년(영조45) 영동 현감에 제수된 김이안(金履安, 1722~1791)을 가리킨 것으로 보인다. 김이안은 자가 원례(元禮), 호가 삼산재(三山齋), 본관이 안동(安東)으로 미호(渼湖) 김원행(金元行)의 아들이다. 1762년(영조38) 학행(學行)으로 천거되고 벼슬이 찬선(贊善)에 이르렀다.

124 근간에……보고 : 사마시 합격을 게시하는 방을 연방(蓮榜)이라 하고 문과 급제를 게시하는 방을 계방(桂榜)이라 하는바, 이를 합하여 합방(合榜)이라고 한 것이다. 송양정은 1771년에 식년 생원시에 합격하고 같은 해에 바로 정시 문과에 급제하였으므로 이렇게 말한 것이다.

삼가 살펴보건대 형은 근간 이래로 배움에 나아가고 스승을 따라서 뜻과 학업이 자못 근면하였으니, 저의 마음이 경도되는 바가 실로 예전보다 더하였습니다. 그러나 멀리 떨어져 있어 서로 모여 학문을 강마(講磨)할 수가 없으니, 이에 오직 잊지 못하고 그리워할 뿐입니다.

계산을 왕래함에 길이 회덕(懷德)을 거치기에 송촌(松村)[126]을 방문하였는데, 바로 회덕현 남쪽의 한 큰 동천(洞天)이었습니다. 수목이 울창하고 정자와 누대가 서로 이어져 있었는데, 형의 집과 전원(田園)이 여기 어디에 있을 것으로 생각되었으나 어느 곳인지 알지 못하였습니다. 이때 그리운 생각이 저에게 더욱 간절하게 들었으니, 형은 아마도 마음으로 이를 이해하실 것입니다.

들으니 화양동(華陽洞)을 유람하였다고 하시니, 수석(水石)의 아름다움으로도 흉금(胸襟)이 상쾌해지는데, 더욱이 만동사(萬東祠) 아래에서 배회하며 대현(大賢 우암 송시열을 이름)의 존주(尊周) 의리를 상상해보실 것이니, 천열(泉洌)의 감회와 산앙(山仰)의 사모[127]가 또 응

125 의미(意味) : 여러 가지 뜻이 있으나 여기서는 의경(意境)이란 의미로 쓰였는데, 이는 문학이나 예술 작품에 표현된 경지(境地)나 그 정취(情趣) 등을 이르는 말이다.

126 송촌(宋村) : 회덕(懷德)에 있는 송씨의 집성촌으로, 《송자대전(宋子大全)》 권139 〈쌍청당제영록서(雙淸堂題詠錄序)〉에 "비래계(飛來溪)가 동담산(東澹山)에서 나와 서쪽으로 10리쯤 흐르다가 갑천(甲川)으로 들어간다. 그 마을을 송촌이라 이름한 것은 이 마을에 사는 이가 모두 우리 송씨이기 때문이다."라고 보인다.

127 천열(泉洌)의……사모 : 천열의 감회는 멸망한 왕조를 그리워하는 마음을 이르는 말이다. 《시경》 〈조풍(曹風) 하천(下泉)〉의 "차가운 저 하천(下泉)이여 우북히 자라는 잡초를 잠기게 하도다.〔洌彼下泉, 浸彼苞稂.〕"라는 구절에서 온 말인데, 이 시는 제후국의 대부가, 주(周)나라 왕실이 쇠미해진 것을 탄식해 읊은 시이다. 산앙(山仰)의 사모는 존경할 만한 선현(先賢)을 사모할 때 쓰는 표현이다. 산앙은 '고산앙지(高山仰

당 배나 격앙되었을 것입니다. 다만 이곳에서 백여 리 내인데도 아직 한 번 가보지 못하였으니 자못 스스로 울적해집니다. 후일에 비록 가보더라도 어찌 우리 형과 함께 가는 것만 하겠습니까. 또한 한탄할 만합니다.

이 아우는 어버이 모시면서 그런대로 편안히 지내며 분수에 따라 책을 보지만, 벗들을 떠나 고루하게 우두커니 지내면서 자신을 개발하는 이로움이 없으니 매우 답답하고 한탄스럽습니다. 남쪽으로 온 뒤로 병을 자주 앓아 편지를 쓰는 일에 게을러져서 문안을 올리지 못한지가 오래되었습니다. 홀연히 평창(平倉)의 산중[128]에서 고락(苦樂)을 함께 했다는 말이 떠올라 벌떡 일어나 이 편지를 써서 부칩니다. 이만 줄입니다.

止)'의 줄임말로, 《시경》 〈소아(小雅) 거할(車舝)〉의 "높은 산을 우러러보며 큰길을 가도다.〔高山仰止, 景行行止.〕"라는 구절에서 왔다.

128 평창(平倉)의 산중 : 어느 곳을 말하는지 미상이다.

김정보[129] 방행 에게 줌

與金正甫 方行

도사(都事)[130]의 벼슬은 세상에서 명사(名士)의 화려한 직책이라고 칭해지고, 변방에 나가 장쾌한 유람을 이루는 것은 또한 사나이의 일입니다. 말년에 이를 얻었으니, 정취(情趣)의 안정됨이 어떠하십니까? 부임하러 길을 떠나실 적에 병든 이 몸은 전별(餞別)하는 자리에 나가지 못하고 다만 행렬의 먼지를 바라보며 서글퍼할 뿐이었습니다.

계신 곳이 멀어 편지 쓰는 것을 게을리 하다가 둘째 아드님이 문과에 급제한 소식[131]을 듣고 흔쾌하게 붓을 잡아 수천 리 밖의 먼 곳에 축하의 말을 보내니, 정(情)으로 받아주실 수 있겠습니까

어느새 갑자기 궁음(窮陰)[132]이 닥쳤습니다. 엎드려 생각하건대 지

129 김정보(金正甫) : 김방행(金方行, 1738~1793)으로 정보는 그의 자이고 본관은 안동(安東)이다. 1773년(영조49) 증광 문과에 급제하고 벼슬이 황해도 관찰사에 이르렀는데 재직 중 임지에서 별세하였다.

130 도사(都事) : 조선 시대 각 도(道)의 감사(監司) 휘하에 둔 종5품 벼슬로, 감사의 바로 아래 지위이다. 김방행은 1791년(정조15) 7월, 평안 도사(平安都事)에 제수되었다. 《日省錄》

131 둘째……소식 : 둘째 아드님은 김이재(金履載, 1767~1847)로 자가 공후(公厚), 호가 강우(江右)이다. 1790년(정조14) 증광 문과에 급제하고 벼슬이 이조 판서에 이르렀다.

132 궁음(窮陰) : 일반적으로 궁동(窮冬)과 같은 의미로 쓰여 음력 12월인 섣달을 가리키는데, 《주역》에서는 음기(陰氣)가 끝까지 찼다는 뜻으로 음력 10월을 가리킨다. 《주역》의 십이벽괘(十二辟卦)에 의하면 하지(夏至)가 있는 5월에 한 음효(陽爻)가

금 도사께서는 체후(體候)가 평안하시고 남루(南樓)의 풍월로 여수(旅愁)를 잊을 수 있을 것입니다. 농암(農巖) 어른의 시에 "융사는 지금 격문을 쓰지 않고 종일토록 노래하며 투호를 즐기네.〔戎事卽今休草檄 雅歌終日且投壺〕"라고 하였는데,[133] 이것이 참으로 지금 우리 형의 실제 그대로의 광경일 것이니, 애오라지 이 시를 읊을 뿐입니다.

두 분 아드님이 모두 총명하고 자질이 뛰어나서 어린 나이에 연이어 등제(登第)하였으니,[134] 장래의 창창한 벼슬길을 헤아릴 수가 없습니다. 형은 참으로 아무 근심이 없는 사람이라고 이를 만합니다. 누군들 부러워하지 않겠습니까.

그러나 친구로서 기대하고 바라는 바는, 실로 의방지훈(義方之訓)[135]을 더욱 돈독히 하여 대대로 독실했던 충정(忠貞)을 욕되지 않게 하라는 데에 있습니다. 삼가 이것으로 받들어 권면하오니, 생각하건대 반드시 구구한 이 몸의 말을 양찰해 주실 것입니다. 이만 줄입니다.

생겨나서 구괘(姤卦 ䷫)가 되고 이후 매월 음효가 하나씩 더 생겨나서 10월이 되면 순음효(純陰爻)인 곤괘(坤卦 ䷁)가 된다.

133 농암(農巖)……하였는데 : 이 시는《농암집(農巖集)》제2권에 '군영〔轅門〕'이란 제목으로 실려 있는데, 원작에는 '융사(戎事)'가 '병사(兵事)'로 되어있다.

134 두……등제(登第)하였으니 : '두 분 아드님'은 위 주석에 보이는 김이재(金履載)와 그의 형 김이교(金履喬, 1764~1832)를 가리킨다. 김이교는 자가 공세(公世), 호가 죽리(竹里)로 1789년(정조13) 식년 문과에 급제하고 벼슬이 우의정에 이르렀다.

135 의방지훈(義方之訓) : 의로운 방도로 내리는 가르침이란 의미로 집안에서 덕의(德義)에 알맞은 가르침을 내리는 것을 말한다.

김가회[136] 이형 에게 줌

與金嘉會 履亨

동리(洞里)에서 어울리던 것을 생각하면 마치 꿈과 같으니, 참으로 사람으로 하여금 서글피 탄식하게 합니다. 그러나 강호(江湖)로 돌아가 은거하는 것은 일찍 안신입명(安身立命)[137]하는 것이니, 이는 참으로 좋은 계책을 얻은 것입니다.

다만 이 몸은 서울에서 굶주려 누운 채 돌아갈 수 있는 한 치의 땅도 없으니, 어찌 부러워하지 않을 수 있겠습니까. 중관(仲寬) 형제[138]가

136 김가회(金嘉會) : 김이형(金履亨)으로 가회는 그의 자이다. 선원(仙源) 김상용(金尙容)의 6세손으로 유한준과 박윤원의 친구로 일찍 고향인 홍주(洪州)로 내려가 은거하였는데, 자식을 두지 못한 채 34세의 나이로 별세하였다. 《自著 卷23 金嘉會哀辭》

137 안신입명(安身立命) : 몸을 편안히 하고 명을 바르게 확립한다는 뜻이다. 《맹자》 〈진심 상(盡心上)〉에 "요절하거나 장수(長壽)함에 의심하지 않아, 몸을 닦고 천명(天命)을 기다림은 명(命)을 세우는 것이다."라고 했는데, 이 내용이 변용되어 '안신입명'이라는 말이 나온 것으로 보인다. 《주자대전(朱子大全)》 권32 〈장경부에게 답함〔答張敬夫〕〉에 "이제야 넓고 거대한 우주의 큰 조화(造化) 속에서 스스로 편안히 지내는 집 한 채를 갖게 되었으니, 이것이 바로 몸을 편안히 하고 명을 바로 세우며〔安身立命〕 주재(主宰)하고 지각(知覺)하는 곳입니다."라고 보인다.

138 중관(仲寬) 형제 : 중관은 박윤원의 매제(妹弟)인 김재순(金在淳 1733~?)으로 중관은 그의 자이고 본관은 안동이다. 1774년(영조50) 식년 생원시에 장원으로 합격하고 벼슬이 상주 목사(尙州牧使)에 이르렀다. 김재순에게는 형으로는 김도순(金道淳)과 김호순(金灝淳), 아우로는 김집순(金集淳)이 있다. 누구를 가리켜 이렇게 말하였는지는 미상이다.

서로 이어 떠나가서 시내 서쪽이 매우 적막하니, 마음이 더욱 처량하여 편치 못합니다. 그러나 이 경우는 그래도 앞으로 만날 기약이 멀지 않은데, 형과 같은 경우는 조만간에 서로 만날 것을 점칠 수가 없으니 더욱 갑절로 망연(茫然)해집니다.

근재집

제 11 권

書서

조이득[1] 진대 에게 답함

答趙而得 鎭大

편지에서 '진실한 공부를 가슴에 새겼다.'라고 한 말씀은 거의 근래에 벗들 사이에서 드물게 듣는 것이니, 깊이 경탄(敬歎)하였습니다. 도움을 구한 뜻에서 또한 애쓰는 마음을 볼 수 있었으나, 제가 지금 스스로 자신을 다스리지도 못하는데 어찌 여력(餘力)이 있어 남에게 미칠 겨를이 있겠습니까. 하지만 학식(學識)이 많으면서 적은 사람에게 물으시니[2] 이미 훌륭한 뜻에 감동하였으며 어리석은 자라도 천 번 생각하면 한 번의 좋은 생각을 얻으니,[3] 이에 저의 어리석은 의견을 바칠 수 있습니다. 다만 우리 형과는 이별한 지가 이미 오래되어 근간에 조예(造詣)의 얕고 깊음을 알지 못하니, 우리 형의 신상(身上)에 있어 무슨 일이 가장 긴절(緊切)한 논설(論說)인지 모르겠습니다.

그러나 우선 보내준 편지에 붕우(朋友)를 논한 한 구절에서 그대의

1 조이득(趙而得) : 조진대(趙鎭大, 1742~?)로 이득은 그의 자이고, 본관은 양주(楊州)이다. 1774년(영조50) 식년 생원시에 합격하고 영천 군수(榮川郡守) 등을 지냈다.

2 학식이……물으시니 : 이 내용은 증자(曾子)의 말로, 《논어》 〈태백(泰伯)〉에 "능하면서 능하지 못한 이에게 물으며, 학식이 많으면서 적은 이에게 물으며〔以多問於寡〕, 있어도 없는 것처럼 여기며, 가득해도 빈 것처럼 여기며, 잘못을 범해도 따지지 않는 것을, 옛날에 내 벗이 일찍이 이 일에 종사하였다."라고 보이는데, 내 벗은 안연(顔淵)을 이른다.

3 어리석은……얻으니 : 이 내용은 《사기》 권92 〈회음후열전(淮陰侯列傳)〉의 "지혜로운 사람도 천 번 생각에 반드시 한 번쯤의 실수가 있고, 어리석은 사람도 천 번 생각하면 반드시 한 번은 맞는 것이 있다.〔愚者千慮, 必有一得.〕"라는 구절을 원용한 것이다.

높은 식견으로도 편벽되고 얽매임을 면치 못하는 것들이 있음을 엿볼 수 있었습니다. 그런데 이를 논하기에 앞서 가르침을 구하고자 하는데 괜찮겠습니까?

편지에서 말씀하시기를 "진덕수업(進德修業)[4]의 도는 자신에게 달려 있는 것이지 남에게 달려 있는 것이 아니다."라고 하시니, 이 뜻은 진실로 본래 좋습니다만, 그 아래에 바로 말씀하기를 "굳이 벗을 구하는 일에 연연할 필요가 없다."라고 하시니, 끝내 자신을 믿기를 무겁게 하고 남을 취하기를 느슨하게 하는 것이 되지 않을까 염려됩니다.

무릇 인(仁)을 행하는 것이 비록 남에게 말미암는 것은 아니지만 또한 어찌 이우보인(以友輔仁)[5]을 말하지 않을 수 있겠습니까. 비유하자면 길을 감에 남이 비록 인도(引導)하더라도 자신이 발을 움직이지 않으면 갈 수 없는 것이며, 자신은 비록 가고자 하더라도 인도하는 자가 없어서 그 길을 알지 못하면 또한 갈 수 없는 것입니다. 이 때문에 '진덕수업'은 반드시 자신에게 책임을 지워야 하지만 이를 강마(講磨)함은 반드시 붕우에게 힘입어야 하니, 이 두 가지는 마땅히 서로 의존해야 하는 것입니다. 그러므로 선비는 반드시 먼저 자신의 뜻을 확립하되 또 반드시 좋은 벗을 구해 도움을 받아야 하는 것입니다.

책을 읽고 스스로 해석한 것이 반드시 다 옳은 것은 아니니 그렇다면

4 진덕수업(進德修業) : 덕(德)을 진전시키고 학업(學業)을 닦는다는 뜻으로, 즉 인품과 학업을 병행 발전시킨다는 의미인바, 《주역》 〈건괘(乾卦) 문언전(文言傳)〉에 보인다.

5 이우보인(以友輔仁) : 벗들이 모여 서로 도와 인을 배양한다는 의미로, 《논어》 〈안연(顔淵)〉에 "군자는 학문으로써 벗을 모으고, 벗으로써 인을 배양한다.〔以友輔仁〕"라는 증자의 말씀이 보인다.

반드시 벗들과 강론해야 하고, 깊이 이치를 연구하여 스스로 터득한 것이 반드시 다 믿을 만한 것은 아니니, 그렇다면 반드시 벗들에게 물어야 합니다. 벗이 없어서야 되겠습니까.

만약 시대를 거슬러 고인(古人)들과 벗할 뿐이라면, 주자께서 어찌하여 "천하의 어진 선비들과 다 교유한다."라고 하셨겠습니까. 하루 동안의 이야기를 듣는 것이 10년 동안 책을 읽는 것보다 더 나을 때도 있습니다.[6] 홀로 배우는 자는 고루(孤陋)해지고 외롭게 홀로 거처하는 자는 꽉 막히고 인색해져서 길을 잃어 어쩔 줄 몰라 울적한 마음을 견뎌내지 못하니, 문을 나와 벗을 찾는 일이 어찌 그 의의가 없겠습니까. 제가 편지에서 탄식을 발한 것은 또한 이 때문입니다.

보내신 편지를 받들어 보니, 말씀하시기를 "세 가지 유익한 벗[7]을 구하는 일을 서울에서만 해서는 안 되니, 넓지 못할까 근심된다."라고 하였습니다. 아마도 이는 존형(尊兄)께서 이미 많은 사람을 겪어보았으나 뜻에 맞는 사람이 매우 적음에 속세의 선비들에게 불만스러워 마침내 이들을 가벼이 여겨 벗으로 삼기에 부족하다고 여긴 것인 듯합

6 주자께서……있습니다 : 주자 말의 전거(典據)는 분명하지 않다. 《주자대전》 권91에 실린〈나라에 녹훈된 위공 묘지명〔國錄魏公墓誌銘〕〉에 "그 선달과 명사들과 다 교유하였다.〔盡交其先達名士〕"라는 구절이 보이는데 박윤원이 이 구절을 취해 이렇게 쓴 것인지는 미상이다. 한편 고시(古詩)에 "그대와 함께 하룻밤 이야기를 나누는 것이, 십 년 동안 독서한 것보다도 낫다.〔共君一夜話, 勝讀十年書.〕"라는 구절이 있어서 주자가 이를 인용하여 철저하게 이치를 궁구한다는 뜻으로 사용하였는데, 여기의 말은 박윤원이 이를 원용하여 말한 것으로 보인다. 《朱子語類 卷117》

7 세 가지 유익한 벗 : 이 말은 《논어》〈계씨(季氏)〉에 "유익한 벗이 셋이 있고〔益者三友〕, 손해되는 벗이 셋이 있으니, 정직하고 성실하고 견문이 많으면 유익하다."라고 한 공자의 말씀을 인용한 것이다.

니다. 그러나 '일세에 좋은 사람이 없다'고 말해서는 안 됩니다. 서울의 선비들이 반드시 모두 어리석지는 않고 시골의 선비들이 반드시 모두 어질지는 않으니, 이와 같이 한계를 짓고 논해서는 안 됩니다.

성시(城市)에도 산림(山林)[8]이 있고 과목(科目 과거시험 또는 그 시험 종목)에도 학문이 있으니, 그 사이에 벗을 삼을 만한 어진 사람이 어찌 없겠습니까. 다만 자신의 감식안(鑑識眼)이 밝지 못함을 근심하고 오직 널리 구하고 두루 찾아 벗할 만한 사람을 잃지 않아야 할 것입니다.

대저 교유(交遊)를 좋아하는 자는 그 폐단이 유(流)[9]가 되어 쉽게 더러운 세속에 영합함에 이르며, 붕우와 종유(從遊)하기를 싫어하는 자는 그 폐단이 애(隘)[10]가 되어 쉽게 '남들과의 관계를 끊음〔絶物〕'에 이르니, 두 가지는 모두 치우친 것입니다. 바라건대 우리 형은 유(流)하지도 말며 애(隘)하지도 말아서, 정도(正道)를 얻으십시오.

'명예(名譽)와 이욕(利慾)으로 잘못된다'고 말씀한 대목에 이르러는 고명(高明)처럼 어진 분이 도리어 이와 같은 말씀을 하셨으니, 어찌 겸손이 지나친 것이 아니겠습니까. 그러나 과거 공부를 형 또한 면치 못하였습니다. 선비로서 과거 공부를 하는 자는 만일 평소에 닦아 놓은 학문이 있는 것이 아니면 그 득실(得失 과거 급제 여부)로 그 마음을 동

8 산림(山林) : 학식과 덕망이 높으면서도 조정에 벼슬하지 않은 채 시골에서 학문에 전념하며 사는 선비로 조선 후기에는 산림이란 직함을 내렸다.

9 유(流) : 시류(時流)에 흘러든다는 의미로, 《중용장구(中庸章句)》 제10장에 "군자는 사람들과 화합하면서도 이에 흐르지 않으니〔和而不流〕, 강하다, 꿋꿋함이여!"라고 보인다.

10 애(隘) : 마음이 좁거나 또는 편협하다는 뜻이다. 《맹자》 〈공손추 상〉에 "백이는 좁고 유하혜는 불공하다.〔伯夷隘, 柳下惠不恭.〕"라고 보인다.

(動)하지 않는 자가 드무니, 이에 쉽게 잘못되는 것입니다.

선비가 삼대(三代) 이후에 태어났으면 과거 공부를 어찌 면할 수 있겠습니까. 이에 대응함에 마땅히 옳은 방도가 있을 것입니다. 공부에 방해가 될까 근심이 된다면, 응당 정자(程子)의 말씀처럼 한 달 중에 20일은 경(經)을 궁구하고 10일은 과거 공부를 하면 됩니다. 뜻을 빼앗길까 근심이 된다면 또한 응당 정자의 말씀과 같이 반드시 성공하지 않아도 된다는 마음으로 대응하면 됩니다. 제술(製述)하는 일은 일상생활의 수응(酬應)으로 보고, 과거 시험장에서의 노고는 인사(人事)의 출입(出入)으로 보면 되니, 무릇 이와 같이 한다면 어찌 과거 공부가 사람을 잘못되게 한다고 근심하겠습니까.

한 번 마시고 한 번 먹는 것에도 모두 정해진 분수(分數)가 있어서, 공명(功名)은 힘으로 취할 수 없고 부귀는 구차하게 구할 수 없으니, 오직 마땅히 나의 분수를 다하고 조물주(造物主)의 처분을 따를 뿐입니다. 그러나 이것은 깨달음이 있는 바가 아니라면 할 수 없습니다. 시험 삼아 경전(經傳)을 취하여 깊이 사색하고 묵묵히 완미(玩味)해 보면, 성현(聖賢)의 가르침이 인도(人道)에 마땅히 해야 할 일 아닌 것이 없음을 아실 것입니다. 이것이 아니면 군자가 되지 못하니, 비록 '4천 필의 말과 만종(萬鍾 6만 4천 석)의 녹봉'도 귀하게 여길 것이 못 됩니다.

이와 같은 깨달음이 있다면, 자연히 내면(內面)의 수양을 중히 여기고 외물(外物)의 유혹을 가볍게 여기게 될 것입니다. '명성(名聲)이 실정(實情)보다 지나침〔聲聞過情〕'을 군자가 부끄럽게 여기는 것이요, '의리를 이로움으로 여기라는 것〔以義爲利〕'은 《대학》의 가르침이니,[11] '명성과 이욕〔聲利〕' 두 글자가 어찌 나의 마음에 누(累)가 될 수 있겠습니까.

저를 두텁게 허여해 주시는 은혜를 입었기 때문에 이처럼 마음을 다 쏟아내 말씀드리는 것이니, 저의 어리석음을 잘 살펴서 취사선택하시기를 엎드려 바랍니다.

11 명성(名聲)이……가르침이니 : '명성이 실정(實情)보다 지나침을 군자가 부끄러워한다'는 것은 《맹자》 〈이루 하(離婁下)〉에 보이고 '의리를 이로움으로 여기라'는 것은 《대학》 전(傳) 제10장에 보인다.

조이득에게 답함

答趙而得

신독재(愼獨齋) 선생[12]이 남의 질문에 답하기를 "망자(亡者)가 비록 서울 사람이나 이미 부여(扶餘)에 집이 있어서 서울에서 발인(發靷)하여 부여로 온다면 마땅히 조전(祖奠)과 견전(遣奠)을 진설하지 말아야 할 듯하다. 집에 이르러 유택(幽宅 묘소)으로 나아갈 적에 비로소 진설할 수 있을 것이다."라고 하셨으니, 이에 의거한다면 애가(哀家 상(喪)을 당한 그대의 집)에서는 서울에서 발인할 때에 조전과 견전 두 가지를 함께 진설하지 않는 것이 마땅합니다. 길을 떠나는 날은 사마온공(司馬溫公)의 설[13]에 의거하여 다만 조전만을 진설하고 떠나는 것이 옳을 듯합니다.

12 신독재(愼獨齋) 선생 : 김집(金集, 1574~1656)으로 신독재는 그의 호이다. 자는 사강(士剛), 본관은 광산(光山), 시호는 문경(文敬)으로 사계(沙溪) 김장생(金長生)의 아들이다. 아버지와 함께 예학(禮學)의 기본적 체계를 완비하였으며, 송시열(宋時烈) 등에게 학문을 전하여 기호학파 형성에 중요한 역할을 하였다. 1591년(선조24) 진사시에 합격하였으나, 벼슬에 관심을 두지 않고 경전(經傳)의 연구와 수양에 전념하다가 후일 출사하여 벼슬이 대사헌에 올랐다.

13 사마온공(司馬溫公)의 설 : 사마온공은 송(宋)나라의 학자이자 정치가인 사마광(司馬光)으로, 온공은 봉호(封號)이다. 그의 설은 사마광이 지은 《서의(書儀)》 권8 〈견전(遣奠)〉의 주(註)에 "만약 영구(靈柩)가 다른 곳에서 돌아와 고향 땅에 장사지내는 것이라면 다만 술과 과일이나 포와 젓갈만 진설하여 조곡(朝哭)만 행하고 떠났다가, 장사하는 날 아침에 이르러야 견전과 독부(讀賻)의 예를 행한다."라고 한 것을 말한다.

통혈(通穴 무덤에 구멍을 뚫어 놓는 것) 한 구절은 비록 예서(禮書)에 보이지 않으나, 이것을 가지고 구광(舊壙 예전에 관을 묻은 무덤 구덩이)에 재해가 있는지 여부를 검증할 수 있으니, 만들어도 무방합니다.

풍수(風水)의 설은 또한 다 같은 것이 아니니, 만약 자손의 복리(福利)를 가지고 말한다면 진실로 마음을 동하게 하지는 못합니다. 하지만 땅속에 해(害)가 있어서 체백(體魄)[14]이 편안하지 못하고 혹 선조(先祖)의 묘소에 해로움이 있다고 말함에 이른다면, 형편상 부득이 천장(遷葬)하지 않을 수 없습니다. 어떨지 모르겠습니다.

거상(居喪) 중에 있는 사람은 비유(卑幼)[15]에게 조문(弔問)을 받아도 절하지만, 지친(至親) 중의 비유들에 이르러는 마땅히 절하여서는 안 될 듯합니다. 친소(親疎)를 살펴 처리함이 어떻겠습니까?

14 체백(體魄) : 시신(屍身)을 말한다. 옛날에는 사람이 죽으면 혼(魂)은 하늘로 올라가고, 체백은 시신에 깃든다고 생각하였기 때문에 체백과 영혼(靈魂)을 구별하여 묘소에는 체백이 있고, 궤연(几筵)에는 영혼이 있다고 여겼다.

15 비유(卑幼) : 항렬이 낮은 사람과 나이 어린 사람을 아울러 이르는 말이다.

조이득에게 답함

答趙而得

문 서족(庶族) 중에 어머니 상(喪)을 당한 자가 있었는데, 그 어머니는 기생 출신의 첩이었다가 다른 곳에 시집간 자였습니다. 서족은 영감(永感)[16]한 뒤에 어머니를 집에 있게 하였는데, 상이 나서 복상(服喪)을 하면 어떻게 해야 옳습니까? 3년의 제전(祭奠)과 출입 시에 입을 관(冠)과 복장에 대해 자세히 가르쳐 주심이 어떠하겠습니까?

답 그 어머니가 이미 다른 곳으로 시집갔다면 아버지가 돌아가신 뒤에 비록 집으로 돌아왔다고 하더라도, 다만 마땅히 《의례》의 가모(嫁母)[17]의 복에 의거해서 장기(杖期)[18]를 입어야 하고-아버지의 후사(後嗣)가 되지 않은 자를 이릅니다.[19]- 복을 더하여 삼년복을 입어서는 안 될 듯합니다.

만일 '어머니는 같고 아버지는 다른 아우〔同母異父弟〕'가 있어서-바로 재가(再嫁)한 뒤에 낳은 자식입니다.- 마땅히 삼년복을 입을 자가 있다

16 영감(永感) : 부모를 모두 여읜 경우를 이른다. 옛날에 부모가 모두 생존 시에는 구경(具慶), 부친만 생존 시에는 엄시(嚴侍), 모친만 생존 시에는 자시(慈侍)라고 하였다.

17 가모(嫁母) : 아버지가 돌아가신 뒤에 다른 사람에게 재가한 친어머니를 말한다.

18 장기(杖期) : 상장(喪杖)을 짚고 거상(居喪)하는 기년복(朞年服)으로, 자최(齊衰) 삼년 다음으로 무거운 복이다.

19 아버지의……이릅니다 : 아버지의 후사가 된 자는 종통(宗統)을 이으므로, 이를 중시하여 시집간 어머니의 복을 입지 않기 때문에 말한 것이다.

면, 그로 하여금 제사를 주관하게 해야 하고 그런 아우가 없다면 마땅히 자기가 주관해야 합니다. 그러나 이미 기년복을 입었으면 아침 저녁의 궤전(饋奠)[20] 또한 기년(期年)이 되면 마땅히 철거하고 중지해야 합니다.

출입할 때에 착용할 것들은, 패랭이〔平凉子〕를 쓰고 베로 만든 직령(直領)[21]을 입어야 할 듯한데, 어떨지 모르겠습니다.

20 궤전(饋奠) : 거상하는 동안 제사의 형식을 갖추지 않고 아침과 저녁에 음식을 올리는 예를 말한다.

21 직령(直領) : 예복의 한 가지로 옷깃이 일직선인 옷이다.

조이득에게 답함

答趙而得

그 어머니가 재가(再嫁)한 뒤에 낳은 자녀가 있고 없고를 막론하고 자신의 복(服)은 기년복 그대로인데, 보내주신 편지에 3년이라고 하신 것은 저의 말을 제대로 알아듣지 못해서 그런 듯합니다. 저의 뜻은 다만 궤전(饋奠)을 가지고 말한 것입니다.

《예기》〈상복소기(喪服小記)〉의 "삼년복인 사람-망자에게 마땅히 삼년복을 입어야 할 사람-이 있으면, 그를 위하여 재제(再祭)-재제는 바로 대상(大祥)과 소상(小祥)입니다.-를 지낸다."는 글로 미루어 보건대, 만일 그 가모(嫁母)의 자녀 중에 삼년복을 입을 자-즉 재가(再嫁) 후에 낳은 자-가 있으면-'혼인하지 않은 여자〔室女〕'는 어머니를 위해 삼년복을 입습니다.- 자신은 비록 기년복을 입더라도 궤전은 마땅히 3년을 마쳐야 할 듯합니다.

만약 재가 후에 낳은 자식이 없다면 궤전 또한 마땅히 기년에 그쳐서 복과 제사에 차이가 없게 하여야 하니, 모름지기 이 아우가 처음 보낸 편지를 바른 것으로 삼는 것이 어떻겠습니까?

조이득에게 답함

答趙而得

문 선영(先塋) 안에 남은 묏자리가 없어서 '어버이의 산소〔親山〕'를 새로 점쳐 만들었기 때문에 우선 합장(合葬)할 수가 없습니다. 돌아가신 어머니의 옛 산소에서 마땅히 곡읍(哭泣)하는 절차가 있어야 합니까?

답 새 산소와 옛 산소가 자리가 같지 않다면 옛 산소에 성묘할 때에 곡읍하는 절차가 있어서는 안 될 듯합니다. 분명한 글은 갑자기 상고하기 어렵습니다. 그러나 《의례문해(疑禮問解)》[22]에 이미 합장한 곳에서만 곡읍하는 것을 허락하고 있으니, 그렇다면 각각의 산소에서 어떻게 해야 할지를 알 수 있습니다. 만약 정(情)을 억제할 수가 없다면, 옛 산소에 성묘할 적에 곡하고 절하는 것은 또한 무방할 듯하나, 절사(節祀 절기나 명절에 지내는 제사)를 행할 때에는 곡해서는 안 됩니다.

문 적모(嫡母)가 있는 서자(庶子)가 자신의 생모(生母)의 상을 당했을 경우 마땅히 높이고 낮추는 절차가 있다고 운운한 것에 대해

답 서자가 자신의 어머니의 상에, 비록 적모가 있더라도 압굴(壓屈)

22 의례문해(疑禮問解) : 사계(沙溪) 김장생(金長生)이 문인과 친우들에게 예(禮)에 대한 질문을 받고 답변한 내용을, 아들 김집(金集)과 문인 송시열(宋時烈), 이유태(李惟泰), 윤선거(尹宣擧) 등이 교정하여 유별로 엮은 책이다. 관혼상제(冠婚喪祭) 등 사례(四禮) 전반을 다루고 있으며 그중에서도 상례(喪禮)에 대한 내용이 자세하다.

한다는 글이 없으니 마땅히 예(禮)대로 행해야 할 듯하나, 감히 단정하여 말하지 못하겠습니다.

뒤에 고례(古禮)를 상고해보니, 서자는 생모(生母)의 상에 기년복을 입는데, 《개원례(開元禮)》[23]에는 "적모가 생존해 있지 않아야 3년의 상기(喪期)를 다 펼 수 있다." 하였으며, 《주자가례(朱子家禮)》에 이르러 적모가 있고 없고를 막론하고 모두 3년의 상기를 허용하였습니다. 도암(陶菴)께서 남의 질문에 답하시기를 "《주자가례》를 따르는 것이 정론(定論)이 된다." 하셨으니, 이와 같아야 비로소 의심이 없습니다.

23 개원례(開元禮) : 당(唐)나라 현종(玄宗) 개원(開元) 연간에 칙명에 의해 서견(徐堅), 소숭(蕭崇) 등이 150권으로 편찬한 《대당개원례(大唐開元禮)》를 말한다. 길례(吉禮), 빈례(賓禮), 가례(嘉禮), 군례(軍禮), 흉례(凶禮)의 다섯 가지로 분류되었다.

김의중[24] 이홍 에게 답함

答金毅仲 履弘

〈오륜가(五倫歌)〉[25]를 이에 등사하여 보여주시어 선조(先祖)께서 내려주신 가르침의 아름다움을 우러러보게 하시니, 흠모함을 이기지 못하겠습니다. 만일 아동들로 하여금 읊고 외우게 하면 이들을 흥기시킬 수 있을 것입니다. 이는 귀문(貴門) 한 집안의 사사로운 일이 아니니, 널리 전할 만하기 때문에 일찍이 부탁을 드렸던 것입니다.

추위에 언 벼루가 사람 손을 번거롭게 함에 다시 편치 못함을 깨달으니, 어찌 빠르고 늦음을 논하겠습니까. 그러나 지난번에 들으니, 조중봉(趙重峰)[26] 선생께서 밤에 우연히 여관에서 나그네를 만나자, 등불 아래에서 《격몽요결(擊蒙要訣)》[27] 한 책을 써 내려가 닭이 울 때에 비

24 김의중(金毅仲) : 김이홍(金履弘 1746~1792)으로 의홍은 자이고 본관은 안동이며 나와(羅窩) 김려행(金礪行)의 아들이고 저암(著菴) 유한준(兪漢雋)의 생질(甥姪)이다.

25 오륜가(五倫歌) : 선원(仙源) 김상용(金尙容)이 지은 국한문혼용체의 가사(歌辭)로 모두 5편인데, 현재 《선원유고》 〈속고(續稿) 가사〉에 실려 있다. 김상용은 김이홍의 6대조가 된다.

26 조중봉(趙重峰) : 조헌(趙憲, 1544~1592)으로 중봉(重峰)은 그의 호이고 자는 여식(汝式), 본관은 배천(白川)이다. 이이(李珥), 성혼(成渾)의 문인으로, 1567년(명종22) 식년문과에 급제하여 출사하였다. 자신의 상소(上疏)가 받아들여지지 않자 사직하였다가, 1592년(선조25)에 임진왜란(壬辰倭亂)이 일어나자 의병을 모아 청주(淸州)에서 왜적을 격파하고, 이어 금산(錦山)의 전투에서 의병 700여 명과 함께 전사하였다.

27 격몽요결(擊蒙要訣) : 1577년(선조10), 율곡 이이(李珥)가 황해도 해주(海州)에

로소 완성하여 기어이 나그네에게 주었다고 하니, 선배들의 품격의 아름다움이 이와 같았습니다.

제가 이 일로 고명을 번거롭게 함이 또한 망령된 일이 아닌가 두려우니, 어떻게 해야 좋을지 모르겠습니다.

서 강학할 적에 초학자들을 가르치기 위하여 편찬한 책으로 입지(立志), 혁구습(革舊習), 지신(持身), 독서(讀書), 사친(事親), 상제(喪制), 제례(祭禮), 거가(居家), 접인(接人), 처세(處世) 등의 열 개의 장으로 되어 있다.

원자선[28] 술손 에게 답함

答元子善 述孫

《예기》〈잡기 하(雜記下)〉에 "아버지의 상(喪)을 아직 마치지 않았는데 어머니가 돌아가셨을 경우, 아버지의 상을 마칠 때에 제복(除服)을 입고 제사를 마치고는 다시 어머니의 상복을 입는다."라는 구절의 주(注)에 "제복은 상제(祥祭)의 복을 이르니, 이것으로 전상(前喪)이 끝났음을 보이는 것이다." 하였는데,[29] 이는 《상례비요(喪禮備要)》[30] 상제조(祥祭條)의 주에 보입니다. 이에 의거하면 막 승중복(承重服)[31]을 입고 있더라도 아버지의 상제를 지낼 적에 마땅히 백립(白笠)과 백직령(白直領)[32]의 복장으로 제사를 지내야 함은 의심할 것이

28 원자선(元子善) : 원술손(元述孫)으로 자선은 자로 보인다. 〈한국역대인물 종합시스템〉 원재경(元在敬) 편에 원재경의 부친으로 유학(幼學)이라고 기재되어 있는데 동일 인물로 보인다. 원재경은 본관이 원주이다.

29 주(注)에……하였는데 : 주는 진호(陳澔)의 《예기집설(禮記集說)》의 엄릉 방씨(嚴陵方氏)의 소주(小註)를 이른다. 원문에는 '이르니'와 '이것으로' 사이에 "제복을 입은 뒤에 다시 상복을 입음은"이라는 구절이 더 있다.

30 상례비요(喪禮備要) : 주자의 《가례(家禮)》를 위주로 하고 그 밖의 고금 제가(諸家)의 예설(禮說)을 참고로 하여 초상(初喪)에서 장제(葬祭)까지의 의식을 기록한 상례 지침서이다. 서파(西坡) 신의경(申義慶)이 지은 것을 사계(沙溪) 김장생(金長生)이 교정하여 증보하였고, 다시 신독재(愼獨齋) 김집(金集)이 교정하여 1648년(인조 26)에 간행하였다.

31 승중복(承重服) : 승중한 손자가 할아버지나 할머니의 상을 당하여 입는 복으로 삼년복이다. 승중은 상제(喪祭)의 중함을 이어 받는다는 뜻으로 적자(嫡子)가 질병이 있거나 사망했을 경우에 적손(嫡孫)이 바로 조부를 계승함을 이른다.

없습니다.

혹자가 이르기를 "조모(祖母)의 상중(喪中)에 아버지의 상제를 지내는 경우는 어머니의 상중에 아버지의 상제를 지내는 경우와 같지 않으니, 압존(壓尊)의 의리가 있기 때문에 백의(白衣)와 백관(白冠)을 사용하여서는 안 된다."라고 하였는데, 옳지 않을 듯합니다.

신독재(愼獨齋) 선생이 강월당(姜月塘)의 질문에 답하여 이르시기를 "비록 시복(緦服)이나 공복(功服)의 가벼운 복을 입는 상에 있어서도 또한 중(重)한 상복을 잠시 벗고서 그 복을 입는데, 더구나 이런 경우에 있어서이겠습니까. 그리고 대상(大祥)의 복은 본디 길복(吉服)이 아니니, 또 어찌 의심할 것이 있겠습니까."라고 하였으니,[33] 이것으로 살펴보면 압존(壓尊)의 혐의는 마땅히 논할 바가 아닙니다.

32 백립(白笠)과 백직령(白直領) : 백립은 흰 천으로 싼 갓으로, 대상 후 담제 때까지 상인(喪人)이 쓴다. 백직령은 흰색 모시로 만든 평상복으로 곧은 깃에 동정과 고름이 달렸다.

33 신독재(愼獨齋)……하였으니 : 신독재는 김집(金集, 1574~1656)의 호인바 자세한 내용은 239쪽 주12 참조. 강월당(姜月塘)은 강석기(姜碩期, 1580~1643)로 월당은 그의 호이고 자는 복이(復而), 본관은 금천(衿川)이며, 사계 김장생의 제자이며 소현세자빈(昭顯世子嬪)인 강빈(姜嬪)의 아버지이다. 1616년(광해군8) 증광 문과에 급제하고 벼슬이 우의정에 이르렀다. 《의례문해(疑禮問解)》 〈상례(喪禮) 대상(大祥)〉에는 이 답변이 신독재 김집의 부친인 김장생(金長生)이 한 것으로 되어 있다. 《의례문해》에 대한 자세한 내용은 244쪽 주22 참조.

안경립[34] 명원 에게 답함
答安景立 命遠

'궤연(几筵)에 고한다'는 한 가지 일은 예(禮)에 명문(明文)이 없고, 또 이미 궤연에 제사를 올리는 것이 아니라면 굳이 고할 필요가 없을 듯합니다. 다만 정(情)이 이기는 뜻을 가지고 말하면 조부의 묘소를 이장하면서 아버지의 궤연에 고하지 않는 것은 또한 서운할 듯합니다. 혹자가 말하기를 "택당(澤堂)[35] 어른께서 조부를 이장할 적에 선친의 궤연에 고했다."라고 합니다. 선배께서 이미 행하신 바이니, 이를 준용(遵用)하는 것도 가할 것입니다.

출관(出棺)한 뒤, 집 안에서의 상식(上食)에 있어서는 병유상(竝有喪)[36]의 성복(成服) 전과는 다름이 있습니다. 남계(南溪)[37]가 이르기

34 안경립(安景立) : 안명원(安命遠)으로, 《승정원일기(承政院日記)》에 정조(正祖)와 순조(純祖) 때에 음죽 현감(陰竹縣監), 합천 군수(陜川郡守) 등을 지낸 인물이 보이는데, 동일 인물인지는 미상이다.

35 택당(澤堂) : 이식(李植, 1584~1647)의 호이다. 자는 여고(汝固), 시호는 문정(文靖)인데 1610년(광해군2) 문과에 급제하고 인조 때 중용되어 벼슬이 대제학과 이조 판서에 이르렀다. 문장에 뛰어나 월사(月沙) 이정귀(李廷龜), 계곡(谿谷) 장유(張維), 상촌(象村) 신흠(申欽)과 함께 한문 4대가로 불린다.

36 병유상(竝有喪) : 두 사람 이상의 상이 겹쳐서 난 것을 말한다.

37 남계(南溪) : 박세채(朴世采, 1631~1695)의 호로 자는 화숙(和叔), 본관은 반남(潘南), 시호는 문순(文純)이다. 1683년(숙종9) 서인이 노론과 소론으로 분열되자 소론의 영수가 되었고, 1694년(숙종20) 갑술옥사로 소론이 집권하자 영의정에 올랐다.

를 "입관(入棺)하기 전의 초상(初喪)의 때가 아니라면, 가벼이 폐해서는 안 된다." 하였으니, 여기에 의거하면 상식은 마땅히 행해야 합니다.

소찬(素饌)을 써야 하는지의 여부는 결정하기 어려운 듯하나, 《상례비요》 가운데 "평소 살아있을 때처럼 한다.〔象平生〕"라는 글 또한 상중에 죽은 자를 가리켜 말한 것입니다. 비록 상중에 죽은 자라도 이미 장례한 뒤에는 고기를 썼으니, 이는 신도(神道)로써 섬기는 것입니다. 이를 가지고 살펴보면 애가(哀家 상을 당한 그대의 집)의 근일의 일에 있어서는 상식 또한 소찬을 쓰면 안 되는데 어떻게 생각하십니까? 상식에서 소찬을 쓰는 것은, 장례하기 전에 망인(亡人)의 선조의 기일을 만나면 그렇게 하지만, 여기서는 전례(前例)로 원용하여서는 안 됩니다.

예학(禮學)에 해박하여 많은 예학서를 저술하였다.

안경립에게 답함

答安景立

《의례》 소(疏)에 이르기를 "병유상(竝有喪)의 경우 빈(殯)을 달리하는 것은 체(體)가 실로 다르기 때문이다."라고 하였으니, 초상(初喪)에 내외간의 빈을 달리 하는 것은 바로 《의례》의 글에 의거한 것입니다. 개장(改葬)과 초상이 다름이 없으니, 그렇다면 내외간의 영좌(靈座)를 어찌 한 곳에 같이 진설(陳設)할 수 있겠습니까. 결단코 불가합니다. 영좌를 이미 각각 진설하였다면 제전(祭奠)도 마땅히 각각 지내야 함은, 의심할 점이 없을 듯합니다.

존종조(尊從祖 종조부(從祖父)의 높임말)께 후사가 없어서 애좌(哀座 상주를 부르는 존칭)께서 이미 제사를 주관하였으니, 그렇다면 계묘(啓墓)[38] 한 뒤에는 바로 초상 때 빈(殯)에 있을 때와 같이 해야 합니다. 조부의 상에 시신이 빈에 있다면 어찌 방계(傍系) 친척의 제사를 지낼 수 있겠습니까. 제사를 주관하는 자가 이미 제사를 지내지 못할 연고가 있다면 또한 남에게 제사를 대행하게 할 수 없습니다.

38 계묘(啓墓) : 이장(移葬)이나 반장(返葬)을 하기 위해 묘를 허무는 것을 말한다.

이경심[39] 규복 에게 답함

答李景心 奎復

유석사(柳碩士)가 지은 《몽학신편(蒙學新編)》[40]을 함께 돌려보도록 멀리서 부쳐주시니, 그 뜻이 매우 곡진(曲盡)합니다. 내용이 해박(該博)하고 광범위하니, 과연 좋은 글입니다. 어린 사람들을 가르칠 만하고 풍속을 경계시킬 만하니, 자신의 내면을 수양(修養)하는 실제가 없고서야 능히 이와 같을 수 있겠습니까. 궁벽한 향리에 이처럼 호걸스런 선비가 있는데도 일찍이 한 번도 만나보지 못하였으니, 한스러울 만합니다.

유석사의 행적을 비문(碑文)이나 행장(行狀)을 지어 불후(不朽)하게 하라는 가르침에 있어서는 제가 무슨 힘이 있겠습니까. 이미 표창(表彰)할 만한 학문이 없으니, 그렇다면 마땅히 다시 돌려주어야 되는데, 완상하여 보는 일에 탐닉하여 우선 책상 위에 놓아두고 있습니다.

39 이경심(李景心) : 이규복(李奎復)으로, 경심은 자로 보인다. 박윤원의 아들 박종여(朴宗輿)의 장인이다.

40 유석사(柳碩士)가 지은 몽학신편(蒙學新編) : 유석사는 누구인지 미상인데, 석사는 벼슬이 없는 선비를 높여 부르는 말이다. 《몽학신편(蒙學新編)》 또한 어떠한 책인지 미상인데, 몽학은 어린아이를 가르치는 공부라는 의미이다.

홍백능[41] 낙순 에게 줌

與洪伯能 樂舜

바다와 산 사이에서 만나고 헤어진 것[42]이 마치 꿈과 같으니, 돌아봄에 그립고 아쉽습니다. 게다가 병석에 누워 힘들어하는 것을 목도하였으니, 돌아온 뒤에도 근심이 조금도 풀리지 않았습니다. 사람들을 통해 듣건대, 앓고 있던 병환이 곧바로 나아서 회복되셨다고 하니, 기쁘고 축하하는 마음이 어찌 다함이 있겠습니까.

명구(名區)를 잠깐 유람한 것으로는 참으로 많은 아쉬움이 남을 수밖에 없는데, 삼일포(三日浦)가 이런 점에서 가장 심하여 저로 하여금 잊지 못하게 하니, 그 사이에서 오랫동안 머물지 못한 것이 한스럽습니다. 이 좋은 산수(山水)를 관할(管轄)하시니, 이은(吏隱)이고 선위(仙尉)[43]입니다. 앉아서 청복(淸福)을 누림이 참으로 마땅하니, 갑자기 〈귀거래사(歸去來辭)〉를 읊으며 관직을 버리지 않는 것이 어떻겠

41 홍백능(洪伯能) : 홍낙순(洪樂舜, 1732~1795)으로 백능은 그의 자이다. 호는 대릉(大陵), 본관은 풍산(豐山)으로 미호(渼湖) 김원행(金元行)의 문인이자 사위이다. 고성 군수(高城郡守) 등을 지냈다.

42 바다와……것 : 홍낙순은 1793년(정조17)년 4월에 고성 군수(高城郡守)에 제수된 바, 이후 박윤원이 금강산 일대를 유람하다 고성에 가서 만난 것으로 보인다.

43 이은(吏隱)이고 선위(仙尉) : 이은은 덕과 재주를 지닌 자가 낮은 직급의 관리로 있으면서 이름을 감추고 은거하는 것처럼 사는 것을 이르고, 선위는 일찍이 남창 현령(南昌縣令)을 지냈던 한(漢)나라 매복(梅福)이 뒤에 신선이 되었다는 전설에서 기인한 말로, 지방관을 뜻한다.

습니까?

영윤(令胤)[44]은 무탈하게 학문에 힘쓰고 있습니까? 아름다운 자질이 옥수(玉樹)처럼 깨끗하니 심히 생각납니다.

44 영윤(令胤) : 큰아들인 홍문영(洪文榮, 1768~1803)을 가리킨 것으로 보인다. 자는 군행(君行)이다. 뒤에 홍정모(洪正謨)로 개명하였으며, 작은할아버지의 아들인 홍낙연(洪樂淵, 1724~1785)의 양자로 들어갔다.

홍중임[45] 희택 에게 답함

答洪仲任 羲宅

'후만후제(後滿後除)'[46]의 한 조항에 있어, 담제(禫祭)와 길제(吉祭)를 차례차례 미루어 행한다는 것은 다시 생각할 필요가 없는데, 혹자가 "담제가 중삭(仲朔)[47]에 있으면 그달에 길제를 행한다는 것이, 방조(傍照)[48]가 될 듯하다."라고 논한 것은, 옳지 않을 듯합니다.

담제를 지내는 달이 중삭이 아니라면 어떻게 중삭의 글을 인용할 수 있겠습니까. 나중에 상복(喪服)을 벗는 자가 대상(大祥)의 상복을 벗을 때에 길제(吉祭)의 날짜와 같게 되면, 과연 서로 장애가 될 듯합니다.

제가 생각하건대, 길제를 만약 초정(初丁)에 지낼 경우 그 전에 해일

45 홍중임(洪仲任) : 홍희택(洪羲宅)으로 인적사항은 미상이다. 《승정원일기》 1801년(순조1) 7월 22일 기사에 순창 군수(淳昌郡守)에 제수된 기록이 보이는바 동일인물인지는 확실하지 않다.

46 후만후제(後滿後除) : 친상(親喪)을 당한 자식들 중에 상에 늦게 임하여 성복(成服)을 늦게 하여 복상(服喪)의 기한이 나중에 찬 사람은 나중에 상복을 벗는다는 의미이다. 《주자어류(朱子語類)》 권89에 "부모의 상에서 형제 가운데 먼저 그 기한이 찬 사람은 먼저 상복을 벗고, 나중에 찬 사람은 나중에 상복을 벗는 것은 외지(外地)에 나아가 있어 상(喪)을 들은 것이 선후가 있기 때문이다."라고 보인다.

47 중삭(仲朔) : 중월(仲月)과 같은 말로, 네 계절의 각각 가운데 달인 2월, 5월, 8월, 11월을 말한다.

48 방조(傍照) : 법문(法文)을 적용할 적에 딱 맞는 법문이 없을 때에 그와 비슷한 다른 법문을 참조하여 적용함을 이른다.

(亥日)이 있으면 해일 역시 제사를 지낼 수 있는 날입니다.[49] 대상의 상복을 초8일에 먼저 벗는 것이 변통(變通)의 방도가 될 듯한데, 어떻게 생각하십니까? 이렇게 하지 않으면 길제를 해일(亥日)에 행하고 대상의 상복을 뒤이어 정일(丁日)에 벗는 것 또한 옳습니다.

초하루에 복을 바꾸어 입는 것은 급하게 상복을 벗는다는 혐의가 있을 듯합니다. 비록 길제 전에 대상의 상복을 벗었더라도 아직 순길(純吉)[50]이 아니니, 그렇다면 길제처럼 하여서는 안 됩니다.

담제에 이미 날을 점치는 의식을 쓰지 않았다면 굳이 한 달 전에 고유(告由)할 필요가 없고 다만 3일 전에 고유하는 것이 마땅합니다. 담제 때에 출주고사(出主告辭)의 경우는, 신주를 옛날에 있던 곳으로 봉안하여 제사를 지내는 뜻을 가지고 살펴보면 여전히 삼년상의 안에 속하기 때문에 예(禮)에 출주고사가 없는 것이니, 구준(丘濬)의 《가례의절(家禮儀節)》을 굳이 쓸 필요가 없습니다.

49 길제를……날입니다 : 초정(初丁)은 일진(日辰)에 있어 매월 첫 번째에 드는 정일(丁日)을 가리키는 말이다. 졸곡(卒哭)이나 담제(禫祭) 등은 해당 월의 정일(丁日)과 지지(地支)의 해일(亥日)을 택일하여 제사를 지내므로 초정에 선조의 제사가 있으면 해일을 택해서 제사해도 됨을 말한 것이다. 이에 대한 주소(注疏)는 《의례경전통해속(儀禮經傳通解續)》 권18에 보인다.

50 순길(純吉) : 상복을 벗고 완전한 길복(吉服)으로 갈아입음을 말한다.

홍중임에게 답함
答洪仲任

편지에 공최(功衰)[51]에 대한 한 구절이 있었는데, 마전한 포(布)를 쓰느냐 마전하지 않은 포를 쓰느냐에 대해서는 둘 다 가(可)하다는 선현들의 의론이 이미 있습니다. 미호(渼湖)[52] 어른 또한 말씀하시기를 "오직 행하는 자가 택하는 바에 달려 있다."라고 하였으니, 제가 어찌 감히 취사(取捨)를 단정할 수 있겠습니까. 그러나 영질(令姪)의 상(喪)은 다른 경우와 차이가 있어서, 응당 '미호 가〔渼上〕'에서 《의례》의 법을 쓰는 것을 따라야 하기 때문에,[53] 전에 이미 이에 대해 고했던 것입니다.

부판(負版)과 벽령(辟領)과 최(衰)[54]는 마땅히 제거하여야 한다고

51 공최(功衰) : 삼년복을 입는 사람이 소상(小祥)이 지난 뒤에 입는 상복을 말한다. 이미 소상을 지냈으므로 비록 참최복(斬衰服)이기는 하지만 마포(麻布)의 승수(升數)를 늘려서 대공복(大功服)을 만드는 데 사용하는 마포와 같기 때문에 공최라고 칭한다.

52 미호(渼湖) : 김원행(金元行, 1702~1772)의 호이다. 자는 백춘(伯春), 본관은 안동(安東)으로 당숙인 숭겸(崇謙)에게 입양되어 종조부 농암(農巖) 창협(昌協)의 손자가 되었다. 도암(陶庵) 이재(李縡)의 문인이다. 1719년(숙종45) 진사가 되었으나, 신임사화로 집안이 몰락하자 벼슬할 뜻을 버리고 학문에 전념하였다.

53 응당……때문에 : 미호는 지금의 구리시 한강 변 일대로 미수(渼水), 미음(渼陰)이라고도 하는데 김원행이 이를 호로 사용하였으며, 여기에 김원행의 선조인 선원(仙源) 김상용(金尙容)과 청음(淸陰) 김상헌(金尙憲)의 위패를 봉안한 석실서원(石室書院)이 있었다. 홍희택은 위에 보이는 홍낙순(洪樂舜)과 친척으로 보이며 홍낙순은 바로 김원행의 사위이기 때문에 이렇게 말한 것으로 보인다.

말한 것에 이르러는, 정복(正服)에 마전하지 않은 포를 씀은 《의례》를 따르고 부판을 제거함은 《가례》를 따라서, 고금(古今)의 예를 종합해서 참고하여 쓰려고 한 것이었습니다. 그런데 다시 생각해보니 이는 반쯤 오르다 아래로 떨어짐에 귀결될 듯하니, 한결같이 고례(古禮)를 따라 부판과 벽령과 최를 제거하지 않는 것만 못합니다. 어떻게 생각하십니까?

정복을 이미 마전하지 않은 포를 썼다면 포효(布絞)[55] 또한 조금 마전한 포를 쓸 필요가 없습니다.

54 부판(負版)과 벽령(辟領)과 최(衰) : 부판은 상복(喪服)의 등 쪽에 붙이는 너비가 1척 8촌인 네모진 베 조각이며, 벽령은 상복의 부판 양쪽 옆 깃 아래에 댄 베 조각으로, 슬퍼하는 정을 표시하기 위한 것이다. 최는 참최복과 자최복에서 길이가 6촌이고 너비가 4촌이 되도록 베 한 조각을 잘라서 가슴 부위에 붙인 것을 말한다.

55 포효(布絞) : 소렴할 때에 마지막으로 옷을 묶어 매는 베로 만든 대이다.

오사집[56] 윤상 에게 줌

與吳士執 允常

성대한 명성을 익숙히 듣고 감복(感服)한 지가 오래되었는데, 근간에 죄로 칩거(蟄居)하는 중[57]에 왕림해 주신 은혜를 입으니, 감사하고 위로됨이 어찌 다함이 있겠습니까. 차례로 말이 척의(戚誼 친척의 정의(情誼))와 세분(世分 대대로의 교분(交分))에 미쳤으니, 비록 한 번 만났는데도 참으로 오래전부터 잘 아는 사이 같았습니다. 더하여 청수(淸秀)한 풍모를 접함에 이미 저의 비루함이 사라졌고, 이어 마음에 보존한 바를 물어 대략 한두 가지를 들어보니, 경계하여 깨우쳐 주시는 것이 진실로 깊었습니다. 이에 어리석고 졸렬한 이 몸이 자신보다 뛰어난 벗을 얻으니 늙음을 한탄하지 않게 되었습니다. 다시 이 뒤로 계속하여 자주 서로 만나서 끝내 이택(麗澤)[58]의 이로움을 거둘 수 있지 않겠

56 오사집(吳士執) : 오윤상(吳允常, 1746~1783)으로, 사집은 그의 자이고 호는 영재(寧齋), 본관은 해주(海州)이다. 대제학을 지낸 순암(醇菴) 오재순(吳載純)의 아들로, 김원행(金元行)의 문하에서 배웠으며, 학문으로 명성이 높았다. 박윤원과 매우 친하였다.

57 죄로 칩거하는 중 : 이 내용은 박윤원이 부모상을 당하여 죄인으로 자처하였기 때문에 쓴 표현이다. 박윤원은 28세 때인 1761년(영조 37)에 모친상을 당하였고 1774년(영조50)에 부친상을 당하였는데, 이 편지의 뒤에 고애자(孤哀子)라는 표현이 있는 것으로 보아 부친상을 당했을 때로 보아야 한다. 《德隱遺稿 卷2 祖考近齋先生府君年記》

58 이택(麗澤) : 인접해 있는 두 못이 서로 물을 윤택하게 한다는 뜻으로, 벗끼리 서로 도와 학문과 덕행을 닦는 일을 비유하는 말이다. 《주역》 〈태괘(兌卦) 상(象)〉에 "붙어

습니까.

근간에 어버이 모시는 덕리(德履)[59]가 어떠신지 모르겠습니다. 《소학》의 공부 과정은 생각하건대 더욱 독실히 행하고 해이(解弛)하지 않으실 것이니, 공경히 우러르는 마음 다함이 없습니다.

이 고애자(孤哀子)[60]는 슬픔과 고통과 근심과 병으로 옛날에 공부한 것들이 삭연(索然)해져서 책들이 바로 책상 위에 있는데도 흐리멍덩하고 피로가 심하여 읽지를 못하니, 마침내 폐기되어 어진 분의 간곡하신 마음에 답하지 못할까 두렵습니다. 지난번 왕림해 주신 것에 사례(謝禮)를 올리면서 삼가 소(疏)[61]로 안부를 여쭙니다. 이만 줄입니다.

있는 택이 태이니〔麗澤兌〕, 군자가 보고서 붕우들과 강습한다."라고 한 말에서 유래하였다.

59 덕리(德履) : 상대방의 안부를 높여 이르는 말이다.

60 고애자(孤哀子) : 상주가 자신을 칭하는 말로, 부친의 상에는 고자(孤子), 모친의 상에는 애자(哀子)라 칭하며, 졸곡 전에 부모가 모두 별세했을 때에는 고애자(孤哀子)라고 칭한다. 《家禮》

61 소(疏) : 부모의 상을 당한 사람에게 보내는 위로의 편지와 그 답장을 통틀어 가리키는 말이다.

오사집에게 줌

與吳士執

고례(古禮)에 군주를 위하여 자최 삼월(齊衰三月)을 입는 서민(庶民)에 대해, 외암(巍巖)은 "지금의 선비가 아니라 지금의 이서(吏胥)와 상한(常漢)과 같은 것이다."라고 하였는데,[62] 이 설이 어떠합니까? 백성이 국토를 소유한 천자와 제후를 위하여 삼년복을 입는다는 것은 《주자어류》에 나옵니다.

국장(國葬) 전에 선비들의 강학(講學)을 굳이 폐할 것이 없을 듯합니다. 상사(喪事)에 분주한 벼슬아치들 외의 사람들이 책을 읽고 글을 외우는 것은 의리에 해로울 것이 없을 듯합니다. 고인들은 어버이 상

62 고례(古禮)에……하였는데 : 고례(古禮)는 《의례》의 예(禮)를 이른다. 외암(巍巖)은 이간(李柬, 1677~1727)의 호로, 자가 공거(公擧), 본관이 예안(禮安)이다. 수암(遂菴) 권상하(權尙夏)의 문인(門人)으로 호락논쟁(湖洛論爭)에 있어 남당(南塘) 한원진(韓元震)과 직접 논쟁을 벌여 낙론(洛論)을 이끌었다. 외암의 말은 《외암유고(巍巖遺稿)》 권9 〈신몽여에게 답하다(答辛夢與)〉에 "《의례》 자최 삼월조(齊衰三月條)의 '서인(庶人)이 국군(國君)을 위하여' 편의 정현(鄭玄)의 주에 이르기를 '백성이라 말하지 않고 서인(庶人)이라 하였는데, 서인 중에 혹 관직에 있는 자가 있는바, 이는 부사(府史)와 서도(胥徒)를 이른다.'라고 하였다. 경(經)의 뜻은 서민 중에 귀한 자리에 있는 자를 말한 것이나, 귀한 자리라는 것이 부사(府史)와 서도(胥徒)에 불과하니, 바로 우리나라의 이서(吏胥)의 부류이다.-관직에 있지 않은 자는 바로 백정(白丁)과 상한(常漢)이다.-"라고 한 것이다. 상한(常漢)은 상인(常人)을 낮추어 부르는 말로 '상놈'이라는 뜻이다.

을 치르는 중에도 여전히 강학을 폐하지 않았으니, 군주의 상중에는 더욱 의심할 것이 없고, 다만 장례 전후(前後)에 있어 다를 뿐입니다.- 어버이 상이면 장례 후에야 비로소 강학할 수 있고 군주의 상이면 장례 전이라도 가합니다.- 어떻게 생각하십니까?

조정의 관리가 '집에 거처할 때에 포대(布帶)를 한다는 것〔燕居布帶〕'은, 주자가 여정보(余正甫)에게 보낸 편지에 있으니, 혹 이미 상고해 보셨는지요? 그렇다면 소유(疏儒)들이 연거포대는 옳지 않다고 말한 것[63]은 알 수 없는 일입니다.

63 소유(疏儒)들이……것 : 소유들은 임금에게 연명(聯名)으로 상소를 올린 유생(儒生)들을 이른다. 1776(정조 즉위년) 3월에 사학(四學)의 유생(儒生) 정재관(鄭在寬) 등이 상소하여 상복(喪服)의 연거대(燕居帶)를 개정할 것을 청하며 "방상(方喪)의 교대(絞帶) 이외에 또다시 연거포대(燕居布帶)가 있음은 예문(禮文)의 본뜻이 아닌 듯싶습니다."라고 하였으므로 이렇게 말한 것이다.

오사집에게 줌

與吳士執

《대학》의 '백가중기(百家衆技)'[64]에 대해 명나라 학자들이 이르기를 "농(農) · 포(圃) · 의(醫) · 복(卜)[65]과 같은 것이다." 하였는데, 농과 포는 소민(小民)들의 일상(日常)의 일이고, 의와 복은 병을 치료하고 의심을 결단하는 것이니 없어서는 안 될 일인데, 어떻게 '세상을 어지럽히고 백성을 속이는 일〔惑世誣民〕'이라고 말할 수 있겠습니까.

의업(醫業)이 흘러 금단(金丹)의 설에 빠지고 점치는 일 또한 무당의 굿으로 귀결되면 그 폐해(弊害)가 진실로 세상을 어지럽힘에 이르겠지만, 농과 포의 업(業)은 혹세무민이 됨을 볼 수가 없으니, 어찌 겸해서 말한단 말입니까. 이를 일찍이 어떻게 보셨습니까?

64 대학의 백가중기 : 이는 주자가 지은 《대학장구(大學章句)》의 서문에 "일체 공명을 이루는 기타 권모술수의 학설과 백가의 온갖 기예의 부류〔百家衆技之流〕로서 세상을 혹하게 하고 백성을 속여 인의(仁義)의 길을 막는 자들이 또 분분하게 그 사이에 섞여 나왔다."라는 구절에 보인다.

65 농(農) · 포(圃) · 의(醫) · 복(卜) : 농은 오곡(五穀)을 기르는 일을, 포는 채소(菜蔬)를 가꾸는 일을, 의는 의사의 일을, 복은 점치는 일을 말한다.

오사집에게 줌

與吳士執

선비들이 어버이 기일(忌日)에 과거에 응시하는 것은 미안(未安)할 듯한데, 선배들이 이에 대해 언급하지 않은 것은 어째서입니까? 《예기》 〈단궁(檀弓)〉의 '종신의 근심'이란 글과 고인들이 기일에 조문(弔問)을 받는 것을 가지고 살펴보면, 이날에 '길함을 빌려〔借吉〕'[66] 영광(榮光)을 구해서는 안 될 듯합니다.

그러나 다만 벼슬에 있는 자들은 기일에 재계(齋戒)를 마친 뒤에 조복을 입고 평소처럼 공사(公事)에 참여하니, 그렇다면 과거 또한 홀로 특별한 것이 아닐 듯합니다.

66 길함을 빌려〔借吉〕: 차길(借吉)은 원래 부모의 상중에 부득이하여 혼인하는 것을 의미하나, 여기서는 길례(吉禮)의 의식을 원용한다는 의미로 쓰였다.

오사집에게 줌

與吳士執

그대의 시문(詩文) 원고 두 책(冊)을 삼가 검토하여 평(評)하는 작업을 마치고 받들어 올립니다. 제가 천루(淺陋)하여 비록 감식안(鑑識眼)은 없으나 아무 비평 없이 그대로 돌려드리는 것은 의미가 없고 또 저의 졸렬한 글에 대해 이미 훌륭한 그대의 비평(批評)을 받았으니 보답하지 않을 수가 없기 때문에 마음대로 망령된 평을 감히 올린 것입니다. 하지만 시평(詩評)의 경우는 고명께서 저에게 베풀어 주지 않으셨으니, 이는 비평할 분수(分數 비율(比率))가 많아서 그런 것이 아닙니까? 하하 웃습니다.

시는 맑고 담박하고 화평하며 문(文)은 전아(典雅)하고 간결하며 아정(雅正)하고 충실하지만, 부족한 점이 있다면, 시에 있어서는 창건(蒼健)한 기운이 부족하고 문에 있어서는 심원하고 광대한 기세가 부족합니다. 책비(責備 완전무결을 요구함)하느라 이와 같이 말씀드리는데, 스스로 보시기에는 어떠신지 모르겠습니다.

그러나 정자(程子)께서 소강절(邵康節)[67]과 수십 년을 교유하셨는데 상수(象數)에 대해서는 한마디도 언급하지 않으셨습니다. 상수학

67 소강절(邵康節) : 북송(北宋)의 역학자인 소옹(邵雍, 1011～1077)으로 강절은 그의 시호이다. 자는 요부(堯夫), 호는 안락 선생(安樂先生)이다. 상수(象數)를 원리로 하는 관념론적 역학을 수립하고 벼슬에 나아가지 않은 채 사마광(司馬光) 등과 교유하면서 재야의 학자로 평생을 마쳤다. 뒤에 주자에 의해 주렴계(周濂溪)·정명도(程明道)·정이천(程伊川)과 함께 도학(道學)의 중심인물로 추대되었다.

(象數學)[68]은 문장과 비교하면 큰 것이 되는데도 정자께서 도리어 이를 말하지 않으셨는데, 우리들이 서로 따라 강학(講學)한 것이 불과 2, 3년인데도 작은 기예로 한만(閒漫)한 일에 대해 언급하고 있으니, 정자에게 죄를 받지 않을 수 있겠습니까. 이 또한 경계하고 반성해야 할 한 단서이기에 애오라지 아뢰는 것입니다.

68 상수학(象數學) : 《주역》의 괘(卦)에 나타난 상(象)과 수(數)의 변화를 연구하고 이를 우주 만물의 근본 요소와 연결시켜 천지(天地)간에 있는 만상(萬象)의 전개를 해석하고 설명하는 학문을 이르는데, 이의 대표적인 학자가 북송(北宋)의 역학자인 소옹(邵雍, 1011~1077)이다. 이와 다른 입장을 의리학(義理學)이라고 하는데, 《주역》에 담긴 사상과 우주관 등의 측면을 연구하여 그 의리(義理)를 밝히는 학문으로 북송의 학자 이천(伊川) 정이(程頤 1033~1107)가 대표적인 학자이다.

오사집에게 줌
與吳士執

부인(婦人)의 부제(祔祭)에 조비(祖妣)가 없으면 한 대(代)를 건너뛰어 고조비(高祖妣)에게 부묘(祔廟)[69]하고, 조비가 두 분이면 시아버지를 낳아준 조비에게 부묘합니다. 지금 두 분의 조비가 있는데, 계조비(繼祖妣)는 살아 계시고 전조비(前祖妣)는 시아버지를 낳은 생모가 아니라면, 마땅히 조비가 없는 사례(事例)를 써서 고조비에게 부묘해야 하는 것입니까?

제 생각은 조비 두 분이 모두 이미 돌아가셔서 사당에 계신다면 마땅히 시아버지를 낳은 생모와 생모가 아닌 분으로 나누어야 합니다. 하지만 조비가 두 분인데 한 분은 돌아가시고 한 분은 살아 계실 경우 전조비가 비록 시아버지의 생모가 아닐지라도, 조비가 없을 경우의 사례(事例)를 써서 한 대를 건너뛰어 고조비에게 부묘해서는 안 될 듯한데, 어떨지 모르겠습니다. 헤아려 가르쳐 주시기 바랍니다.

69 부묘(祔廟) : 새로 죽은 자의 신주를 사당에 붙여 모시는 것으로, 한 대를 건너 띄워 붙인다.

오사집에게 줌

與吳士執

시부모가 이미 돌아가셔서 사당에 모신 경우, 예(禮)에 '신부는 전채(奠菜 채소 위주로 제사를 지냄)한다'는 글이 있는데, 세속에서는 대부분 대추와 포로 채(菜)를 대신하고, 이를 일러 '사당 폐백(祠堂幣帛)'이라고 합니다. 이 사당 폐백은 바른 예(禮)가 아닐 듯한데, 어떨지 모르겠습니다.

시아버지는 돌아가시고 시어머니는 살아 계시면 시어머니에게는 폐백을 올리고 시아버지 사당에는 전채하는데, 시아버지는 살아 계시고 시어머니는 돌아가셨으면 부인에게는 사당이 없어서 전채하는 일을 쓸 수가 없으니,[70] 예(禮)의 뜻이 이와 같습니다.

그러나 처음 선고(先姑)의 신위(神位)를 뵐 적에 전혀 전헌(奠獻 제수(祭需)를 올려 제사 지냄)이 없는 것은, 돌아가신 분을 섬기기를 살아 계신 분을 섬기듯이 하는 뜻[71]이 아닐 듯하니, 비록 전채하지는 않더라도 또한 마땅히 포〔脩〕를 올려야 하지 않겠습니까? 이렇게 하는 것이 과연 어떠합니까?

시어머니의 신위를 이미 조모(祖母)의 감실(龕室)에 부묘(祔廟)한

70 시아버지는……없으니 : 고례(古禮)의 사당의 제도는 대(代)별로 사당을 지어 아버지 사당, 할아버지 사당 등이 별도로 있었기 때문에 이렇게 말한 것이다.

71 돌아가신……뜻 : 이 내용은 《중용》 제19장에 "돌아가신 분을 섬기기를 살아 계신 분을 섬기듯이 하고〔事死如事生〕 없는 분을 섬기기를 생존한 분을 섬기듯이 하는 것이 효(孝)의 지극함이다."라고 보인다.

경우라면, 시어머니의 신위에 폐백을 올리는 것은 끝내 온당치 않을 듯합니다. 예(禮)에 이미 전채를 허락하지 않았다면 폐백을 올리는 일 또한 행해서는 안 되지 않겠습니까.

오사집에게 줌
與吳士執

문 신주에 현벽(顯辟)[72]이라고 쓰는 경우에 있어, 부제(祔祭)의 축문은 문장(門長 문중의 어른)이 마땅히 주관하여야 할 듯합니다. 우제(虞祭)와 졸곡(卒哭)은 주부(主婦)가 주관하지만 주부가 제사를 치를 수가 없는 경우에, 사람을 시켜 축문을 읽게 하는 것이 과연 타당합니까? 혹자가 말하기를 "이미 제사를 지낼 수가 없으면 축문이 없는 것이 당연하다."라고 하는데, 이 설은 어떠합니까? 주부가 제사를 치를 수 없더라도 대신 읽는 자가 축문 읽기를 마치면 의당 내청(內廳)에서 배례(拜禮)를 행해야 할 듯한데, 어떻게 생각하십니까?
답 신주에 현벽(顯辟)이라고 쓰는 경우에 있어, 초헌(初獻) 때의 일을 문중의 가까운 친족 중 장부(丈夫)로 하여금 대신하게 한다면 축문 읽기를 마친 뒤에 대신 행한 자가 배례를 행하니, 주부는 굳이 별도로 배례를 할 필요가 없을 듯합니다.

주부가 비록 제사를 치를 수 없더라도 어찌 축문이 없을 수 있겠습니까. 축문이 없다면 우제와 졸곡의 예(禮)를 이룰 수가 없습니다. 게다가 주원양(周元陽)의 《제록(祭錄)》[73]에 주부의 축사가 있음을 밝히고

72 현벽(顯辟) : 신주(神主)나 축문(祝文)에서 아내가 죽은 남편을 이르는 말이다. 《예기집설(禮記集說)》〈곡례 하(曲禮下)〉에 보인다.

73 주원양(周元陽)의 제록(祭錄) : 주원양은 당(唐)나라 여남(汝南) 사람으로 《제록

있음에 있어서이겠습니까.

부제(祔祭)를 굳이 문장이 주관할 필요가 없으니, 제 생각으로는 비단 우제와 졸곡뿐이 아니라 부제도 주부가 마땅히 주관해야 합니다. 이는 주부 자신이 종자(宗子)의 부인이기 때문입니다. 축문 가운데 '섭행자(攝行者)' 위에 사(使) 자를 써서 글자를 엮으면 일마다 빠짐이 없고 용의(用意)가 순탄하고 원활할 것입니다. 그러나 만약 혹 부인이 부제를 주관하기 어려운 경우 3년 이내에 후사(後嗣)를 세울 수 있다면, 우선 부제를 지내지 않았다가 후사가 세워지기를 기다린 뒤에 소상의 뒤, 대상의 전에 이를 행하는 것 또한 무방할 듯한데, 어떨지 모르겠습니다.

(祭錄)》 1권을 저술했다는 기록이 남아 있을 뿐 나머지는 미상이다. 《新唐書 卷57 藝文志1》

오사집에게 답함
答吳士執

문 저희 집안은 옛날부터 이미 행해온 사례(事例)를 따라 담제 뒤의 복색(服色)을 참포립(黲布笠黑帶)과 흑대(黑帶)로 정했습니다. 그런데 갓 밑에 쓰는 모자(帽子)에 대해 어떤 자가 이르기를 "마땅히 백포(白布)를 써야 한다."라고 하고, 또 어떤 자는 "만약 백포를 쓴다면 강복(降服)하여 심상(心喪)을 입을 때의 복색과 구별되지 않으니, 마땅히 참포의 모자를 써서 조금이나마 심상의 복색과 분별하여야 한다."라고 하니, 이 경우 마땅히 무엇을 따라야 합니까?
답 담제 뒤에 입는 참포립과 흑대가 바로 심상의 복색과 같으니, 그렇다면 어찌 유독 건(巾)에 있어서만 이를 혐의하겠습니까. 그러나 참건(黲巾)을 써서 조금 분별하는 뜻을 보존하는 것 또한 무방할 듯합니다.

오사집의 《중용차의(中庸箚疑)》에 찌를 달아 논함
〈차의〉 "인심(人心)은 위태롭고 도심(道心)은 은미하다.〔人心之危道心之微〕"라는 것은 보통 사람의 병든 마음을 가지고 말한 것입니다. 주자가 말씀하기를 "혹은 위태롭고 혹은 은미하다."라고 하시고, 또 "더욱 위태로워지고 더욱 은미해진다."라고 하시고, 또 "위태로운 것이 편안하게 되고 은미한 것이 드러나게 된다."라고 하셨으니, 만약 이것이 본연(本然)의 체단(體段 본래의 모습)이라면 어떻게 '더욱'이라는 의미의 '유(愈)' 자를 놓을 수가 있으며 어떻게 위태로운 것이 편안하게 되고 은미한 것이 드러나게 된다고 말할 수 있겠습니까.

논 위태로움과 은미함이 병이 된다는 것은, 선현(先賢)들 또한 이와 같이 보았는데-일찍이 〈농암잡지(農巖雜誌)〉를 보니, 여기 또한 병으로 말한 듯하였습니다.- 저는 삼가 이것이 본래의 체단이요 병이 아니라고 여깁니다. 만약 병으로 본다면, 주자가 어찌하여 "위태로운 것이 바로 좋지 않은 것은 아니다."라고 하였겠습니까.

묘소(妙小) 또한 정묘(精妙)하기 때문에 묘소인 것이니, 묘소를 좋지 않은 뜻의 묘소로 보아서는 안 됩니다. 이는 정세(精細)의 세(細) 자와 같아서 세밀하기 때문에 은미하여 드러나기가 어려운 것입니다. 《중용》의 서문(序文)을 가지고 살펴보면, '심지허령(心之虛靈)' 이하로부터 '상지(上智)와 하우(下愚) 운운'에 이르기까지[74]에서는, 다만 마음의 체(體)와 용(用)의 형상(形狀)을 성인(聖人)과 범인(凡人)이 함께 얻었음을 말한 것일 뿐이요 병이 된다는 뜻이 있음을 볼 수 없습니다.

두 가지가 섞이는 데도 이를 다스리지 못함에 이르러 비로소 병을 말한 것이니, 이에 "더욱 위태로워지고 더욱 은미해진다."라고 한 것은 또한 '병이 되어 더욱 위독해진다'고 말한 것이 아니고, '사람이 기품(氣稟)이 본래 약한데 질병이 있으면 기(氣)가 더욱 약해진다'고 말한 것

74 중용의……이르기까지 : 이 내용은 《중용장구》 서문 중의 "마음의 허령(虛靈)과 지각(知覺)은 하나일 뿐인데 인심과 도심의 다름이 있다고 한 것은 혹은 형기(形氣)의 사사로움에서 나오고 혹은 성명(性命)의 올바름에서 근원하여 지각으로 삼은 것이 똑같지 않기 때문이다. 이 때문에 혹은 위태로워 편안하지 못하고 혹은 미묘하여 보기가 어렵다. 그러나 사람은 이 형체(形體)를 가지고 있지 않은 이가 없으므로 비록 상지(上智)라도 인심이 없지 못하고, 또한 이 성(性)을 가지고 있지 않은 이가 없으므로 비록 하우(下愚)라도 도심이 없지 않다."라는 대목을 가리킨다. 이 서문은 주자가 지었다.

과 같을 뿐입니다. 본래 기품이 약한 것은 병이 아닙니다. 위태로운 것이 편안하게 되고 은미한 것이 드러나게 된다는 구절에 이르러서는 또한 병이 나았다고 말한 것이 아니고 사람의 기품이 본래 약한데 잘 수양하면 질병이 없어져서 기가 본래 약한 자가 이에 강하고 튼튼해진다고 말하는 것과 같을 뿐이니, 그렇다면 위태롭고 은미함이 체단이 되는 것을 의심할 것이 없을 듯합니다.

〈차의〉 "혹은 형기의 사사로움에서 나오고 혹은 성명의 올바름에 근원한다.〔或生於形氣之私 或原於性命之正〕"라고 하였는데, 원(原)은 곧바로 나온다는 말이고 생(生)은 곁에서 나온다는 뜻입니다. 인심이 발동할 즈음에 혹 나오고 혹 근원하는 차이가 있는 것이요,-이 인심은 사람의 마음을 범연(泛然)히 말한 것이고 도심과 상대되는 인심을 말한 것이 아닙니다.- 미발(未發)의 전(前)에 두 종류의 묘맥(苗脈)이 있는 것은 아닙니다.
논 '원'과 '생'의 두 가지 뜻을 잘 보았고, 결론이 지극히 옳습니다.

〈차의〉 동양 허씨(東陽許氏)가 말하기를 "하고자 하는 것이 발하여 옳으면 도에 합하여 도심의 용이 된다.〔所欲者發而正 則合乎道而爲道心之用〕"라고 하였는데,[75] 이 설은 옳지 않을 듯합니다. 인심과 도심은 성명(性命)과 형기(形氣)의 공변됨과 사사로움을 가지고 이미 양쪽을

75 동양 허씨(東陽許氏)가……하였는데 : 동양 허씨는 원(元)나라의 학자인 허겸(許謙, 1270~1337)으로 자는 익지(益之), 호는 백운산인(白雲山人)인데, 동양(東陽) 팔화산(八華山)에 은거하여 강학하였기에 이렇게 칭한 것이다. 동양 허씨의 이 말은 《중용장구대전(中庸章句大全)》 〈중용장구서(中庸章句序)〉의 "而以爲有人心道心之異者, 則以其或生於形氣之私, 或原於性命之正."라는 구절의 소주(小註)에 보인다.

상대하여 말한 것이니, 그렇다면 인심이 비록 바름을 십분 얻더라도 형기의 한계 내에서 분리될 수 없으니, 어떻게 갑자기 도심의 용이 되겠습니까. 만약 이 설과 같다면 인심은 오로지 악(惡) 일변(一邊)에 귀결되어 성인(聖人)은 바로 인심이 없을 것인데, 어찌 "비록 상지(上智)라도 인심이 없지 못하다."라고 말했겠습니까. 율곡의 〈인심도심설〉에 또한 이와 같은 설이 있으니, 매우 의심할 만합니다.

논 도심이 있어 인심이 도심에 의해 절제(節制)되면 인심이 모두 도심인 것은 바로 주자의 설이니, 비단 율곡의 설만이 그런 것은 아닙니다. 이는 비록 인심이 발했으나 능히 도리(道理)에 합하면 바로 도심이니, 마치 굶주리면 먹을 것을 생각하고 추우면 옷 입을 것을 생각하나 마땅히 먹을 만하면 먹고 마땅히 입을 만하면 입는 것과 같은 것이 이것입니다.

비록 도심이 발하였으나 기(氣)에 가린 바가 되어 곧바로 수행(遂行)하지 못하면 바로 인심이니, 마치 측은지심(惻隱之心)과 수오지심(羞惡之心) 중에 절도에 맞지 않는 것이 있는 것이, 이것입니다. 그렇다면 한 마음의 용(用)에 비록 형기와 성명의 다름이 있으나, 실은 두 가지가 서로 시종(始終)이 됨을 알 수가 있습니다. 만약 한계(限界)에 구애(拘礙)되어 인심과 도심이 칼로 잘라낸 것처럼 서로 받아들이지 않는다고 여긴다면, 이는 참으로 두 개의 마음이 있는 것입니다.

또 인심이 도리(道理)에 합하는 것이 끝내 도심이 될 수 없다면 도심이 기(氣)에 가린 바가 되어 곧바로 이루지 못한 것, 즉 측은지심(惻隱之心)과 수오지심(羞惡之心) 중에 절도에 맞지 않는 것과 같은 것을 끝내 도심이라고 부를 수 있겠습니까. 이는 막힘이 있을 듯합니다.

성인(聖人)의 인심은 진실로 모두 도리에 합하여 순전한 도심입니다. 그러나 처음 발하는 것으로부터 말하면 실로 인심이 있으며 하우(下愚)의 도심 또한 처음 발하는 것으로부터 말한 것입니다.

〈차의〉《중용》 서문 중의 허령(虛靈)과 지각(知覺)은 체와 용으로 나누어 말한 것입니다. 아래에 인심과 도심의 경계가 나뉘는 곳을 가리킬 적에 지각(知覺) 하나만을 말하였으니,[76] 그 뜻을 더욱 잘 볼 수 있습니다.

논 이는 아마도 정물재(程勿齋)[77]의 설을 위주로 하여 말한 것인 듯한데, 저는 옳지 않다고 여깁니다. 허령 아래의 지각은 체이지 용이 아닙니다. 이른바 허령은 바로 지각이 지극히 밝음을 형용한 것이니, 허령이 체가 되고 지각이 용이 되는 것이 아닙니다. 이 지각을 만약 용이라고 본다면 용이 둘이 되니, 어찌 서문에 "하나일 뿐이다.〔一而已矣〕"라고 말했겠습니까. 주자가 말한 지각이 매양 통체(統體)에 있는데 어찌 유독 여기의 지각에서만 편향되게 용이라고 말했겠습니까. 그 아랫글의 인심과 도심의 경계가 나뉘는 곳의 지각이 바로 용을 말한 것이니, 이 때문에 '소이위(所以爲)' 세 글자가 있는 것입니다.[78] '소이위' 세

76 아래에……말하였으니 : 《중용》 서문 중의 "혹은 형기(形氣)의 사사로움에서 나오고 혹은 성명(性命)의 올바름에서 근원하여 지각(知覺)으로 삼은 것이 똑같지 않기 때문이다."라고 말한 대목을 가리킨다.

77 정물재(程勿齋) : 남송의 학자인 정약용(程若庸)으로 물재는 그의 호이다. 자는 달원(達原)으로 주자의 제자인 쌍봉(雙峰) 요로(饒魯)와 의재(毅齋) 심귀보(沈貴珤)에게 주자의 학문을 전수받았다. 저서에 《성리자훈강의(性理字訓講義)》 100편이 있다.

78 그……것입니다 : 아랫글은 《중용》 서문 중의 "마음의 허령(虛靈)과 지각(知覺)은 하나일 뿐인데 인심(人心)과 도심(道心)의 다름이 있다고 한 것은 혹 인심은 형기(形

글자를 마땅히 유의하여야 하니, 그러므로 저는 위아래의 지각을 체와 용으로 나누어 보는 것인데, 어쩔지 모르겠습니다.

〈차의〉 비(費)는 사단(四端)과 오전(五典)의 달도(達道)요, 그 소이연(所以然)은 바로 은(隱)입니다.[79] 그러므로 《중용장구》에서는 중(中)·화(和)와 비·은을 모두 도(道)의 체와 용으로 해석하였습니다. 그러나 중과 화는 공부의 차례를 위주로 하여 말한 것이고 비와 은은 도의 체단(體段)의 발명(發明)을 위주로 하여 말한 것입니다.

논 본지(本旨)를 얻은 듯한데, '공부의 차례를 위주로 했다'는 말은 '성(性)과 정(情)의 덕(德)을 위주로 했다'는 말만 못합니다.

氣)의 사사로움에서 나오고 혹 도심은 성명(性命)의 올바름에서 근원하여, 지각으로 삼은 것〔所以爲知覺者〕이 똑같지 않기 때문이다."라는 구절을 이른다. '소이위(所以爲)'는 이 구절의 '소이위지각자(所以爲知覺者)'의 '소이위'를 가리킨 것이다.

79 비(費)는……은(隱)입니다 : 이 내용은 《중용》 제12장의 "군자의 도는 비하고 은하다.〔君子之道, 費而隱.〕"라는 구절에 대해 말한 것이다. 사단(四端)은 인(仁)·의(義)·예(禮)·지(智)의 단서인 측은지심(惻隱之心)·수오지심(羞惡之心)·사양지심(辭讓之心)·시비지심(是非之心)을 이르고, 오전(五典)은 고대의 다섯 가지 윤리 도덕인 오상(五常)으로 부자유친(父子有親)·군신유의(君臣有義)·부부유별(夫婦有別)·장유유서(長幼有序)·붕우유신(朋友有信)을 가리키는데, 이는 《서경집전(書經集傳)》 〈순전(舜典)〉에 보인다. 달도(達道)는 사람이면 누구나 공통적으로 행하는 도를 말하는데, 주자는 《중용장구》에서 "달도는 성(性)을 따름을 이른 것으로 천하와 고금에 함께 행하는 것이니, 도(道)의 용(用)이다."라고 풀이하였다. 소이연(所以然)은 성리학에서 사물의 존재 근거로 말하는 이(理)인바, 소당연(所當然)이 나오게 되는 소이(所以)인 원리(原理)로, 인(仁)·의(義)·예(禮)·지(智)·신(信)의 오성(五性)과 태극(太極)·천도(天道) 등을 이르며 소당연은 사람이 마땅히 행해야 할 도리로 충(忠)·효(孝)나 오륜(五倫) 등의 윤리 도덕을 이른다.

〈차의〉 도(道)의 큼을 알지 못하면 자잘함〔瑣〕에 구애되기 때문에 절목이 자질구레하여 진보(進步)가 없고, 도의 작음을 알지 못하면 막막하고 혼돈되어 세밀한 공부가 부족하게 됩니다. 자사(子思)는 반드시 큰 것과 작은 것을 나누어 말하여 과불급(過不及)의 폐단을 구제하였습니다. 주자가 《장구》에서 누누이 제기(提起)하셨으니, 마땅히 눈여겨보아야 합니다.

논 《중용》은 본래 도(道)가 전해지지 못함을 근심하여 지으신 것이니, 그렇다면 그 우려(憂慮)가 또한 여기에 이를 듯합니다.

〈차의〉 "어찌 독실하게 하지 않겠는가.〔胡不慥慥〕"의 군자는, 바로 위의 "나 공구(孔丘)는 그중에 한 가지도 능하지 못하다.〔丘未能一焉〕" 라는 문장의 군자입니다. 처음부터 끝까지 모두 찬탄하는 말씀이니, '조조(慥慥)'를 만약 '타이르고 경계하는〔勉戒〕' 말로 본다면 어세(語勢)가 돌올(突兀)할 듯합니다.[80]

논 찬탄하는 중에 타이르고 경계하는 말씀이 있음을 아울러 보는 것이 더욱 좋을 듯합니다.

〈차의〉 '덕은 성인이 되시고〔德爲聖人〕' 이하[81]는 효를 행하는 공효(功

80 조조(慥慥)를……듯합니다 : 이 내용은 《중용》 제13장에 대한 해설이다. 조조는 독실하다는 의미이고 여기의 돌올(突兀)은 갑작스럽다는 의미이다.

81 덕은……이하 : 이 내용은 《중용》 제17장의 "순(舜)임금은 대효(大孝)이실 것이다. 덕(德)은 성인이 되시고〔德爲聖人〕 존귀함은 천자(天子)가 되시고 부(富)는 사해(四海)의 안을 소유하시어 종묘(宗廟)의 제사를 흠향하시며 자손을 보전하셨다."라는 구절의 '덕위성인(德爲聖人)' 이하를 가리킨다.

效)를 가리킨 것이 아니고 모두 효 가운데의 일입니다.

논 공효를 겸하여 보더라도 무방할 듯합니다.

〈차의〉 '성자자성(誠者自成)'[82]이라는 구절의 '자(自)' 자는 '자연(自然)'의 '자' 자가 아니요 남에게 의지하지 않는다는 뜻입니다.

논 삼연(三淵)[83] 어른이 일찍이 여기의 위아래 '자(自)' 자를 모두 자기(自己)의 '자'라고 하였는데, 이송암(李松巖)[84]은 이를 따르려 하지 않아서 《중용장구》의 소이(所以), 소당(所當)의 글자[85]를 근거로 하여, 위의 '자' 자는 자연(自然)의 자로, 아래의 '자' 자는 자기(自己)의 자라고 하였는데, 어느 설이 옳은지는 알지 못하겠습니다.

〈차의〉 《중용》 제26장의 제4절과 제5절은 체와 용의 다름을 볼 수가

82 성자자성(誠者自成) : 성(誠)은 스스로 이루어지는 것이라는 의미로 《중용》 제25장 첫 번째 문장에 보인다.

83 삼연(三淵) : 김창흡(金昌翕, 1653~1722)으로 삼연은 그의 호이고 자는 자익(子益), 본관은 안동이다. 청음(淸陰) 김상헌(金尙憲)의 증손자로, 형 농암(農巖) 김창협(金昌協)과 함께 성리학과 문장으로 명성이 높았다. 기사환국 때 아버지 영의정 문곡(文谷) 김수항(金壽恒)이 사약을 받고 죽자, 벼슬에 나아가지 않고 은거하였다.

84 이송암(李松巖) : 이재형(李載亨, 1665~1741)으로 송암은 그의 호이고 자는 가회(嘉會), 본관은 전주(全州)이다. 함경도 경성(鏡城) 태생으로 이 지방 평사(評事)로 부임했던 김창협(金昌協)에게 수학하였다. 1716년(숙종42) 김창집의 천거로 남부 참봉이 된 후 여러 관직을 역임하였다.

85 중용장구의……글자 : 이 내용은 《중용장구》 제25장에 "성(誠)은 물건이 '스스로 이루어지는 것〔所以自成〕'이요, 도(道)는 사람이 '마땅히 스스로 행하여야 함〔所當自行〕'을 말씀한 것이다."라고 보인다.

없는데, 《장구》에서 체와 용으로 나누었습니다.[86] 삼가 헤아려 보건대, 재물(載物)·부물(覆物)·성물(成物)은 물(物)에 응하는 공효(功效)를 가리켜 말한 것이기 때문에 용이 되고, 배지(配地)·배천(配天)·무강(無疆)은 자신에게 있기 때문에 체가 되는 것이 아니겠습니까?

논 '물(物)' 자와 '배(配)' 자를 가지고 저작(詛嚼 깊이 연구)하여 나온 의사(意思)입니다.

〈차의〉 운봉(雲峰)의 설에 "육합(六合)에 가득하다.……체와 용이 구비되었다.〔彌六合……體用備焉〕"라고 한 것에 대하여[87]

○'이를 풀어 놓으면〔放之〕'과 '거두어들이면〔卷之〕'은 《중용》 책을 가리켜 말한 것인데, 호씨는 마음의 체와 용으로 말하였으니, 본지(本

86 중용……나누었습니다 : 《중용》 제26장 제4절의 경문(經文)에 "박후(博厚)는 '물건을 실어 주는 것〔載物〕'이요, 고명(高明)은 '물건을 덮어 주는 것〔覆物〕'이요, 유구(悠久)는 '물건을 이루어 주는 것〔成物〕'이다."라고 하였는데 《장구》에 "유구는 바로 유원(悠遠)이니, 내와 외를 겸하여 말한 것이다. 본래는 유원으로써 고명과 박후를 이루고, 고명하고 박후하면 또 유구하게 되니, 이는 성인이 천지와 더불어 용(用)이 같음을 말씀한 것이다."라고 하였고, 제5절의 경문(經文)에 "박후(博厚)는 '땅을 배합〔配地〕'하고, 고명(高明)은 '하늘을 배합〔配天〕'하고, 유구(悠久)는 '다함이 없다.〔無疆〕'"라고 하였는데, 《장구》에 "이는 성인(聖人)이 천지와 더불어 체(體)가 같음을 말씀한 것이다."라고 하였으므로 이렇게 말한 것이다.

87 운봉(雲峰)의……대하여 : 운봉은 원(元)대의 학자 호병문(胡炳文, 1250~1333)의 호로, 자는 중호(仲虎)이다. 가학(家學)을 돈독히 익히고 주자학에 잠심하였는데, 특히 《주역》에 뛰어난 실력을 보였다. 운봉의 설은 《중용장구(中庸章句大全)》 제1장 바로 위 모두(冒頭)의 "而有得焉, 則終身用之, 有不能盡者矣."라는 구절의 밑에 달린 소주에 보인다.

旨)를 잃은 듯합니다.

논 호씨 또한 방지(放之), 권지(卷之)가 책을 가리켜 한 말인지 몰랐던 것은 아니고, 이 '방' 자와 '권' 자를 가지고 마음 위의 체와 용의 설로 만든 것인데, 이는 끝내 견강부회(牽强附會)가 될 듯합니다.

〈차의〉 진북계(陳北溪)의 설에 "천은 진실로 상천의 천이니, 요약하면 바로 이(理)이다.〔天固上天之天 要之卽理也〕"라고 한 것에 대하여[88]
○하늘의 주재(主宰)를 일러 상제(上帝)라 하고 하늘의 이(理)를 일러 건(乾)이라 하니, 여기의 천(天) 자가 이(理)를 말하는 것이라면 명령(命令)에 완전히 부합하는 말은 아닌 듯합니다.[89]

논 이 말씀은, 미리 서로 의논한 것도 아닌데 저의 생각과 똑같습니다. 저는 일찍이 다른 사람들과 논변할 적에 이것으로 저의 설을 삼았습니다.

〈차의〉 허동양(許東陽)의 설에 "기(氣)가 막힌 것은 물건이 되어 또한

88 진북계(陳北溪)의……대하여 : 진북계는 주자의 고제(高弟)인 진순(陳淳, 1159~1223)으로 북계는 그의 호이고 자는 안경(安卿), 시호는 문안(文安)이다. 주자가 "남쪽으로 내려온 이래 나의 도는 진순이 얻었다."고 말할 정도로 깊이 신임하였다. 진북계의 설은 《중용장구대전》 제1장 "天以陰陽五行, 化生萬物, 氣以成形而理亦賦焉, 猶命令也. 於是, 人物之生, 因各得其所賦之理, 以爲健順五常之德, 所謂性也."라는 구절의 밑에 달린 소주에 보인다.

89 명령(命令)에……듯합니다 : 명령은 '하늘이 명령하신 것을 성이라 이른다.〔天命之謂性〕'의 명령을 가리킨다. 여기의 하늘은 상제(上帝)를 가리킨 것인데 만약 이 하늘을 이(理)를 가리켜 말한 것이라 한다면 이(理)는 작용이 없어 명령할 수가 없으므로 이렇게 말한 것이다.

물의 이(理)를 얻는다.〔氣塞者爲物 亦得物之理〕"라고 한 것에 대하여[90]

○허씨는 사람과 물건의 이(理)가 '같지 않다〔不同〕'고 하였는데, 이른바 '부동(不同)'이라는 것은 '편벽됨과 온전함〔偏全〕'을 가리킨 것입니다. 소주의 이 글 위에 있는 주자 설의 여섯 번째 조항에 이른바 "성은 단지 원두로부터 말한 것이니, 만물은 모두 동일한 원두일 뿐이다.〔性只是從源頭說 萬物同一箇源頭〕"라고 말씀한 것[91]과는 같지 않습니다. 동일한 원두라면 어찌 편전(偏全)이 있을 이치가 있겠습니까.

만약 "기가 통하는 것은 사람이 되어 이(理)를 따라 온전해지고 기가 막힌 것은 물건이 되어 이(理)를 따라 편벽된다. 그러나 발현(發見)된 것에는 편전의 차이가 있으나, 품부(稟賦)받은 본연(本然)에 근원하면 일찍이 차이가 있은 적이 없다."라고 말한다면 거의 빈틈이 없을 듯합니다. 대저 기의 통함과 막힘, 순수함과 잡박함 때문에 편전(偏全)과 선악(善惡)이 있게 되는데, 지금 사람과 물건의 편전을 가지고 품부받은 본연(本然)이라고 한다면, 사람의 선악 또한 절로 품부받은 본연으로 돌아가니, 옳겠습니까.

논 논하신 바가 매우 좋고, '지금 사람과' 아래의 말은 더욱 분명합니다.

90 허동양(許東陽)의……대하여 : 허동양의 설은 영락대전본《중용장구》제1장 "天以陰陽五行, 化生萬物, 氣以成形而理亦賦焉, 猶命令也. 於是, 人物之生, 因各得其所賦之理, 以爲健順五常之德, 所謂性也."라는 구절의 밑에 달린 소주에 보인다. 허동양은 원(元)나라의 학자인 허겸(許謙, 1270~1337)으로 자세한 내용은 275쪽 주75 참조.

91 주자……것 : 주자의 설은《중용장구대전》제1장 "天以陰陽五行, 化生萬物, 氣以成形而理亦賦焉, 猶命令也. 於是, 人物之生, 因各得其所賦之理, 以爲健順五常之德, 所謂性也."라는 구절의 바로 밑에 달린 소주에 보인다. 주자 설 여섯 번째 조항이란, 제1장 첫 번째 구절의 경문(經文) 밑에 달린 주자의 모든 소주 중 여섯 번째 소주라는 의미이다.

〈차의〉 북계 진씨의 설에 "모두가 이 빗물이다.〔皆此雨水〕"라고 한 것에 대하여[92]

○성(性)은 비유하면 호수와 같고 도(道)는 비유하면 호수가 흘러 나가는 것과 같습니다. 지금 허다한 호수가 있는데, 그 크기는 모두 같으나 그 흐름은 지형(地形)의 넓고 좁음과 크고 작음에 따라 각자 똑같지 않습니다. 사람들이 그 지형의 넓고 좁고 크고 작은 것의 다름을 보고 이 호수는 혹 크고 혹 작다고 이르니, 어찌 정견(定見)이 될 수 있겠습니까.

논 진씨 말의 병통은 '소득지우(所得之雨)'의 득(得) 자에 있습니다. 고명(高明)이 논한 호수의 설은 참으로 좋은 비유입니다.

〈차의〉 운봉이 말한 "성(性)대로 따르는 도를 인하여 품절하는 것이 시중이 된다.〔因率性之道而品節之爲時中〕"에 대하여[93]

○도(道)가 바로 시중(時中)이니, 어찌 품절하기를 기다린 뒤에 도가 되겠습니까.

논 '품절지(品節之)' 세 글자를, 수도지교(修道之敎)라고 말하는 것은 괜찮지마는, 시중이라고 말하는 것은 불가합니다.

92 북계 진씨의……대하여 : 진씨의 설은 《중용장구대전》 제1장 "人物, 各循其性之自然, 則其日用事物之間, 莫不各有當行之路, 是則所謂道也."라는 구절의 밑에 달린 소주에 보인다.

93 운봉이……대하여 : 운봉의 말은 《중용장구대전》 제1장 "故子思於此, 首發明之, 而董子所謂道之大原出於天, 亦此意也."라는 구절의 밑에 달린 소주에 보인다. 품절(品節)은 등급을 정해서 차례로 절제(節制)해 나감을 이르고 시중(時中)은 때에 따라 중(中)에 맞게 함을 이른다.

〈차의〉 주자의 설에 "보지 않고 듣지 않을 때가 바로 희·노·애·락이 발하기 이전의 경계이다.〔不睹不聞之時 便是喜怒哀樂未發處〕"라고 한 것에 대하여[94]

○보지 않고 듣지 않을 때가 참으로 미발(未發)의 경계이나, 보통 사람들은 보지 않고 듣지 않더라도 사이에 혼매(昏昧)한 때가 있으니, 보지 않고 듣지 않는다고 하여 한결같이 미발이라고 말할 수 없습니다. 알지 못하겠습니다. 주자의 이 말씀은 대본(大本)을 확립한 사람을 가리켜 말한 것이 아니겠습니까?

논 '변시(便是)' 두 글자는 곧바로 미발을 가리켜 말한 것이 아닙니다. '처(處)' 자 또한 경계(境界)라고 말한 것과 같을 뿐입니다.

〈차의〉 주자의 설에 "이 미발인 것이 바로 항상 있으니, 어찌 발하겠는가.〔這箇未發底便常在 何曾發〕"라고 한 것에 대하여[95]

○성인(聖人)은 반드시 미발을 귀하게 여기는 것이 아니요, 항상 그 발함을 멋대로 나오지 못하도록 막는 것입니다. 이에 바로 항상 미발에 있으니, 어찌 발하겠습니까.

논 이 말을 활간(活看)한다면 마땅히 의심하지 않을 것입니다. 마땅히 발해야 할 것은 발하지만 마땅히 발하지 말아야 할 것이 발한다면 또한 잘못된 것입니다. 그러므로 "어찌 발하겠는가."라고 말한 것은

94 주자의……대하여 : 주자의 설은《중용장구대전》제1장 "而不使離於須臾之頃也." 라는 구절의 밑에 달린 소주에 보인다.

95 주자의……대하여 : 주자의 설은《중용장구대전》제1장 "而不使離於須臾之頃也." 라는 구절의 밑에 달린 소주에 보인다.

이를 경계한 것입니다. 마땅히 발하지 말아야 할 것이 발한 것은, 예컨대 보통 사람들의 눈과 귀가 보지 않고 듣지 않을 적에 마음속에 사려(思慮)가 있는 것과 같은 것입니다.

〈차의〉 진서산(眞西山)이 "《대학》의 공구는 포외이다.〔《大學》恐懼怖畏〕"라고 한 것에 대하여[96]
○《중용》과 《대학》의 '구(懼)' 자는 뜻이 같지 않습니다. 《대학》의 '구' 자는 칠정(七情)의 하나이고 《중용》의 '구' 자는 '경(敬)' 자의 뜻입니다. 포외라고 말한 것은 완전히 본지(本旨)를 잃은 것입니다.
논 포는 '무서워하다〔怯〕'의 뜻이니, 진씨의 설은 잘못인 듯합니다.

〈차의〉 반삼산(潘三山)의 설에 "어두운 가운데에……자각하지 못하는 것이 있다.〔幽暗之中……不自覺者〕"라고 한 것에 대하여[97]
○사람들이 은미한 곳은 어둡고 드러나지 않는다고 여깁니다. 그러므로 말하기를 "은(隱 숨겨진 곳)보다 드러남이 없으며 미(微 드러나지 않는 작은 일)보다 나타남이 없다."라고 하여, 자신이 홀로 아는 바가 사람들

96 진서산(眞西山)이……대하여 : 진서산은 중국 남송(南宋)의 유학자인 진덕수(眞德秀, 1178~1235)로 서산은 그의 호이며, 자는 경원(景元)이다. 영종(寧宗) 경원(慶元) 5년(1199)에 진사로 출사하여 벼슬이 참지정사(參知政事)에 이르렀으며, 저서에는 《대학연의(大學衍義)》·《심경(心經)》 등이 있다. 진서산의 말은 《중용장구대전》 제1장 "而不使離於須臾之頃也."라는 구절의 밑에 달린 소주에 보인다.

97 반삼산(潘三山)의……대하여 : 반삼산은 남송의 학자인 반병(潘柄)으로 자가 겸지(謙之)이다. 주희의 문인으로, 세상에서는 과산 선생(瓜山先生)이라고 칭한다. 반삼산의 설은 《중용장구대전》 제1장 "人雖不知, 而己獨知之, 則是天下之事無有著見明顯而過於此者."라는 구절의 밑에 달린 소주에 보인다.

이 함께 아는 것과 다르지 않다고 밝힌 것입니다. 반씨의 설은 옳지 않습니다.

논 반씨의 설 중에 "시비와 선악이 모두 이 마음의 영험(靈驗)에서 벗어날 수 없다."라고 한 것은, 자신이 홀로 아는 바가 사람들이 함께 아는 것과 다르지 않음을 바로 말한 것입니다. 그리고 '그 발한 바가 이미 오래이고〔其發旣遠〕'라는 구절 이하에 있어서는, 이는 신독(愼獨)하지 못하는 해로움을 말한 것으로 추정(推定)하여 말한 곳이고, 현현(見顯)[98]에 대해 바로 해석한 것이 아닙니다. 굳이 깊이 배척할 것이 없을 듯한데, 어떻게 생각하십니까?

〈차의〉 주자의 설에 "계구는 미연에 방지함이니……그 기미를 살핀다.〔戒懼防之於未然……以審其幾〕"라고 한 것에 대하여[99]

○계구(戒懼)는 진실로 통체(統體 전체(全體))의 공부이지만 계구로부터 '중(中)'을 지극히 하고 근독(謹獨)으로부터 화(和)를 지극히 하니, 그렇다면 상대되어 동(動)과 정(靜)의 공부가 됩니다. 그러므로 이 조항과 제7조항, 제9조항은 계구와 신독(愼獨)을 나누어 동과 정으로 말한 것입니다.

논 논하신 바가 진실로 옳은데, 주자의 이 설을 가지고 인하여 계구를 동과 정을 통틀어 보아서는 안 된다고 하는 자가 있다면 이는 잘못

98 현현(見顯) : "숨겨진 곳보다 드러남이 없으며 드러나지 않는 작은 일보다 나타남이 없다.〔莫見乎隱, 莫顯乎微.〕"는 말을 줄여 쓴 것이다.

99 주자의……대하여 : 주자의 설은 《중용장구대전》 제1장 "以至離道之遠也."라는 구절의 밑에 달린 소주에 보인다.

입니다.

〈차의〉 호운봉(胡雲峰)의 설에 "부도불문 네 글자는 바로 수유 두 글자를 해석한 것이다.〔不睹不聞四字 正是釋須臾二字〕"라고 한 것에 대하여[100]

○계구(戒懼) 공부는 보고 듣는 것으로부터 '보지 않고 듣지 않는 것〔不睹不聞'〕에 이릅니다. 그러므로 잠시〔須臾〕도 떠날 수 없다는 뜻을 자연히 갖추게 된 것이요, '부도불문(不睹不聞)'을 가지고 수유(須臾) 두 글자를 해석한 것이 아닙니다.

논 채허재(蔡虛齋)[101]가 이미 운봉의 설은 너무 얽매인 것이라고 말했습니다.

〈차의〉 잠실 진씨(潛室陳氏)가 "미발 때에도 다시 분별이 있습니까?〔未發時 還有分別否〕"라는 질문에 답한 것에 대하여[102]

100 호운봉(胡雲峰)의……대하여 : 호운봉 설은 《중용장구대전》 제1장 "以至離道之遠也."라는 구절의 밑에 달린 소주에 보인다.

101 채허재(蔡虛齋) : 명나라의 학자인 채청(蔡淸, 1443~1508)으로 허재는 그의 호이며, 자는 개부(介夫)이다. 1470년(헌종(憲宗) 성화(成化)6) 진사시에 급제하여 관직 생활을 하다가 고향으로 돌아와 학문에 전념하였다.

102 잠실 진씨(潛室陳氏)가……대하여 : 잠실 진씨는 남송의 학자이자 주자의 제자인 진식(陳埴)으로, 자는 기지(器之) 호는 목종(木鍾)이다. 여기의 질문과 잠실 진씨의 대답은, 《중용장구대전》제1장 "以明道不可離之意."라는 구절의 밑에 달린 소주에 보인다. 잠실 진씨의 대답은 아래와 같다. "이미 미발(未發)이라면 나눌 만한 어떤 물건이 있겠습니까. 다만 혼연한 이(理)가 이 가운데에 있어서 일찍이 치우쳐 붙은 적이 없습니다."

○보통 사람들이 외물(外物)에 응하지 않을 때, 비록 어둡고 산란(散亂)하더라도 사려(思慮)가 싹트지 않았다면 미발이라고 말할 수 있을 듯합니다. 그렇다면 미발 또한 두 가지 양태(樣態)가 있는 것입니다. 다만 세세하게 미루어 보면 이때는 비록 사려가 없으나 본래 칠정(七情)이 멋대로 흐른 나머지입니다. 이것을 물에 비유해보건대, 풍파(風波)가 잠깐 멈추더라도 흙탕이 여전히 탁하면, 물결이 없는 물이라고 말할 수 없는 것과 같습니다. 그러므로 미발의 때에 분별이 없습니다.

논 미발을 범연히 논하면 진실로 두 가지 양태가 있지만 만약 자사자(子思子)의 미발[103]을 말한다면 미발은 단지 중(中)이요, 중에는 우열(優劣)이 없으니, 어찌 분별이 있겠습니까. 주자의 이러한 말씀 속에 어찌 어둡고 밝음이 있겠습니까. 다만 다른 곳에서 말한 미발에 대한 말을 다시 살펴본다면 알 수 있습니다.

〈차의〉 삼산 반씨(三山潘氏)가 말한 "군자는 존양(存養)과 성찰(省察)을 지극히 한다.……중용과 서로 반대가 된다.〔君子致存養省察中庸章句大全……中庸相反〕"에 대하여[104]

103 자사자(子思子)의 미발 : 《중용》에서 말한 미발을 가리킨다. 자사자는 자사에 대한 존칭인바, 자사는 공자의 손자인 공급(孔伋)의 자(字)이다. 자사가 《중용》의 저자로 알려져 있으므로 이렇게 말한 것이다.

104 삼산 반씨(三山潘氏)가……대하여 : 삼산 반씨는 남송의 학자이자 주자의 제자인 반병(潘柄)으로 자는 겸지(謙之), 호는 과산선생(瓜山先生)이다. 반씨의 말은 《중용장구대전》 제2장 "君子知其在我, 故能戒謹不覩, 恐懼不聞, 而無時不中, 小人不知有此, 則肆欲妄行而無所忌憚矣."라는 구절의 밑에 달린 소주에 보인다. 존양(存養)은 '마음을 보존하여, 성을 기른다.〔存心養性〕'는 뜻으로 미발의 공부이며, 성찰은 '자신의 사욕을 살핀다.'는 뜻으로 이발의 공부이다.

○경문(經文)의 '기탄이 없음〔無忌憚〕'은 '때에 따라 중에 맞게 함〔時中〕'과 서로 대(對)가 되니, 바로 '중용과 반대로 함〔反中庸〕'인데, 반씨는 '무기탄(無忌憚)'을 '계구(戒懼)'의 대(對)로 삼아 반중용의 연유(緣由)로 보았으니, 본지(本旨)를 조금 잃었습니다.[105]

논 반씨의 설은 과연 《장구》와 뜻이 같지 않은데, 《중용혹문(中庸或問)》에서 말한 것이 또한 이 설과 같으니, 마땅히 다시 고찰해 보아야 합니다.

〈차의〉 황씨(黃氏)가 말한 "덕행은 사람마다 같지 않다.〔德行人人不同〕"에 대하여[106]

○기질(氣質)을 가지고 말하면 성정(性情) 또한 각각 같지 않고 성덕(成德)으로 말하면 덕행(德行) 또한 본래 일반(一般)입니다.

논 논하신 바가 면재(勉齋)의 말과 본래 각각 하나의 설이 되는데, 본문에서 성정(性情)과 덕행(德行)을 말한 것[107]은 그 바름〔正〕에 있

105 경문(經文)의……잃었습니다 : 《중용》의 경문에 "군자가 중용을 함은 군자이면서 '때에 따라 중에 맞게 하기〔時中〕' 때문이요, 소인이 중용에 반대로 함은 소인이면서 '기탄이 없기〔無忌憚〕' 때문이다."라고 하였는데, 소주에서 반씨는 "군자는 존양(存養)과 성찰(省察)의 공부를 지극히 한다. 이 때문에 때에 따라 중에 맞지 않음이 없고 소인은 제멋대로 하여 기탄함이 없다. 이 때문에 중용과 서로 반대가 된다."라고 하였기 때문에 이렇게 말한 것이다.

106 황씨(黃氏)가……대하여 : 황씨는 남송의 학자인 황간(黃榦, 1152~1221)으로 자는 직경(直卿), 호는 면재(勉齋)이다. 주자와 유청지(劉淸之)에게 수학하였는데, 주자가 그의 능력을 인정하여 학문을 전수하고 사위로 삼았다. 백록동서원(白鹿洞書院)에서 강학(講學)하였다. 황씨의 말은 《중용장구대전》 제2장 장하주(章下註) 밑에 달린 소주에 보인다.

어 면재의 말보다 못합니다.

〈차의〉 주자가 말씀한 '화는 바로 쉽게 흐르는 것〔和便易流〕'이란 것과 '가운데에 서서 치우치지 않는 것〔中立而不倚〕'이란 것에 대하여[108]

○'지(只)' 자를 말하고 '능(能)' 자를 말하지 않은 것은, 말이 분명히 편벽된 부분입니다.[109]

논 주자의 이 설도 곧바로 백이(伯夷)와 유하혜(柳下惠)를 중용(中庸)이라고 허여한 것은 아닙니다.

〈차의〉 요쌍봉(饒雙峰)이 말한 "이미 군자는 중용을 따른다고 말하고,……스스로 성인으로 여기는 마음이 있은 적이 없다.〔旣曰君子……自聖之心也〕"에 대하여[110]

107 본문에서……것 : 이 내용은 《중용장구》제2장 장하주(章下註)에 인용된 유작(游酢)의 설이다. 장하주에 "화(和)를 바꾸어 용(庸)이라고 말한 것은, 유작이 '성정(性情)으로써 말하면 중화(中和)라 하고 덕행(德行)으로써 말하면 중용(中庸)이라 한다.' 하였다."라고 보인다.

108 주자가……대하여 : 주자의 이 말은 《중용장구대전》 제10장 "夫子以是告子路者, 所以抑其血氣之剛, 而進之以德義之勇也."라는 구절의 밑에 달린 소주에 보인다.

109 지(只)……부분입니다 : 주자의 소주의 내용은 아래와 같은데 여기의 말은 마지막 구절을 가리킨 것으로 보인다. "묻기를 '화하나 흐르지 않음과 중립(中立)하여 치우치지 않음은, 백이와 유하혜(柳下惠)가 바로 이와 같습니까?' 하니, '옳다.'라고 답하였다. 묻기를 '유하혜가 화하나 흐르지 않음은 매우 분명하나, 백이(伯夷)는 어떤 곳이 중립하여 치우치지 않는 곳입니까?' 하니, 답하기를 '예컨대, 문왕이 노인 봉양을 잘하자 백이가 바로 와서 귀의하였고, 무왕이 주왕(紂王)을 정벌하자 백이는 또 스스로 이를 따르지 않고 떠나갔다. 다만 이것이 바로 백이가 중립하여 치우치지 않은 곳이다.〔只此便是, 他中立不倚處.〕' 하였다."

○'오직 성자만이 이에 능하다.〔惟聖者能之〕'는 것은 위의 '은벽(隱僻)한 것을 찾고 괴이(怪異)한 것을 행함〔索隱行怪〕'과 '중도에 폐지한다.〔半塗廢〕'는 두 구절을 이어받아서 '오직 성인(聖人)이라야 이와 같지 않을 수 있다'고 말한 것입니다. 만약 '중용을 따른다.〔依乎中庸〕'는 것은 사람들이 모두 할 수 있고, '오직 알아주지 않아도 후회하지 않는' 것은 성인만이 능하다고 말한다면, 글의 뜻이 이와 같지 않을 듯합니다.

논 군자는 바로 성인이니, 요씨가 나누어 본 것은 옳지 않습니다. 논하신 바가 마땅합니다.

〈차의〉 주자 설의 제1조항에 "솔개는 날아 하늘에 이르고 물고기는 연못에서 뛰노는 것은 반드시 기가 그렇게 하게 하는 것인가?……이(理)이다.〔鳶飛魚躍 必氣使之然……理也〕"라고 한 것에 대하여[111]

110 요쌍봉(饒雙峰)이……대하여 : 요쌍봉은 남송의 학자 요로(饒魯, 1194~1264)로 쌍봉은 그의 호이다. 자는 백여(伯輿)로 주자의 문인인 황간(黃榦)과 이번(李燔)을 사사하였다. 요쌍봉의 말은 《중용장구대전》 제11장 "聖者能之而已."라는 구절의 밑에 달린 소주에 보이는데, 여기의 글은 문장을 이루지 못한 채 인용되어 의미가 통하지 않기에 일부 보완하여 번역하였다. 전문은 아래와 같다. "쌍봉 요씨가 말하였다. '이미 「군자는 중용을 따른다.」라고 말하였는데, 또다시 「오직 성자(聖者)만이 이에 능하다.」라고 말한 것은 무엇 때문인가? 이는 군자가 중용을 따르는 것에서는 어려움이 됨을 볼 수 없고, 「세상에 은둔하여 인정을 받지 못해도 후회하지 않는」 것이 비로소 어려운 부분이라고 말한 것이다. 그러므로 「오직 성자만이 이에 능하다.」라고 말한 것이다.' 한 것이니, 일찍이 스스로 성인(聖人)으로 여기는 마음이 있은 적이 없으신 것이다."

111 주자 설의……대하여 : 이 내용은 《중용장구대전》 제1장 "子思引此詩, 以明化育流行, 上下昭著, 莫非此理之用, 所謂費也. 然其所以然者, 則非見聞所及, 所謂費也. 然其所以然者, 則非見聞所及, 所謂隱也."라는 구절의 밑에 달린 소주 중의 일부이다.

○이 조목의 문답(問答)은 서로 대치(對値)되지 않으니, 기록한 것이 상세하지 않은 듯합니다. 나는 것과 뛰는 것이 비록 기(氣)이나 바로 도가 있는 곳은 비(費)이고, 나는 소이(所以)와 뛰는 소이는 은(隱)입니다.

논 주자의 이 설을 저 또한 일찍이 의심했었습니다.

〈차의〉 운봉 호씨가 '부부가 집에 거처하는 것〔夫婦居室〕'을 각구태극(各具太極)이라 하고 '성인과 천지도 능히 다할 수 없는 것〔聖人天地所不能盡〕'을 통체태극(統體太極)이라고 하였는데,[112] 이것이 통체와 각구를 조화(造化)로써 말한 것이라면, 이 장에 있어서는 적절하지 못한 듯합니다. 또 조단(造端 단서가 시작됨)을 가지고 진성(盡性 본성을 다함)의 시작이라고 한 것은 잘못인 듯합니다. '조단'은 위 문장을 맺어 작은 것을 말하였고 '밝게 드러남〔察乎〕'은 위 문장을 맺어 큰 것을 말하였는데, 도체(道體)로서 말한 것이지 공부를 말한 것이 아닙니다.

논 하늘과 사람은 똑같은 이(理)입니다. 조화(造化)를 이끌어 인사(人事)를 말함에 조단을 공부로 여겨서는 안 됨을 볼 수가 없으니, 그렇다면 바른 뜻이 아닌 듯합니다.

112 운봉 호씨가……하였는데 : 이 내용은《중용장구대전》제12장 "子思引此詩, 以明化育流行, 上下昭著, 莫非此理之用, 所謂費也. 然其所以然者, 則非見聞所及, 所謂費也. 然其所以然者, 則非見聞所及, 所謂隱也."라는 구절의 밑에 달린 소주에 보이는 운봉 호씨의 말을 정리하여 인용한 것이다. 통체태극(統體太極)은 우주 만물의 근원으로서 만물에 초월하여 그 자체로서 존재하는 태극을 이르며, 만물이 생성된 뒤에 통체태극이 각각의 만물 속에 내재하게 되는데 이를 각구태극(各具太極)이라고 한다. 태극은 이(理)와 같은 말이다.

〈차의〉 주자 설의 제1조항과 제2조항에 대하여[113]

○《중용혹문》에 말한 '부부(夫婦)에게서 단서가 시작된다.〔造端乎夫婦〕'는 것은 가깝고 작은 것을 지극히 하여 말한 것이요 '천지에 밝게 드러난다.〔察乎天地〕'는 것은 멀고 큼을 지극히 하여 말한 것이니 이는 바른 해석이고, 그 아래에 '음탕하게 노는 것을 경계하고〔戒淫佚〕', '대혼을 삼간다〔謹大婚〕'고 한 것은 미루어 말한 것입니다. 주자 설의 이 두 조항은 또한 미루어 말한 것이니, 바른 해석이 아닙니다.[114]

논 미루어 말하는 것 또한 없어서는 안 됩니다. 바른 해석이 아니더라도 또한 거두어 씀에 긴요합니다.

〈차의〉 주자가 말씀한 "사람이 도를 하면서……위인의 위이다.〔人之爲道……爲仁之爲〕"에 대하여[115]

113 주자 설의……대하여 :《중용장구대전》 제12장 경문(經文) "君子之道, 造端乎夫婦, 及其至也, 察乎天地."라는 구절의 밑에 달린 두 조항의 주자의 소주를 가리킨다.

114 중용혹문에……아닙니다 : 이 내용은《중용혹문》 12장을 인용한 것인데, 전문은 아래와 같다. "부부에서 단서가 시작된다는 것〔造端乎夫婦〕은 가깝고 작은 것을 지극히 하여 말한 것이고, 천지에 밝게 드러난다는 것〔察乎天地〕은 멀고 큰 것을 지극히 하여 말한 것이다. 부부의 즈음은 은미한 사이로 더욱 도(道)가 떠날 수 없는 곳을 볼 수 있으니, 여기에서 단서가 시작됨을 알면 계신공구(戒愼恐懼)하는 바의 실상이 지극하지 않음이 없다.《주역》에서 건괘(乾卦)와 곤괘(坤卦)를 첫머리에 두고 함괘(咸卦)와 항괘(恒卦)를 중시하였으며,《시경》에서 〈관저(關雎)〉를 첫머리에 두고 음탕하게 노는 것을 경계하였으며〔戒淫泆〕,《서경》에서 이강(釐降)을 기록하였고,《예기》에서 대혼을 삼간 것〔謹大昏〕은 모두 이런 뜻이다." 이강은 요(堯)임금이 두 딸을 순(舜)에게 시집보낸 것을 가리킨다.

115 주자가……대하여 : 주자의 이 말씀은《중용장구대전》 제13장 "道者率性而已, 固衆人之所能知能行者也, 故常不遠於人, 若爲道者, 厭其卑近, 以爲不足爲, 而反務爲

○이와 같은 설이라면 위의 '위(爲)' 자는 평성(平聲)이고 아래의 '위(爲)' 자는 거성(去聲)입니다.[116] 경문(經文)의 '불가이위도(不可以爲道)'는 바로 위 문장의 '인지위도(人之爲道)'를 맺은 것이니, 위아래의 '위' 자를 갑자기 달리 쓰지 않았을 것이니, 이 조는 정론(定論)이 아닐 듯합니다.

논 '불가이위도(不可以爲道)'는 '인지위도(人之爲道)'를 맺은 것이 아니고 바로 위의 '도불원인(道不遠人)'에 응하는 것입니다. 도가 사람을 멀리하는 것이 아니라 사람이 스스로 도를 행하면서 사람을 멀리한다고 말하는 것이니, 그렇다면 도를 말한 것이 아닙니다. 진씨(陳氏)가 "주자 설의 어맥(語脈)은 '도란 것은 떠날 수 없는 것이니, 떠날 수 있으면 도가 아니다.〔道不可離 可離 非道〕'라고 한 것과 같다."라고 한 것[117]이 맞는 듯합니다. 만일 위아래의 '위(爲)' 자를 같은 뜻으로 쓰지 않은 것을 싫어하여 반드시 같게 하려 한다면 또한 한정하여 얽매는 일이 될 듯합니다. 또 《장구》에 '비소이위도(非所以爲道)'라고 말한 것은 '비소이(非所以)' 세 글자를 어떻게 보더라도 다 통하나, 또한 이것을 가지고, 도를 행함을 위주로 하여 말한 것의 증거로 삼아서는

高遠難行之事, 則非所以爲道矣."라는 구절의 밑에 달린 소주에 보인다.

116 이와……거성(去聲)입니다 : 주자 설의 전문은 "'인지위도(人之爲道)'의 위(爲) 자는 '인(仁)을 행하는 것은 자신에게 달려 있다.〔爲仁由己.〕'의 위 자와 같고 '불가이위도(不可以爲道)'의 위 자는 '자기의 사욕(私慾)을 이겨 예(禮)에 돌아감이 인이 된다.〔克己復禮爲仁.〕'의 위 자와 같다."이다. 위 자에 있어 '하다'의 의미는 평성(平聲)이고, '이다', '말하다'의 의미는 거성인바, 주자는 경문의 '인지위도(人之爲道)'의 '위' 자는 '행하다'의 의미로 보고, '불가이위도(不可以爲道)'의 '위' 자는 '된다'의 의미로 본 것이다.

117 진씨(陳氏)가……것 : 진씨의 이 말은 위의 주자 설의 다다음 소주에 보인다.

안 됩니다. 언해(諺解)는 진실로 다 믿기 어렵지만, 언해 또한 아래의 '위' 자를 거성으로 해석하였습니다.

〈차의〉 황씨(黃氏)는 위아래의 인(人) 자를 달리 보아 쪼갰으니, 이 설이 경(經)에 있어 가장 큰 병통이요 요씨(饒氏) 설도 똑같이 병통입니다.[118]
논 논하신 바가 옳습니다.

〈차의〉 잠실 진씨가 말한 "이는 서(恕)로 인하여 인(仁)을 말한 것이요,……인(仁)으로 말하였다.〔此因恕而言仁……以仁言〕에 대하여[119] ○장자(張子)는 공부(工夫)로 말씀하였는데 진씨는 곧바로 인(仁)을 말한 것이라고 하였으니, 온당하지 않습니다.
논 '자신을 사랑하는 마음으로써 남을 사랑하면〔愛己之心愛人〕'의 구절을 가지고 인(仁)을 구하는 방도라고 말하면 괜찮으니, 채허재(蔡虛齋) 또한 이미 이렇게 논했습니다.

〈차의〉 요씨가 말한 "자기 몸에 베풀어 보아 원하지 않는 것을……이는 충의 일이다.〔施諸己而不願……是忠之事〕"에 대하여[120]

118 황씨(黃氏)는……병통입니다 : 황씨의 말은 위의 주자 설의 다음 소주에 보이고 요씨(饒氏)의 말은 위의 진씨 설의 다음 소주에 보인다. 황씨는 황간(黃幹)을 이르고 요씨는 요로(饒魯)를 이른다.

119 잠실 진씨가……대하여 : 《중용장구대전》 제13장 "張子所謂, 以愛己之心愛人, 則盡仁是也."라는 구절의 밑에 달린 소주에 보인다.

120 요씨가……대하여 : 요씨의 말은 《중용장구대전》 제13장 "張子所謂, 以責人之心

○충(忠)과 서(恕) 두 가지는 떨어질 수가 없어서 충은 서 사이에서 행해지니 나누어서 말해서는 안 됩니다. 요씨가 위의 구절은 서(恕)로 보고 아래 구절은 충으로 보았으니, 주자의 뜻이 아닐 듯합니다.

논 논하신 바가 매우 좋습니다.

〈차의〉 북계 진씨가 말한 "이적대로 행하는 것은, 공자께서 구이에서 살려고 하면서 '무슨 누추함이 있겠는가.'라고 하신 것과 같은 것이다.〔行乎夷狄 如孔子欲居九夷 何陋之有 是也〕"에 대하여[121]

○이 설은 요씨의 설만 못하니, 요씨가 소무(蘇武)와 홍충선(洪忠宣)을 들어 이에 해당시킨 것이 보다 적절합니다.[122]

논 옳은 것 같습니다.

〈차의〉 동양 허씨(東陽許氏)가 말한 "시를 인용한 것은, 본래 비유하여 말한 것이다.〔引詩 本是譬喩說〕"에 대하여[123]

○자사(子思)가 시를 인용한 것은 실제의 일을 가리켜 '먼 곳에 가려면

責己, 則盡道, 是也."라는 구절의 밑에 달린 소주에 보인다.

121 북계 진씨가……대하여 : 북계 진씨의 말은 《중용장구대전》 제14장 "此, 言素其位而行也."라는 구절의 밑에 달린 소주에 보인다.

122 요씨가……적절합니다 : 요씨의 말은 북계 진씨의 말이 있는 소주에 보인다. 소무(蘇武)는 한(漢)나라 무제(武帝) 때에 흉노(匈奴)에 사신으로 갔다가 유폐되어 모진 고초를 겪은 뒤 19년 만에 귀국한 인물이고, 홍충선(洪忠宣)은 송나라 고종(高宗) 때의 신하인 홍호(洪皓)로 충선은 그의 시호이다. 통문사(通問使)로 금나라에 사신 갔다가 유폐되어 냉산(冷山)에서 온갖 고생을 다하다가 15년 만에 귀국하였다.

123 동양 허씨(東陽許氏)가……대하여 : 동양 허씨의 말은 《중용장구대전》 제15장 장하주(章下註) 밑에 달린 소주에 보인다.

가까운 데로부터 하며〔行遠自邇〕', '높은 곳에 오르려면 낮은 데로부터 한다.〔升高自卑〕'는 뜻을 밝힌 것이니, 다른 것을 빌어 이끌어 비유한 것이 아닙니다.

논 허씨의 말은 옳지 않습니다.

〈차의〉 주자 설 제2조에서 말한 "바람과 비, 서리와 이슬, 해와 달, 밤과 낮은 귀신의 자취이다.〔風雨霜露 日月晝夜 此鬼神之跡也〕"에 대하여[124]

○귀신의 덕(德)됨은 "한 번 음(陰)하고 한 번 양(陽)함을 도(道)라고 한다."[125]는 것과 같습니다. 이에 마땅히 '굽히고 펴고, 가고 오는 것〔屈伸往來〕'과 '낳고 자라며, 수확하고 갈무리하는 것〔生長收藏〕'을 가지고 말해야 하고, 다만 형이하(形而下)의 기(器)를 가지고 귀신이라고 말하는 것은 타당하지 않습니다. 《혹문》에서 후씨(侯氏)의 설에 대해 반박한 것을 보면 이 조항이 정론(定論)이 아님을 알 수 있습니다. '다시 살펴서〔更按〕' 활간(活看)한다면 의심이 없을 것입니다.

논 '다시 살핀다〔更按〕'는 말이 좋습니다.

〈차의〉 주자 설 제5조항에서 말한 "귀신은 논해보면……공용으로 말한 것이다.〔鬼神論來……功用而言也〕"에 대하여[126]

124 주자 설……대하여 : 주자 설 제2조는 《중용장구대전》 제16장 "程子曰: "鬼神天地之功用, 而造化之迹也."라는 구절의 밑에 달린 소주에 보인다.

125 한……한다 : 이 내용은 《주역》 〈계사전 상(繫辭傳上)〉에 보인다.

126 주자 설……대하여 : 주자 설 제5조는 《중용장구대전》 제16장 "張子曰: "鬼神者,

○양능(良能)과 공용(功用)은 기를 제외하고 말한 것이 아니라, 여기에 나아가면 도(道)의 비(費)를 볼 수 있으므로 음양(陰陽)이라고 말하지 않고 반드시 양능과 공용이라고 말한 것입니다. 음양은 솔개와 물고기와 같고 양능과 공용은 솔개가 날고 물고기가 뛰는 것과 같으니, 날고 뛰는 것을 비(費)라고 하는 것은 괜찮지만, 솔개와 물고기를 비라고 하여서는 안 됩니다. 《장구》와 《혹문》과 소주(小註)의 여러 설이 비록 기(氣)를 위주로 하여 말하였으나 기(氣)의 위에 나아가 비를 말한 것이요, 후씨(侯氏)처럼 곧바로 형이하(形而下)의 기(器)를 귀신이라고 말한 것은 아닙니다.

논 논하신 바가 매우 좋습니다.

〈차의〉 쌍봉 요씨가 운운(云云)한 것에 대하여[127]

○귀신을 형이하(形而下)라고 말하고 또다시 비(費)와 은(隱)이라고 말하니, 어디에 형이하의 비와 은이 있습니까.

논 혹 기(氣)의 비와 은에 대한 논(論)이 있으나 말이 되지 않습니다.

〈차의〉 신안 진씨(新安陳氏)가 말한 "'미' 자는 '성' 자와 대(對)가 되고, '현' 자는 '불가엄'과 대가 된다.〔微字與誠字對 顯字與不可掩對〕"에 대하여[128]

二氣之良能也."라는 구절의 밑에 달린 소주에 보인다.

127 쌍봉 요씨가……대하여 : 《중용장구대전》 제16장 "是其爲物之體, 而物之所不能遺也. 其言體物, 猶易所謂幹事."라는 구절의 밑에 달린 쌍봉 요씨의 소주에 "귀신(鬼神)은 형이하(形而下)라는 것이니 이 장은 귀신의 은(隱)과 비(費)에 나아가 도(道)의 비와 은을 밝힌 것이다."라는 구절을 말한 것으로 보인다.

○성의 가릴 수 없음〔誠之不可掩〕은 위 구절의 '미(微)'와 '현(顯)' 두 글자와 엮어 말한 것이니, 진씨의 설은 잘못인 듯합니다.

논 진씨의 설은 과연 잘못입니다.

〈차의〉 진서산(眞西山)이 말한 "순임금은 성덕으로 존위에 거하여 그 복록이 위로 종묘에 미치고 아래로 자손에 미쳤다.〔舜以聖德居尊位 其福祿 上及宗廟 下延子孫〕"에 대하여[129]

○'종묘의 제사를 흠향하셨다〔宗廟享之〕'는 것은 순(舜)임금이 종묘의 제사를 흠향함을 말한 것이지 순임금의 선대(先代)가 흠향함을 말한 것이 아닙니다.

논 순이 흠향한 것인지 순의 선대가 흠향한 것인지는 진실로 분명하게 결정할 수가 없지만, 위로 '종묘에 미쳤다〔上及宗廟〕'는 구절로 보면 효(孝)를 칭송한 것으로 보는 것이 적절할 듯합니다.

〈차의〉 산음 육씨(山陰陸氏)가 말한 "경에 말하지 않은 것은……문왕이 여기에 관계되기 때문이다.〔經不言……文王與焉故也〕"에 대하여[130]

128 신안 진씨(新安陳氏)가……대하여 : 신안 진씨는 원(元)나라의 학자인 진력(陳櫟)으로 송(宋)나라가 망한 뒤에 은거하면서 주자를 종주(宗主)로 삼고 저술에 전념하였다. 신안 진씨의 말은 《중용장구대전》 제16장 "陰陽合散, 無非實者, 故其發見之不可揜, 如此."라는 구절의 밑에 달린 소주에 보인다.

129 진서산(眞西山)이……대하여 : 진서산의 말은 《중용장구대전》 제17장 "子孫, 謂虞思, 陳胡公之屬."라는 구절의 밑에 달린 소주에 보인다.

130 산음 육씨(山陰陸氏)가……대하여 : 산음 육씨는 송(宋)나라의 학자 육전(陸佃, 1042~1102)으로 자는 농사(農師), 호는 도산(陶山)이다. 산음(山陰) 사람이기 때문

○《장구》에 이른바, "문왕(文王)과 무왕(武王)의 뜻을 미루어 왕자(王者)의 자취가 일어난 바에까지 미쳤다.〔推文武之意 以及乎王跡之所起〕"라는 구절은 문왕과 무왕이 이미 왕자(王者)의 흠향을 받은 것을 말한 것이니, 그렇다면 그 마음을 헤아려보건대 반드시 왕자의 자취가 일어난 선대에 추급(追及)하고자 한 것입니다. 이는 자손의 마음에 의거하여 말한 것이지, 문왕이 살아 있을 때에 선대를 왕으로 추존하려는 뜻이 있었다는 말이 아닙니다. 문왕에게 만약 왕으로 추존하려는 뜻이 있었다면 어찌 지극한 덕(德)이 될 수 있겠습니까. 문왕을 왕으로 추존한 것을 말하지 않은 것은 무왕 때에 이미 문고(文考)[131]로 추존하였기 때문입니다.

논 논하신 것이 합당합니다.

〈차의〉 상산 육씨(象山陸氏)가 말한 "몸은 사람의 근본이다.〔身者人之本〕"에 대하여[132]

에 이렇게 칭한 것이다. 산음 육씨의 말은 《중용장구대전》 제18장 "諸侯絶, 大夫降, 而父母之喪, 上下同之, 推己以及人也."라는 구절의 밑에 달린 소주에 보인다.

131 문고(文考) : 제왕(帝王)의 돌아가신 아버지에 대한 존칭이다. 주나라 문왕(文王)이 돌아가신 뒤에 무왕(武王)이 문왕을 찬송하여 문고라고 한 데서 유래하였다. 《서경》〈태서(泰誓)〉에, "무왕이 말씀하기를, '황천(皇天)이 진노하시어 우리 문고(文考)에게 명해서 하늘의 위엄을 엄숙히 시행하게 하셨는데, 큰 공을 완성하지 못했다.' 하였다."라고 보인다.

132 상산 육씨(象山陸氏)가……대하여 : 상산 육씨는 남송(南宋)의 학자 육구연(陸九淵, 1139~1193)으로 상산은 그의 호이다. '심즉리(心卽理)'를 주장하여 주자로부터 선학(禪學)에 물들었다는 비판을 받은 인물이다. 상산 육씨의 말은 《중용장구대전》 제20장 "能仁其身, 則有君有臣而政無不擧矣."라는 구절의 밑에 달린 소주에 보인다.

○수신(修身)은 사람을 다스리고 사람을 취(取)함에 있어 근본이 된다고 말하는 것은 괜찮지만, 곧바로 몸이 사람의 근본이 된다고 말하는 것이 옳겠습니까. 여기에서 육씨가 본말(本末)에 어두운 것을 알 수 있습니다.

논 몸이 사람의 근본이라고 한 것은 또한 수신(修身)이 사람을 취함에 있어 근본이라는 뜻입니다. 다만 '수(修)' 자와 '취(取)' 자를 사용하지 않은 것일 뿐입니다. 비록 말이 경직되어 통창(通暢)하지 못하나 굳이 심하게 배척할 것은 없습니다. 육씨는 진실로 본말에 어둡지만, 이 말을 가지고 단정(斷定)할 수는 없습니다.

〈**차의**〉 쌍봉 요씨가 말한 "공자가 애공에게 대답한 말씀에……또한 깊은 뜻이 있다.〔孔子對哀公之語……亦有深意〕"에 대하여[133]

○요씨는 말하기를 "20장 경문(經文)의 처음부터 '도를 닦되 인으로써 해야 한다.〔修道以仁〕'에 이르기까지는 위정(爲政)의 근본이 '인(仁)'에 있음을 밝힌 것이고, '인이란 사람의 몸이다.〔仁者人也〕'로부터 '하늘의 이치를 알지 않을 수 없다.〔不可以不知天〕'에 이르기까지는 또 '인을 행함〔爲仁〕'의 단서가 '지(知)'에 있음을 밝힌 것이다."라고 하였습니다. "군자는 몸을 닦지 않을 수 없다.〔君子不可以不修身〕"라는 한 구절은 위 문장의 두 절을 맺은 것입니다. 그러나 두 '지(知)' 자는 실로 전 단락의 미진(未盡)한 뜻을 발명한 것이니, 이 설과 《장구》가 조금 다르나, 하나의 설이 됨에는 문제가 없습니다.

133 쌍봉 요씨가……대하여 : 쌍봉 요씨의 말은 《중용장구대전》 제20장 "親親之殺, 尊賢之等, 皆天理也, 故又當知天."라는 구절의 밑에 달린 소주에 보인다.

논 요씨의 설 또한 본래 좋습니다.

〈차의〉 진북계(陳北溪)가 말한 "재계(齋戒)하고 마음을 깨끗이 하며 성장(盛裝)을 하는 것은 이는 정(靜)하여 아직 사물을 응접하지 않을 때이다.〔齊明盛服 是靜而未應接時〕"에 대하여[134]

○재계하고 마음을 깨끗이 하며 성장을 하여 예(禮)가 아니면 동하지 않음은 한 때의 일이니, 굳이 동과 정을 나눌 필요가 없습니다.

논 재계하고 마음을 깨끗이 하며 성장을 하여 예(禮)가 아니면 동하지 않음은 동과 정을 겸하여 보는 것이 좋을 듯합니다.

〈차의〉 북계 진씨(北溪陳氏)가 말한 "어린아이가 어버이를 사랑할 줄 알고……사람에게 있는 천도이다.〔孩提知愛……在人之天道也〕에 대하여[135]

○경문(經文)의 천도(天道)와 인도(人道)는 성인과 현인을 나누어 말한 것이지 천명(天命)의 본연(本然)을 가지고 천도라고 말한 것이 아니니, 진씨의 설은 본지(本旨)가 아닙니다.

논 《장구》에서 '성(誠)' 자와 '하늘의 도〔天之道〕'를 해석할 적에 '천리(天理)의 본연(本然)'이라고 하였으니, 진씨가 천도(天道)를 '천명(天命)의 본연'이라고 여긴 것은 아마도 여기에 근본한 듯합니다. 또 "사

134 진북계(陳北溪)가……대하여 : 진북계의 말은 《중용장구대전》 제20장 "此, 言九經之事也."이라는 구절의 밑에 달린 소주에 보인다.

135 북계 진씨(北溪陳氏)가……대하여 : 북계 진씨의 말은 《중용장구대전》 제20장 "不思而得, 生知也, 不勉而中, 安行也, 擇善, 學知以下之事, 固執, 利行以下之事也."라는 구절의 밑에 달린 소주에 보인다.

람에게 있는 천도이다.〔在人之天道〕"라고 말한 것은 바로 성인(聖人)의 도가 바로 천도라고 말한 것입니다. 다만 '어버이를 사랑할 줄 안다.〔知愛〕'와 '형을 공경할 줄 안다.〔知敬〕' 두 가지 일을 가지고 말한 것은 성(誠)의 온전한 체(體)가 아닌 듯합니다. 양지(良知)와 양능(良能)[136]은 성인(聖人)과 범인(凡人)을 통틀어 모두 가지고 있는 것인데, 이것을 다만 '성인(聖人)의 천도'라고만 말한다면 고단(孤單)하며 또한 곡절(曲折)이 부족할 듯합니다.

〈차의〉 주자 설 제1조항에서 말씀한 "이 성(性) 자는……뜻이 같지 않다.〔此性字……義不同〕"에 대하여[137]
○이 장(章)의 '성(性)'과 '교(敎)'는 수장(首章)에서 말한 것과 같지 않습니다. 그러나 그 내력(來歷)을 근원해 보면 바로 수장의 '성'과 '교'이니, 이 조항은 마땅히 다시 헤아려 보아야 합니다.
논 '성'과 '교' 자는 비록 수장에 근본하였으나 그 뜻이 같지 않은 것은 성(誠)과 명(明)을 가지고 말해서이니, 마땅히 그 내력을 알아야 하고 또 같지 않은 소이(所以)를 알아야 합니다.

〈차의〉 신안 진씨가 말한 "《장구》는 또 근본을 미루어,……다하지 않음이 없다.〔章句又推本……無不盡也〕"에 대하여[138]

136 양지(良知)와 양능(良能) : 양능은 사람들이 배우지 않고도 능히 하는 것을, 양지는 사람들이 생각하지 않고도 아는 것을 이르는바, 《맹자》 〈진심 상(盡心上)〉에 보인다.

137 주자 설……대하여 : 이 내용은 《중용장구대전》 제21장 "天道也, 先明乎善而後, 能實其善者, 賢人之學, 由敎而入者也, 人道也."라는 구절의 밑에 달린 소주에 보인다.

○성(性)을 다함은 덕(德)을 이룬 자의 일이니, 어찌 생이지지(生而知之)와 곤이지지(困而知之), 안이행지(安而行之)와 면강이행지(勉强而行之)[139]의 차이가 있겠습니까. 《맹자》의 "인륜을 살피셨으니, 인의를 따라 행하신 것이다.〔察於人倫 由仁義行〕"라는 구절[140]을 인용하여 《장구》의 '행하다〔由之〕'와 '살피다〔察之〕'의 뜻을 밝혔는데, 또한 적절하지 않습니다.

논 논하신 바가 매우 좋습니다.

〈차의〉 동양 허씨가 말한 "두 장의 '성' 자는……성의 체를 말한 것이다.〔兩章性字……性之體而言〕"에 대하여[141]

○이 장의 진성(盡性 성을 다함)이 어찌 단지 체(體)만을 가리킨 것이겠습니까.

논 진성은 응당 체와 용을 겸한 것입니다.

138 신한 진씨가……대하여 : 신한 진씨의 말은 《중용장구대전》 제22장 "盡其性者, 德無不實, 故無人欲之私, 而天命之在我者, 察之由之, 巨細精粗, 無毫髮之不盡也."라는 구절의 밑에 달린 소주에 보인다.

139 생이지지(生而知之)와……면강이행지(勉强而行之) : 이 내용은 《중용장구》 제20장에 "혹은 태어나면서 이것을 알고〔生而知之〕 혹은 배워서 이것을 알고 혹은 애를 써서 이것을 아는데〔困而知之〕, 그 앎에 미쳐서는 똑같다. 혹은 편안히 이것을 행하고〔安而行之〕 혹은 이롭게 여겨서 이것을 행하고 혹은 억지로 힘써서〔勉强而行之〕 이것을 행하는데, 그 성공함에 미쳐서는 하나이다."라고 보인다.

140 맹자의……구절 : 이 구절은 《맹자》 〈이루 하(離婁下)〉에 보인다.

141 동양 허씨가……대하여 : 동양 허씨의 말은 《중용장구대전》 제22장 "贊猶助也. 與天地參, 謂與天地竝立爲三也, 此自誠而明者之事也."라는 구절의 밑에 달린 소주에 보인다.

〈차의〉 운봉 호씨가 말한 "정상이란……여기에서 말한 신(神)은 공용을 가지고 귀신을 말한 것이다.〔禎祥者……以功用謂之鬼神〕"에 대하여[142]

○《주역》에서 말한 '기미를 앎이 신묘하다.〔知幾其神〕'는 것[143]과 《통서(通書)》에서 말한 '신은 감응하기 때문에 오묘하다.〔神應故妙〕'는 것은 마음의 묘용(妙用)으로 말한 것이며, 이 장에서 말한 신(神)은 경문(經文)의 '여신(如神)'의 '여(如)' 자를 가지고 보면 마음의 묘용으로 말한 것이 아니라 바로 천지(天地)의 공용(功用)을 가리킨 것입니다. 이는 지성(至誠)이 기미(幾微)를 아는 것이 마치 추위와 더위, 낮과 밤이 반드시 그러해서 바뀔 수 없는 것과 같다고 말한 것입니다. 논 두 신(神) 자를 분개(分開)[144]한 것은 참으로 정밀함을 다하였습니다.

〈차의〉 북계 진씨가 말한 "'성은 물의 종과 시이다'에서 이 성 자는 진실한 이(理)를 가지고 말한 것이다.〔誠者物之終始 此誠字以實理言〕"에 대하여[145]

142 운봉 호씨가……대하여 : 운봉 호씨의 말은 《중용장구대전》 제24장 "然唯誠之至極, 而無一毫私僞留於心目之間者, 乃能有以察其幾焉. 神謂鬼神."라는 구절의 밑에 달린 소주에 보인다. 정상(禎祥)은 상서로운 조짐을 이른다.

143 주역에서……것 : 《주역》의 이 구절은 〈계사전 하(繫辭傳下)〉에 나온다.

144 분개(分開) : 각기 다르다는 입장에서 나누어 분석하여 해석하는 것을 말한다. 전체를 한 덩어리로 보고 통틀어 이해하는 혼륜(渾淪)과 상대되는 말이다.

145 북계 진씨가……대하여 : 북계 진씨의 말은 《중용장구대전》 제25장 "故人之心, 一有不實, 則雖有所爲, 亦如無有, 而君子, 必以誠爲貴也. 蓋人之心, 能無不實, 乃爲有

○'성자물시종시(誠者物之終始)'라는 구절은 성은 '스스로 이룰 수 있음〔自成〕'을 거듭 말한 것이니, 실로 이(理)와 심(心)을 겸하여 본 것인데 진씨는 다만 이(理)만을 말하였으니, 《장구》와 같지 않습니다.
논 《장구》에서 "천하의 물(物)은 모두 진실한 이(理)의 소위(所爲)이다."라고 하였으니, 진씨의 설은 여기에 근본한 것입니다. '이(理)' 자의 안에 나아가 진실한 마음을 겸하여 본 것이니, 문제가 없습니다.

〈차의〉 운봉 호씨가 말한 "혹자가 의심하건대 일호의 사심(私心)으로써……바야흐로 스스로 얽매이는 것이라고 말할 수 있다.〔疑不以一毫……方可言自累〕"에 대하여[146]
○호씨는 '치광대(致廣大 광대함을 지극히 함)'와 '극고명(極高明 고명을 다함)'에 있어서 선후의 차례가 있다고 말하였습니다. 그러나 의(意)는 싹이 트는 것의 시작이요, 욕(慾)은 외물(外物)에 의해 어두워진 것입니다. 그러므로 광대와 고명을 나누어 해석한 것입니다. 병통의 측면에서 말하면 사사로운 마음이 먼저 싹터서 외물에 의해 어두워지고, 공부의 측면에서 말하면 혼탁한 병통을 먼저 제거한 뒤에 점차 사사로운 마음의 싹을 뽑아냅니다. 호씨의 설과 같다면 마땅히 먼저 고명해진 뒤에 광대해지니, 어찌 잘못이 아니겠습니까. 마음에 막힘이 있으면 광대해질 수가 없으니 사사로운 마음이 막힘에서 부각되고, 마음에

以自成, 而道之在我者, 亦無不行矣."라는 구절의 밑에 달린 소주에 보인다.

146 운봉 호씨가……대하여 : 운봉 호씨의 말은 《중용장구대전》 제27장 "不以一毫私意自蔽, 不以一毫私欲自累, 涵泳乎其所已知, 敦篤乎其所已能, 此皆存心之屬也."라는 구절의 밑에 달린 소주에 보인다.

혼탁함이 있으면 고명할 수가 없으니 사사로운 욕심이 혼탁함에서 부각됩니다. 이에 사사로운 마음이 없는 것으로 광대를 해석하고 사사로운 욕심이 없는 것으로 고명을 해석한 것이지, 마음과 욕심에 선후의 차례가 있어서 그렇다고 말한 것은 아닙니다.

논 '의' 자와 '욕' 자에 각각 속한 뜻이 있음을 본 것이 매우 좋습니다.

〈차의〉 주자 설 제3조항의 "후함이란 자질이 순박하고 진실한 것이요, 돈독히 함이란 여기에 후중함을 더하여〔厚是資質樸實 敦是愈加厚重〕"라고 한 구절에 대하여[147]

○《장구》에서는 '이미 능한 바〔所已能〕'를 가지고 '후(厚)' 자를 해석하였으니,[148] 마땅히 《장구》를 따라야 합니다.

논 위의 구절을 가지고 예(例)를 들었으니, 옳은 듯합니다. 그런데 능(能)이 후(厚)의 뜻으로 쓰인 것이 옛글에 근거가 있습니까?

〈차의〉 신안 진씨가 말한 "시를 인용하여 증거를 삼았으니,……이런 말이 있었던 것입니까?〔引詩爲證……有是言歟〕"에 대하여[149]

147 주자 설……대하여 : 주자 설 제3조항은 《중용장구대전》 제27장 "析理, 則不使有毫釐之差, 處事, 則不使有過不及之謬, 理義則日知其所未知, 節文則日謹其所未謹, 此皆致知之屬也."라는 구절의 밑에 달린 소주에 보인다.

148 장구에서는……해석하였으니 : 경문(經文) 27장의 '돈후(敦厚)'를 《장구》에서 "이미 능한 바를 돈독히 함"으로 새겼기 때문에 이렇게 말한 것이다.

149 신안 진씨가……대하여 : 신안 진씨의 말은 《중용장구대전》 제27장 "興, 謂興起在位也. 詩, 大雅烝民之篇."라는 구절의 밑에 달린 소주에 보인다. 시는 《시경》 〈대아(大雅) 증민(烝民)〉 편이다.

○명철보신(明哲保身)은 흥(興)과 묵(默) 두 구[150]를 통틀어 이어받았는데, 진씨는 다만 '도가 없을 때에는 그 침묵(沈默)이 용납됨〔無道默容〕'의 증거라고만 말하였으니, 옳지 않습니다. 혹자가 말하기를 "마땅히 '윗자리에 있는 것〔居上〕'과 '아랫자리에 있는 것〔居下〕'을 겸하여야 한다."라고 하니, 뜻은 좋으나 문세(文勢)는 이와 같지 않을 듯합니다.

논 명나라 학자들이 이미 진씨의 설을 배척하여, 말하기를 "〈증민(烝民)〉 시는 본래 중산보(仲山甫)를 위하여 지은 것이고 중산보는 주(周)나라 선왕(宣王)의 중흥(中興)을 도왔으니, 어찌 다만 '침묵을 용납함〔默容〕'이 될 뿐이겠는가."라고 하였으니, 이 말이 진실로 옳습니다. 혹자가 논한 명철의 뜻 또한 그럴듯한 견해입니다.

오사집의 《대학차의(大學箚疑)》에 찌를 달아 논함

〈차의〉 주자가 말씀한 "하늘이 사람과 물건에 부여(賦與)한 것을…… 일러 명덕이라고 한다.〔天之賦於人物者……謂之明德〕"에 대하여[151]

○하늘에서 얻어 광명(光明)하고 정대(正大)한 것이 바로 이(理)가 갖추어진 마음이니, 심(心)과 성(性)의 밖에 또 이른바 광명하고 정대

150 흥(興)과……구 : 경문(經文)의 "나라에 도가 있을 때에는 그 말이 충분히 흥기할 수 있고〔其言足以興〕, 나라에 도가 없을 때에는 그 침묵(沈默)이 충분히 몸을 용납할 수 있다.〔其默足以容〕"라는 구절을 가리킨다.

151 주자가……대하여 : 주자의 말은 《대학장구대전(大學章句大全)》 경(經)1장 "大學者, 大人之學也. 明, 明之也. 明德者, 人之所得乎天而虛靈不昧, 以具衆理而應萬事者也."라는 구절의 밑에 달린 소주에 보인다. 저본에는 말줄임표〔止〕 없이 이어진 문장으로 되어 있으나, 《대학장구대전》에 의거하여 말줄임표를 더하여 번역하였다.

한 것이 있어서 명덕(明德)이라고 하는 것이 아닙니다.

논 명덕은 진실로 이(理)를 갖춘 마음이나, 이미 마음이라고 말하지 않고 명덕이라고 말했으면 범연히 마음을 말한 것과는 같지 않습니다. 그러므로 이와 같이 풀이한 것입니다. 이 위에 이미 명(命)·성(性)·심(心)으로 나누어 말하고 끝에 또 명덕으로 풀이하였는데, 이는 실로 심과 성 위에 나아가 그 광명하고 정대한 것이 하늘에서 얻은 것이라고 말한 것일 뿐이요, 명덕이 심과 성 밖에 있는 물건이 되어 성과 심과 함께 정립(鼎立)됨을 말한 것이 아닙니다. 이와 같이 본다면 이 말이 반드시 잘못된 기록인 것은 아닙니다.

〈차의〉 《왕정사서(汪訂四書)》에 이르기를 "《사서찬소(四書纂疏)》에는 이 조항이 바로 진북계의 말로 되어 있는데, 《대학장구대전》에는 이를 주자에게 달았으니 오류이다. 주자가 이르기를 '선가에서는 다만 허령불매를 성(性)으로 여길 뿐이요, 구중리 이하의 일은 없다.'라고 하였으니, 이 조항에 어폐(語弊)가 있음을 알 수 있다.〔《纂疏》此條乃陳北溪語 《大全》繫之朱子 誤也 朱子謂 禪家但以虛靈不昧爲性 而無具衆理以下之事 可見此條有語病〕"라고 하였습니다.[152]

152 왕정사서(汪訂四書)에……하였습니다 : 《왕정사서》는 청(淸)나라 학자인 왕빈(汪份)이 증정(增訂)한 《사서대전(四書大全)》을 이르고 《사서찬소(四書纂疏)》는 남송(南宋)의 성리학자 보광(輔廣)이 지은 책이다. 보광은 자(字)가 한경(漢卿), 호가 잠암(潛菴)이며, 여조겸(呂祖謙)을 거쳐 주자를 사사(師事)하였다. 《노주집(老洲集)》 제7권 〈민원리에게 답함〔答閔元履〕〉에 《왕정사서》의 말이 '可見此條有語病'에서 끝난다는 내용이 있으므로 이를 따라 번역하였다. 이 조항은 《대학장구대전》 경(經)1장 "大學者, 大人之學也. 明, 明之也. 明德者, 人之所得乎天而虛靈不昧, 以具衆理而應

논 이 조항이 진북계의 말이라는 주장은, 과연 자세히 검토하여 믿을 수 있는 것인지 모르겠으나, 단어의 뜻을 가지고 탐구해보면 병통이 없는 듯합니다. 허령불매는 반드시 '모든 이(理)를 갖추고 만사에 응하여야[具衆理應萬事]' 하니, 이미 허령불매라고 칭하면 바로 '모든 이(理)를 갖추고 만사에 응함'이 드러납니다. 그러므로 주자가 말씀하기를 "허령불매 네 글자를 말하면, 명덕(明德)을 말함에 뜻이 이미 충분하다.[已足]"라고 하고서도 그 아래에 또 '구중리 응만사(具衆理應萬事)'를 말한 것은, 다만 상세하게 말한 것일 뿐입니다.

만약 '구중리 응만사'가 없다면, 이는 허령불매의 실제가 아니요 또 허령불매라고 칭할 수가 없습니다. 우리 유가에서 말하는 허령불매는 불가에서 말하는 '밝고 밝은 영각[昭昭之靈覺]'과는 같지 않습니다. 그렇다면 이 허령불매 네 글자가 어찌 명덕을 설명함에 부족하겠습니까. 주자가 "선가(禪家)에서는 다만 허령불매를 성(性)으로 여길 뿐이요, 구중리 이하의 일은 없다."라고 말한 것과 같은 것에 이르러는, 다만 저들은 마음을 성(性)이라고 인식하여 허령불매를 다만 영각(靈覺)이라고 한 것일 뿐이니, 이에 '구중리 응만사'를 아우르지 않고 물리친 것입니다. 그러므로 이것을 가지고 허령불매 네 글자가 명덕을 형용할 수 없다는 것을 증명할 수는 없을 듯합니다.

이 네 글자가 명덕을 형용하기에 이미 충분한데도 또 반드시 '구중리 응만사'를 다시 말한 것은, 바로 사람들이 잘못 보아서 불가와 같은 폐단이 있을까 염려한 것입니다. 앞의 주자의 말씀 중에 '이족(已足)' 자를 보면 허령불매가 다만 영각에 그치는 것이 아니라 '구중리 응만사'

萬事者也."라는 구절의 밑에 달린 주자의 소주 중에 보인다.

의 실제가 있음을 알 수 있으니, 반드시 '구중리 응만사'의 실제가 있어야 비로소 허령불매라고 칭할 수 있는 것입니다.

〈차의〉 운봉 호씨가 말한 "반드시 이에 이름은……마치는 것이다.〔必至於是……終之也〕"에 대하여[153]

○《대학장구》의 '이에 이름〔至於是〕'과 '옮기지 않음〔不遷〕'은 모두 지(知)와 행(行)을 겸하여 말한 것인데, 호씨의 설에서는 '지어시(至於是)'는 지에 속하고 '불천(不遷)'은 행에 속한다고 하였으니, 《장구》의 뜻이 아닐 듯합니다.

논 '지선에 그침〔止至善〕'은 실로 지와 행을 겸하여 말한 것이니, 그렇다면 '지어시'와 '불천' 또한 당연히 지와 행을 겸하여 본 것입니다. 만일 '오로지 행을 위주로 말하였다.'고 한다면, 격물치지(格物致知)가 명덕의 한 가지 일인데, 《장구》에서 어찌하여 명덕과 신민(新民)을 말하기를 "모두 마땅히 지선(至善)의 경지에 그쳐서 옮기지 않는다."라고 했겠습니까. '그칠 데를 안다.〔知止〕'는 것을 가지고 말하면, 십분 완전하게 알아서 한번 정해지면 바꿀 수 없는 것이 또한 '지지선'이니, 어찌 유독 '능히 얻음〔能得〕'만이 지지선이 되겠습니까. 호씨가 '지어시'와 '불천'을 지와 행에 나누어 소속시킨 것은 과연 파쇄(破碎)된 말이니, 따를 수가 없습니다.

153 운봉 호씨가……대하여 : 운봉 호씨의 말은 《대학장구대전》 경1장 "止者, 必至於是而不遷之意, 至善, 則事理當然之極也."라는 구절의 밑에 달린 소주에 보인다. 저본에는 말줄임표〔止〕 없이 이어진 문장으로 되어 있으나, 《대학장구대전》에 의거하여 말줄임표를 더하여 번역하였다.

〈차의〉 황씨가 말한 "'허령불매'는 명이고 '여러 이치를 갖추고 만사에 응함'은 덕이다.〔虛靈不昧 明也 具衆理應萬事 德也〕"에 대하여[154]

○《장구》에서는 '하늘에서 얻은바〔所得乎天〕'로 '덕(德)' 자를 해석하고 '허령불매하여 여러 이치를 갖추고 만사에 응함〔虛靈不昧 以具衆理應萬事〕'을 가지고 '명(明)' 자를 해석하였습니다. 먼저 덕을 해석한 이후에 명을 해석한 것은, 이 덕의 밝음이 이와 같다고 말한 것과 같습니다. 만약 '구중리응만사'를 가지고 '덕' 자를 해석했다고 말한다면 '소득호천(所得乎天)'과 어세(語勢)가 중첩되니, 어떻게 훈석(訓釋)을 이룰 수 있겠습니까.

논 만약 황씨의 설과 같다면, 이는 이 명(明) 때문에 이 덕(德)이 있다는 것입니다. 분변하신 것이 합당합니다.

〈차의〉 주자가 말씀한 "정·정·안·려·득 다섯 가지 일은 공효의 차례이지 공부의 절목이 아니니, 그칠 줄을 알기만 하면 자연히 서로 말미암아 드러난다.〔定靜安慮得五者 是功效次第 不是工夫節目 纔知止自然相因而見〕"에 대하여[155]

○정(定)·정(靜)·안(安)·려(慮)는 '그칠 줄을 앎〔知止〕'의 효험이니, '그칠 줄을 알기만 하면, 자연히 서로 말미암아 드러난다.'고 말할

154 황씨가……대하여 : 황씨의 말은《대학장구대전》경1장 "大學者, 大人之學也. 明, 明之也. 明德者, 人之所得乎天而虛靈不昧, 以具衆理而應萬事者也."라는 구절의 밑에 달린 소주에 보인다. 황씨는 황간(黃榦)을 이른다.

155 주자가……대하여 : 주자의 말씀은《대학장구대전》경1장 "知之, 則志有定向. 靜謂心不妄動, 安謂所處而安, 慮謂處事精詳, 得謂得其所止."라는 구절의 밑에 달린 소주(小註)에 보인다.

수 있으나, 경문의 '능득(能得)'을 또한 자연히 서로 말미암는다고 말한다면, 그칠 줄을 안 뒤에는 바로 성의(誠意)가 없어도 될 것이니, 전(傳)을 지은 자의 뜻이 이와 같지 않을 듯합니다.

논 '재지지(纔知止)' 아래에 정(定)·정(靜)·안(安), 세 글자가 빠진 듯하고 '상인이현〔相因而見〕' 아래에 또한 빠뜨리고 기록하지 않은 것이 있는 듯합니다. 주자가 항상 말씀하기를 "편안한 뒤에 능히 생각하는 것과 생각한 뒤에 능히 얻는 것이 가장 나아가기 어려운 곳이다." 하셨는데, 이 말씀을 가지고 살펴보면, 이 다섯 가지 일이 서로 말미암는다는 것은 주자의 본의(本意)가 아님을 알 수 있습니다.

〈**차의**〉 신안 진씨가 말한 "본래 마땅히 말하기를,……《대학》의 체와 용에 해당한다.〔本當云……該大學之體用〕"에 대하여[156]

○"천하를 고르게 다스린다〔平天下〕"라고 말하지 않고, "명덕을 천하에 밝힌다.〔明明德於天下〕"라고 말한 것은, '평천하'가 곧 내가 명덕을 밝히는 것 중의 한 가지 일이라고 본 것이니, 진씨의 설은 분명하지 못합니다.

논 진씨의 설은 다만 분명하지 못할 뿐 아니라, 끝내 '명덕을 천하에 밝힌다'는 구절의 '명덕'을 천하 사람들의 명덕이라고 말한 것이 될 듯합니다.

〈**차의**〉 운봉 호씨가 말한 "《맹자》〈진심장〉에,…… 밝지 않음이 없

156 신안 진씨가……대하여 : 진씨의 말은 《대학장구대전》 경1장 "明明德於天下者, 使天下之人, 皆有以明其明德也."라는 구절의 밑에 달린 소주에 보인다.

다.〔孟子盡心章……無不明也〕"에 대하여[157]

○《대학혹문》에 '지(知)' 자를 해석한 것은, '명덕'의 훈고(訓詁), 《맹자》의 '심(心)' 자 훈고와 글을 엮은 것이 서로 비슷하나 의미는 실로 다릅니다. 마음과 명덕은 체(體)와 용(用)을 겸하여 본 것이고 '지(知)'는 용 한쪽만을 가리켜 말한 것이니, '여러 이치를 묘하게 하고 만물을 주재함〔妙衆理宰萬物〕'도 다만 용 한쪽으로 본 것입니다.

논 경문의 '치지(致知)'의 '지(知)'를 《장구》에서 지식(知識)이라고 해석한 것은 지각(知覺)과 분별하고자 해서입니다. 지식은 진실로 마음의 용이나, 《대학혹문》에서 '지'를 해석하여 말하기를 '마음의 신명(神明)' 운운한 것은 미루어 위로 한 걸음 올라가 '통체에 있어서의 지각〔統體知覺〕'이라고 말한 것입니다. 신명은 바로 지각이니, 지각이 어찌 체와 용을 겸하여 말한 것이 아니겠습니까. '여러 이치를 묘하게 함〔妙衆理〕'이라고 말한 것은, 지각이 본래 활동하는 사물(事物)이기 때문에 묘(妙) 자를 놓은 것이니, 이를 가지고 '지' 자가 오로지 작용의 한쪽이라고 보아서는 안 될 듯합니다.-생각해보건대 이 설은 마땅히 다시 자세히 살펴보아야 하는데, 이는 체(體)를 겸하여 말한 듯합니다.-

〈차의〉 운봉 호씨가 말한 "마음의 용을 바르게 할 수 있다.〔心之用可得而正〕"에 대하여[158]

157 운봉 호씨가……대하여 : 호씨의 말은 《대학장구대전》 경1장 "知猶識也, 推極吾之知識, 欲其所知無不盡也. 格至也, 物猶事也, 窮至事物之理, 欲其極處無不到也. 此八者, 大學之條目也."라는 구절의 밑에 달린 소주에 보인다.

158 운봉 호씨가……대하여 : 운봉 호씨의 말은 《대학장구대전》 경1장 "物格者, 物理之極處無不到也, 知至者, 吾心之所知, 無不盡也, 知旣盡則意可得而實矣, 意旣實則心

○'마음을 바르게 함〔正心〕'은, 다만 용(用) 한쪽을 가리켜 말할 수는 없습니다.

논 호씨 설이 비록 정심장(正心章) 《장구》의 "그 용의 행하는 바가 혹 올바름을 잃지 않을 수 없을 것이다.〔其用之所行 或不能不失其正〕"라는 문장에서 온 것이나, '그 마음을 바르게 한다.〔正其心〕'는 것은 마땅히 체와 용을 겸한 것으로 보아야 합니다.

〈차의〉 절재 채씨(節齋蔡氏)가 말한 "'집희경지'는 '지지선'의 근본이 되는 것이다.〔緝熙敬止者 所以爲止至善之本〕"에 대하여[159]

○'경지(敬止)'의 '지(止)'는 곧 '지지선(止至善)'의 '지(止)'인데, 지(止)를 가지고 지(止)의 근본이라고 하는 것이 옳겠습니까.

논 절재의 의론은, 시(詩)의 본문에서의 '지' 자가 어조사(語助辭)이기 때문에, '경(敬)'을 '지지선'의 근본이라고 한 것입니다.

〈차의〉 쌍봉 요씨가 말한 "한가히 거처할 적에 불선을 함은……선과 악을 겸하여 말하였다.〔閒居爲不善……兼善惡說〕"에 대하여[160]

可得而正矣."라는 구절의 밑에 달린 소주에 보인다.

159 절재 채씨(節齋蔡氏)가……대하여 : 절재 채씨의 말은 《대학장구대전》 전(傳)3장 "而又推類以盡其餘, 則於天下之事, 皆有以知其所止而無疑矣."라는 구절의 밑에 달린 소주에 보인다. 집희경지(緝熙敬止)는 '계속하여 밝혀서 공경하여 그치셨다.'는 의미이다. 절재 채씨는 주자의 문인인 채연(蔡淵, 1156~1236)으로 절재는 그의 호이고 자는 백정(伯靜)이며 서산(西山) 채원정(蔡元定)의 아들이다.

160 쌍봉 요씨가……대하여 : 쌍봉 요씨의 말은 《대학장구대전》 전6장 "但不能實用其力以至此耳, 然欲揜其惡而卒不可揜, 欲詐爲善而卒不可詐, 則亦何益之有哉? 此君子所

○한거(閑居) 절을 '스스로 속임〔自欺〕'이라고 한 것은 주자의 뜻이 아닙니다. '중심에 성실하면 외면에 나타난다〔誠於中 形於外〕'는 것은 범연히 말하면 선과 악이 모두 이와 같지만, 이 장에서 말한 것은 마땅히 악 한쪽을 가지고 말한 것입니다.

논 '이것을 일러〔此謂〕'라는 말을 가지고 보면, '중심에 성실하면 외면에 나타난다'는 것은 예로부터 전해져 오는 말입니다. 본래의 말은 선과 악을 겸하여 가리켜 말한 것이나, 여기에서 인용한 것은 전적으로 악을 가리켰습니다.

〈차의〉 주자가 말씀한 "네 가지는 다만 이것들이 없는 곳으로부터……바로 있게 된다.〔四者只要從無處……便是有〕"에 대하여[161]

○절도에 맞는데 유체(留滯 응체(凝滯))됨은 있지 않고 반드시 일에 응하여 편계(偏係 치우쳐 얽매임)의 병통이 있은 뒤에 유체됨에 이르게 되니, 이것이 이른바 "없는 곳으로부터 발출된다.〔從無處發出〕"라는 것입니다. "마음에 먼저 있게 해서는 안 된다.〔不可先有在心下〕"라고 말한 것은, 다만 일이 지난 뒤에 유체함이 있어서, '일에 응함〔應事〕'에 편계의 병통을 남겨서는 안 됨을 말한 것인데, 상세하고 완전하지는 않은 듯합니다.

논 "절도에 맞는데……유체됨에 이르게 되니"라고 하신 데에서 심학(心學)의 공부가 정밀함을 볼 수 있습니다. 그러므로 이와 같은 것이

以重以爲戒而必謹其獨也."라는 구절의 밑에 달린 소주에 보인다.

161 주자가……대하여 : 주자의 말은 《대학장구대전》 전7장 "則欲動情勝, 而其用之所行, 或不能不失其正矣."라는 구절의 밑에 달린 소주에 보인다.

병통이 됨을 알 수 있는 것입니다.

〈차의〉 운봉 호씨가 말한 "마음이 체는 바르지 않음이 없어서,……서너 개의 '존' 자를 자세히 보아야 한다.〔心之體 無不正……三四存字〕"에 대하여[162]

○정심(正心)은 체와 용을 통틀어 말한 것이니, 체가 바르나 용이 바르지 않으면 정심이라고 말할 수 없고 용이 바르나 체가 바르지 않으면 또한 정심이라고 말할 수 없습니다. 그렇다면 이 장에서 말한 정심은 또한 체와 용을 겸하여 보아야 합니다. 그러나 이른바 '그 바름을 얻지 못한다〔不得其正〕'는 것은 전적으로 용의 병통을 가리킨 것이니, 그 용을 바르게 하면 체 또한 바르게 됩니다. 그러므로 바르게 하는 공부가 대부분 용에 있는 것이고 효험을 거두면 체와 용이 모두 바르게 된다고 운운한 것입니다.

논 '체가 바르나 용이 바르지 않다는 것'은 체는 본래 바른데 발한 곳에서 병통이 생김을 말한 것이니, 이는 옳은 말입니다. 그러나 '용이 바르나 체가 바르지 못하다는 것'은 의심할 만합니다. 고명(高明)의 훌륭한 말씀을 보건대 "그 용을 바르게 하면 체 또한 바름을 얻는다."라고 하니, 그렇다면 무엇을 가지고 '용은 바르나 체는 바르지 않다'고 말하는 것입니까? 모순이 되는 듯합니다.

〈차의〉 교봉 방씨(蛟峰方氏)가 말한 "위의 한 절은,……약방일 것이

162 운봉 호씨가……대하여 : 《대학장구대전》 전7장 "則欲動情勝, 而其用之所行, 或不能不失其正矣."라는 구절의 밑에 달린 소주에 보인다.

다.〔上一節……藥方也歟〕"에 대하여[163]

○유소(有所)는 바로 부재(不在)이니, 어찌 유심(有心)과 무심(無心)의 구별이 있겠습니까.

논 계루(繫累 어디에 얽매임)를 가지고 유심(有心)이라고 말하고 방산(放散 제각기 흩어짐)을 가지고 무심(無心)이라고 말하는 것이 불가할 것이 없지만, 다만 두 가지 병통 운운한 것을 나누어 두 종류의 증후(證候)로 만든다면 큰 잘못입니다.

〈차의〉 진씨가 말한 "자신에게 있어 어버이를 섬기는 효가,……가르침이 저절로 나라에 행해지는 것이다.〔在我事親之孝……教自行於國矣〕"에 대하여[164]

○《대학혹문》에는 '백성들을 부리는 바의 도〔使衆之道〕'를 '윗자리에 있는 자〔在上者〕'가 행하는 것으로 본 것이니, 군주를 섬기고 장관을 섬기는 것 또한 마땅히 같은 예(例)로 보아야 합니다. 진씨는 세 가지 '소이(所以)'를 국인(國人)의 일로 보았으니, 따를 수 없을 듯합니다.

논 동화(動化 감동시켜 교화함)의 의미로 본다면, 진씨의 설에 잘못이 있음을 볼 수 없습니다.

163 교봉 방씨(蛟峰方氏)가……대하여 : 교봉 방씨의 말은《대학장구대전》전7장 "心有不存, 則無以檢其身, 是以君子必察乎此, 而敬以直之, 然後此心常存, 而身無不脩也."라는 구절의 밑에 달린 소주에 보인다. 교봉 방씨는 남송(南宋)의 정치가이자 학자인 방봉신(方逢辰, 1221~1291)으로 교봉은 그의 호이며 자는 군석(君錫)이다. 진사제일(進士第一)로 뽑혀 이종(理宗)에게 봉신이라는 이름을 하사받았다.

164 진씨가……대하여 : 진씨의 말은《대학장구대전》전9장 "此所以家齊於上而教成於下也."라는 구절의 밑에 달린 소주에 보인다.

〈차의〉 쌍봉 요씨가 말한 "자기 몸에 선이 없는데 남에게 선을 요구하고,……서로 발명된다.〔無善而欲責人……互相發明〕"에 대하여[165]

○충(忠)은 마음에 보존되고 서(恕)는 행동에서 드러납니다. 비록 본(本)과 말(末)의 다름이 있으나, '유저기(有諸己 자기 몸에 선(善)이 있음)'와 '무저기(無諸己 자기 몸에 악(惡)이 없음)'를 충으로 삼고, '구저인(求諸人 남에게 선을 요구함)'과 '비저인(非諸人 남의 악을 비난함)'을 서(恕)로 삼는다면 곧바로 두 가지로 단절되니, 본지(本旨)가 아닌 듯합니다.

논 혈구장(絜矩章)의 《혹문》에 충서(忠恕)를 논한 곳에서 칼로 자르듯 분명하게 두 가지 물건으로 만든 것을 볼 수 없고 다만 본(本)과 말(末)의 구분을 말하였을 뿐입니다. 그러므로 말하기를 '충과 서 두 글자'라고 하고, '그중 하나를 제거하고자 하여도'라고 하였으니, 이와 같은 곳은 글로써 뜻을 해쳐서는 안 됩니다. 이미 형체와 그림자라고 말하였으면 두 가지 물건이 아닙니다.[166]

〈차의〉 옥계 노씨(玉溪盧氏)가 말한 "맹헌자(孟獻子)가 일찍이 자사를 스승으로 삼았다.〔獻子嘗師子思〕"에 대하여[167]

165 쌍봉 요씨가 말한……대하여 : 《대학장구대전》 전9장 "不如是, 則所令反其所好, 而民不從矣. 喩, 曉也."라는 구절의 밑에 달린 소주에 보인다.

166 그러므로……아닙니다 : 이 내용은 《대학혹문》 전10장에 "정자(程子) 또한 말씀하기를 '충서 두 글자는〔忠恕兩言〕 형체와 그림자와 같으니, 그중 하나를 제거하고자 하여도〔欲去其一〕 그렇게 할 수 없다."라고 하였기 때문에 이렇게 말한 것이다.

167 옥계 노씨(玉溪盧氏)가……대하여 : 옥계 노씨는 남송(南宋)의 학자인 노효손(盧孝孫)으로 옥계는 그의 호이다. 옥계 노씨의 말은 《대학장구대전》 전10장 "君子寧亡

○《왕정(汪訂)》에 이르기를 "《춘추》를 상고해 보건대, 중손멸(仲孫蔑 맹헌자)이 양공(襄公) 19년에 죽었는데, 이때 공자께서 아직 태어나지 않았다. 그런데 맹헌자가 자사를 스승으로 삼았단 말인가?" 하였습니다.

논 노씨의 이 설은 조관(照管 사실을 상고(詳考)함)에 잘못이 있는 듯합니다.

己之財, 而不忍傷民之力, 故寧有盜臣, 而不畜聚斂之臣. 此謂以下, 釋獻子之言也."라는 구절의 밑에 달린 소주에 보인다.

오사집에게 줌

與吳士執

고명(高明)의 훌륭한《중용차기(中庸箚記)》원고(原稿)를 삼가 작업을 마치고 돌려드립니다. 삼가 보건대, 고명은 통명(通明)한 재주를 가지고 공부에 침잠(沈潛)하여 경(經)의 뜻을 지극히 정밀하고 자세하게 분석하였습니다. 이에 왕왕 뭇 사람의 견해가 이르지 못한 곳에서 의리(義理)를 발명하여 참으로 미치기 어려울 정도로 매우 뛰어나니, 저로 하여금 찬탄하느라 입을 다물지 못하게 합니다.

그러나 다만 한 편의 글 속에 의문(疑問)을 일으킨 곳이 적고 결단하여 단정한 곳이 많아서 자못 주석의 체제와 비슷하여, 질문을 기다리는 사례들을 기록한 것과는 같지 않습니다. 그러므로 자신(自信)하는 것이 혹 지나쳐서 뜻을 겸손히 하는 의미에 있어 여전히 미진(未盡)한 점이 있습니다. 이 점은 마땅히 묵묵히 성찰하고 마음을 쓰셔야 할 듯한데, 어떻게 생각하십니까?

저를 인정해 주시는 두터운 은혜를 입어 감히 숨기지 못하니, 혹 참람하고 망령스럽다는 꾸지람을 받지 않겠습니까.

근재집

제12권

書서

오사집에게 줌
與吳士執

인심(人心)과 도심(道心)의 한계(限界)에 대하여 이리저리 말씀하셨는데, 저는 고명(高明)의 설(說)을 갑자기 따를 수가 없습니다. 아마도 율곡 어른의 설이 먼저 머리에 들어와 있어 그런 듯합니다.

보내주신 편지에서 "도리(道理)에 합하는 것이 도심이 된다면 반드시 도리에 합하지 않은 뒤에야 인심이 될 것이니, 그렇다면 어찌 '상지(上智)라도 인심이 없을 수 없다.'[1]라고 말하였겠습니까?"라고 한 것은 그 말씀이 그럴듯하나 옳지 않을 듯합니다.

인심이라고 칭한 것은 다만 당초에 형기(形氣)에서 발하는 것을 위주로 하여 말한 것인데, 도리에 합하는지 합하지 않는지는 후면(後面)의 일에 속하여 우선 이에 대해 논하지 않은 것입니다. 혹 도심의 명을 듣거나 혹 잘못 흘러가 인욕(人欲)이 된 뒤에야 비로소 도리에 합하는지 합하지 않는지의 분별이 있는 것입니다.

'상지(上智)라도 인심이 없을 수 없다'는 것은 다만 형기(形氣)에서 발하는 인심이 있음을 말한 것일 뿐이요 도리에 합하지 않는 인심이 있음을 말한 것이 아니니, 이는 의심할 만한 것이 없을 듯합니다. 또 고명의 편지에 이르기를 "인심이 도의(道義)에 의해 절제(節制)된 것은 인심이 바름을 얻은 것이요 도심이 기(氣)에 의해 가려진 것은 도심

1 상지(上智)라도……없다 : 이 내용은 주자의 〈중용장구서(中庸章句序)〉에 그대로 보인다.

이 바름을 잃은 것입니다. 바름을 얻고 바름을 잃은 것이 비록 이(理)와 기의 승부(勝負)에 말미암은 것이지만 그러나 이 때문에 깜깜하게 본래의 명목(名目)을 몰라서는 안 됩니다."라고 하셨는데, 이 설 또한 그럴듯하나 또 옳지 않을 듯합니다.

저 '이름〔名〕'이란 것이 무엇이겠습니까? 그 '실제〔實〕'를 칭하는 것이니, 그 실제를 얻으면 그 이름 또한 따라서 얻고, 그 실제를 잃으면 그 이름 또한 따라서 잃는 것입니다. 인심이 이미 바름을 얻었으면 이로 인하여 도심의 이름을 얻고 도심이 이미 바름을 잃었으면 따라서 도심의 이름을 잃으니, 이는 그 사리(事理)와 형세가 그런 것입니다. 어찌 인심에 있어서는 나아가 새로운 이름을 붙여주는 것에 인색하고 도심에 있어서는 그 옛 이름을 헛되이 차지하는 것을 관대하게 봐준단 말입니까?

이 때문에 저는 '두 가지의 마음이 서로 시작과 끝이 되지만 인심과 도심이란 칭호는 모두 처음 발한 것을 가리킨다.'는 설을 주장하는 것입니다. 저의 이 설은 진실로 율곡 어른의 설에 근본하지만, 이는 선배를 경외하여 감히 어기지 못해서가 아니라 의리(義理)를 찾음에 있어 실로 의견의 합함이 있었기 때문에 이러한 것입니다.

그러나 지금 이를 힐난(詰難)하는 자가 있어 말하기를 "인심이 도리에 합하는 것을 도심이라고 말하는 것은 괜찮지만, 도심이 형기에 가린 것을 인심이라고 말하는 것은 불가하다. 도심이 이미 곧바로 이루어지지 못하여 절도에 맞지 않으면 이미 인욕인 것이니, 어찌 인심이라고 말할 수 있겠는가."라고 한다면, 이 설이 또한 그럴듯하나 또 옳지 않은 점이 있습니다.

이른바 측은(惻隱)과 수오(羞惡)가 절도에 맞지 않는다는 것은, 다만 그 과(過)와 불급(不及)을 가지고 말한 것이요 곧바로 악(惡)이라고 하는 것이 아니니, 곧바로 이를 인욕으로 단정하여서는 안 됩니다. 비록 절도에 맞지 않는 것이 잘못 흘러 인욕이 되지만, 우선 다만 도심이 발한 곳과 중간에 형기에 가려진 것에 나아가 말한다면, 인심이라고 말하는 것이 옳지 않겠습니까.

이와 같이 따져서 분변한다면 구처(區處 분별하여 처리함)를 비로소 얻을 수 있어서 율곡 어른의 설에 의심이 없을 듯합니다. 고견은 어떠신지 모르겠습니다.

오사집에게 줌

與吳士執

고명이 말씀한 인심과 도심의 설에 대해 받들어 생각해보건대, 이 설이 어찌 정밀하고 간략하며 직절(直截)한 것이 아니겠습니까마는 그래도 미진한 점이 있는 듯하니, 청컨대 다시 묻겠습니다.

순(舜)임금은 인심과 도심을 상대하여 말씀하셨고 주자는 성명(性命)과 형기(形氣) 두 가지로 설파하셨으니, 그렇다면 명목(名目)이 나뉜 것이요 한계가 엄한 것입니다. 고명께서 서로 바꿔서 보려고 하지 않으시는 것에 대해, 저 또한 감히 대번에 완전히 잘못된 것이라고 말하지는 못합니다. 그러나 이(理)와 기(氣)의 승부가 있어서 인심과 도심이 변천하니, 이에 서로 시작과 끝이 된다는 설이 있게 된 것입니다.

오직 성명과 형기를 상대하여 말함이 있기 때문에 서로 시작과 끝이 된다고 하는 것이요, 만약 성명과 형기를 상대하여 말함이 없었다면 애당초 어찌 '호(互)' 자와 '상(相)' 자를 말할 수 있었겠습니까. 그러므로 인심이 처음 형기에서 생겨나〔生〕 성명에 합하면〔合〕-이미 도리에 합한다고 말했으면 또한 성명에 합한다고 말할 수 있습니다.- 끝내 도심이 되고, 도심이 처음에는 성명에서 근원하지만〔原〕 형기에 가리면〔掩〕 끝내 인심이 되니, 이는 실제가 변함에 이름 또한 변하는 것입니다.

'생(生)'이라는 말과 '원(原)'이라는 말은 그 처음을 말한 것이요 '합(合)'이라는 말과 '엄(掩)'이라는 말은 그 끝을 말한 것입니다. 고명께서 말씀한 것은 시작의 실제이고 제가 말한 것은 끝의 실제이니, 말을 많이 할수록 더욱 합하지 않는 것이 당연하지 않습니까. 《서경》과 《중용》의 서문에는 참으로 시작과 끝의 뜻이 없는 듯합니다. 하지만 순임금과 주자는 대강(大綱)을 말씀한 것이요, 율곡 어른은 자세히 미루어 말씀한 것입니다. 이른바 '자세히 미루어 말씀했다'는 것은 외부에서 의리(義理)를 끌어다가 삽입했다는 것이 아니요 실로 본문의 여의(餘意)를 말한 것입니다.

주자의 〈서문〉에 비록 곧바로 '서로 시작과 끝이 되는 뜻'을 말씀하지 않았으나, 자세히 검토해보면 본래 서로 시작과 끝이 되는 묘맥(苗脈)이 있습니다. 무엇을 말하는 것이겠습니까? 인심이 위태로운 것이라면 도심이 편안한 것임을 알 수가 있으니, '위태로운 것이 편안해진다〔危者安〕'고 말한 것이 어찌 인심이 성명에 합하면 도심이 된다는 것이 아니겠습니까. 도심이 은미(隱微)하다면 인심의 사이에서 뒤섞여 나오니, 은미한 것이 더욱 은미해진다고 말한 것이 어찌 도심이 형기에 가려져 인심이 된다는 것이 아니겠습니까.

이로써 살펴보면, 《주자어류》의 '인심이 모두 도심'이라는 설[2]을 기다릴 것도 없이 이미 서로 시작과 끝이 되는 뜻이 있는 것입니다. 그렇다면 율곡 어른의 설은 바로 주자의 뜻이고 주자의 뜻은 바로 대순(大舜)의 말씀 밖의 뜻이니, 어찌 믿지 않을 수 있겠습니까.

예컨대 〈서문〉의 맺음말인 '인심이 매양 도심의 명을 듣게 되면〔人心每聽命〕'이란 말에 이르러, 끝내 인심이란 이름에서 분리되지 않는 것의 증거로 삼고자 한다면, 혹 옳지 않을 듯합니다. 인심이 변하여 도심

2 주자어류의……설 : 이 내용은 《주자어류(朱子語類)》 권(卷)78 〈상서(尙書) 1 대우모(大禹謨)〉에 보인다.

이 되는 것은 바로 도심의 명을 들은 이후의 일이니, 장차 도심이 주인이 되고 인심이 그 명을 듣는 것에 대해 말하려 한다면 형편상 마땅히 그 본명(本名)을 들어야 합니다. 비유하자면 예(禮)에 "남의 아들을 취하여 자신의 후사로 삼았다."라고 말하는 것과 같으니, 이미 취하여 자신의 후사가 되었으면 이는 자신의 아들입니다. 그런데 여전히 남의 아들이라고 말한 것은 '나온 출처〔所從來〕'의 근본을 말해야 하기 때문에 이렇게 말하지 않을 수 없는 것입니다. 그러나 이미 자신의 후사로 삼았다면 이는 자신의 아들이지 남의 아들이 아닌 것입니다.

인심이 변하여 도심이 되는 것은, 여기에서 혹 그 본명을 칭했더라도 이미 그 바름을 얻어 도(道)에 합하면 어찌 끝내 도심이라고 칭할 수 없겠습니까. 얼음이 따뜻한 기운을 만나 녹아서 물이 되면 물이라고 부르고 얼음이라고 부르지 않고, 비가 차가운 기운을 만나 응결되어 눈이 되면 눈이라고 부르고 비라고 부르지 않으니, 인심이 도심이 되고 도심이 인심이 되는 것이 어찌 이와 다르겠습니까. 그 실제가 변하면 그 이름 또한 변하는 것이니, 억지로 이렇게 되는 것이 아닙니다.

보내주신 편지에서 "사단(四端) 중에 형기로 인하여 절도에 맞지 않는 것을 곧바로 인심이라고 말하는 것은 또한 곡절(曲折)이 부족합니다. 인심이란 이름은 다만 형기에서 발한 것의 칭호일 뿐이니 어찌 별도의 곡절이 있겠습니까."라고 하시고, 또 제가 앞의 편지에서 "도리에 합하고 도리에 합하지 않는 것은 후면의 일에 속한다."라고 말한 것을 가지고 또 이르시기를 "인심이 도리에 합하는 것이 도심이 되고 도심이 절도에 맞지 않는 것이 인심이 된다는 것은 모순되는 바가 있습니다."라고 하시니, 이는 저의 뜻을 깊이 살피지 못하여 이렇게 말씀하신 듯합니다.

대저 '인심이 도리에 합하는지 여부가 구분되지 않는다'는 것은 처음 발할 때를 가리키는 것이요, 끝내 도에 합하고 합하지 않는 것의 구분이 없다고 말한 것은 아닙니다. 인심이 처음에는 위태롭고 안정되지 못하여, 도에 합할 수도 있고 도에 합하지 않을 수도 있다가 도에 합함에 이르면 도심이 되고 도에 합하지 않으면 인욕이 됩니다.

이른바 "도리에 합하는지의 여부는 후면에 속한다."라는 것은 다만 인심을 가리킨 것일 뿐이지 도심을 함께 가리킨 것이 아닙니다. 도심은 본래 도리에서 발한 것의 명칭인데, 어찌 '도에 합하고 도에 합하지 않는 것을 마땅히 도심에 있어 말해서는 안 된다'고 말할 수 있겠습니까. 또 저 도심이 절도에 맞지 않는 것을 가지고 인심이라고 말한 것은, 절도에 맞지 않아서 인심이 된다고 말한 것이 아니요 바로 형기에 가려져서 인심이 된다고 말한 것이니, 다만 형기 두 글자를 가지고 이를 말한 것일 뿐입니다. 말이 비록 통창(通暢)하지 못하나 뜻은 여기에 있으니, 실로 모순이 아닙니다. 한번 저의 편지를 다시 취하여 자세히 살펴보시기 바랍니다.

대저 인심과 도심이 이미 둘로 상대하여 말한 것이라면, 그 본래의 이름으로 인하여 변하지 않는 것이 옳은데, '반드시 서로 처음과 끝이 된다고 말하고 반드시 서로 그 이름이 바뀐다고 말한 것'은 어째서이겠습니까? 도리(道理)를 주인으로 삼기 때문입니다. 도리가 주인이 되기 때문에 비록 인심이라도 그 도리를 얻으면 나아가 도심이 되고 비록 도심이라도 그 도리를 잃으면 물러나 인심이 됩니다.

이를 일러 '처음과 끝〔終始〕', '서로 바뀜〔互易〕'이라고 하니, 이것을 가지고 마음의 용(用)이 유통되는 묘함을 밝혀서 사람들로 하여금 그 일신(一身)이 혼연히 도심이 되게 하고자 한 것입니다. 여기에서 참되고 간절하게 글을 썼음을 볼 수 있습니다.

만약 인심이 바름을 얻었는데도 끝내 도심이 되지 못한다면 장차 '바름을 얻은 인심〔得正之人心〕'[3]을 귀하게 여기지 않아 이를 끊고자 해서, '그 입을 닫는 것〔閉其口〕'을 음식의 바름으로 여기며 '그 몸을 벌고 벗는 것〔裸其體〕'을 의복의 바름으로 여길 것이니, 아! 또한 위태로운 일입니다. 도심이 바름을 잃었는데도 끝내 도심의 자리를 잃지 않는다면 장차 '바름을 잃은 도심〔失正之道心〕'을 병통으로 여기지 않아 이를 지키고자 하여, '작은 일에 차마하지 못하는 것〔小不忍〕'을 측은(惻隱)의 바름으로 여기고 '미워함이 너무 심한 것〔疾已甚〕'을 수오(羞惡)의 바름으로 여길 것이니, 아! 또한 위태로운 일입니다.

그러므로 한갓 각각 나눠진 이름만을 알고 서로 바뀌는 실체를 연구하지 않으면 치우쳐서 폐단이 됨이 이 지경에 이를 것이니, 유념하지 않을 수 있겠습니까.

혹자가 이르기를 "인심이 도심이 될 수 있고 도심이 인심이 될 수 있다면 한계가 분명하지 못하니, '오직 정밀하게〔惟精〕' 하는 것이 아닐 것이다."라고 하기에, 제가 이르기를 "이것이 참으로 한계를 분명하게 하는 것이고 이것이 바로 '오직 정밀하게' 하는 것이다."라고 하였습니다. 한갓 그 시작만을 보고 그 끝을 살피지 못하며, 다만 그 분리됨만을 알고 상호적임을 알지 못하면 또한 어찌 정밀하게 살펴서 뒤섞이지 않을 수 있겠습니까. '한결같이 한다〔惟一〕'는 말은 도심의 바름을 지킨다고 말한 것이 아니라 본심(本心)의 바름을 지킨다고 말한 것입니다.

3 바름을 얻은 인심〔得正之人心〕: 저본에는 '바름을 얻은 도심〔得正之道心〕'으로 되어있는데, 문맥을 감안하여 인심으로 바꿔 번역하였다.

어째서이겠습니까? 인심과 도심을 막론하고 오직 의리(義理)에 합하면 모두 본심이 되니, 여기에서 또한 인심과 도심이 서로 시작과 끝이 되어서 한번 정해지면 바뀔 수 없는 것이 아님을 알 수 있습니다. 고명께서는 어떻게 생각하는지 모르겠습니다.

오사집에게 줌
與吳士執

‘라(蘿 겨우살이)’와 나무의 비유도 진실로 조리가 있습니다. 그러나 ‘라’와 나무는 본래 두 가지 물건이지만 인심과 도심이 어찌 두 가지 마음이겠습니까. 다만 이(理)를 위주로 하느냐 기(氣)를 위주로 하느냐에 따라 그 이름이 달라지는 것일 뿐입니다. 인심이 도심이 되는 것은 마치 곁가지가 자라나 곧게 뻗은 줄기가 되는 것과 같으니, 그렇다면 이는 본래 하나의 나무일 뿐입니다. 그러나 비유라는 것은 그 비슷함을 말하는 것이니, 비슷하다면 참된 것이 아닙니다.

보내오신 편지에서 “실제(實際)를 잡아 논하는 것만 못하다.”라고 말씀하신 것은 옳습니다. 실제를 잡아 논하면 그 긍경(肯綮)[4]이 ‘한결같이 하는 것〔惟一〕’과 ‘명령을 따름〔聽命〕’의 가르침에 있으니, 그렇다면 먼저 이 ‘유일(唯一)’과 ‘청명(聽命)’의 글에 나아가 다시 질정하여도 괜찮겠습니까?

유일은 진실로 종주(宗主)의 뜻이니, 종주가 되는 것은 어째서이겠습니까? 도(道)이기 때문입니다. 비록 인심이라도 도리(道理)에 합하면 이 또한 도심인데, 유독 종주가 될 수 없단 말입니까. 주자가 유일을

4 긍경(肯綮) : 사물의 가장 긴요한 곳, 또는 핵심을 이르는 말이다. 긍은 뼈 사이에 붙은 살을 가리키고, 경은 힘줄과 살이 얽힌 부분을 가리키는데, 소를 잡는 포정(庖丁)이 긍경을 정확히 알아 순리(順理)에 따라 칼을 써서 오랜 세월 동안 수천 마리의 소를 잡고도 칼날이 마치 숫돌에 막 간 것처럼 말끔했다는 고사에서 온 말이다. 《莊子 養生主》

해석할 적에 '일(一)은 그 도심의 바름을 지키는 것'이라고 말씀하지 않고 '그 본심(本心)의 바름을 지키는 것'이라고 하였으니, 인심이 그 바름을 얻었다고 말한 것은 또한 본심을 말한 것일 뿐입니다.

'청명(聽命)' 두 글자를 근거로 삼음에 이르러, 고명께서는 저의 설(說)을 '손님을 불러 주인으로 삼고 아래를 가리켜 위로 만든 것'이라고 여기셨는데, 이는 위차(位次)를 바꾸고 명분(名分)을 무너뜨림에 가까우니 가장 황공한 일입니다. 그러나 족하(足下)가 이미 비유는 실제가 아니라고 하고서 또다시 비유를 함은 어째서입니까?

족하가 이미 비유를 하였으니, 저 또한 하나의 비유를 들겠습니다. 지금 스승의 명을 따르는 제자가 있는데, 동정(動靜)과 언행(言行)이 스승을 본받지 않음이 없어서 능히 그 스승과 같게 되면 또 다른 사람이 와서 이 제자를 높여 스승으로 삼을 것이니, 이는 청명에 근본하여 이루어지는 것입니다. 인심이 도심의 명을 따라 다시 도심이 되는 것이 어찌 이와 같은 것이 아니겠습니까? 청명 두 글자에 굳이 너무 구애될 것이 없을 듯합니다.

문 "마음이 발출(發出)되자마자 도(道)에 합하는지 합하지 않는지가 이미 판별되니, 선후를 말할 만한 것이 없다." 운운

답 마음이 발출되자마자 바로 도에 합하는지 합하지 않는지가 판별된다면, 도심의 명을 따를 틈이 없고 도심의 구처(區處)를 기다릴 것 없이 저절로 도에 합할 듯하니, 이는 인심이 스스로 주장하여 그렇게 된다는 것인데, 아마도 옳지 않을 듯합니다. 또 이 마음을 가지고 이를 검증한다면, 굶주려서 음식을 먹을 생각이 막 처음 발할 때에는 다만 음식을 먹는 것을 생각할 뿐이요, 미처 마땅히 먹어야 할 것을 먹고

마땅히 먹지 말아야 할 것은 먹지 않는 의리를 생각하지 못하니, 그렇다면 이는 도에 합하는지 도에 합하지 않는지가 나뉘지 않은 것입니다.

굶주려서 음식을 먹을 것을 생각하는 것이 당연한 이치라면 스스로 음식을 먹을 것을 생각하는 것이 도에 합한다고 말하는 것 또한 가능하지만, 다만 그 아래에 또 마땅히 먹어야 할 것을 먹고 마땅히 먹지 말아야 할 것은 먹지 않는다는 한 구절이 있다면, 비록 도에 합하는지 합하지 않는지가 나뉘지 않았다고 말해도 괜찮을 것입니다. 이는 참으로 선후를 딱 잘라 나눌 수가 없는데도 또한 선후를 말할 만한 것이 있을 수 있는 것이니, 이것으로 처음과 끝을 나누는 것이 옳지 않겠습니까.

문 "형기의 가림이 이 삼단(三端, 세 가지 단서)이 있으니, 일단(一端)을 가지고 이를 개괄하는 것은 고단(孤單)함에 가까울 듯하다." 운운

답 보내오신 편지에 "사단(四端)이 원래 발하지 못하여 인욕(人欲)으로 돌아간 것은 이미 인욕이니, 인심이라고 할 수 없다."라고 하셨는데, 사단의 시초에는 자연 그러하나 끝에는 형기에 가린 것이 기(氣)에 국한되어 선단(善端)이 막혀 끊겨져 소멸되니, 그렇다면 이는 도심이 없어져 인욕이 되는 것입니다.-예컨대 어린아이가 우물 속으로 들어가는 것을 처음 보았을 적에 측은지심이 불쑥 발출되었다가 중간에 계교(計較)하여 어린아이의 부모와 교분을 맺고자 하거나 인자하다는 명예를 구하는 마음이 들게 되면 이는 측은지심이 사라져 인욕이 되는 것입니다.-

이것들은 모두 도심이 인심이 되는 것이라고 말할 수 없습니다. 도심이 인심이 되는 것은 원래 다만 사단이 절도에 맞지 않는 것일 뿐이니,-예컨대 대도(大盜)가 형벌을 받는 것을 보고 눈물을 흘리는 경우는, 이는 율곡이 인용한

'대우(大禹)가 죄인을 보고 눈물을 흘리는 뜻'과 같지 않으니, 다만 기(氣)가 너무 유약(柔弱)함의 소치(所致)일 뿐입니다.- 어떻게 삼단이 있다고 말하겠습니까. 저는 믿을 수가 없습니다.

문 "'위태로움〔危〕'과 '은미함〔微〕'은 체단(體段)으로 말한 것이고 '편안함〔安〕'과 '더욱 은미함〔愈微〕'은 공부의 소치임을 말한 것입니다." 운운

답 인심과 도심이 서로 바뀌는 것은 바로 공부 이후의 일입니다. 제가 이미 서로 바뀜을 말했으니, 그렇다면 어찌 공부 이후를 가리키지 않을 수 있겠습니까.

문 "도에 합하는지와 도에 합하지 않는지의 사이에 위(危) 자를 놓을 곳이 없을 듯하다." 운운

답 '위태롭다〔危〕'는 것은 존망(存亡)이 나뉘지 않은 말입니다. 만약 발하자마자 이미 도에 합하면 편안하고, 발하자마자 도에 합하지 않으면 사라지니, 참으로 위(危) 자를 말할 것이 없습니다. 그러나 또한 선(善)이라고 말할 만한 것이 있고 악(惡)이라고 말할 만한 것이 있는데, 두 가지 사이에 시절(時節)[5]이 나뉘지 않으면 그 기미가 위태롭습니다. 그러므로 '위태로워 안정되지 못하다〔危而未定〕'고 말한 것입니다.

그러나 이 말은 본문의 '유위(惟危)' 자와 조금 다릅니다. 본문의

5 시절(時節) : 무엇을 말한 것인지 분명히 파악되지 않는다. 선과 악을 말한 시기라는 의미로도 보이나 확실하지 않다.

'위(危)' 자는 사사롭기는 쉽고 공정하기는 어렵기 때문에 위태로운 것이지, 오로지 존망이 나뉘지 않아서 말한 것은 아닙니다. 제가 말한 '위이미정(危而未定)' 네 글자는 끝내 온당하지 못할 듯하니, 삼가 마땅히 헤아려 고쳐야 할 것입니다.

고명의 설은 곧바로 본래(本來)의 한계를 가리켰고 저의 설은 그 뒤에 오는 변역(變易)을 미루어 말하여 주장한 것이 이미 다르니, 억지로 합하는 것은 그 형편상 결단코 불가능할 것입니다. 요컨대 두 가지 설은 하나도 폐해져서는 안 됩니다. 주자가 두 가지 설이 모두 통하는 곳에서는 두 가지 설을 함께 보존한 전례(前例)가 있으니, 우선 여기에 의거하여 놓아두고 지혜로운 자를 기다림이 어떻겠습니까?

오사집에게 답함

答吳士執

가르침을 내려 주시니 감사의 마음 간곡합니다. 그러나 저는 우선 함께 보존하기를 청하였는데 좌하(座下)는 반드시 한 쪽은 폐(廢)하려고 하시니, 공평하고 광대(廣大)한 뜻이 부족할까 염려됩니다. 지금 다시 논변(論辨)하더라도 이전의 설에서 벗어나지 못할 것입니다. 또 이미 하나로 귀결(歸結)될 수가 없는데 한갓 장황(張皇)하고 혼란스러움을 일삼는 것은, 주부자(朱夫子)께서 말씀하신바 '분란(紛亂)스럽고 무익(無益)하여 기상(氣象)이 좋지 않다'는 것이니, 유념하지 않을 수 없습니다.

바라건대 지난번의 가르침을 따라서, 이 논의를 버리고 다른 것을 논하는 것이 묘책이 될 것입니다. 따로 한 가지 일을 바꾸어 생각하는 것[6]이 선현들이 가지셨던 성법(成法 이미 이루어져 지켜 온 법)입니다.

6 따로……것 : 이 내용은 정이천(程伊川)이 《근사록(近思錄)》 권3 〈치지류(致知類)〉에서 말한 "만약 한 가지 일에 있어서 생각하여 알 수 없거든, 우선 따로 한 가지 일을 바꾸어 생각하여야 한다.〔且別換一事思之.〕"라는 구절을 인용한 것이다.

오사집에게 줌

與吳士執

지난번에 얼굴을 마주하고 이야기를 나눌 적에, 저의 설에 "성(性)자는 동(動)·정(靜)을 관통합니다."라는 말이 있었는데, 이는 성에 이발(已發)과 미발(未發)이 있어서, 편향되게 정(靜)만을 가지고 성을 말해서는 안 됨을 이른 것입니다. 이에 고명께서는 논박하여 이르기를 "이발을 성으로 여기는 것은 사단(四端)을 성으로 여기는 설과 다름이 없습니다."라고 하였습니다.

저는 감히 스스로 옳다고 말할 수는 없지만 다시 생각할 만한 것이 있습니다. 성(性)은 동·정을 관통(貫通)하여, 있지 않은 곳이 없습니다. 정에서는 성의 체(體)가 확립되고 동에서는 성의 용(用)이 행해지니, 이것이 성의 온전한 것입니다. 만약 오로지 정만을 성이라고 여긴다면 이 성은 체는 있지만 용이 없는 물건이 되니, 옳겠습니까.

《예기》〈악기(樂記)〉에 이르기를 "사람이 태어나서 고요함은 하늘의 성이다.〔人生而靜 天之性也〕"라고 한 것과, 《중용장구》에 이르기를 "희(喜)·로(怒)·애(哀)·락(樂)이 발하지 않은 것은 성이다.〔未發則性也〕"라고 한 것은, 다만 오로지 동(動)에서는 선(善)도 있고 악(惡)도 있지만 정(靜)에서는 선만 있고 악은 없어서 오직 정할 때에만 성의 본체를 볼 수 있다고 말한 것일 뿐입니다. 이는 비단 정(靜)으로 성을 형용한 것이 아니고 또한 미발을 성으로 훈(訓)한 것도 아닙니다. 그렇다면 '오성이 감응하여 동한다〔五性感動〕'의 동 또한 이 성(性)이요 '성이 발하여 정이 된다〔性發爲情〕'의 정 또한 이 성(性)인 것입니다.

우암 어른이 말씀하신바 "성과 정은 명명이 비록 다르나〔命名雖殊〕, 그 이(理)는 똑같다."라고 하셨으니,[7] 어찌 믿지 않을 수 있겠습니까. 그러므로 제가 "성(性) 자는 동·정을 관통한다."라고 한 것입니다. 사단(四端)을 성이라고 말한 설에 이르러는 오로지 동을 성으로 여긴 것입니다. 저의 설은 동·정을 겸하여 성을 말한 것인데도 좌하께서는 이를 나란히 하여 똑같다고 하셨는데, 실상은 똑같지 않습니다.

그러나 '동·정을 관통한다〔貫動靜〕'의 '관(貫)' 자는 마음과 뒤섞이고 경(敬)에 관련된다는 혐의가 있을까 염려되므로, 이제 '성은 동·정을 포함한다〔性含動靜〕'고 바꿔 말하고자 하는데, 혹자가 말하기를 "성은 동·정을 탄다.〔性乘動靜〕"라고 하니, 어떨지 모르겠습니다.

주자가 말씀하기를 "태극(太極)은 동·정을 포함한다.〔太極含動靜〕"라고 하셨는데, 성(性)이 바로 태극이니, '성이 동·정을 포함한다'고 말하는 것이 불가하겠습니까. 또 말씀하기를 "태극은 본연의 묘함이고 동·정은 이것이 타는 기기(氣機)이다.〔太極者 本然之妙 動靜者 所乘之機〕"라고 하셨습니다. 마음은 적감(寂感)[8]이 있으니 마음은 바로 기(氣)이고, 성은 동·정이 있으니 성이 바로 이(理)인 것입니다. 이

7 우암……하셨으니 : 이 내용은 《송자대전(宋子大全)》 부록(附錄) 권15 〈어록(語錄) 금간록(金幹錄)〉에 보이는데, 원본에는 '명명수수(命名雖殊)'가 '명명수(命名殊)'로 되어 있다.

8 적감(寂感) : 성리학 용어로 적연부동(寂然不動)과 감이수통(感而遂通)을 줄인 말로 각각 정(靜)과 동(動)에 대응하는 말인데, 마음의 체(體)와 용(用)을 비유할 때에도 자주 쓰인다. 《주역》 〈계사전 상(繫辭傳上)〉에 "역은 생각도 없고 하는 것도 없어서, 고요히 움직이지 않고 있다가, 느끼게 되면 마침내 천하의 일에 통하나니,〔寂然不動, 感而遂通天下之故〕 천하에 지극히 신령스러운 자가 아니면 그 누가 여기에 참여할 수 있겠는가."라는 구절에서 나온 말이다.

(理)가 이 기(氣)를 탄다면 동·정을 탄다고 말하는 것이 옳지 않겠습니까. 주자가 일찍이 말씀하기를 "한 번 동하고 한 번 정하여 동·정에서 움직이는 것이 성(性)의 참모습이다."라고 하였으니, 이로써 살펴본다면 성은 정(靜) 한쪽에만 소속시킬 수 없는 것임이 분명합니다. 어떻게 생각하십니까?

오사집에게 줌
與吳士執

《중용》과 《예기》 〈악기(樂記)〉의 '성(性)' 자는, 비록 '정 가운데의 이(理)〔靜中之理〕'를 성이라고 말한 것이지만, 소위 '정 가운데의 이'는 실로 또한 '동 가운데의 이〔動中之理〕'이니 어찌 동이 없는 정이 있겠습니까. 주자가 이르시기를 "정 또한 동이 멈춘 것이다."라고 하였으니, 이를 살펴보면, 정을 말하면 동이 이 가운데에 있는 것입니다. 어찌 편벽되게 정(靜)만을 성으로 보겠습니까.

장자(張子)의 "마음이 성·정을 통괄한다.〔心統性情〕"라는 말과 같은 것에 이르러는 어찌 지극히 정밀한 것이 아니겠습니까마는, 주자가 명덕(明德)을 해석함에 심(心)·성(性)을 합하여 말씀해서, 여기에서 하나의 '정(情)' 자를 제거하였습니다. 성은 실로 정을 포함하니 성을 말하면 정이 여기에서 벗어나지 않는 것입니다. 또 하필 매양 성과 정을 나누어 말해야 하겠습니까.

편지에서 "정(靜)하면 성(性)이라 이른다."라고 하신 것은, 비록 〈악기〉의 예(例)를 따른 것이나 〈악기〉의 경우 '정(靜)' 자는 모두 성(性)의 본체(本體)를 말한 것이요 성의 명칭이 아닙니다. 그런데 지금 '위지(謂之)' 두 글자를 더한 것은 곧바로 정을 성의 명칭이라고 한 것이니, 편향(偏向)된 것이 아니겠습니까. 주자가 "동·정에서 행해지는 것이 성(性)의 참모습이다."라고 하시고, 아래에 이르기를 "그러므로 천명지성(天命之性)이라고 말한다."라고 하였습니다. 이는 천명지성이 동·정을 겸한 것이니, 어찌 매우 분명한 것이 아니겠습니까.

‘성(性)’과 ‘이(理)’ 자를 진실로 나누어 볼 때가 있지만 성은 실로 마음 상의 이(理)이니, 그렇다면 어찌 이(理)는 동·정을 겸하고 성은 동·정을 겸하지 못한다고 말할 수 있겠습니까. 정만 있고 동이 없는 것이 어찌 성의 온전함이겠습니까. 《중용장구》에서 이(理)를 성으로 훈석(訓釋)한 것은 진실로 기를 상대한 이(理)를 가리킨 것인데, 기(氣)를 상대한 이(理)에 과연 동(動)이 없겠습니까. 어찌 이(理)는 동·정을 겸한다고 범연히 말하고 기를 상대한 이(理)는 한결같이 정(靜)이라고 말할 수 있겠습니까. 이(理)는 기가 아니면 움직이지 못하지만, 기를 동하게 하는 이(理)가 없으면 기가 어떻게 동하겠습니까. 그러므로 기를 상대한 이(理) 또한 동·정을 포함하여 볼 수 있는 것입니다.

정(情) 자는 성(性)을 따르고 용(用)을 따르니,[9] 이는 성의 용을 말한 것입니다. 만약 성의 용은 성이 아니라고 한다면, 체(體)와 용(用)이 한 근원이 되는 뜻이 어디에 있습니까?

9 정(情) 자는……따르니 : 이 내용은 무엇을 말하는지 미상이다. ‘情’ 자가 ‘性’ 자와 같이 마음 심(心) 변에 속해있으므로 성을 따른다고 말한 것으로 보이나, 나머지는 미상이다.

오사집에게 줌

與吳士執

'성 자에 대한 설〔性字說〕'은 받들어 이해하였습니다. 진실로 정밀한 뜻이 있음을 알겠지만, 저의 미견(迷見 사리에 어두운 소견)에는 끝내 석연치 않은 점이 있습니다. 저는 본래 성이 동·정을 겸하였다고 보았는데, 근간에 남당(南塘)[10]이 지은 《주자언론동이고(朱子言論同異攷)》를 보니, 중용(中庸) 조의 소주(小註)에 이르기를 "성(性)의 미발(未發)이 중(中)이 되고 이발(已發)이 화(和)가 되니, 나누어 말하면 성(性)과 정(情)이고 통합하여 말하면 다만 성이다."라고 하였습니다. 이는 또 저의 설에 있어 하나의 증거가 될 수 있습니다.

10 남당(南塘) : 한원진(韓元震, 1682~1751)의 호로, 자는 덕소(德昭), 본관은 청주(淸州)이다. 권상하(權尙夏)의 문인으로 강문팔학사(江門八學士) 중 한 사람이며, 호락논쟁(湖洛論爭)에서 호론(湖論)의 인물성이론(人物性異論)을 주도한 인물이다.

오사집에게 줌

與吳士執

우암 어른의 설에 있어 성(性)과 정(情) 자가 이름은 다르나 이치는 똑같으니, 이는 바로 동·정이 똑같은 성이라는 뜻입니다. 그런데 좌하는 이(理) 한 글자에 집착하여 성과 이(理)를 나누어 둘로 만들고자 하시니, 온당치 않은 듯합니다. 남당 어른의 설은 바로 중(中)과 화(和)가 똑같은 성이라는 의미이니, 지금 어찌 굳이 똑같은 성이라고 말하지 않고 반드시 똑같은 이(理)라고 말하겠습니까.

이발(已發)과 미발(未發)은 바로 마음의 적(寂)·감(感)이니, 그렇다면 진실로 지각(知覺)에서 말할 수 있고, 심과 성에는 두 가지 용(用)이 없으니, 마음이 미발이면 성도 미발이고 마음이 이발이면 성도 이발입니다. 이는 마치 사람이 말〔馬〕을 타는 것과 같아서, 말이 서면 사람 또한 서고 말이 가면 사람 또한 가는 것과 같은데, 이발과 미발을 유독 성에서는 말할 수 없겠습니까.

"미발은 성이다.〔未發則性〕"라는 말이 '성의 미발〔性之未發〕'이란 말과 어법(語法)이 과연 같지 않은 듯합니다. 그러나 염계(濂溪) 선생이 이미 말씀하기를 "오성(五性)이 감동한다."라고 하였으니,[11] 그렇다면

11 염계(濂溪)……하였으니 : 염계는 북송의 학자로 성리학의 기초를 닦은 주돈이(周敦頤, 1017~1073)의 호이다. 염계 선생의 말은 〈태극도설(太極圖說)〉에 "오직 사람만이 빼어난 기운을 얻어 가장 영특하니, 형체(形體)가 이미 생김에 신(神)이 지혜를 발한다. 그리하여 오성(五性)이 감동하여〔五性感動〕 선(善)·악(惡)이 나누어지고 만사(萬事)가 나오는 것이다."라고 보인다.

성(性)에 미발과 이발이 있음을 알 수 있습니다. 염계 어른의 설 또한 주자의 설과 차이가 있다고 하여, 믿을 수 없는 것입니까. "정 또한 성이다.〔情亦是性〕"라는 네 글자는 말이 놀랍고 괴상하니, 마땅히 고명께서 가장 의심을 품어야 합니다.

그러나 정자(程子)가 일찍이 "도 또한 기이고 기 또한 도이다.〔道亦器 器亦道〕"라고 말씀한 적이 있습니다. 도와 기는 두 가지 물(物)인데도 오히려 또 이렇게 말씀하였는데, 성과 정이 본래 두 가지 물(物)이 아니니, 그렇다면 "정 또한 성이다.〔情亦是性〕"라고 한 것이 어찌 말이 되지 않는단 말입니까. 성은 미발한 정이고 정은 이발한 성입니다. 염계가 이르기를 "중은 화이다.〔中也者和也〕"라고 하였으니, 비록 화라고 말했어도 또한 중이라고 할 수 있는 것입니다.

사성(四性)[12]은 체와 용이 합한 것이니, 인(仁)의 체는 유(柔)하지만 그 용은 강(剛)하며, 의(義)의 체는 강하지만 그 용은 유하니, 인과 의가 어찌 동·정을 겸한 것이 아니겠습니까.

12 사성(四性) : 성리학의 주요 개념 중의 하나로, 인간의 본성인 인(仁)·의(義)·예(禮)·지(智)를 이른다. 이러한 본성에서 측은지심(惻隱之心)·사양지심(辭讓之心)·수오지심(羞惡之心)·시비지심(是非之心)의 네 가지 실마리가 나오는데, 이를 '사단(四端)'이라고 한다.

오사집에게 줌

與吳士執

지난번 답장에 '성에 대한 설〔性說〕'을 말하면서, 다만 "정 또한 성이다.〔情亦是性〕"라는 말에 대해서만 언급하고 "성은 동·정을 겸한다.〔性兼動靜〕"라는 말에 대해서는 언급하지 않은 것은 어째서입니까? 제가 삼가 생각해 본 적이 있는데, 《예기》〈악기〉와 《중용》은 조금 다른 점이 있습니다. 〈악기〉에서 오로지 정(靜)으로 성을 말한 것은, 그 아래에 "외물에 감응되어 동한다.〔感於物而動〕"라는 구절이 있기 때문입니다. 그러나 《중용》의 '하늘이 명한 성〔天命之性〕'의 성 자 안에는 실로 동·정이 모두 있습니다.

이 구(句)와 아래 구에 동정(動靜)이란 글자가 보이지 않기 때문에 독자가 제4절[13]이 미발과 이발을 나누어 말한 것과 연관시켜 보아서, 마침내 '천명지성(天命之性 하늘이 명한 성)'을 미발로 여기고 '솔성지도(率性之道 성을 따르는 도)를 이발로 여깁니다. 그러나 실은, '천명'은 부여(賦與)함을 가지고 말한 것이요 '솔성'은 사물을 가지고 말한 것이니, 제4절의 글처럼 굳이 각각 동과 정으로 나눌 것이 없습니다.

'천명지성'이 동·정을 겸한다고 말하는 이유는 다음과 같습니다. 《장구》에서 이를 해석하기를 '건(健)·순(順)과 오상(五常)의 덕(德)'

13 제4절 : 《중용》 제1장의 네 번째 절을 이른다. 여기에 "기뻐하고 노하고 슬퍼하고 즐거워하는 정(情)이 발(發)하지 않은 것을 중(中)이라 이르고, 발하여 모두 절도(節度)에 맞는 것을 화(和)라 이르니, 중이란 천하의 큰 근본이요 화란 천하의 공통된 도(道)이다."라고 하였다.

이라고 하였으니,[14] 건・순은 동・정의 이(理)가 아닙니까. “대본은 하늘이 명하신 성이다.〔大本者 天命之性〕”의 아래에 “천하의 이(理)는 모두 이로 말미암아 나온다.〔天下之理 皆由此出〕”라고 하였으니,[15] 나온다는 것은 바로 ‘동(動)’ 자를 말한 것입니다. 그렇다면 성이 어찌 동・정을 겸한 것이 아니겠습니까.

미발은 성(性)의 이름이 아닙니다. 진실로 이것이 성의 본체(本體)이지만 이것으로 성을 이름할 수 없으니, ‘미발은 성이다.〔未發則性〕’라고 말한 것 또한 이 뜻입니다. 만약 미발을 성이라고 한다면 중(中)을 성이라고 하는 것이 가(可)하겠습니까. 만약 성은 다만 정(靜)이라고 한다면 하늘의 명령이 어찌 정만 있고 동이 없는 성을 가지고 명하였겠습니까. 성이 어찌 체만 있고 용이 없는 물(物)이겠습니까. 이 이치를 분명하게 파악하는 것이 참으로 좋습니다.

“정 또한 성이다.〔情亦是性〕”라고 말한 것은 감히 명목(名目)을 뒤섞어 구별이 없게 하려는 것이 아닙니다. 이미 정이라고 말하고 또 성이라고 말하였으니, 그렇다면 나누어 말하지 않은 적이 없는 것입니다. 하나의 역(亦) 자를 놓은 것은 명목의 경계 가운데에 그 동・정이 둘이

14 장구에서……하였으니 : 이 내용은 《중용》 제1장 제1절의 《장구》에 “하늘이 음(陰)・양(陽)과 오행(五行)으로 만물을 화생(化生)할 적에 기(氣)로써 형체를 이루고 이(理) 또한 부여하니, 명령(命令)함과 같다. 이에 사람과 물건이 태어남에 각각 부여받은 바의 이(理)를 얻음으로 인하여 건(健)・순(順)과 오상(五常)의 덕(德)을 삼으니, 이른바 성(性)이라는 것이다.”라는 구절에 보인다.

15 대본(大本)은……하였으니 : 이 내용은 《중용》 제1장 제4절의 《장구》에 “대본(大本)은 하늘이 명하신 성(性)으로 천하의 이(理)가 모두 이로 말미암아 나오니〔天下之理, 皆由此出〕, 도(道)의 체(體)이다.”라고 보인다.

아님을 보이고자 한 것이니, 이는 바로 이른바 "하나이면서 둘이고 둘이면서 하나이다.〔一而二 二而一〕"라는 것입니다.

고명의 설은 바로 남당(南塘) 어른이 말씀하신 "나누어 말하면 성과 정이다.〔分言則性情〕"라는 의미이고 저의 설은 바로 남당 어른이 말씀하신 "통합하여 말하면 다만 성이다.〔統言則只是性〕"라는 의미이니, 각자 주장하는 바가 있는 것입니다. 그러나 저 같은 경우는 통합하여 말하나 실은 또 이를 나누어 말하고자 한 것이요 고명의 경우는 다만 나누어 말할 뿐 통합하여 말하고자 하지 않는 것이니, 여기에 있어 어느 것이 편향된 것인지 알지 못하겠습니다.

주자가 말씀하기를 "희・로・애・락은 성이 아님이 없다.〔喜怒哀樂莫非性也〕"라고 하셨습니다.-〈장무구중용해(張無垢中庸解)〉[16]에 보입니다.- 희・로・애・락은 정(情)이거늘, 도리어 "성이 아님이 없다."라고 하셨는데, 이것이 다만 "정 또한 성이다.〔情亦是性〕"의 증거가 되지 못한단 말입니까. 주자(周子)의 《통서》에서 말한 중(中)을, 좌하는 '윤집궐중(允執厥中)'의 중이라고 하였으나 이는 중용(中庸)의 중이고 실로 중(中)과 화(和)의 뜻을 겸한 것이니, 그렇다면 이발의 중과 미발의 중이 본래 두 가지 물(物)이 아닌 것입니다.

16 장무구중용해(張無垢中庸解) : 이 글은 《회암집(晦庵集)》 권72 〈잡저(雜著)〉에 보인다. 장무구는 남송의 학자인 장구성(張九成, 1092~1159)으로 무구는 그의 호이고 자는 자소(子韶), 시호는 문충(文忠)이다. 젊었을 때 정자(程子)의 제자인 양시(楊時)를 사사하였고, 벼슬이 예부 시랑(禮部侍郞)에 이르렀다. 선승(禪僧) 종고(宗杲)와 교유하여 불교의 심외무법(心外無法) 사상을 수용하여 정자의 학문에 심학(心學)적인 요소를 발전시켜 후대에 정자의 이학(理學)과 육구연(陸九淵)의 심학에 있어 교량의 역할을 하였다.

오사집에게 줌

與吳士執

〈장무구중용해〉의 "희 · 로 · 애 · 락은 성이 아님이 없다.〔喜怒哀樂 莫非性也〕"라는 구절에 대해 보내오신 편지에서 "성(性)에서 근원하였다는 뜻이다."라고 하신 것은 진실로 옳습니다. 막비(莫非) 두 글자에서 성 밖에 물(物)이 없다는 뜻을 볼 수 있으니, 저 또한 어찌 일찍이 곧바로 정(情)을 성이라고 한 적이 있습니까. 다만 '동 · 정이 하나의 이(理)라는 뜻'임을 말한 것일 뿐이니, 말은 비록 통창하지 못하나 뜻을 어찌 해칠 수 있겠습니까. 저의 이 말은, 사람들이 편향되게 정(靜)을 성으로 보아 성과 정(情)을 둘로 나누어 말하여 자신도 모르게 명목(名目)의 구덩이에 뒤섞일까 염려한 것입니다.

그러나 "정 또한 성이다.〔情亦是性〕"라는 말은 제가 창안한 설에 가까우니, 그래도 말에 병통이 있음을 이유로 바꿀 수 있지만, "성은 동 · 정을 겸한다.〔性兼動靜〕"라는 말은 분명하게 주자의 설이 있으니, 제가 어찌 감히 이를 바꾸겠습니까.

제가 생각하건대 《중용》에서 성(性)을 말한 것이 〈악기〉와 같지 않은데, 고명께서 이를 받아들이시지 않는 것은 어째서입니까? "하늘이 명하신 것을 성이라 이른다.〔天命之謂性〕"라는 구절을 '하늘이 명하여 고요한 것을 일러 성이라 이른다〔天命而靜之謂性〕'고 말하지 않았으며 "희 · 로 · 애 · 락의 정(情)이 발하지 않은 것을 중이라 이른다.〔喜怒哀樂之未發 謂之中〕"라는 구절을 '희 · 로 · 애 · 락의 정(情)이 발하지 않은 것을 성이라 이른다〔喜怒哀樂之未發 謂之性〕'고 말하지 않았으니, 그렇다면 《중용》의 성(性) 자가 과연 〈악기〉와 같아서, 오로지 정(靜)을 말한 것이겠습니까.

고명의 설이 다만 성(性)과 정(情)을 나누는 경계에서 나온 것이요, 성을 우두커니 홀로 있으면서 움직이지 못하는 물건으로 여긴 것이 아니라고 하셨는데, 제가 어찌 이를 모르겠습니까. 다만 "정하면 성이라 이른다.〔靜則謂之性〕"라는 하나의 구절이 쉽사리 사람들로 하여금 얽매여 보게 하여 편고(偏枯 한쪽으로 편벽됨)에 떨어지게 할까 근심됩니다.

대저 고명의 뜻은 나누어 쪼개기를 좋아하고 뒤섞어 혼연(渾然)히 합하는 것을 싫어하시니, 협체(狹滯 좁고 막힘)에 가까운 듯합니다. 주자가 이(理)·기(氣)에 대해 일찍이 "나누어 보기도 하고 합하여 보기도 한다.〔離合看〕"라고 말씀하셨는데, 이는 혹은 나누고 혹은 합하는 것이니, 어찌 일찍이 하나로 정해짐이 있었겠습니까.

오사집에게 줌

與吳士執

보내오신 편지에 말씀하시기를, '성에 대한 설'은 《중용혹문(中庸或問)》을 근거로 삼았다고 하셨는데, 저의 의론 또한 참으로 《중용혹문》을 가지고 말하였습니다. 고명께서 근거로 삼으신 것은 《중용혹문》 제1절의 '성을 가지고 말하면 인·의·예·지, 운운.〔以性言之則仁義禮智 云云〕'[17]이라는 구절에 있는 듯한데, 어리석고 고루한 제가 증거로 삼은 것 또한, 《중용혹문》 제4절의 "천명지성은 모든 이치가 갖추어져 있으며, 희·로·애·락은 각각 해당되는 바가 있다.〔天命之性萬理具焉 喜怒哀樂各有攸當〕"라는 몇 구절에 있습니다. 이곳에는 정(情) 자가 드러나 있지 않고 다만 성(性) 자 안에서 말이 희·로·애·락에 미쳤으니, 그렇다면 어찌 성이 동·정을 겸한 것이 아니겠습니까.

그런데 제1절에서 말한 '인·의·예·지'의 아래에, '사단이 그 사이에 통괄된다.〔四端統於其間〕'라는 말이 있으니, 그렇다면 이는 이미 동을 겸하여 말한 것입니다. 이는 제4절에서 논한 것과 애당초 차이가 없는 것입니다. 주자의 뜻이 본래 이와 같거늘 우리들은 한쪽을 고집

17 성(性)을……운운(云云) : 《중용혹문》의 첫 번째 절에 보이는 내용으로 전문은 아래와 같다. "성(性)을 가지고 말하면 인(仁), 의(義), 예(禮), 지(智)인데, 사단(四端)과 오전(五典), 만물(萬物)과 만사(萬事)가 이 사이에 통괄되지 않음이 없다.〔無不統於其間〕"

하여 설을 만드니, 더욱 번거롭고 잡란해지며 더욱 서로 어긋나는 것입니다.

근래에 〈논성답고(論性答藁)〉의 서(序)[18]를 보고서 반복하여 상세히 생각해보니, 비로소 피차(彼此)의 의론을 여기에서 절충하면 헤아려 결단할 수 있음을 알았습니다. 이 글에 이르기를 "만일 '성은 포함하지 않는 것이 없다〔性無不該〕'는 것을 논한다면 전적으로 정(靜)을 가지고 말해서는 안 되니, 이는 참으로 옳다. 그러나 그 설은 응당 '성(性)을 나눈다면 비록 정에 속하겠지만 온축(蘊蓄)하면 동·정을 포괄하여 치우치지 않는다.'라고 말해야 한다."라고 하였습니다. 이를 가지고 본다면 고명과 저 사이에 편지를 왕복한 내용에 서로 다른 점이 그리 많지 않고 다만 나눔과 온축함의 사이일 뿐이니, 이를 합하면 하나로 같습니다.

또 말하기를 "〈악기〉에서 정으로 성을 말한 것은 괜찮지만, 호광중(胡廣仲)[19]처럼 정(靜) 자를 가지고 급기야 천성(天性)의 오묘함을 형용하기까지 하는 것은 옳지 않다."라고 하였습니다. 주자가 이미 〈악기〉에서 성을 말한 것을 괜찮다고 여기셨으니, 그렇다면 성은 마땅히 정(靜)을 위주로 한 것입니다. 그러나 정을 위주로 하였다고 하여 동(動)이 일찍이 이 안에 포함되지 않은 적이 없습니다. 이와 같이 보는

18 논성답고(論性答藁)의 서(序) : 《주자대전(朱子大全)》 권75 〈서(序)〉에 보이는 〈기논성답고후(記論性答藁後)〉를 가리킨다. 〈논성답고〉는 주자가 여러 사람에게 회답해 준 성리설(性理說)의 초고(草藁)를 가리키고 서는 문체(文體)의 일종으로 사물의 전말과 내력을 진술한 글을 이른다.

19 호광중(胡廣仲) : 남송의 학자인 호식(胡寔)으로, 광중은 그의 자이다. 호안국(胡安國, 1074~1138)의 조카이다.

것이 마땅하지만, 제가 지난번에 실로 이 성(性)의 체(體)・용(用)의 온전함을 밝히고자 하여 말씀드린 '동・정을 겸한다〔兼動靜〕'는 세 글자는 도리어 손님과 주인의 구분이 없는 듯하니, 지금 마음에 편안하지 못합니다. 전일에는 또 고명의 설을 지나치게 의심하여, 정(靜) 자로 성의 오묘함을 형용하는 호광중의 병통과 같은 것이 있는 듯하기에, '겸동정(兼動靜)' 세 글자를 더욱 힘써 주장한 것입니다.

그런데 최근에 온 편지에 '정한 가운데 동의 이치가 들어있다'고 한 말씀이 있는 것을 보니, 여기에서 고견(高見)에 체만 있고 용이 없는 잘못이 있는 것이 아니고, 다만 정과 동을 손님과 주인으로 나눈 것일 뿐임을 알았습니다. 이 설이 조금 일찍 나왔다면 제가 어찌 굳이 많은 말을 허비했겠습니까. 그렇다면 정(靜)은 성(性)을 분속(分屬)하는 것이고 동(動)은 정(情)을 분속하는 것이니 마땅히 고명의 견해를 따라서 그 한계를 나눠야 하지만, 동・정이 똑같은 이(理)이고 체・용이 두 가지 일이 아니니, 이 의미를 보지 않으면 안 됩니다. 어떻게 생각하십니까?

오사집에게 답함

答吳士執

지난번에 논하신 "희 · 로 · 애 · 락이 발하여 모두 절도에 맞는 것〔喜怒哀樂 發而皆中節〕"이라는 구절의 '개(皆)' 자에 대한 고명의 설은 진실로 제대로 의문을 이해한 것이요 또한 훌륭한 견해인 듯합니다. 그러므로 제가 이로 인하여 상량(商量)한 것이 서너 가지가 있는데, 전(傳)의 글에서 구해보고 《장구》를 참조해 보았으나 끝내 고명처럼 풀이한 것은 있지 않았으니, 그렇다면 삼가 의혹이 없을 수 없기에 다시 이를 질정(質正)하기를 청합니다.

저 이른바 '화(和)' 자는 '중(中)'의 다른 이름으로,[20] 다만 이발(已發)이기 때문에 '화'라고 한 것일 뿐 실제에 있어서는 미발(未發)의 본체인 '중'에서 벗어나지 않습니다. '중'은 미발의 지선(至善)이고 '화'는 이발의 지선이니, 이미 지선이 된다면 '화' 자는 절대 하나의 정(情)이 절도에 맞는 것으로 해당시킬 수 있는 것이 아니요, 반드시 희 · 로 · 애 · 락의 네 가지 정이 모두 절도에 맞은 연후에 비로소 이 '화' 자에 해당시킬 수 있습니다.

그러므로 자사자(子思子)가 전(傳)의 글에 필시 '개(皆)' 자를 놓은

20 이른바……이름으로 : 여기의 화(和)와 중(中)은 《중용》 제1장의 "기뻐하고 노하고 슬퍼하고 즐거워하는 정(情)이 발하지 않은 것을 중(中)이라 이르고, 발하여 모두 절도(節度)에 맞는 것을 화(和)라 이르니, 중이란 천하의 큰 근본이요 화란 천하의 공통된 도이다."라는 구절의 '화'와 '중'을 이른다.

것이니, 깊이 완미해 보면 알 수 있습니다. 그러므로 주자가 이를 풀이하여 말하기를 "발하여 모두 절도에 맞는 것이 정의 올바름이다.〔發皆中節 情之正也〕"라고 하신 것입니다. 또 《혹문》에 말하기를 "모두 그 마땅함을 얻어 어그러짐이 없다.〔皆得其當 無所乖戾〕"라고 하였으니 이는 모두 자사(子思)의 뜻을 발명한 것인데, 매양 희・로・애・락의 네 가지 정이 모두 절도에 맞는 것을 가지고 말하였습니다. 이 때문에 요쌍봉(饒雙峰)[21]이 또 이르기를 "천시(天時)에 비유한다면, 세 계절이 마땅함을 얻더라도 한 계절이라도 마땅함을 잃으면 '화'라고 이를 수 없다."라고 하였습니다. 이 설이 참되고 분명한 것임을 알겠으니, 소주(小註)의 여러 학자들의 설 때문에 이를 홀시(忽視)하여서는 안 됩니다.

지금 고명께서 요씨의 설은 믿을 만한 것이 못 된다고 여기고 스스로 설을 만들어 말하기를 "이 '개' 자는 희・로・애・락의 네 가지 정이 다 절도에 맞아야 한다는 말이 아니고, 하나의 정이 절도에 맞는 것을 모두 '화'라고 한다는 말이다."라고 하였습니다. '개' 자의 뜻은 본래 '절도에 맞는다〔中節〕'는 구절의 위에 붙는데, 지금 도리어 이를 '위(謂)' 자 위로 옮기시니, 그렇다면 이는 이미 온당하지 않고 '화' 자의 본래의 뜻과 끝내 잘 맞지 않습니다.

'화'에는 '대화(大和)'와 '소화(小和)'가 있어서 이를 말함에 나뉘고 합함이 있습니다. 기쁨〔喜〕이 발하여 절도에 맞으면 기쁜 정의 '화'이고, 노여움〔怒〕이 발하여 절도에 맞으면 노여운 정의 '화'이고, 슬픔〔哀〕이 발하여 절도에 맞으면 슬픈 정의 '화'이고, 즐거움〔樂〕이 발하여

21 요쌍봉(饒雙峰) : 남송(南宋)의 성리학자인 요로(饒魯)로 쌍봉은 그의 호이고 자는 백여(伯輿)인데, 흔히 쌍봉 요씨(雙峯饒氏)로 불린다.

절도에 맞으면 즐거운 정의 '화'입니다. 이는 한 가지 일 가운데 각자 그 화가 있는 것이니, 이른바 '화'의 작은 것입니다. 희·로·애·락의 모든 정이 절도에 맞아 모여서 '화'가 된다면 이는 이른바 '화'의 큰 것입니다. 자사자가 말씀한 '화'는 '대화'이고 고명께서 말한 '화'는 '소화'인 것입니다.

범연히 '화' 자를 말한다면 진실로 고명의 설과 같겠지만, 만약 이 장(章)의 '화'를 논한다면 이와 같이 말할 수가 없습니다. 한 가지의 '화'를 어찌 전체의 '화'라고 말할 수 있겠습니까. 요씨의 설에 대하여 다시 생각해보셔야 할 듯합니다. 계절을 가지고 말한다면 겨울의 날씨가 비록 어그러졌더라도 봄의 날씨가 따뜻했다면 이를 봄의 '화'라고 말해도 괜찮습니다. 봄의 날씨가 비록 어그러졌더라도 여름 날씨가 더웠다면 여름의 '화'라고 말해도 괜찮습니다. 이 네 계절이 각각 자신의 '화'가 있지만, 이를 태화(太和)라고 부르면 안 됩니다.

인정(人情)의 편전(偏全)[22]이 어찌 이와 다르겠습니까. 저는 이 때문에 요씨의 설을 취할 만하다고 여기는 것입니다. 그러나 요씨 설에 대한 시비(是非)는 굳이 말할 것이 없고, 주자의 훈석(訓釋)이 매우 밝고 분명하니, 마땅히 주자를 따를 뿐입니다. 어찌 별도의 의견을 내어 손을 댈 것이 있겠습니까. 또 고명의 설과 같다면 '개' 자 아래와 '중절(中節)'의 위에서 둘 사이를 떨어뜨려 읽은 뒤에야 비로소 통할 듯합니다. 이것은 그 의리와 사실이 어떠한가를 막론하고, 그 글의 뜻으로 보면 어찌 견강(牽强)하여 불순(不順)한 것이 아니겠습니까.

22 편전(偏全) : 치우침과 온전함, 부분과 전체, 소와 대의 차이 등을 나타낼 때 쓰는 성리학 용어이다.

《장구》의 "발하여 모두 절도에 맞는다.〔發皆中節〕"라는 구절의 '개(皆)'와 '중절(中節)' 사이는 이어져야 하고 끊겨서는 안 됩니다. 《중용혹문》의 "모두 그 마땅함을 얻었다.〔皆得其當〕"라는 구절의 '개'와 '득기당(得其當)'의 사이 또한 이어져야 하고 끊겨서는 안 되니, 그렇다면 '개' 자가 위지(謂之)에 붙지 않는 것은 분명합니다.

그러나 삼가 고명의 뜻을 살펴보건대, 또한 반드시 이와 같이 헤아려 단정하고자 하는 것이 아니니, 아마도 의심을 일으킨 데에는 까닭이 있을 것입니다. 고명의 설에 이르기를 "희·로·애·락은 일시(一時)에 함께 발하지 않습니다. 막 희(喜)의 정이 발할 적에 노·애·락의 정은 발하지 않으니, 바로 이 희의 정이 절도에 맞으면 '화'가 이미 존재하는 것입니다. 어찌 굳이 기뻐할 만하고 노여워할 만하며 슬퍼할 만하고 즐거워할 만한 네 가지의 일이 모여서 네 가지 정이 모두 발하여 절도에 맞음을 기다린 이후에 비로소 '화'라고 말하는 것이겠습니까."라고 하였습니다.

또 말하기를 "'화' 자를 만약 인(仁) 자로 본다면 그만이지만, 그렇지 않다면 하나의 정(情)의 '화' 또한 '화'인 것입니다. 만약 반드시 네 가지 정(情)이 모두 '중'이 되기를 기다린 이후에야 '화'가 된다면 '화'가 이루어지는 것이 오래 걸리고 또 어려울 것입니다. 안자(顔子)와 같은 대현(大賢)으로도 3개월 이후에는 인(仁)에서 떠남을 면치 못했으니, 이는 염두(念頭)에 있는 잘못이 희·로·애·락 가운데에 약간이나마 지나친 부분이 있어서 그런 것이니, 안자가 장차 어찌 '화'를 이루지 못하겠습니까."라고 하였습니다.

또 이르기를 "이 아래 마지막 절의 치화(致和)[23]는 바로 네 가지 정이 모두 절도에 맞음을 말한 것이요, 이 단락에서는 다만 네 가지의 정이 각각 하나의 '화'임을 말한 것입니다. 만약 이 단락에서의 '화' 자가 네 가지 정이 모두 절도에 맞는 것을 이르는 것이라면, 뒤의 단락에 이른바 '치(致)' 자는 무엇을 지극히 하는 것입니까?"라고 하시니, 이 몇 가지 말씀은 모두 그럴듯하나 실은 모두 옳지 않습니다.

희·로·애·락은 진실로 일시에 함께 발하는 경우가 없지만, 여기에서는 그 발함이 혹 먼저 하고 혹 뒤에 하여 일에 따라 감응함을 말한 것입니다. 만약 도리가 관통되는 곳으로부터 말한다면 오직 마땅히 네 가지 정을 온전히 다 갖추어 들어서 말해야 하니, 그 발하는 때가 똑같지 않음은 굳이 논할 필요가 없을 듯합니다.

'화'와 '인(仁)'은 진실로 정(情)이냐 성(性)이냐의 차이가 있지만, 이른바 '화'는 이미 순수하고 지극히 선(善)한 칭호이니, 그렇다면 높여서 '인'과 나란히 해도 또한 괜찮습니다. 안자가 '인'에서 떠남을 면치 못하였으나 3개월이 지나기 전에는 '인'이 그대로 있었으니, 어찌 일찍이 안자가 '인'을 하지 못했다고 말할 수 있겠습니까. '인'에서 떠날 때에 비록 '화'에서 떠났으나 3개월의 기간 내 89일 동안은 본래 그 '화'가 있었습니다. 어찌 '화'를 이루지 못했다고 말할 수 있겠습니까. 이 단락에서 말한 '화'와 마지막 절의 '치화(致和)'는 한 가지 일과 네 가지 일로 나누어 보아야 한다고 말씀한 것에 이르러는 더욱 옳지 않을 듯합니다.

'중'과 '화'는 체단(體段)으로 말한 것이고 '치중화(致中和)'는 공부로

23 마지막 절의 치화(致和) : 치화는 '화'를 지극히 한다는 의미이고 마지막 절은《중용》제1장 제5절이다. 여기에 "중(中)과 화(和)를 지극히 하면〔致中和〕, 천지가 제자리를 편안히 하고 만물이 잘 생육된다."라고 하였다.

말한 것이니, 이른바 공부는 본래의 체단 밖에서 증익(增益)되는 것이 아니고 다만 본체(本體)를 미루어 지극히 할 뿐입니다. 어찌 이를 끝내 한 가지 일의 '화'와 네 가지 일의 '화'로 나누어 각각 두 단락에 속하게 할 수 있단 말입니까. 저는 그러므로 고명이 말씀한 가르침을 끝내 감히 따를 수가 없으니, 부디 한번 다시 생각해 보시기 바랍니다.

혹자가 말하기를 "중인(衆人)들에게 찰라의 '중'이 있다면 또한 찰라의 '화'가 있는 것이 당연하다. 그런데 한 가지 일이 절도에 맞는 것을 '화'라고 말하지 못한다면, 중인의 정(情)은 반드시 네 가지가 모두 절도에 맞을 수가 없으니, 이는 중인들에게 찰나의 '중'은 있으나 찰나의 '화'는 있지 않은 것이다. 고명이 한 가지의 정이 절도에 맞는 것으로는 '화'를 이루지 못한다고 말하는 것은 잘못이 아니겠는가."라고 하였습니다.

제가 답하기를 "'중'은 네 가지 정이 모두 미발일 때입니다. 그러므로 비록 중인이라도 혹 찰나에 그 본체(本體)를 보존하는 자가 있지만 '화'에 있어서는 네 가지 정의 발함이 환경에 따라 각각 드러납니다. 그러므로 중인들이 혹 한두 가지의 정의 바름을 얻을 수 있지만 네 가지를 모두 바르게 할 수는 없으니, 찰나의 '중'은 있어도 찰나의 '화'는 없는 것은 이 때문입니다. 비록 그러나 본정(本情)의 체단을 가지고 말하면 중인의 정(情)에 또한 어찌 '화'가 없겠습니까. 이는 맹자가 말씀한 '그 정으로 말하면 선을 할 수 있다.〔乃若其情 則可以爲善〕'[24]는 것입니다."라고 하였습니다. 저의 의견은 이와 같은데 어떻게 생각하시는지 모르겠습니다.

24 그……있다 : 이 내용은《맹자》〈고자 상(告子上)〉에 보인다.

오사집에게 줌
與吳士執

위(危)와 미(微)의 설에 있어 저의 잘못을 지적해주시니, 참으로 감사하고 참으로 감사합니다. 다만 다시 생각해보아야 할 것이 있습니다. 보내주신 편지에 "성인(聖人)의 인심과 도심은 안정되어 위태롭지 않고 드러나서 은미하지 않다."라고 하신 것은 저의 생각에는 옳지 않을 듯합니다. 인심이 이미 위태로운 것이라면 비록 성인의 인심이라도 또한 위태롭고, 도심이 이미 은미한 것이라면 비록 성인의 도심이라도 또한 은미합니다. 만약 범인(凡人)의 인심과 도심은 위태롭고 은미하며 성인의 인심과 도심은 안정되고 드러난다면 순(舜)임금의 이 두 구절은 다만 일반 사람〔常人〕의 마음을 말한 것이 될 뿐이니, 성인이 남기신 가르침이 이와 같지 않을 듯합니다.

《주자어류(朱子語類)》에 이른바 "성인의 마음은 본래 위태롭지 않다.〔聖人之心 自是不危〕"라고 한 것은 또한 도심의 명(命)을 따른 이후의 일인 것이지, 그 체단(體段)이 본래 위태롭지 않다고 말한 것이 아닙니다. 만일 과연 본래 위태롭지 않다면, 어찌 《서경》에 "성인이라도 생각하지 않으면 광인(狂人)이 된다."라는 경계가 있겠습니까.[25]

25 어찌……있겠습니까 : 이 내용은 《서경》 〈다방(多方)〉에 "성인이라도 생각하지 않으면 광인이 되고〔惟聖罔念作狂〕, 광인이라도 능히 생각하면 성인이 된다."라고 하였으므로 말한 것이다.

또 말하기를 "안정되고 드러남이 본체이니, 위태롭고 은미함은 저절로 그 본체를 잃음에 귀결됩니다."라고 하였는데, 이 또한 옳지 않을 듯합니다. 안정되고 드러남이 마음의 미발의 본체가 되는 것은 괜찮지만 인심과 도심의 본체라고 하는 것은 불가하며, 위태롭고 은미함이 미발의 본체를 잃은 것이라고 말하는 것은 괜찮지만 그 용(用)의 본체를 잃었다고 말하는 것은 불가합니다. 또 이미 위태롭고 은미함이 병통이 되는 것을 온당치 않다고 하시고 또 위태롭고 은미함이 곧바로 본체가 되는 것도 온당치 않다고 하셨습니다. 위태롭고 은미함이 과연 병통이 아니라면 이발(已發) 위의 체단이 될 수 있는데, 어찌하여 이렇게 대처하여 변통할 수 없단 말입니까.

"안정되고 드러남은 체에 속하고 위태롭고 은미함은 용에 속하니, 이는 끝내 인심과 도심의 용 위에서 말한 뜻이 아니다."라는 가르침은 바로 혹자가 저에게 힐문한 것입니다. 그러나 저는 이미 이에 대해 원두(原頭)의 설로써 대응하였는데, 어찌 고명의 양해(諒解)를 얻지 못하는 것입니까? 위태로움이 안정되고 은미함이 드러나는 것을, 미발의 본체에는 털끝만큼도 가할 수 없다고 하는 것은 괜찮지만, 보내주신 편지의 글에 반드시 용(用) 위에서 논하고자 하신 것은 너무 구애(拘礙)받는 것이 아닙니까?

'나가고 들어옴이 일정한 때가 없으며 그 방향을 알 수 없다'[26]는 것에

26 나가고……없다 : 이 내용은 공자의 말씀으로 《맹자》 〈고자 상(告子上)〉에 보이는바, 전문은 아래와 같다. "공자께서 말씀하시기를 '잡으면 보존되고 놓으면 잃어서, 나가고 들어옴이 일정한 때가 없으며 그 방향을 알 수 없는 것〔出入無時, 莫知其鄕〕은 오직 사람의 마음을 말함일 것이다.' 하셨다."

이르러는, 주자가 마음의 병통으로 여기지 않은 것이 〈석자중(石子重)에게 답한 편지〉[27]에 보이니, 한번 살펴보심이 어떻겠습니까?

27 석자중(石子重)에게 답한 편지 : 이 편지는 《주자대전(朱子大全)》 권42에 보인다.

오사집에게 줌

與吳士執

부인(婦人)의 상에 발인(發靷)하려고 할 적에 집안에 다만 '남편의 사당〔夫廟〕'만이 있으면 조조(朝祖)[28]의 예(禮)를 어떻게 하여야 합니까? 조조는 본래 신분이 낮은 자가 외출할 적에 반드시 신분이 높은 분에게 인사드리는 것을 형상(形象)한 것입니다. 그렇다면 부인이 남편에 대해 또한 조묘(朝廟)하여야 함은 당연한데, 다만 고사(告辭)의 "조묘에 뵈옵기를 청합니다.〔請朝祖〕"라는 구절의 조(祖) 자를 무슨 자로 고쳐야 합니까?

현벽(顯辟)[29]의 뜻을 써서 조벽(朝辟)이라고 칭하는 것이 어떻습니까? 우암(尤菴) 송시열(宋時烈) 선생이 이르시기를 "고인들은 사당을 일러 조(祖)라고 하여, 예묘(禰廟 아버지 사당) 또한 조라고 칭하였다." 하였으니, 그렇다면 부묘(夫廟) 또한 조라고 칭해도 무방할 듯한데, 어떻게 생각하십니까?

28 조조(朝祖) : 발인하기 하루 전 조전(朝奠)을 마친 뒤에 영구(靈柩)를 모시고 사당에 가서 마지막으로 조상을 뵙게 하는 의식으로, 조묘(朝廟)와 같은 뜻이다.

29 현벽(顯辟) : 신주(神主)나 축문(祝文)에서 이르는 말로, 아내가 죽은 남편을 이르는 말이다.

오사집에게 답함

答吳士執

문 아버지 상의 대상(大祥)을 하루를 남겨놓고 상주(喪主) 자신이 죽은 경우, 상주의 장례가 끝나기를 기다려 아버지의 대상을 지낼 수 있게 날짜를 늦춰야 할 듯합니다. 그런데 이 아버지에게는 아내도 없고 다른 아들도 없으며 죽은 상주 또한 아내가 없습니다. 변제(變制)[30]할 사람이 없는데 그렇더라도 예(禮)대로 대상을 행해야 하는 것입니까?

답 이는 변례(變禮)에 관계된 것이니, 억측으로 판단하기 어렵습니다. 그러나 본래 삼년복을 입을 자가 없는 것과는 다르니, 그렇다면 대상의 제사는 행하지 않을 수 없습니다. 비록 변제할 사람이 없더라도 대상 제사를 행한 뒤에야 궤연(几筵)을 사당에 들일 수 있으니, 어떨지 모르겠습니다.

30 변제(變制) : 상복을 벗거나, 또는 우제(虞祭), 연제(練祭), 상제(祥祭), 담제(禫祭) 등 상기(喪期)의 경과에 따라 점차 가벼운 상복으로 바꾸어 입는 것을 이른다.

오사집에게 답함

答吳士執

문 '담제(禫祭)를 행할 때에 집안의 자제들은 행소(行素)[31]해야 한다'는 한 가지 절목에 있어, 고견은 어떠신지 모르겠습니다.

답 담제는 길제(吉祭)이니, 자제들이 굳이 행소를 하지 않아도 될 듯합니다. 《예기》에 이르기를 "먼저 예주를 마시고 먼저 건육을 먹는다.〔先飮醴酒 先食乾肉〕"라고 하였으니,[32] 그렇다면 담제를 지내는 날에는 비록 상주(喪主)라도 또한 행소를 하여서는 안 되지 않습니까? 아니면 담제에 또한 곡읍(哭泣)하는 절차가 있으니, 이날에 여전히 차마 바로 술과 고기를 먹지 못하는 것입니까? 저는 분명하게 결정할 수 없는데 고견은 어떠하십니까? 기일(期日) 이전에 행소하는 것은 자제들에게 있어 지나친 듯합니다.

31 행소(行素) : 거상(居喪) 중에 고기나 고기가 든 음식을 먹지 않고 채식(菜食)하는 것을 말한다.

32 예기에……하였으니 : 《예기》는 〈간전(間傳)〉 편을 이른다. 여기의 말은 줄여 인용된 것인데, 전문은 아래와 같다. "담제(禫祭)를 지내고서 예주(醴酒)를 마신다. 처음에 술을 마시는 자는 먼저 예주를 마신다. 처음에 고기를 먹는 자는 먼저 건육(乾肉)을 먹는다." 예주는 주기(酒氣)가 없는 단술이고 건육은 육포와 같은 말린 고기를 이르는데, 이는 부모의 상을 마친 자가 차마 곧바로 주기가 강한 술과 맛있는 고기를 먹을 수 없어 이렇게 하는 것이다.

오사집에게 답함

答吳士執

어버이 기일(忌日)에 과거에 응시하는 것은 잘못이라는 가르침은 진실로 옳습니다. 저의 뜻도 본래 이와 같으니, 과거에 응시하는 것과 벼슬살이 하는 것은 실로 같지 않음이 있습니다. 공무(公務)를 행함은 사사로움을 빼앗는다는 뜻이 있고 영예를 구함은 슬픔을 잊는다는 혐의가 있으니, 이것들을 나란히 하여 똑같이 여겨서는 안 됩니다.

예(禮)에 명문(明文)이 없기 때문에 이를 의심하는 자가 있으나 기(忌)는 슬픔을 머금어 다른 일에 미칠 수 없음을 이른 것이니, 그렇다면 다른 일을 행할 수 없는데 하물며 과거에 급제하는 영예(榮譽)를 구하겠습니까. 저는 이것을 가지고 단연코 불가함을 아는 것입니다. 선배들의 의론에 이 일이 언급되지 않은 것은 말할 필요조차 없었기 때문인 듯합니다.

혹자가 말하기를 "재계(齋戒)하는 날에는 과거에 응시할 수 없으나 재계를 파(罷)한 후에는 응시할 수 있다."라고 하니, 이는 참으로 선배가-선배는 도암인 듯합니다.- 말한 "다만 기제(忌祭)가 중함이 되는 것만 알고 기일(忌日)이 중함이 되는 것은 알지 못한다."라는 것입니다. 재계하는 날에 과거에 응시하는 것은 참으로 전일(專一)한 치재(致齋)[33]에 흠이 되는 것입니다. 옛날 기제가 없었던 시대로 미룬다면

33 치재(致齋) : 제사의 재계(齋戒)는 산재(散齋)와 치재가 있는데 제사가 다가오면

재계하는 날에 혹 과거에 응시할 수 있는 방도가 있었을 것입니다. 하지만 재계하는 날에 과거에 응시하지 못하도록 금령(禁令)이 내려졌으니 과유(科儒 과거를 준비하는 선비)들에게는 이를 행할 수 없는 근심이 있을 듯한데, 어떻게 생각하시는지 모르겠습니다.

혹자가 말하기를 "어머니 기일에 과거에 응시하라는 아버지의 명이 있다면 실로 응시하지 않기가 어렵다."라고 하니, 이 뜻이 또 어떻습니까?

미리부터 조문하거나 문병하지 아니하여 흐트러진 마음을 거두는 것이 산재이며, 제사에 임박하여 음악을 듣지 않고 출입하지 않으면서 오로지 제사하는 선조만을 생각하여 정성을 지극히 하는 것을 치재라고 한다. 시제(時祭)에는 총 7일을 재계하는데 4일 동안 산재한 뒤에 3일 동안 치재하며, 기제(忌祭)에는 2일 동안 산재한 뒤에 1일 동안 치재한다. 저본에는 齋 자가 모두 齊로 되어 있으나, 모두 齋 자로 처리하였다.

오사집에게 답함

答吳士執

재계일(齋戒日)에 과거(科擧)에 응시한다는 설은 부득이해서 나온 것입니다. 기일(忌日)에 응시하기보다는 차라리 재계일에 응시한다는 말이니, 이것을 정당한 도리(道理)로 여긴 것은 아닙니다. 그러나 마땅히 산재(散齋)와 치재(致齋), 제사를 주관하는 자와 참여하는 자를 나눠야 합니다. 산재에는 조문하지 않고 문병하지 않으며 흉하고 더러운 일과 연락(宴樂)에 참여하지 않는데, 과거와 이 몇 가지 일들은 똑같지 않습니다. 제사에 참여하는 자는 비록 일을 주관하는 반열에 있더라도 끝내 제사를 주관하는 자와는 차이가 있습니다.

보내주신 편지의 가르침은 진실로 제사를 엄숙히 하려는 뜻에서 나온 것이지만 저의 의견 또한 변통(變通)에 관계되는데, 혹 세속(世俗)을 좇아 구차하다고 하여, 죄를 받는 것은 아닌지요?

재계는 마땅히 시제(時祭)와 기제(忌祭)를 통틀어 논해야 하니, 기제의 치재는 다만 하루이지만 시제의 치재는 하루가 아닙니다.-혹은 2일, 혹은 3일입니다.- 제사를 치르기 전 2, 3일 동안 과거에 응시할 수 없는 것은 과유(科儒)들에게 있어서는 참으로 행하기 어려운 것입니다. 인정(人情)을 헤아리지 않고 한갓 허문(虛文)만 세우는 것은 또한 권의(權宜)가 부족하니, 어떻게 해야 좋을지 모르겠습니다.

그러나 치재의 '치(致)' 자가 매우 중(重)하니, 분잡(紛雜)한 가운데 과장(科場)을 출입하는 것은 이른바 '치'가 아닙니다. 제사를 주관하는 자라면 끝내 응시(應試)를 허락하여서는 안 되나, 한 가지 길이 있습니다. 시향(時享)의 날짜는 당기고 늦춤이 있으니, 과거 날짜와 상치(相値)되면 날짜를 바꿔 정해도 무방하지 않겠습니까? 과거 때문에 제사를 늦추는 것은 온당하지 않은 점이 있지 않겠습니까? 이 또한 마땅히 상량(商量)함이 있어야 할 것입니다.

어머니 기일에 과거에 응시하라는 아버지의 명이 있는 경우에 있어, 인용하신바 윤화정(尹和靖)의 《금강경(金剛經)》의 일[34] 또한 부득이한 것이니, 만일 십분(十分)의 도리를 가지고 말한다면 마땅히 부모를 도(道)로써 깨우치는 것이 바름이 될 것입니다.

34 윤화정(尹和靖)의 금강경(金剛經)의 일 : 윤화정이 날마다 《금강경》 한 권을 외웠는데 주변에서 이를 말리자, '이는 어머니가 가르치신 바이니, 어길 수 없다.'라고 말한 일을 가리킨다. 윤화정은 북송 말과 남송 초의 도학자인 윤돈(尹焞, 1061~1132)으로 화정은 그의 호이며 이천(伊川) 정이(程頤)의 제자이다. 원우(元祐) 4년(1089) 과거에 응시하였는데, 시제(試題)가 원우(元祐)의 제신(諸臣)들을 주륙(誅戮)해야 한다는 내용임을 보고 과거를 포기하고 다시는 응시하지 않았다. 《晦庵集 卷71 記和靖先生五事》

오사집에게 답함

答吳士執

재계는 깨끗함과 엄함을 위주로 하고 기제(忌祭)는 슬픔과 애도(哀悼)를 위주로 하니, 슬픔과 애도를 가지고 말하면 어버이의 기제와 조부(祖父)의 기제에 경중의 차이가 있고, 깨끗함과 엄함을 가지고 말하면 어버이의 기제와 조부의 기제는 차이가 없습니다. 어버이의 기제가 비록 중하나 다만 하루를 쓸 뿐이고,-예(禮)에 기일(忌日)은 있으나 기월(忌月)은 없습니다.- 재계가 비록 엄하나 일을 집행하는 자는 끝내 주인과 차이가 있습니다.

과거(科擧)가 불결(不潔)한 일들과는 다르고 또 과장(科場)에 나갔다가 하룻밤 묵는 경우라면 혹 제사에 참여할 수 있기 때문에 지난 편지에 이와 같은 말씀을 드린 것입니다. 그런데 보내주신 편지의 가르침으로 인하여 다시 생각해보니, 어버이의 기재와 조부의 기재와 제사를 주관하는 자와 참여하는 자를 막론하고 치재일(致齋日)에는 모두 과거에 나가지 않는 것이 참으로 깨끗함과 엄함의 뜻을 얻는 것이라고 여겨지니, 저의 의론은 끝내 2등의 것으로 떨어질 듯합니다.

시제와 과거의 날짜가 상치되면 날짜를 다시 점쳐야 할지 여부에 있어, 이미 사당에 고유(告由)한 뒤라면 불가하다고 말씀하신 것은, 보내온 편지의 가르침이 참으로 옳습니다.

어경국[35] 용빈 에게 답함

答魚景國 用賓

문 《예기》〈악기(樂記)〉에 "음탕한 음악과 사특한 예〔淫樂慝禮〕"라 하니, 예(禮)에도 또한 사특한 예가 있습니까?

답 맹자가 말씀한 '예가 아닌 예〔非禮之禮〕'[36]가 바로 사특한 예입니다.

35 어경국(魚景國) : 어용빈(魚用賓, 1737~1781)으로 경국은 그의 자이고 호는 농환당(弄丸堂), 본관은 함종(咸從)이다. 1771년(영조47) 진사시에 합격하고 1773년 온릉 참봉(溫陵參奉)이 되었다가 1775년에 파직당하였다.

36 예가 아닌 예〔非禮之禮〕 : 이는 《맹자》〈이루 하(離婁下)〉에 "예가 아닌 예와 의가 아닌 의를 대인은 하지 않는다."라고 보인다.

홍이중[37] 의모 에게 줌

與洪而中 義謨

호중(湖中)의 작은 현(縣)을 얻으셨는데,[38] 의황(意況)은 어떠십니까? 형(兄)의 형편으로 보면, 편의(便宜)에 있어 경기도의 고을을 얻는 것만 못합니다.

백 리가 비록 작으나 지방 수령의 책임이 막중하니, 군자가 마땅히 마음을 다 기울여야 할 것입니다. 우리 형이 평소 독서로 닦으신 역량을 생각하면 고을의 정사를 펴는 일이 참으로 어렵지 않을 것이지만, 또한 마땅히 더욱 힘을 기울여 혹시라도 소홀함이 없도록 하는 것이 어떻겠습니까? 율기(律己)·봉공(奉公)·애민(愛民)·호사(好士)가 모두 고을을 다스리는 일인데, 그 근본은 경(敬)일 뿐입니다. 부서기회(簿書期會)의 사이에 경(敬)을 쓰지 않는 바가 없다는 것은, 바로 주부자(朱夫子)께서 범백숭(范伯崇)에게 준 편지의 말이니,[39] 애오라지 써서 보냅니다.

37 홍이중(洪而中) : 홍의모(洪義謨, 1743~1811)로 이중은 그의 자이고 호는 하우당(何愚堂), 본관은 풍산(豐山)이며 미호(渼湖) 김원행(金元行)의 문인이다. 1763년(영조39) 생원시에 합격하고 벼슬이 형조 판서에 이르렀다.

38 호중(湖中)의……얻으셨는데 : 호중은 충청도를 이른다. 홍의모의 초명은 홍의영(洪義榮)인데, 《승정원일기》 정조 5년(1781년) 12월 기사에 홍의영을 전의 현감(全義縣監)에 제수한 기록이 보인다.

39 부서기회(簿書期會)의…… 말이니 : 부서기회는 원래 1년의 회계(會計)를 장부에 기입하여 정해진 기일까지 조정에 보고하는 일을 말하는데, 여기서는 범연히 관청의 사무를 말한 것으로 보인다. 이 내용은 《어찬주자전서(御纂朱子全書)》 권63 〈치도(治道)1 논관(論官)〉에 보인다.

홍이중에게 답함

答洪而中

시제(時祭)에 신주(神主)를 내오는 축문에 대해, 《주자가례(朱子家禮)》의 본문을 거듭 상고해보건대 "모친을 부식합니다.〔某親祔食〕"라는 구절 위에 고조(高祖)·증조(曾祖)·조고(祖考)·고(考)의 여러 정위(正位)[40]를 모두 나열하여 쓰게 되어 있으며, 선후의 순서가 《상례비요(喪禮備要)》에 비해 더욱 자세합니다. 이것으로 보면 부위(祔位)가 비록 많더라도 모두 마땅히 정위를 나열하여 쓴 아래에 이어서 쓰고 이들을 총괄하여 부식(祔食)이라고 말해야 합니다. 이는 축문에서 대(代)마다 각각 사판(祀版 신주)을 달리하는 것과 같지 않으니, 우선 중함을 가장 높은 신위(神位)에 돌리기 때문에 이런 것입니다.

40 정위(正位) : 고조(高祖)·증조(曾祖)·조고(祖考)·고(考)의 4대 신위를 말하고, 여기에 합사한 신위를 부위(祔位)라고 한다.

이사겸[41] 명결 에게 답함

答李士兼 命杰

문 사촌 아우의 대상(大祥)이 이번 달 29일에 있는데, 종수(從嫂 사촌 형제의 아내)가 오늘 친정 어버이의 상을 당하여, 대상의 날짜가 바로 성복(成服)하는 날이 되었습니다. 성복한 뒤에 대상을 치룰 수 있을 듯한데 제사는 첫새벽에 있고 성복은 저녁이 된 뒤에 있으니, 그렇다면 성복하기 전에 제사를 지내는 것 또한 매우 마음이 편치 않습니다. 어떻게 해야 할지 모르겠습니다.

답 오복(五服)[42]에 있어 성복하기 전에는 제사를 지내지 않는 것은 율곡 어른의 정론(定論)이 있습니다. 망인(亡人)의 아내가 친정 어버이 상을 당했다면 상주에게는 외조부모의 상이 되는 것이니, 성복하기 전에 제사를 행할 수 없습니다. 형편상 마땅히 날짜를 점쳐 추후에 행해야 하는데, 다만 변통(變通)할 수 있는 한 가지 방법이 있으니, 대상의 날짜가 성복하는 날에 있다면 첫새벽에 먼저 성복을 행하고 이어 바로 제사를 지내는 것은 불가하지 않을 듯합니다.

성복은 본래 조곡(朝哭)의 예(禮)에 인(因)한 것이고 조곡은 생전(生前)의 혼정신성(昏定晨省)의 예(禮)를 따른 것이니, 그렇다면 새벽

41 이사겸(李士兼) : 이명걸(李命杰)로 《일성록(日省錄)》에 선산 부사(善山府使)를 지낸 인물이 기재되어 있으나 동일인인지는 미상이다.

42 오복(五服) : 상복(喪服)의 복식과 상기(喪期)에 있어 참최(斬衰), 자최(齊衰), 대공(大功), 소공(小功), 시마(緦麻)의 다섯 가지로 차등을 두는 제도를 말한다.

닭이 운 뒤에 성복하는 것은 예를 어기는 것이 아닙니다. 이와 같이 행한다면 과연 어떨는지요? 다만 일의 형편상 일을 주선(周旋)하기가 어렵다면 또한 구차하고 군색해지기 쉬울 듯하니, 그렇다면 끝내 대상의 날짜를 물려 정하여 제사를 지내는 것만 못합니다. 바라건대 예(禮)를 잘 아는 분께 다시 자문하는 것이 어떻겠습니까?

이사명[43] 언찬 에게 답함

答李士明 彦燦

혼백(魂帛)[44]은 우제(虞祭) 전에 묻을 수 없는 것이니, 집으로 받들고 돌아와 제사하는 것이 마땅할 듯합니다. 발인할 때에 고하는 말이 없는 것은 혼망(昏忘)하고 무심함이 될 듯하니, 고하는 말을 지어 쓰는 것이 어떻겠습니까? 고사(告辭)는 "지금 일의 형편상 임시로 고빈(藁殯)[45]을 행하였는데 장차 영구(靈柩)를 받들고 산 위로 나아가려고 하니, 이에 발인하는 새벽의 상식(上食)을 인하여 제수(祭需)를 올리고 고합니다."라고 말을 만들면 괜찮을 것입니다.

43 이사명(李士明) : 이언찬(李彦燦)으로 박윤원의 아우 박준원(朴準源)의 아들 박종희(朴宗喜)의 장인이다.

44 혼백(魂帛) : 신주(神主)를 만들기 전에 신주를 대신하기 위해 만든 것으로, 흰 명주를 접어서 왼쪽에 죽은 사람의 생년월일시(生年月日時)를, 오른쪽에 졸년의 월일시(月日時)를 써 놓은 물건을 말한다.

45 고빈(藁殯) : 장례를 제때에 치르지 못하는 경우, 임시로 관을 바깥에 놓고 이엉 같은 것으로 덮어 두는 것을 이른다.

이윤원[46] 집 에게 답함

答李允元 執

망자(亡者)에 대해 대공(大功)의 의리가 있는 사람이 상주(喪主)가 되어 상을 주관할 경우, 망자에 대해 삼년복을 입을 사람이 있으면 그를 위해 두 번의 제사를 지내야 합니다. 지난번에 어떤 사람이 이를 끌어다가 말하기를 "두 번의 제사는 대상(大祥)과 소상(小祥)일 뿐이요, 담제(禫祭)는 아니다."라고 하였는데, 제 생각에는 옳지 않을 듯합니다.

'두 번의 제사'라는 문구는 다만 대강(大綱)을 말한 것이니, 이미 대상과 소상을 치렀다면 담제를 말하지 않더라도, 담제가 이 안에 들어 있는 것입니다. 대상과 소상은 실로 대공의 의리가 있는 사람과는 상관이 없습니다. 그러나 마땅히 삼년복을 입을 사람이 있어 그를 위하여 제사를 지낸다면, 상제(祥祭)와 담제의 의리가 마땅히 다르지 않아야 됩니다.

만약 이 뜻을 따른다면 귀 종인(宗人)의 집안에서는 마땅히 종수(從嫂 사촌 형제의 아내)를 위하여 담제를 행해야 합니다. 그러나 길제(吉祭)에 이르러는 과연 그 의의가 없습니다. 만약 조카가 봉사(奉祀)하는 것으로 신주를 개제(改題)[47]한다면 길월(吉月 상이 끝난 뒤의 달)의 초하

46 이윤원(李允元) : 이집(李執)으로, 윤원은 자로 보이나 자세한 인적사항은 미상이다.

47 개제(改題) : 죽은 이의 관직명이나 봉사손의 이름 등 신주에 기록된 사항을 고쳐

루에 다만 술과 과일만을 차려 고하고 이를 행하기를 보내온 편지와 같이 하는 것이 옳습니다.

쓰는 것으로, 추증이나 삭탈 등 관직에 변동이 있거나 친진(親盡)하여 봉사손이 바뀌었을 경우에 개제한다.

조자순[48] 유선 에게 답함

答趙子淳 有善

문 맹자가 이르시기를 "그 의지를 잘 잡아 지키고 또 그 기를 포악하게 하지 말라.〔持其志 無暴其氣〕"라고 하시고, 또 이르기를 "나의 호연지기를 잘 기른다.〔善養吾浩然之氣〕"라고 하셨는데, 위아래의 기(氣)자가 가리키는 바가 같습니까? '무포(無暴)'와 '선양(善養)'에 대한 집주(集註)와 소주(小註)의 여러 설이 지두(地頭)[49]가 같지 않은 점이 있는 듯한데, 어떤지 모르겠습니다.

답 '의지를 잘 잡아 지키고 또 그 기(氣)를 포악하게 하지 말라'의 기와 '나의 호연지기를 잘 기른다'의 기가 본래 동일한 기이지만 양성(養成)된 뒤에는 '호연지기(浩然之氣)'라고 부르고 양성되기 전에는 '지기(志氣)'라고 부르니, 그 체단(體段)에는 대소(大小)의 구분이 있습니다. '무포'와 '선양'은 그 공부(工夫)에 깊고 얕고 정밀하고 거친 구별이 있으니, 집주와 소주 등에서 말한 지두가 같지 않은 것은 이 때문인 듯합니다.

48 조자순(趙子淳) : 조유선(趙有善, 1731~1809)으로 자순은 그의 자이고 호는 나산(蘿山), 본관은 직산(稷山)이며 미호(渼湖) 김원행(金元行)의 문인이다. 1771년(영조47) 사마시에 합격하고, 벼슬은 익산 군수(益山郡守)에 이르렀는데, 뒤에 제수된 관직을 사임하고 오로지 학문에만 전력하였다.

49 지두(地頭) : 지보(地步)와 같은 말로, 문맥에 따라 지점, 위치, 처지, 측면, 차원, 영역, 지경 등의 의미를 갖는다.

문 "이것이 없으면 굶주리게 된다.〔無是餒〕"라는 구절에 대해 여자약(呂子約)이 기가 굶주리는 것이라고 말하자, 주자가 이를 깊이 배척하였습니다. 그렇다면 굶주린다는 것은 과연 무엇을 말한 것입니까? 정자가 말씀하기를 "홀쭉하게 꺼져 굶주려서 부족함을 느낀다.〔欿然而餒知其小〕"라고 하였으니, 이는 기가 굶주리는 것을 말한 듯한데, 주자가 여자약의 설을 깊이 배척한 것은 어째서입니까?

답 '무시뇌(無是餒)'에 대한 여자약의 설은 잘못된 것입니다. 시(是)라는 한 글자는 바로 기를 가리킨 것이요 도의(道義)를 가리킨 것이 아닙니다. 뇌(餒)라고 말한 것은 바로 몸이 굶주리는 것이요 기가 굶주리는 것이 아닙니다. 이는 호연지기가 없으면 그 몸이 굶주림을 말한 것입니다. 그러므로 주자가 이 구절의 '뇌' 자를 해석하기를 "기가 몸에 충만하지 못한 것이다."라고 하시고, 그 아래에 인하여 말하기를 "그 몸이 충만되지 못한 바가 있다."라고 하셨으며, 아래 구절에 이르러 또다시 "그 몸이 충만되지 못한 바가 있다."라고 하여 모두 기 한 글자를 제거하셨으니, 그 뜻을 알 수 있습니다.

정자가 말씀하신 "홀쭉하게 꺼져 굶주려서〔欿然而餒〕"라는 구절은 과연 기가 굶주린 것으로 쓴 듯한데, 우암 어른은 정자의 이 말이 《집주(集註)》에 실려 있는 것을 깊이 의심하여, 심지어 "감히 알 수 없다."라고 말씀하기까지 하였습니다.

문 "예(禮)의 가벼운 것과 먹는 것의 중한 것을 취하여 비교한다면 어찌 먹는 것이 중할 뿐이겠는가.〔取禮之輕者與食之重者而比之 奚啻食重〕"[50]라고 하였으니, 예가 먹는 것보다 가벼운 것은 과연 어떠한 예(禮)를 가리킨 것입니까?

답 먹는 것보다 가벼운 예를 참으로 분명히 지적하여 말하기 어려우나, '검오(黔敖)의 음식을, 검오가 사죄했으면 먹을 수 있다'는 따위[51]와 같은 것일 것입니다.

50 예(禮)의……뿐이겠는가 : 이 내용은《맹자》〈고자 상(告子上)〉의 "밥의 중한 것과 예의 가벼운 것을 취하여 비교한다면 어찌 밥이 중할 뿐만이겠는가.〔取食之重者, 與禮之輕者而比之, 奚翅食重?〕"라는 구절을 원용한 것이다.

51 검오(黔敖)의……따위 : 검오는 춘추 시대(春秋時代) 제(齊)나라 사람이다. 당시 제나라에 큰 흉년이 들자, 검오가 길가에서 음식을 만들어,〔黔敖爲食於路〕 굶주린 자들에게 죽을 먹였는데, 어떤 굶주린 자가 기운 없이 오자, 검오가 "아! 불쌍하다. 빨리 와서 먹어라." 하였다. 이때 그 사람이 눈을 치켜뜨며 "나는 불쌍하니 와서 먹으라는 음식을 먹지 않아서 이 지경에 이른 것이오." 하며 음식을 거절하였다. 검오가 가서 사죄하였으나 그는 끝내 먹지 않고 죽었는데, 증자(曾子)께서 이 이야기를 듣고 말씀하기를 "이는 너무 하찮은 일이다. 불쌍하다고 말한 것은 떠나갈 만한 이유가 될 수 있으나, 사죄를 했으면 음식을 먹을 수 있는 것이다.〔其謝也, 可食.〕"라고 하였는바, 박윤원의 말은 이를 인용한 것이다.《禮記 檀弓下》

조자순에게 답함

答趙子淳

양주(楊朱)와 묵적(墨翟)은 모두 동주(東周) 시대에 태어났습니다. 양주는 어느 나라 사람인지 알려지지 않았는데 노자(老子)에게서 배웠습니다. 묵적은 송(宋)나라 사람인데 송나라 성(城)을 지킬 때에 초(楚)나라 사람 공수반(公輸般)과 싸운 인물입니다.[52]

52 묵적은……자입니다 : 이 내용은 박윤원이 무슨 전거(典據)를 인용하여 말한 것인지 확인되지 않으나, 공수반(公輸般)은 노(魯)나라 사람으로 초(楚)나라 사람이 아니다. 《여씨춘추(呂氏春秋)》 권21 〈애류(愛類)〉에 "초나라가 뛰어난 공인(工人)인 공수반(公輸般)이 제작한 공성(攻城) 기구를 가지고 송(宋)나라를 공격하려고 하자, 이 소식을 들은 묵자(墨子)가 초왕(楚王)을 찾아가 설득하면서, 공수반과 기량을 겨뤄 자신의 수성(守城) 실력으로 공수반의 아홉 차례 공격을 모두 막아 내자, 초왕이 결국 송나라 침략의 계획을 취소하였다."라는 내용이 보이는데, 이에 대한 소주(小註)에 "공수(公輸)는 노나라 반(般)의 호(號)이다. 초나라에 있으면서 초왕을 위하여 송나라를 공격하는 기구를 만들었다."라고 하였다. 한편 여기에 관련된 내용은 《묵자(墨子)》 〈공수(公輸) 제(第)50〉에 더욱 자세히 보인다.

조자순에게 답함
答趙子淳

문 《의례》〈상복(喪服)〉의 소(疏)를 보면 북상투(髽)에 두 가지 종류가 있는데, 하나는 성복(成服)하기 전의 북상투이고 또 하나는 성복한 뒤에 하는 노계(露紒 계(紒)를 드러내는 북상투)라는 북상투입니다. 지금 두 가지의 주(註)를 상고해보면 북상투를 논하면서 똑같이 노계라고도 하고 용마(用麻)라고도 하였는데, 어떻게 나누어 두 종류가 있다는 증거로 삼을 수 있겠습니까. 노계라고 한 것은 무엇을 말한 것입니까? 북상투는 남자의 괄발(括髮)[53]과 같고 괄발은 성복에 이르러 제거하는데 도리어 말하기를 "북상투와 최복(衰服)은 3년이다."라고 한 것은 어째서입니까?

답 《의례》 소의 '북상투에는 두 가지 종류가 있다'는 설에 대해 본문을 상고해 보면 다른 제도가 됨을 볼 수 없습니다. 두 종류라고 말한 것은 속칭(俗稱)이 두 가지라고 말한 것과 같으니, 이는 모양은 똑같지만 사용에는 두 가지가 있는 것입니다. 소렴(小斂) 때에 북상투하고 성복에 또한 북상투하는 것은 하나의 북상투에서 또 하나의 북상투로 바꾸는 것입니다. 노계는 마포(麻布)로 상투를 두르는 것인데, 완전히 상투를 덮지 않고 상투를 드러내는 모양인 듯합니다.

남자는 성복에 괄발하는데 부인은 상투에 있어 여전히 북상투를 하

53 괄발(括髮) : 상(喪)을 당한 사람이 성복(成服) 전에 풀었던 머리를 묶어 매는 것을 이른다.

는 것은 그 뜻이 자세하지 않습니다. 그러나 남자는 머리를 중하게 여기기 때문에 괄발을 제거하고 부인(婦人)은 머리를 중히 여기지 않기 때문에 그 북상투를 제거하지 않는 듯합니다. 그러나 이는 억견(臆見)이니, 감히 단정하여 말하지 못합니다.

문 출계(出繼)한 아들의 부인(婦人)의 상을 만난 어떤 사람에게, 노형께서 "다만 마땅히 대공복(大功服)을 입어야 한다."라고 말씀하였다는데, 과연 그러합니까? 고례(古禮)에 적부(嫡婦)는 대공이고 서부(庶婦)는 소공(小功)이었는데, 당(唐)나라 예(禮)에서 각각 한 등급을 올려 후세 사람들이 좇아 행하고 있습니다. 출계한 아들에 대해 낮춰 대공을 입는다면 그 부인은 의당 낮춰 소공을 입어야 하는데 고견이 이와 같으시니, 무엇을 근거하셨는지 모르겠습니다.

답 출계한 아들의 부인의 복에 대한 저의 설을, 누가 전해준 것입니까? 다른 사람과 이를 논한 것이 기억나지 않습니다. 아들의 부인의 복을 후세에 등급을 올려, 서부(庶婦)가 대공을 입었기 때문에 형제의 아들의 부인이 또한 대공을 입었습니다. 아들이 비록 출계하였더라도 본생의 아버지는 마치 형제의 아들처럼 보는 것입니다. 그러므로 부장기(不杖期)의 복을 입습니다. 이는 《상례비요(喪禮備要)》 오복도(五服圖) 아래에 보입니다.

이미 출계한 아들의 복으로 부장기를 입는다면 출계한 아들의 부인의 경우는 의당 형제의 아들의 부인들처럼 대공을 입어야 할 것입니다. 보내오신 편지에 '출계한 아들은 낮춰 대공을 입는다'고 말씀하신 것은, 아마도 고례(古禮)를 인용하여 말하신 것이 아니겠습니까? 고례를 지금 쓰기는 어려울 듯합니다.

조자순에게 답함

答趙子淳

문 상복 참최장(喪服斬衰章) '아내가 남편을 위하여 복을 입는 경우〔妻爲夫〕' 조목에 대해, 《예기》 〈상복소기(喪服小記)〉에 이르기를 "부인이 상주(喪主)가 아닌데도 상장(喪杖)을 짚는 경우는〔婦人不爲主而杖者〕,[54] 시어머니가 살아 계시거든 남편을 위하여 상장을 짚는다."라고 하였고, 공영달(孔穎達)의 소(疏)에 이르기를 "부인이 남편의 집에 있어서 상주가 되어야 비로소 상장을 짚는다. 그러므로 남편과 큰아들을 위해서는 비록 상주가 아니더라도 상장을 짚지만, 남편과 큰아들을 제외한 나머지 경우에는 상주가 아니면〔若餘非爲主則〕[55] 상장을 짚지 않는다."라고 하였는데, 부인이 남편과 큰아들 외에 상주가 되어 상장을 짚는 경우는 어떤 상(喪)입니까? 시부모의 복은 부장기(不杖期)[56]인데, '상주가 되면 상장을 짚는다'는 글은 전기(傳記)에 보이지 않습니다. 상주가 상장을 짚지 않으면 그 자식 중 한 사람이 상장을 짚는 것은 처녀의 경우이고 남편의 집에 있는 자가 아니니, 이것이 과연 무엇을 가리키는 것입니까?

54 부인이……경우는〔婦人不爲主而杖者〕: 저본에는 '婦人不爲夫而杖者'로 되어있으나, 《예기》 원문을 상고하여 '부(夫)' 자를 '주(主)' 자로 바꿔 번역하였다.

55 남편과……아니면〔若餘非爲主則〕: 저본에는 '若除非爲主則'로 되어 있으나, 《예기주소(禮記注疏)》 공영달의 소(疏)에는 '제(除)' 자가 '여(餘)' 자로 되어 있으므로 이렇게 번역하였다.

56 부장기(不杖期) : 자최(齊衰)만 입고 상장은 짚지 않는 기년복을 말한다.

답 《의례》의 '부인이 상장을 짚는 경우〔婦人杖〕' 한 조목은 고례에 시부모 복이 부장기이니, 그렇다면 부인이 남편과 큰아들 외에는 마땅히 상장을 짚어야 하는 상이 없습니다. 어찌 남편의 집에 있어서 상주가 된다고 하여 상장을 짚겠습니까. 소의 설은 매우 의심할 만합니다. 우선 빼놓는 것이 어찌 문제가 되겠습니까.

조자순에게 답함

答趙子淳

말씀하신 기질(氣質)의 설은 정미(精微)하여 말하기 어려운 부분에 관계되니, 저처럼 소견이 천박한 자가 어떻게 분석하여 대답하겠습니까.

그러나 삼가 일찍이 생각하건대 '기질' 두 글자를 나누어 말하면, 기(氣)는 혈기(血氣)이고 질(質)은 자질(資質)이며, 음(陰)과 양(陽)은 기이고 강함과 부드러움은 질입니다. 기는 하늘에서 얻고 질은 땅에서 받으며 기는 맑음〔淸〕과 혼탁함〔濁〕으로 말하고 질은 순수함〔粹〕과 잡박함〔駁〕으로 말하니, 이것이 기와 질의 나뉨입니다. 합하여 말하면, 기질이라는 이름에서 기질이 심(心)이 아니고 성(性)이 아님을 알 수가 있습니다. 어찌 군이 어떤 지두(地頭)[57]임을 말할 것이 있겠습니까.

기질과 형질(形質)은 똑같지 않으니, 기질은 유행하여 가볍게 떠도는 것이기 때문에 변할 수 있고 형질은 응결되어 굳고 단단한 것이기 때문에 변할 수 없으니, 여기에서 또 기질과 형질이 나뉘는 것입니다. 퇴계께서 말씀하시기를 "기는 세속에서 말하는 기운(氣運)과 같고 질은 세속에서 말하는 형질과 같다.〔氣如俗言氣運 質如俗言形質〕"라고 하셨는데, 여기의 '여(如)' 자에서 그 뜻을 알 수 있으니, 이미 '여' 자가 있다면 곧바로 기질을 형질이라고 한 것이 아닙니다. 질을 가지고 기와

57 지두(地頭) : 지보(地步)와 같은 말로, 자세한 내용은 381쪽 주49 참조.

상대하여 말한 것은 질이 비교적 거칠어 형체(形體)가 있는 듯하기에 말한 것이지, 기질의 질이 곧바로 율곡 어른의 "신체는 짧은 것을 길게 바꿀 수 없고, 용모는 추한 것을 곱게 바꿀 수 없다."라는 말씀의 형질과 같다고 한 것이 아닙니다. 말로써 뜻을 해치지 않아야 할 것입니다.

율곡께서 "오직 심지(心志)만이 어리석은 것을 지혜롭게 바꿀 수 있고, 불초(不肖)한 것을 어질게 바꿀 수 있다."라고 말씀한 것은 또한 마음의 본연(本然)을 가리킨 것이 아닙니다. 사람의 본심은 순수하게 선(善)하니, 어찌 어리석음과 지혜로움, 불초함과 어짊의 차이가 있겠습니까. 마음에 재능(才能)과 기량(技倆)이 있기 때문에 좋은 기질을 지니면 선을 하게 되고 좋지 않은 기질을 지니면 악(惡)을 하게 되니, 이에 어리석음과 지혜로움, 불초함과 어짊의 구분이 있게 되는 것입니다.

율곡 어른이 가리키신 바는 바로 기질을 지닌 이후의 마음인 것입니다. 이와 같이 본다면 퇴계, 율곡 두 선생의 설은 서로 방해되지 않고 또한 의심할 만한 것도 없습니다. 어떻게 생각하십니까?

보내온 편지에 인용하신 주자의 설, 즉 "마음은 이(理)에 비해서는 약간 자취가 있고, 기(氣)에 비해서는 자연히 더욱 신령스럽다."라는 말과 "인심의 묘함은 측량할 수 없으니, 기기(氣機)를 타고 드나든다."라는 등의 말은, 마음과 기를 분변한 명백한 증거가 될 수 있습니다. 주자께서 또 일찍이 "마음은 형체가 없고 기는 물건이 있다."라고 하신 말은, 또한 어찌 마음과 기를 나눈 것이 아니겠습니까.

율곡께서 "마음에도 본연(本然)과 기질(氣質)의 다름이 있다."라고 말씀하셨는데, 이는 주자의 뜻을 얻은 것입니다. 《격몽요결(擊蒙要訣)》에서 '오직 심지(心志)만이 어리석은 것과 불초한 것을 바꿀 수 있다'고 하신 것은 이미 마음의 본연을 가리킨 것이 아니니, 그렇다면 이 말씀과 서로 모순되는 것이 아닙니다. 저것은 미정(未定)의 논(論)이라고 말하여서는 안 됩니다.

대저 기질을 변화시키는 방법은, 스스로 편벽된 곳을 성찰하여 이를 이겨 나가는 데에 그 요체(要諦)가 있습니다. 예컨대 '강함〔剛〕'에 편벽되었으면 이를 '부드러움〔柔〕'으로써 교정(矯正)하고, 부드러움에 편벽되었으면 이를 강함으로써 교정하는 것이 이것입니다. 박학(博學)·심문(審問)·신사(愼思)·명변(明辨)·독행(篤行)의 다섯 가지에 있어, 남이 한 번에 능하거든 나는 백 번을 하여 능하게 하며 남이 열 번에 능하거든 나는 천 번을 하여 능하게 한다면 어리석은 자라도 반드시 현명해지고 유약(柔弱)한 자라도 반드시 강해질 것입니다.[58] 자사자(子思子)께서 가르치신 것을 어찌 믿지 않을 수 있겠습니까. 이와 같이 공력을 써서 스스로 변화함에 이르면, 어찌 기질의 지두를 찾기 어렵고 공부를 착수할 곳이 분명하지 않은 점을 근심할 것이 있겠습니까.

정자(程子)와 장자(張子) 이후에, 기질지성을 드러내어 밝힌 것이 매우 자세하여 거의 여온(餘蘊 다 드러내지 못한 뜻)이 없으니, 그렇다면 사람들이 스스로 밝게 보지 못했을 뿐이지 선현의 논에 미진(未盡)한

58 박학(博學)……것입니다 : 이 내용은《중용》제20장의 "이것을 널리 배우며 자세히 물으며 신중히 생각하며 밝게 분변하며 독실히 행하여야 한다.……남이 한 번에 능하거든 나는 백 번을 하여 능하게 하며 남이 열 번에 능하거든 나는 천 번을 하여 능하게 하여야 한다. 과연 이 방법에 능하면 비록 어리석으나 반드시 밝아지며, 비록 유약하나 반드시 강해진다.〔博學之, 審問之, 愼思之, 明辨之, 篤行之.……人一能之己百之, 人十能之己千之. 果能此道矣, 雖愚必明, 雖柔必强.〕"라는 구절을 원용한 것이다.

점이 있는 것이 아닙니다. 요임금의 '공경하고 밝고 문채 나고 생각함이 편안함〔欽明文思〕'[59]과 순임금의 '깊고 명철하고 문채 나고 밝으심〔濬哲文明〕'[60]과 문왕의 '경을 계속하여 밝히신 것〔緝熙敬止〕'[61]과 공자의 '온화하고 어질고 공경하고 검소하고 겸양하심〔溫良恭儉讓〕'[62]은 모두 성인(聖人)의 기질이 지극히 맑고〔淸〕 지극히 순수한〔粹〕 것이지만 이처럼 똑같지 않아서 혼연(渾然)히 자취가 없을 수 없으니, 이는 기질에 허다한 종류가 있기 때문에 지극히 맑은 가운데에 또한 똑같지 않음이 있고 지극히 순수한 가운데 또한 똑같지 않음이 있어서입니다. 이는 대현(大賢)인 두 분 정자께서도 그 기질에 있어서는 형은 온화하고 아우는 엄하여 서로 똑같지 않음이 있으신 것과 같습니다.

성인의 기(氣)일지라도 이미 기질이라고 말했으면 순(舜)임금이 우(禹)임금과 반드시 똑같지는 않고 공자가 문왕과 반드시 똑같지는 않으니, 여러 성인들이 비록 기질이 똑같지는 않으나, 맑고 순수한 점에 있어서는 똑같은 것입니다. 저의 소견(所見)은 이와 같은데, 어떻게 생각하시는지 모르겠습니다.

59 공경하고……편안함 : 이 내용은 요(堯)임금의 덕을 칭송한 말로, 《서경》 〈요전(堯典)〉에 보인다.

60 깊고……밝으심 : 이 내용은 순(舜)임금의 덕을 칭송한 말로, 《서경》 〈순전(舜典)〉에 보인다.

61 경을……것 : 이 내용은 문왕의 높은 덕을 칭송한 말로, 《시경》 〈대아(大雅) 문왕(文王)〉에 보인다.

62 온화하고……겸양하심 : 이 내용은 공자의 덕을 칭송한 자공(子貢)의 말로, 《논어》 〈학이(學而)〉에 보인다.

김사달[63] 상진 에게 줌

與金士達 相進

일전에 그대의 수레에 나아가 얼굴을 뵌 것이 두 번이었으나, 집으로 찾아간 것은 처음이었으니, 그 기쁨이 어떠했겠습니까? 반나절 동안 얼굴을 마주한 것이 진실로 10년 동안 편지로 왕래한 것보다 더 낫습니다. 이른 눈에 날씨가 추운데, 이때에 고요히 정양(靜養)하시는 기거(起居)가 다시 어떠신지 모르겠습니다. 우러러 그리워하는 마음 끝이 없습니다.

저는 산의 유람에 흥취가 다하여 집으로 돌아갈 생각에 마음이 바쁜데 감기에 걸려 자못 괴로운 데다 추운 날씨에 길을 가야 하니, 참으로 시름겨울 만합니다. 형제간에 장차 이별해야 함에 사사로운 마음이 암연(黯然)하고 실의(失意)에 젖게 되며 또 새로 얻은 좋은 벗과 만나자마자 헤어져야 해서 마치 꿈속의 세계인 듯하니, 이것이 또 저로 하여금 고개를 돌려 바라보게 하는 부분입니다.

마침 시 한 수를 얻어 이로써 구구한 이 몸의 앙모(仰慕)하고 믿는 마음을 말하오니, 만일 좋은 시를 지어 주신다면 어찌 돌아가는 행장(行狀)에 광채가 나지 않겠습니까. 깊이 바라며 이만 줄입니다.

63 김사달(金士達) : 김상진(金相進, 1736~1811)으로 사달은 그의 자이고, 호는 탁계(濯溪), 본관은 김해(金海)이며, 미호(渼湖) 김원행(金元行), 늑천(櫟泉) 송명흠(宋明欽)의 문하이다. 벼슬하지 않고 향리에 은거하면서 일생을 주자학에 전심(專心)하였다.

김사달에게 답함

答金士達

인심(人心)과 도심(道心)에 관한 혹자의 설은, 농락(籠絡)하여 말해서 너무 분별이 없으니, 온당하지 않을 듯합니다. 만약 마음의 체(體)를 말한다면 진실로 하나이지만, 마음의 용(用)을 말한다면 이는 두 가지가 있습니다. 그러므로 《중용장구》 서문(序文)에 이르기를 "마음의 허령(虛靈)과 지각(知覺)은 똑같을 뿐인데, 지각으로 삼은 것은 똑같지 않다." 하였으니, 이미 똑같지 않다고 하였으면 인심과 도심을 두 가지 사물이라고 말하여도 괜찮습니다.

인심도 진실로 이(理)가 아니면 발할 곳이 없으나 결국 형기(形氣)에서 생겨나온 것이요, 도심도 기(氣)가 아니면 발할 수 없으나 결국 성명(性命)에서 근원한 것입니다. 혹 형기에서 생겨나고 혹 성명에서 근원하여 인심과 도심의 한계가 같지 않으니, 어떻게 혼합하여 볼 수 있겠습니까.

혹자의 말에 "인심의 입장에서 말하자면 가슴속에 가득 찬 것이 모두 인심일 뿐이어서 다시 도심이 없고, 도심의 입장에서 말하자면 가슴속에 가득 찬 것이 모두 도심일 뿐이어서 다시 인심이 없다."라고 한 것은 더욱 큰 착오입니다. 만약 이 설과 같다면 인심을 말할 적에, 일신(一身) 중에 다만 굶주릴 때에 먹고 싶고 목마를 때에 마시고 싶은 마음만이 있고, 다시 측은(惻隱)·수오(羞惡)·사양(辭讓)·시비(是非)의 마음이 없단 말입니까. 도심을 말할 적에 일신 중에 다만 측은·수오·사양·시비의 마음만이 있고, 다시 굶주릴 때 먹고 싶고 목마를 때에 마시고 싶은 마음이 없단 말입니까. 결코 그렇지 않습니다.

저 마음의 지각이 혹 신체상의 지각(知覺)을 따라 나오기도 하고 혹 의리상의 지각을 따라 나오기도 하여 본래 두 갈래가 있기 때문에 순(舜)임금이 나누어 말씀하셨으니 이에 인심과 도심의 명목(名目)이 있게 된 것이요, 위태롭고 은미하다는 가르침을 발한 것은 정밀히 살펴서 한결같이 지키기를 바란 것입니다. 그렇다면 인심과 도심이 하나가 될 수 없음이 분명한 것입니다.

지금 만약 말하기를 "인심이 의리에 합하면 이는 도심이요 도심이 기(氣)에 의해 가려져 곧바로 이루어지지 못하면 바로 인심이다."라고 하여 율곡 선생의 설과 같다면 괜찮지만, 이러한 곡절(曲折) 없이 곧바로 "인심이 또한 도심이고 도심이 또한 인심이다."라고 한다면, 장차 이 두 가지가 마음속에 뒤섞여서 다스릴 줄을 모를 것이니, 어찌 가(可)하겠습니까. 제가 이 때문에 혹자의 설을 따를 수 없다고 말하는 것입니다. 어떻게 생각하실지 모르겠습니다.

천리(天理)와 인욕(人欲)으로 도심과 인심을 풀이한 정자(程子)의 설은 끝내 미진(未盡)한 듯합니다. 주자가 또한 초년(初年)에 일찍이 인심을 인욕이라고 하셨다가 뒤에 이를 바꿨으니, 마땅히 주자의 뒤의 설을 바름으로 삼아야 합니다. 인욕과 천리는 상대되니, 소장(消長)과 선악(善惡)의 구별이 있습니다. 만약 인심을 인욕이라고 한다면, 인심이 장차 악(惡) 일변도(一邊倒)로 돌아가지 않겠습니까. 이 때문에 주자께서 인심은 인욕이 아니라고 한 것입니다.

식(食)과 색(色)을 가지고 말해보면, 굶주릴 때에 먹을 것을 생각하고 목마를 때에 마실 것을 생각하며 정력(精力)이 왕성하면 여자를 생각하는 것들은 성인(聖人)이라도 없을 수 없는 것이니 이것이 인심이며, 맛있는 음식을 끝없이 탐하고 우물(尤物 아름다운 여인)에 침닉(沈溺)하는 것은 인욕입니다. 인심이 본래 좋지 않은 것이 아닌데 다만 쉽게 흘러 인욕이 되기 때문에 위태롭다고 한 것입니다. 인심이 만약 인욕이라면 어찌 다만 위태롭다고만 말했겠습니까. 주자께서 말씀하신 '때려도 깨어지지 않는다'는 것이 실로 대순(大舜)의 본래의 뜻에 꼭 들어맞으니, 다시 의심할 만한 것이 없습니다.

주자는 모든 의리의 명목(名目)에 대해 참으로 그 소이연(所以然)을 보신 뒤에 공정하고 합당하게 글을 쓰셔서 한 글자도 구차하지 않습니다. 인심을 굶주릴 때에 먹고 싶어 하고 목마를 때에 마시고 싶어 하는 마음으로 여기신 것이 바로 정밀하고 적절한 표현이니, 사람을 미연(未然)에 점검하여 방비하기 위하여 우선 이러한 논의를 하신 것이 아닙니다. 욕심으로 흐른 뒤에 인욕이 이루어지니, 어찌 굳이 다시 인심을 말하겠습니까.

율곡 어른께서 "인심에는 선도 있고 악도 있다."라고 하신 것은 또한 말류(末流)를 아울러서 말씀한 것일 뿐이지 인심이 악이라고 말씀한 것이 아니니, 마땅히 활간(活看)하지 않으면 안 될 듯합니다. 혹자는 전에 이미 인심 또한 도심이라고 말하고서, 또 인심을 악이 있는 것으로 보고자 하였으니, 이렇다면 서로 모순이 될 듯합니다. 이에 저는 삼가 이해할 수가 없습니다.

김사달의 《소학》 문목에 답함

答金士達小學問目

문 〈소학서제(小學書題)〉는 《소학》 책의 의의(意義)에 대해 쓴 것으로 보아야 합니까?

답 요씨(饒氏)[64]가 〈소학제사(小學題辭)〉를 풀이하여 말하기를 "책머리에 표제한 글이다.〔標題書首之辭也〕"라고 하여 '표제(標題)'라는 글자를 '서수(書首)'라는 글자 위에 두었고, '책머리의 표제를 쓴 글〔書首標題之辭〕'이라고 하지 않았으니, 이로써 보건대 소학제사는 바로 '《소학》에 대해 쓴 글'이라는 말입니다. 〈소학서제〉 또한 그러합니다.

문 〈소학제사〉에 보이는 "그 뿌리를 북돋으며 그 가지를 발달시켰다.〔以培其根 以達其枝〕"라는 구절에 대해, 《집설(集說)》[65]에는 《소학》을 뿌리를 북돋는 것으로 《대학》을 가지를 발달시키는 것으로 보았으며, 《집해(集解)》[66]에는 인(仁)·의(義)·예(禮)·지(智)의 성(性)을 기르는 것을 뿌리를 북돋는 것으로, 측은(惻隱)·수오(羞惡)·사양(辭讓)·시비(是非)의 사단(四端)과 저 애친(愛親)·경형(敬兄)·충군

64 요씨(饒氏) : 송나라의 학자인 요로(饒魯)를 가리킨다. 자는 백여(伯輿), 호가 쌍봉으로 흔히 쌍봉 요씨라고 불린다.

65 집설(集說) : 명나라의 학자인 정유(程愈)가 지은 《소학집설(小學集說)》을 말한다.

66 집해(集解) : 명나라의 학자인 오눌(吳訥, 1372~1457)이 지은 《소학집해(小學集解)》를 이른다.

(忠君)·제장(弟長)의 도리를 채우는 것을 가지를 발달시키는 것으로 보아, 두 설이 같지 않은데 어느 설이 더 뛰어납니까?

답 〈소학제사〉의 '학교를 세우고 스승을 세움〔建學立師〕'이란 구절은 비단 《소학》의 학교와 스승만을 말한 것이 아니요, 《대학》과 《소학》을 아울러 가리킨 것입니다. 그러므로 아래 문장에 또한 《대학》과 《소학》을 아울러 말한 것입니다. 이를 가지고 논해 보면, 뿌리를 북돋으며 가지를 발달시키는 일이 마땅히 《대학》과 《소학》에 나누어 속해 있으니, 《집설》이 《집해》보다 나은 듯합니다.

문 〈소학제사〉에 보이는 '덕이 높고 업이 넓음〔德崇業廣〕'에 대해, 세속의 학자들이 대부분 격물(格物)·치지(致知)·성의(誠意)·정심(正心)·수신(修身)을 덕(德)이 높음으로, 제가(齊家)·치국(治國)·평천하(平天下)를 업(業)이 넓음으로 보았습니다. 그러나 본래 이 네 글자는 《주역》〈계사전 상(繫辭傳上)〉에서 나온 것인데, 《주역본의(周易本義)》에서 "이치를 궁구하면 지혜의 높음이 하늘과 같아 덕이 높아지고, 이치를 따르면 예(禮)로 낮춤이 땅과 같아 업이 넓어진다."라고 하였습니다. 이에 의거하면 격물·치지는 마땅히 덕이 높음이 되고 성의·정심·수신은 마땅히 업이 넓음이 되어야 합니다. 어떨지 모르겠습니다.

답 '덕숭업광(德崇業廣)'은 마땅히 《주역》〈계사전 상(繫辭傳上)〉의 본문을 바름으로 삼아야 합니다.[67] 일찍이 듣건대 존선생(尊先生)[68]께

67 덕숭업광(德崇業廣)은……합니다 : 이 내용은 《주역》〈계사전 상〉 제7장에 "대저 역(易)은 성인이 덕(德)을 높이고 업(業)을 넓히려는 것이다.〔聖人所以崇德而廣業也〕

서 논하신 것 또한 그러하였습니다.

문 〈소학집주총론(小學集註總論)〉에 보이는 순월(旬月)을, 혹 일순(一旬 10일)이나 한 달의 의미로 보았습니다. 《한서(漢書)》〈적방진전(翟方進傳)〉의 순세(旬歲)에 대해 안사고(顔師古)가 풀이하기를 "순세는 만세(滿歲)라는 말과 같으니, 십일(十日 십간(十干))이 일주(一周)한 것과 같다."라고 하니, 여기에 의거한다면 순월은 '만 한 달'의 의미입니까?

답 순월을 '만 한 달'이라고 한 것은, 《한서》〈적방진전〉의 순세를 안사고가 훈한 것이니, 명백한 증거라고 할 만합니다. 이렇게 보는 것이 매우 좋습니다.

문 사람은 하늘의 기(氣)와 땅의 질(質)을 품부(稟賦)받아 태어나서 청(淸)·탁(濁)과 미(美)·악(惡)이 본래 같지 않으니, 태교(胎敎)는 다만 일조(一助)가 될 뿐입니다.[69] 만약 분수(分數 차지하고 있는 비율(比率))를 가지고 비교하여 헤아린다면 천품(天稟)이 9할을 차지하고

지(知)는 높아야 하고 예(禮)는 낮춰야 하니, 높음은 하늘을 본받고 낮춤은 땅을 본받은 것이다."라고 한 구절이 있으므로 이렇게 말한 것이다.

68 존선생(尊先生) : 상대방의 스승을 높이는 말인데, 김사달(金士達)은 미호(渼湖) 김원행(金元行)과 늑천(櫟泉) 송명흠(宋明欽) 두 분을 스승으로 모셨는바, 누구를 말하는지는 미상이다.

69 태교(胎敎)는……뿐입니다 : 이 내용은 《소학》〈입교(立敎)〉 편 제1장의 내용이, 《열녀전(列女傳)》에서 말한 태교(胎敎)의 내용을 인용하였기 때문에 이렇게 말한 것이다.

태교가 1할을 차지하는 정도가 아니겠습니까?

답 사람이 비록 천지의 기운을 품부받아 태어나지만 그 어머니가 임신했을 때에 선·악을 느끼는 것이 기와 질의 청·탁이 갈리는 기괄(機括)[70]이 되니, 태교의 공이 실로 많습니다. 천품과 견주어 헤아려 보면 어찌 1할을 차지함에 그치겠습니까? 제가 생각하건대, 태교는 태아(胎兒)가 어머니 뱃속에서 받는 가르침이니, 그렇다면 이는 최초로 받는 근본적인 가르침입니다. 천품이 차지하는 것과 견주면 마땅히 2, 3할은 될 것인데, 어떻게 생각하시는지 모르겠습니다.

문 "오른쪽 손을 쓰도록 가르친다.〔教以右手〕"라는 구절에 대해, 오씨(吳氏)의 설에 "그 강함을 취하였다.〔取其强〕"라고 하였는데,[71] 《소학훈의(小學訓義)》[72]에서는 '강(强)' 자를 바꿔 '편(便)'으로 썼습니다. 제 생각으로는 '강' 자가 옳다고 여겨집니다. 《황제내경소문(黃帝

70 기괄(機括) : 쇠뇌의 시위를 거는 곳과 화살의 시위를 메우는 부분을 말하는데, 곧 사물의 매우 중요한 부분을 이르는 말이다.

71 오씨(吳氏)의……하였는데 : 이 내용은 사계(沙溪) 김장생(金長生)이 지은 〈소학집주고정(小學集註攷訂)〉의 '입교(立教)'에 보인다. 오씨는 명(明)나라 학자 오눌(吳訥, 1372~1457)로 《소학집해(小學集解)》의 저자이다.

72 소학훈의(小學訓義) : 1744년(영조20) 2월에 완성된 책으로, 원래의 서명은 《소학제가집주 선정전훈의(小學諸家集註宣政殿訓義)》이다. 주자가 편찬한 《소학》에 이이(李珥)가 여러 설을 인용하여 주석한 《소학제가집주(小學諸家集註)》에 대해 선정전(宣政殿)에서 간략하게 주해한 것이다. 《국역 국조보감》 제63권 〈영조조 7〉에 따르면, 세종조 때 사정전(思政殿)에 모여 훈의(訓義)를 냈던 것을 모방하여 음훈(音訓)의 사실을 선유(先儒)의 성명 및 출처(出處)와 함께 집해(集解) 아래에 나누어 설명한 책이다.

內經素問)》에 이르기를 "하늘은 서북이 부족하기 때문에 서북쪽이 음(陰)이 되니 사람의 오른쪽 이목(耳目)이 밝음에 있어 왼쪽 이목보다 못하며, 땅은 동남(東南)이 채워지지 못했기 때문에 동남쪽이 양(陽)[73]이 되니 사람의 왼쪽 수족(手足)은 강함에 있어 오른쪽 수족만 못하다."라고 하였으니, 이에 의거하면 취(取)와 강(强) 두 글자는 실로 지극한 이치가 있으니, 무엇이 문제가 되어 '강'을 바꿔 '편'으로 쓴 것입니까?

답 오씨 설의 '그 강함을 취하였다'는 구절에 대해, 보내오신 편지에서 《황제내경소문》의 설을 인용하신 것은 진실로 분명한 근거가 되지만, '강'의 뜻은 깊고 '편'의 뜻은 얕습니다. 그러므로 《훈의소학(訓義小學)》에서 '강'을 바꿔 '편'으로 썼는데, 이는 혹시 얕아서 쉽게 알 수 있기 때문에 이를 따른 것이 아니겠습니까. 실로 강하면 편하니, 또한 두 가지 의미가 아닙니다.

문 "열다섯 살이면 비녀를 꽂는다.〔十有五年而笄〕"[74]라는 구절의 주(註)에서 진씨(陳氏)[75]가 말하기를 "계(笄)는 비녀이니, 부인(婦人)은 관(冠)을 쓰지 않고 비녀로 쪽을 단단히 할 뿐이다."라고 하였고, 《가례(家禮)》 〈계례(笄禮)〉에 이르기를 "관(冠)과 계를 가한다." 하였습

73 양(陽) : 저본에는 음(陰)으로 되어 있으나, 《황제내경소문》 원문에 의거하여 전사의 오류로 보고 양(陽)으로 고쳐 번역하였다.

74 열다섯……꽂는다 : 이 구절은 《예기》 〈내칙(內則)〉의 내용을 인용한 〈입교〉 편 제2장의 마지막의 전 구절에 보인다.

75 진씨(陳氏) : 송(宋)나라의 유학자 진순(陳淳, 1153~1217)으로 자가 안경(安卿), 호가 북계(北溪)이다. 황간(黃榦)과 함께 주자의 고제(高弟)로 일컬어졌다.

니다. 또 〈거가잡의(居家雜儀)〉[76]의 "관대(冠帶)를 갖춘다."라는 구절의 주에 이르기를 "부인의 관자(冠子)와 배자(背子)[77]의 뜻이다."라고 하였는데, 이는 송(宋)나라 때 시왕(時王)의 제도[78]로 사마온공(司馬溫公)과 주자가 모두 따르지 않으면 안 되었던 것입니까?

〈명륜(明倫)〉 편 수장(首章)의 "며느리가 시부모를 섬기되 머리를 빗고 머리싸개로 머리털을 싸매어 상투를 만든 다음 비녀를 꽂고 총(總)으로 머리털의 밑을 묶는다."라는 구절을 보면, 진씨가 곧바로 고례(古禮)를 의거하여 말한 것인 듯합니다.

답 옛날 부인은 관이 없었습니다. 그런데 《가례》와 〈거가잡의(居家雜儀)〉에 관이 있는 것은 바로 시왕의 제도를 따른 것이고, 진씨의 설은 곧바로 고례(古禮)에 의거하여 말한 것입니다.

문 "더러운 속옷과 이불을 속이 보이지 않게 한다.〔褻衣衾 不見裏〕"[79]

76 거가잡의(居家雜儀) : 북송의 학자인 사마광(司馬光)이 지은 글로 집안에서 지켜야 할 소소한 예절을 기록한 것인데, 《가례(家禮)》 권1 〈통례(通禮)〉에 수록되어 있다.

77 관자(冠子)와 배자(背子) : 관자는 옛날 지체가 높은 집안의 여자가 썼던 모자의 일종이고 배자는 옛날에 남자와 여자가 모두 입었던 옷으로, 만드는 제도는 시대마다 각각 달랐다. 조선 시대의 제도는 소매가 없고, 양옆의 귀가 겨드랑이까지 틔었으며 길이가 짧았다.

78 시왕(時王)의 제도 : 시왕은 당시의 왕이란 의미로, 송나라 황제가 제정한 제도를 가리킨다.

79 더러운……한다 : 이 내용은 〈명륜(明倫)〉 편 제4장에 "부모(父母)와 구고(舅姑)가 계신 곳에 있으면서 명(命)함이 계시거든……추워도 감히 옷을 껴입지 않으며, 가려워도 감히 긁지 않으며, 공경할 일이 있지 않거든 감히 팔을 드러내지 않으며, 물을 건너지 않거든 옷을 걷지 않으며, 더러운 속옷과 이불을 속이 보이지 않게 한다.〔褻衣

라는 구절의 옷과 이불은 자신의 것입니까?

답 윗글의 '추워도 감히 옷을 껴입지 않음〔寒不敢襲〕' 등의 네 가지 일[80]을 보면 모두 자신에게 속한 일이니, 더러운 속옷과 이불은 자신의 속옷과 이불을 가지고 말한 듯합니다. 그 아래의 글에 말한 '부모의 침과 콧물'에서 더욱 잘 알 수 있습니다.

문 '여신수사(如新受賜)'는 '남들이 준 것을 새로 받는 것처럼 여긴다'는 것이고 '여갱수사(如更受賜)'는 '부모가 내리신 것을 다시 받는 것처럼 여긴다'는 의미입니까?[81]

답 '여신수사'와 '여경수사'는 모두 시부모가 주시는 것을 받는 것처럼 여긴다고 말한 것이니, '수사(受賜)'를 두 번 말하였기 때문에 '다시〔更〕'라고 말한 것입니다. 만약 '여신수사'를 '남들이 준 것을 새로 받는 것처럼 여긴다〔如新受人之賜〕'고 한다면 두 '수사'가 호응하지 않고 위아래가 다른 뜻이 됩니다. 어떻게 생각하십니까?

衾, 不見裏.〕"라고 보인다.

80 윗글의……일 : 네 가지 일은 추워도 감히 옷을 껴입지 않음, 가려워도 감히 긁지 않음〔癢不敢搔〕, 공경할 일이 있지 않거든 감히 팔을 드러내지 않음〔不有敬事, 不敢袒裼〕, 물을 건너지 않거든 옷을 걷지 않음〔不涉不撅〕을 가리킨다.

81 여신수사(如新受賜)는……의미입니까 : '여신수사(如新受賜)'와 '여갱수사(如更受賜)'는 모두 〈명륜〉 편 제12장에 보이는바, 《소학》 원전의 내용은 아래와 같다. "며느리는 친정 형제가 음식과 의복과 베와 비단과 차는 수건과 채란(茝蘭)을 주거든 받아서 시부모에게 바쳐야 하니, 시부모가 받으시거든 기뻐하여 혹자가 준 것을 새로 받는 것처럼 여기고〔如新受賜〕, 만약 도로 주시거든 사양하되 허락의 명령을 얻지 못하거든 주신 것을 다시 받는 것처럼 여겨〔如更受賜〕 보관하여서 시부모의 물건이 다하기를 기다려야 한다."

문 "감히 나란히 앉지 못한다.〔不敢竝坐〕"[82]라는 구절의 주(註)에 "앉는 차례에 있어서도 또한 반드시 서열을 달리해야 한다.〔坐次亦必異列〕"라고 하였습니다. 《중용》에는 "종묘의 예는 소목을 차례하는 것이다.〔宗廟之禮 所以序昭穆〕"라고 하였으며, 《가례》의 '사당에서 서는 위치의 차례'에 의하면 주인(主人)의 아우의 아내는 주부(主婦)의 왼쪽 조금 뒤에 자리하니, 그렇다면 어찌 갑자기 하나의 서열이 되지 못함에 이르겠습니까. '서열을 달리한다〔異列〕'는 두 글자는 말이 너무 과중(過重)한 듯하니, 어떻게 생각하시는지 모르겠습니다.

답 주에서 말한 "앉는 차례에 있어서 또한 반드시 서열을 달리해야 한다."에서의 '열(列)' 자는 '소목의 열〔昭穆之列〕'의 '열' 자와 같지 않습니다. 이 '열' 자는 다만 어깨를 나란히 한다고 말한 것일 뿐이니, 어찌 굳이 무겁게 볼 것이 있겠습니까.

문 "반드시 조상의 거동하는 소리를 들음이 있다.〔必有聞乎其容聲〕"[83]라는 구절의 주에 "거동하거나 기거동작을 하는 소리이다.〔擧動容止之聲也〕"라고 하였으니, 이는 아마도 '문(聞)' 자에 붙여서 말한 것인

82 감히……못한다 : 이 구절은 〈명륜〉 편 제19장 중의 한 구절인바, 《소학》 원전의 내용은 아래와 같다. "구고(舅姑)가 만약 작은며느리를 부리시거든 감히 맏며느리에게 대등하게 맞서지 말아야 한다. 감히 나란히 걷지 말며, 감히 나란히 명령을 받거나 내리지 말며, 감히 나란히 앉지 말아야 한다.〔不敢竝坐.〕"

83 반드시……있다 : 이 내용은 〈명륜〉 편 제31장에 보이는바, 《소학》 원전의 내용은 아래와 같다. "제사하는 날에 사당에 들어가 애연(僾然)히 반드시 조상을 신위(神位)에서 봄이 있으며, 주선(周旋)하여 사당문을 나옴에 엄숙히 반드시 조상의 거동하는 소리를 들음이 있으며〔必有聞乎其容聲〕, 문을 나와 들음에 개연(愾然)히 반드시 조상의 탄식하는 소리를 들음이 있게 된다."

듯합니다. 그러나 용성(容聲)은 바로 용모와 목소리이니, 비록 '문' 자를 썼더라도 보는 것이 또한 겸하여 그 안에 포함되어 있는 것입니다. 어떻게 생각하시는지 모르겠습니다.

답 주(註)의 설은 구애되어 그런 듯하니, 그대의 논의가 매우 활락(活絡 사고가 선입견 없이 탁 트여 있음)합니다. 보는 것이 또한 겸하여 그 안에 포함되어 있다고 한 것은 모두 옳습니다.

문 "함께 서 있는 동료 빈(擯)에게 읍하시되 손을 좌우(左右)로 하셨는데, 옷의 앞뒤가 가지런하였다.〔揖所與立 左右手 衣前後 襜如也〕"[84] 라는 구절에 있어, 읍(揖)은 공경히 몸을 굽히는 것과 같으니, 그렇다면 옷의 앞뒤가 어찌 가지런할 리가 있겠습니까? 《의례》에 "'손을 밀치는 것〔推手〕'을 읍이라 하고 '손을 당기는 것〔引手〕'을 의(撎)라 한다."라고 하였는데, 퇴수(推手)와 인수(引手)의 의식(儀式)이 모두 상세하지 않습니다. 《주례》에 보이는 토읍(土揖)·시읍(時揖)·천읍(天揖)의 의식[85]이 모두 상세하지 않으니, 자세히 가르쳐 주시기 바랍니다.

답 읍이 비록 공경히 몸을 굽히는 것이나 다만 조금 몸을 구부렸다가 펴는 것이니, 그렇다면 옷의 앞뒤가 어찌 흩뜨려짐에 이르겠습니까.

84 함께……가지런하였다 : 이 구절은 〈명륜〉 편 제42장의 두 번째 문장이다.

85 주례에……의식 : 이 내용은 《주례》 〈추관(秋官) 사의(司儀)〉에 "왕이 남향하여 제후를 보는데, 서성(庶姓)에게는 토읍(土揖)을 하고, 이성(異姓)에게는 시읍(時揖)을 하고, 동성(同姓)에게는 천읍(天揖)을 한다."라고 하였는데, 그 주에 "서성(庶姓)은 친분이 없는 자이니, 토읍은 손을 밀쳐 조금 아래로 내리는 것이다. 이성은 혼인 관계가 있는 자이니, 시읍은 평평하게 하여 손을 밀치는 것이다."라고 하였다.

또 이는 다만 행동거지가 예(禮)에 맞아서 비록 손을 좌우로 하더라도 옷이 어지러워지지 않는 뜻을 말한 것일 뿐입니다. 옷의 앞뒤가 혹 조금 높고 조금 낮더라도 또한 정돈됨에 있어서는 문제가 되지 않습니다.

퇴(推)와 인(引)의 뜻이 상세하지 않으나, 혹자가 말하기를 "퇴는 안으로부터 밖으로 향한다는 뜻이다. 마치 계단을 오르는 것을 사양할 때 하는 읍과 같으니, 손을 밖으로 향해 밀치는 것처럼 하여 계단을 오르기를 권하는 것처럼 하는 것이다. 인은 밖으로부터 안으로 향한다는 뜻이다. 자리에 나아갈 때 하는 읍과 같으니, 손을 안으로 향하여 마치 끌어당기는 것처럼 하는 것이다."라고 하였습니다. 이 설이 옳을 듯한데, 어떻게 생각하실지 모르겠습니다.

《주례》에 보이는 세 가지 읍하는 의식에 있어 토읍은 지읍(地揖)이니 아래로 땅을 향하는 것이요, 천읍은 위로 하늘을 향하는 것이며, 다만 시읍의 의미는 미상입니다. 혹자가 이르기를 "손을 평평하게 밀치는 것이니 바로 주(周)나라 때에 높여 읍하는 예(禮)이기 때문에 '당시대의 읍〔時揖〕'이라고 말한 것이다."라고 하는데, 옳은지 여부는 모르겠습니다.

문 "임금의 명령이 있지 않으면 수레와 말과 의복을 감히 곧바로 타거나 입지 못한다.〔君未有命 不敢卽乘服〕"[86]라는 구절의 주(註)에 "후세에 삼품(三品)은 비록 자복(紫服)을 입을 수 있고, 오품(五品)은 비복(緋服)[87]을 입을 수 있으나, 반드시 임금이 하사한 뒤에 입을 수 있는

86 임금의……못한다 : 이 구절은 〈명륜〉 편 제44장의 두 번째 문장이다.

것과 같다."라고 하였습니다. 우암(尤菴)께서 말하기를 "옛날에는 3품에 오르면 임금이 반드시 자복을 하사하였는데, 만일 당초 승품(陞品)되던 날에 이 은전(恩典)을 받지 못하였다면, 지금 하사를 받았더라도 감히 대번에 이 옷을 입지 못하는 것이다."라고 하였습니다. 제 생각에는 승품한 날이든 이미 승품한 뒤이든지를 막론하고 만약 임금이 옷을 하사했다면, 어찌 옷을 입지 않을 이치가 있겠습니까.

답 주의 설은 대강(大綱)의 설이고 우암(尤菴)의 설이 비교적 상세합니다. 당초에 승품하였으나 그날 곧바로 자복을 하사받지 못하고 추후에 하사받았다면, 이는 명덕(命德)[88]을 신중히 한다는 의의이기 때문에 신하의 의리에 있어 감히 대번에 옷을 입지 못하는 것입니다. 이 또한 사양(辭讓)의 뜻이지만, 또한 끝내 입지 않는 것은 아닙니다. 그러나 우암의 설은 추론(推論)인 듯합니다.

문 "백 리 먼 길의 초상에 달려가지 않는다.〔不百里而奔喪〕"[89]라고

87 비복(緋服) : 자복(紫服)은 자주색 비단으로 만든 조복(朝服)이고, 비복은 붉은색 비단으로 만든 조복이다.

88 명덕(命德) : 덕이 있는 사람에게 작위를 명한다는 의미의 '작이명덕(爵以命德)'의 줄임말이다. 채침(蔡沈)의 《서경집전》〈열명 중(說命中)〉의 주(注)에 "작위(爵位)는 덕(德)이 있는 자에게 명(命)하기 때문에 현(賢)이라 하였다.〔爵以命德, 故曰賢.〕"라고 보인다.

89 백……않는다 : 이 구절은 〈명륜〉 편 제67장의 두 번째 문장 안에 보이는데, 《소학》 원전의 내용은 아래와 같다. "그러므로 여자는 규문(閨門) 안에서 날을 마치고, 국경을 넘어 백 리 먼 길의 초상에 달려가지 않으며, 일을 멋대로 함이 없으며, 행실을 독단으로 이룸이 없어 참여하여 알게 한 뒤에 행동하며, 증거함이 있은 뒤에 말하며, 낮에는 뜰에 나다니지 않으며, 밤에는 안에 다닐 때에 횃불을 사용하니, 이는 부덕(婦

하였는데, 언해(諺解)는 "초상은 부모(친정 부모)의 상이다."라고 하였으니, 의리에 크게 어긋날 듯합니다. 《예기》〈잡기(雜記)〉에 "부인은 삼년상이 아니면 국경을 넘어 조문(弔問)하지 않는다."라고 하였으니, 이에 의거하면 부모의 상에는 국경을 넘음을 알 수 있습니다. 어떻게 생각하시는지 모르겠습니다.

답 "백 리 먼 길의 초상에 달려가지 않는다."라는 구절의 주의 설은, 〈잡기〉에서 '국경을 넘어……' 한 것과 합치되지 않으니, 과연 의심할 만합니다. '상에 달려가는 것〔奔喪〕'과 조문이 같지 않아서 그런 것이 아니겠습니까. 조문의 경우 3년 내에 한 번 가기만 하면 또한 조문이라고 이르고, 분상(奔喪)은 부고를 듣고 곧바로 달려가는 것을 이르니, 예컨대 "베를 찢어 사각건(四角巾)을 만들어 쓰고 간다."라는 것이 이것입니다.

부인은 남자와 달라서 비록 부모의 상이라 하더라도 부고를 듣고 곧바로 분상할 수 없습니다. 이는 몸이 남편의 집안에 매여 있을 뿐 아니라 또한 분상은 창졸간에 급하게 하는 것이니, 여자의 몸으로는 행하기 어렵기 때문입니다. 그러므로 백 리 길의 먼 지역은 성복(成服)한 뒤에 비로소 가게 되는 것이 아니겠습니까. 지금 부녀 중에 이와 같은 입장에 있는 자가 또한 많은데 어찌 굳이 깊이 의심하겠습니까. 그렇다면 《가어(家語)》와 〈잡기〉 두 곳에서 말한 것 또한 서로 어긋나는 것이 아닐 것입니다.

문 "과부의 아들은 드러남이 있지 않거든 더불어 벗으로 삼지 않는

德)을 바르게 하는 것이다."

다.〔寡婦之子 非有見焉 不與爲友〕"[90]라고 하였는데, 과부의 아들과 벗이 되었다고 하여 어찌 호색(好色)의 혐의가 있음에 이르겠습니까.[91] 제가 생각하건대, 굳이 혐의를 피해야 할 자리가 아닌데 오히려 또 혐의를 피한다면 이는 남녀의 분별을 너무 멀리하는 것임을 알 수 있습니다. 또 이 장에서 윗글들을 맺고 아랫글들을 일으킨 것이 묘함이 되는 것에 대해 어떻게 생각하시는지 모르겠습니다.

답 편지에서 "굳이 혐의를 피해야 할 자리가 아닌데 오히려 또 혐의를 피한다면 이는 남녀의 분별을 너무 멀리하는 것임을 알 수 있다."라고 하신 말씀은 참으로 좋습니다. 그러나 범사(凡事)에 있어 방한(防閑)하는 뜻을 모두 엄하게 하더라도, 굳이 혐의하지 않을 자리에서 혐의한다면 또한 길게 늘여서 분수(分數)를 넘는 것이 아니겠습니까. 〈곡례〉의 가르침은 실로 혐의가 있어서 말한 것입니다. 옛날 사람들은 질박(質樸)하기 때문에 곧바로 이렇게 말한 것이니, 굳이 의심할 것이 없을 듯합니다. 이 장이 윗글들을 맺고 아랫글들을 일으킨 것이 묘함이 된다는 것은 진실로 논하신 바와 같습니다.

90 과부의……않는다 : 이 구절은 〈명륜〉 편 제68장의 글로, 《예기》 〈곡례(曲禮)〉의 글을 인용한 것이다.

91 과부의……이르겠습니까 : 이 내용은 《소학집설(小學集說)》에 "만약 과부의 아들에게 덕(德)을 좋아하는 실상이 없으면 여색(女色)을 좋아한다는 혐의를 피하기가 어렵다. 그러므로 벗을 취하는 자가 삼가는 것이다."라고 하였으므로 말한 것이다. 여기의 벗은 제자를 이르는바, 과부의 아들이 드러나게 훌륭하지 않은데, 그를 제자로 삼아 그 집에 자주 출입하면 그 집의 과부를 좋아한다는 혐의가 있게 되므로 이를 피하기 위해 벗을 삼지 않는 것이다.

문 "나이가 많아 갑절이 되면 아버지로 섬긴다.〔年長以倍則父事〕"[92]라는 구절의 주에 "인생은 10년을 한 절(節 단위)로 삼으니, 갑절이면 20년인 것이다."라고 하였는데, 제가 생각하건대 이 주(註)는 분명하지 않은 듯합니다. 아마도 사람이 20세가 되면 관례(冠禮)하여 성인(成人)이 되니, 여기에 나아가 논한다면 나이가 갑절이 많다는 것은 나이가 20년이 많다는 뜻인 듯합니다. 옳은지 여부는 모르겠습니다.
답 말씀하신대로 20세가 되면 관례(冠禮)함을 따라 계산하는 것이 분명한 듯하니, 주의 설은 과연 분명함이 부족합니다.

문 "가벼운 짐은 혼자서 지고 무거운 짐은 나누어서 진다.〔輕任幷重任分〕"[93]라는 구절은, 제가 생각하건대 장자(長者)의 짐이 만약 가벼우면 한 명의 젊은이가 홀로 지고 만약 무거우면 여러 젊은이들이 나누어서 진다는 뜻인 듯합니다. 옳은지 여부는 모르겠습니다.
답 주의 설에서 "무거우면 나누어서 진다."라고 한 것[94]은 그다지 명백

92 나이가……섬긴다 : 이 구절은 〈명륜〉 편 제72장에 보이는 구절로, 《소학》 원전의 내용은 아래와 같다. "나이가 많아 곱절이 되면 아버지처럼 섬기고〔年長以倍則父事〕, 10년이 많으면 형처럼 섬기고, 5년이 많으면 걸을 때에 어깨를 나란히 하되 조금 뒤에 하여 따른다."

93 가벼운……진다 : 이 구절은 〈명륜〉 편 제87장의 두 번째 구절로 《소학》 원전의 내용은 아래와 같다. "젊은이는 가벼운 짐은 혼자 지고 무거운 짐은 나누어 져서〔輕任幷, 重任分〕 반백(頒白)이 된 자가 짐을 들지 않게 해야 한다."

94 주의……것 : 《소학집해(小學集解)》에서 "병(幷)은 홀로 멤이요, 분(分)은 나누어 둘로 함이다. 짐이 가벼우면 젊은 자가 홀로 메고, 무거우면 나누어 멤을 말한 것이다."라고 주하여, 무거운 짐은 장자와 나누어서 진다고 해석할 수 있기 때문에 말한 것이다.

하지 않으니, 보내주신 편지에서 '여러 젊은이들이 나누어서 진다'고 풀이한 것처럼 보는 것이 옳습니다.

문 구용(九容)의 중(重)·단(端)·지(止)·정(靜)·직(直)·숙(肅)·덕(德)·장(莊)의 여덟 자[95]는 모두 십분 온당하지만, 다만 "손 모양은 공손하게 한다.〔手容恭〕"의 '공(恭)' 자는 적절한지 모르겠습니다. 일찍이 삼가 생각해 보았는데, 사람이 앉으면 단공(端拱)하고 길을 가면 장공(張拱)[96]하며, 사람을 보면 혹 절하고 혹 읍함에 모두 손을 써서 이를 행하는데 모두 공손한 모양입니다. 수용(手容) 아래에 놓은 '공' 자는 과연 바꿀 수 없는 것인지요? 어떻게 생각하시는지 모르겠습니다.

답 수용의 '공'은 다만 손을 마주 잡는 것과 절하고 읍할 경우만이 아니라 물건을 잡고 일을 집행하는 경우에도 또한 공손히 하는 것이니, 수용의 '공' 자는 과연 바꿀 수 없는 것입니다.

문 "무릇 볼 때에 얼굴 위로 올라가면 오만해지고, 허리띠 아래로

95 구용(九容)의……자 : 구용은 군자가 지녀야 할 아홉 가지 모습을 말한다. 이 내용은 《예기》 〈옥조(玉藻)〉에 나오는 것을 《소학》 〈경신(敬身)〉 편 제16장에서 인용하였는바, 여덟 자의 내용은 아래와 같다. "발 모양은 무겁게 하며〔重〕, 손 모양은 공손하게 하며〔恭〕, 눈 모양은 단정하게 하며〔端〕, 입 모양은 그치며〔止〕, 소리 모양은 고요하게 하며〔靜〕, 머리 모양은 곧게 하며〔直〕, 숨쉬는 모양은 엄숙하게 하며〔肅〕, 서 있는 모양은 덕스럽게 하며〔德〕, 얼굴 모양은 장엄하게〔莊〕 해야 한다."

96 장공(張拱) : 단공(端拱)은 단정히 두 손을 마주 잡는 것이고, 장공은 새가 날개를 펼치듯 팔을 벌리고 활기차게 걷는 것이다.

내려가면 근심스럽게 된다.〔凡視上於面則敖 下於帶則憂〕"[97]라는 구절에 있어, 사람들이 대부분 '면(面)' 자를 남의 얼굴로, '대(帶)' 자를 자신의 허리띠로 여깁니다.

《예기》〈곡례(曲禮)〉에 이르기를 "천자를 뵐 적에 시선(視線)이 둥근 옷깃보다 위로 올라가서는 안 되며 허리띠 아래로 내려가서는 안 된다. 국군을 뵐 적에는 타시로 보며 대부를 뵐 때에는 형시로 보며 사를 뵐 때에는 5보의 사이를 본다.〔天子視 不上於袷 不下於帶 國君綏視 大夫衡視 士視五步〕"[98]라고 하였고, 그 아래에 계속하여 이르기를 "무릇 볼 때에 얼굴 위로 올라가면……"하였으니, 이는 천자를 뵐 때와 국군을 뵐 때와 대부를 뵐 때와 사를 뵐 때에 모두 얼굴의 아래, 허리띠의 위에 시선을 두는 것인데, 그 사이에 대략 고저(高低)의 등급을 낮출 뿐입니다. 이것이 어찌 자기의 허리띠를 기준하여 보는 것이겠습니까.

답 얼굴과 허리띠는 모두 마주하여 앉아있는 사람의 것을 말하는 것이니, 고견(高見)이 옳습니다. 인용하신 〈곡례〉의 글이 또한 분명한 증거가 됩니다.

97 무릇……된다 : 이 내용은 〈경신〉 편 제20장에 보이는 구절로, 《예기》〈곡례〉에서 인용한 글이다.

98 천자(天子)를……본다 : 이 경문의 내용에 대해 진호(陳澔)는 《예기집설(禮記集說)》에서 "천자시(天子視)는 '천자를 뵘'을 이른다. 겁(袷)은 조복(朝服)과 제복(祭服)의 둥근 옷깃이다. 타(妥)는 턱 아래의 모양이다. 국군(國君)을 뵙는 자는 눈이 얼굴을 똑바로 볼 수 없으니, 마땅히 그 얼굴의 아래 둥근 옷깃의 위를 보아야 하는 것이다. 형(衡)은 평평함이니, 대부(大夫)의 신하가 대부를 뵐 적에는 그 얼굴을 똑바로 보는 것이다. 사(士)가 5보(步)를 본다는 것은 사의 속리(屬吏)가 사를 볼 적에 또한 얼굴보다 높게 하거나 대(帶) 아래로 내려가지 않으며, 좌우로 5보의 사이를 옆으로 볼 수 있는 것이다."라고 주하였다.

문 "국도(國都)에 들어가서는 수레를 달리지 않으며, 마을에 들어가서는 반드시 경례(敬禮)한다.〔入國不馳 入里必式〕"[99]라는 구절의 주에, 마씨(馬氏)가 이르기를 "마을에 들어가 반드시 경례하는 것은 부모 나라에서의 도리이다."라고 하였습니다. 제가 생각하건대 마씨의 설은 온당하지 않을 듯합니다. 국도와 마을은 다만 자신의 국도와 마을일 뿐이 아니니, 타인의 국도와 마을이라도 모두 마땅히 수레를 달리지 않으며 경례해야 할 것입니다. 《예기》〈곡례〉의 주에 "국도에 들어가 달리지 않음은 수레와 말에 사람이 치일까 두려워해서이다. 《논어》에 '10가구의 작은 고을에도 오히려 충신(忠信)한 사람이 있다.' 하였으니, 25가(家)의 가운데 어찌 공경할 만한 사람이 없겠는가. 그러므로 이문(里門)에 들어가면 반드시 경례하는 것이니, 이것이 이른바 10가구의 작은 고을을 업신여기지 않는다는 것이다."라고 하니, 이 설이 옳은 듯한데, 어떻게 생각하시는지 모르겠습니다.

답 마씨의 설은 다만 석경(石慶)과 장담(張湛)의 일에 의거하여 말한 것이니,[100] 편벽된 것일 듯합니다. 이는 마땅히 《예기》의 주를 바른

99 국도(國都)에……경례(敬禮)한다 : 이 구절은 〈경신〉 편 제30장에 보이는 구절로, 《예기》〈곡례〉에서 인용한 글이다.

100 마씨의……것이니 : 이 내용은 《소학집성(小學集成)》에 "마씨가 이르기를 '석경(石慶)이 마을의 문에 들어와 수레에서 내려오지 않자, 그의 아버지가 꾸짖었으며, 장담(張湛)은 마을의 문이 바라보이면 걸어갔는데, 군자(君子)들이 이를 훌륭하게 여겼다.' 하였다."라고 하였으므로 이렇게 말한 것이다. 석경은 전한(前漢) 문제(文帝) 때 인물로 만석군(萬石君) 석분(石奮)의 막내아들인데, 내사(內史)가 되어, 술에 취해 돌아와 외문(外門)을 들어오면서 수레에서 내리지 않았다가, 부친에게 호된 꾸지람을 듣고 이후에는 마을 문에 들어오면 수레에서 내려 종종걸음으로 집에 이르렀다고 한다. 《史記 卷103 萬石君列傳》 장담은 후한(後漢) 광무제(光武帝) 때의 인물로 광록대부(光

설로 삼아야 합니다. 비록 타인의 국도와 마을이라도 수레를 달리지 않으며 반드시 경례해야 합니다.

문 "부모 섬기기를 증자(曾子)와 같이 하는 것이 가(可)하다.〔事親若曾子者可也〕"[101]라는 구절에 있어 "마땅히 증자와 같이 뜻을 봉양해야 할 것이요, 증원(曾元)과 같이 다만 구체(口體)만을 봉양해서는 안 됨을 말한 것이다."라고 한 것은 주자의 말씀이고, "부모 섬기기를 증자와 같이 하면 지극하다고 이를 만한데도 맹자(孟子)는 다만 '가하다.'라고만 하셨으니, 어찌 증자의 효도를 유여(有餘)하다고 하겠는가."라고 한 것은 정자의 말씀입니다. 두 분 선생님의 가(可) 자에 대한 해석이 똑같지 않습니다. 주자의 설이 마땅히 바른 뜻이 되지만 정자의 설 또한 말 밖의 뜻을 천명(闡明)한 것이라고 여겨지는데, 이와 같이 보는 것이 옳습니까?

답 정자와 주자가 논한 '가' 자는 각자가 한 뜻이니, 겸하여 보는 것도 좋지만, 마땅히 주자의 설을 본지(本旨)로 보아야 합니다.

문 〈계고(稽古)〉 한 편은 모두 우(虞)·하(夏)·상(商)·주(周)의 성현(聖賢)의 자취를 취한 것인데, 유독 백유(伯兪)는 서한(西漢) 무제(武帝) 때의 인물이니, 의심할 만합니다. 〈가언(嘉言)〉 편을 다시

祿大夫)와 태자태부(太子太傅)를 역임하였다. 사람됨이 예(禮)를 좋아하였는데 휴가를 얻어 고향으로 돌아갈 적에 시문(寺門)을 바라보고 수레에서 내려 걸어갔다고 한다. 《後漢書 卷27 張湛列傳》

101 부모……가(可)하다 : 이 내용은 〈계고(稽古)〉 편 제12장의 두 번째 구절이다.

상고해 보면 '종선여등(從善如登)' 한 장은 《국어(國語)》 〈주어(周語)〉에서 뽑은 것이니, 그렇다면 문자를 찬술함에 의(義)를 중하게 여겨 시대(時代)가 혹 조금 어긋나더라도 굳이 깊이 따질 것이 없는 것입니까?

답 두루 상고(上古) 성현의 자취를 취하다가 서한 사람의 일을 실은 것은, 덕행(德行)이 같은 종류를 붙여서 시대의 고하(高下)에 구애되지 않은 것이니, 무엇을 의심하겠습니까.

문 "부모가 죽은 지 3일 동안 태만하지 않았으며, 3개월 동안 게을리하지 않았다.〔三日不怠 三月不解〕"[102]라는 구절에 대한 주의 설은 분명하지 못합니다. 3일 만에 빈(殯)[103]을 행함에 염습(殮襲)에 사용하는 물품들을 반드시 정성스럽고 신실하게 하며 3개월 만에 장사를 지냄에 장례에 사용하는 물품들을 반드시 정성스럽고 신실하게 하여야 하니, 거상(居喪)을 잘하는 것은 다만 죽음을 슬퍼함에 있을 뿐만이 아니고, 반드시 장사를 치르는 대사(大事)에 있어 정성스럽고 신실하게 하여 유감이 없어야 옳을 것입니다. 3일과 3개월은 모두 빈과 장사의 일을 치르는 시기이기 때문에 태만히 하지 않고 게을리하지 않았다고 하였

102 부모가……않았다 : 이 내용은 〈계고〉 편 제18장에 보이는 구절로 《예기》 〈악기(雜記)〉에서 인용한 것인바, 《소학》 원전의 내용은 아래와 같다. "소련(少連)과 대련(大連)이 거상(居喪)하기를 잘하여 부모가 죽은 지 3일 동안 게을리하지 않았으며〔三日不怠〕, 3개월 동안 빈소에서 게을리하지 않았으며〔三月不解〕, 1년 동안 슬퍼하였으며, 3년 동안 근심하였으니, 동이족(東夷族)의 자식이었다."

103 빈(殯) : 장사지내기 전에 시신을 관(棺)에 넣어 일정한 곳에 안치하는 일을 이른다.

으니, 참으로 효자의 마음을 얻은 것입니다. 이와 같이 보는 것이 좋지 않겠습니까?

답 태만히 하지 않고 게을리하지 않은 것은 '슬픔과 그리움에 마음이 편치 않다.〔哀慕不寧〕'[104]의 '불녕(不寧)'과 서로 비슷합니다. 3일 동안 태만하지 않은 것은 어버이가 막 돌아가셨을 적의 충구(充瞿)[105]의 뜻이요, 3개월 동안 게을리하지 않았다는 것은 또한 천시(天時)가 한 번 작은 변화를 거쳤는데도 슬픈 마음이 해이해지지 않음을 이르니, 오로지 염습(殮襲)과 장례에 사용하는 물품들을 반드시 정성스럽고 신실하게 하여야 함만을 말한 것이 아닙니다.

주에 이른바 "비록 먹지 않으나, 자력(自力)으로 그 예(禮)를 극진히 한다."라는 것은 진실로 또한 상사(喪事)를 다스리는 뜻을 겸하여 얻은 것입니다.

하지만 제가 보건대 태만히 하지 않고 게을리하지 않은 일을 만약 상사를 다스리는 것으로 본다면, 아래 문장의 "1년 동안 슬퍼하였으며 3년 동안 근심하였다."라는 글의 1년과 3년에 어찌 상사를 다스리는 일이 있었겠습니까. 비애(悲哀)와 근심은 다만 그 마음으로 슬퍼하고 그리워함을 말한 것일 뿐이며, 태만히 하지 않고 게을리하지 않는 것은

104 슬픔과……않다 : 《가례》 〈상례(喪禮)〉의 우제(虞祭)와 졸곡(卒哭), 소상(小祥)과 대상(大祥), 담제(禫祭) 등의 여러 제사의 축문(祝文)에 쓰이는 글이다.

105 충구(充瞿) : 부모를 잃고 애통해함을 이르는 표현이다. 《예기(禮記)》 〈단궁 상(檀弓上)〉에 "부모가 처음 돌아가시면 충충(充充)하여 마치 길가는 자가 막다른 골목에 다다른 것처럼 하며, 빈소를 모시고는 구구(瞿瞿)하여 마치 무엇을 찾되 얻지 못하는 것처럼 한다." 하였는데, 《예기주소(禮記註疏)》 정현(鄭玄)의 주(註)에 "충충과 구구는 모두 근심과 슬픔이 마음에 있는 모양이다." 하였다.

실로 슬퍼하는 마음이 날짜와 철을 보내도 게을러지지 않음을 말한 것입니다. 위아래의 의례(義例 천명한 의리의 사례)가 서로 비슷하니, 이와 같이 보는 것이 마땅할 듯한데, 어떻게 생각하시는지 모르겠습니다.

문 예양(豫讓)의 일[106]은 재가(再嫁)한 아낙의 수절(守節)과 같음이 있습니다. 예양은 협사(俠士) 소굴 속의 사람이니, 그가 "나를 보통 사람으로 대우하면 나도 보통 사람으로서 보답하고 국사(國士)로 대우하면 나도 국사로서 보답한다."라고 말한 것은 또한 협사의 말입니다. 제가 일찍이 말하건대 예양은 협사의 충성이요 기신(紀信)[107]은 장수의 충성이니, 순연(純然)한 천리(天理)라고 인정하여서는 안 됩니다. 어떻게 생각하시는지 모르겠습니다.

106 예양(豫讓)의 일 : 이는 〈계고〉 편 제25장에 "조양자(趙襄子)가 지백(智伯)을 죽이고 그 머리뼈에 옻칠을 하여 음료수 그릇을 만들었다. 지백(智伯)의 신하 예양(豫讓)은 지백(智伯)을 위하여 원수를 갚고자 하여, 이에 거짓으로 형벌 받은 사람인 것처럼 꾸며, 비수를 끼고 양자(襄子)의 집안으로 들어가 뒷간의 벽을 바르고 있었는데, 발각되어 좌우에 있던 자들이 그를 죽이려고 하자, 양자(襄子)는 말하기를 '지백(智伯)이 죽고 후손도 없거늘 이 사람이 그를 위하여 원수를 갚고자 하니, 참으로 의로운 선비이다. 내가 삼가 피할 뿐이다.' 하였다."라고 보인다. 예양은 전국(戰國) 시대 진(晉)나라의 협객으로 처음에는 범(范)씨와 중항(中行)씨를 섬기다가 자기를 알아주지 않자 범씨와 중항씨를 버리고 지백(智伯)을 섬겨 총애를 받았는데, 조양자(趙襄子)가 지백을 공격하여 멸망시키자, 그의 원수를 갚기 위해 자객이 되어 여러 번 복수를 시도하다가 실패로 끝나자 자결한 인물이다. 《史記 卷86 刺客列傳 豫讓》

107 기신(紀信) : 한(漢)나라 고조(高祖) 유방(劉邦)의 부장으로 고조가 형양(滎陽)에서 항우(項羽)에게 포위당해 위기에 처하자, 고조로 분장하고 항우에게 항복하여 그 와중에 고조를 탈출하게 하고 자신은 항우에게 죽임을 당하였다. 《漢書 卷1 高帝本紀上》

답 예양이 협사의 충성이라는 설은 진실로 옳으니, 일시(一時)의 의기(意氣)에서 나온 것이므로 예양을 협사의 충성이라고 한 것이지만, 기신을 장수의 충성이라고 한 것은 말씀하신 뜻을 이해할 수 없습니다. 아마도 장수는 용(勇)을 숭상하기 때문에, 죽을 곳에 나아간 것이 또한 용이므로 이렇게 말한 듯합니다.

문 《소학집주(小學集註)》 외편(外篇) 모두(冒頭)의 "하늘이 뭇 백성을 내시니, 사물(事物)이 있으면 법칙이 있도다.〔天生烝民 有物有則〕"라는 구절에 대해, 《집설》에 이르기를 "주자께서 말씀하기를 '사물이 있으면 반드시 법칙이 있으니, 이는 마치 귀와 눈이 있으면 밝게 듣고 밝게 보는〔聰明〕 덕(德)이 있으며, 아버지와 아들이 있으면 사랑하고 효도하는 마음이 있음과 같다.' 하셨다."라고 하였는데, 이에 대해 동춘당(同春堂 송준길(宋浚吉))은 "귀와 눈은 사물이요 총명(聰明)은 법칙이다."라고 하셨고, 우암(尤菴 송시열(宋時烈))은 "마땅히 보아야 할 것을 보고 마땅히 들어야 할 것을 듣는 것이다."라고 하셨으니, 그렇다면 귀와 눈의 법칙을 '총명'으로 말하는 것은 옳지 않을 듯합니다.

제가 생각하건대 총명에는 얕게 보는 것과 깊게 보는 것이 있습니다. 얕게 본다면, 귀가 미세한 소리까지 들을 수 있는 것이 밝게 듣는 것이고 눈이 미세한 색까지 분변할 수 있는 것이 밝게 보는 것입니다. 깊게 본다면, 《서경》에 "보기를 멀리하되 밝게 볼 것을 생각하고 듣기를 덕스러운 말로 하되 귀 밝게 들을 것을 생각한다."라고 하였으니, 그렇다면 이른바 '총명'의 덕은 비록 깊고 얕은 것을 겸하여 함께 말하더라도, 또한 불가할 것이 없습니다.

답 우암과 동춘당 두 분 선생님의 설'은 각자 주장하시는 바가 있습니다. 말씀하신바 '총명에는 얕고 깊음이 있다'는 것은, 정치(精緻)하고 세밀하여 기뻐할 만합니다.

문 "오직 경학(經學)과 글을 읽도록 가르쳐야 한다.〔只教經學念書〕"[108] 라는 구절은 잡서(雜書)는 가르치지 말고 오직 경서(經書)만을 가르치고 작문(作文)을 가르치지 말고 오직 책 읽기만을 가르치라는 말입니다. 이와 같이 하면 마음이 밖으로 치달리지 않아서 법도(法度)에 들어갈 수 있다고 말한 것이겠지요.

답 잡서는 쉽게 마음을 미혹(迷惑)시키고 작문은 쉽게 화려함을 다투게 하니, 뜻이 가볍고 재주가 준수한 자들로 하여금 이것을 익히게 하면 장차 재주가 덕(德)보다 뛰어나게 되는 폐단이 있게 됩니다. 그러므로 오직 경학과 글을 읽는 것만을 가르쳐서 그 마음이 밖으로 치달리지 못하게 하는 것이니, 어찌 법도에 들어가지 못하겠습니까. 명도(明道 정호(程顥))의 가르침은 대개 이런 것입니다.

문 《소학》 중에 범노공(范魯公)의 시(詩)와 〈동생행(董生行)〉과 좌우명(座右銘) 등의 편(篇)[109]은 모두 시(詩)입니다. 그 사이에 뒤섞여

108 오직……한다 : 이 구절은 〈가언(嘉言)〉 편 제3장에 보이는 명도(明道) 정호(程顥)의 말의 일부로, 《소학》 원전의 내용은 아래와 같다. "자제(子弟)의 가볍고 준수함을 염려하는 자는 오직 경학(經學)과 글을 읽도록 가르칠 것이요〔只教經學念書〕, 글을 짓게 해서는 안 된다. 자제들의 온갖 좋아함은 모두 뜻을 빼앗으니, 글씨와 편지에 이르러는 유자(儒者)의 일에 가장 가까우나 한결같이 좋아하면 또한 스스로 뜻을 잃게 된다."

109 범노공(范魯公)의……편(篇) : 범노공(范魯公)의 시(詩)는 〈가언(嘉言)〉 편 제

있어서 유례(類例 유별(類別)과 체제(體制))가 그다지 정돈되어 있지 않으니, 이것들을 읽을 경우, 마음이 일찍이 편안하지 않았습니다. 연전(年前)에 일찍이 꿈을 꾸다가 홀연히 이천(伊川) 선생의 "시를 짓고자 한다.〔欲作詩〕"라는 말씀을 생각하고, 갑자기 깨우침이 있어 "《소학》에서 시를 취한 것이 바로 이 뜻이구나."라고 생각하였습니다. 〈소학제사〉를 엮음에 운문(韻文)을 사용한 것 또한 이 뜻이 아니겠습니까?

답 책 속의 의심나는 뜻에 대한 생각이 몽매(夢寐)간에 발현됨에 이르렀으니, 고명의 공부가 성심(誠心)이 느슨해지지 않았음을 알 수 있었습니다. 이 때문에 흠모하고 찬탄합니다. 대저 시(詩)가 사람을 흥기시키고 감발(感發)시키는 것이 문장에 비해 더 뛰어나니, 이는 아마도 운문이기 때문일 것입니다. 이천(伊川 정이(程頤))께서 시를 지어 어린 동자들을 가르치고자 하신 것이 어찌 까닭이 없으셨겠습니까.

문 군주와 아버지의 '불시(不是)'를 보지 못하면, 군주에게 '과(過)'가 있을 적에 신하가 어떻게 알아서 이를 간(諫)하며 아버지에게 '과'가 있을 적에 자식이 어떻게 알고 간하겠습니까. '과'와 '불시'는 똑같지 않으니, '과'는 무심코 저지르는 과실(過失)이고, '불시'는 마음먹고 저지르는 죄과(罪過)입니다. 신하와 자식이 군주와 아버지에게 '과'가 있는 경우는 간하고, '불시'가 있는 경우는 보지 못하니, 보지 못하는 까닭은 사랑하고 공경하는 마음이 천성(天性)에 근본하여 자연히 보

10장에 보이고, 〈동생행(董生行)〉은 〈선행(善行)〉 편 제50장에 보이고 좌우명(座右銘)은 장사숙(張思叔)의 좌우명으로 〈가언〉 편 제76장에 보인다. 장사숙은 이천(伊川) 정이(程頤)의 제자인 장역(張繹)으로 사숙은 그의 자이다.

지 못하게 되는 것입니까?

답 '군주와 아버지의 불시를 보지 못한다'는 것은 다만 신하와 자식 된 자의 마음을 가지고 말한 것일 뿐입니다. 간관(諫官)의 간쟁(諫爭)과 자식이 간함은 본래 마땅히 별개의 조항으로 논해야 하니, 마땅히 이것 때문에 저것을 의심해서는 안 될 듯합니다. '과'와 '불시'의 구분은 무심코 저지르는 것과 마음먹고 저지르는 것으로 나눌 수 있을 듯합니다. 비록 무심코 저지르는 죄과라도 신하와 자식으로 어찌 간하지 않을 수 있겠습니까. 비록 간쟁하더라도 감히 추호라도 스스로 옳고 군주와 아버지가 그르다는 마음을 가져서는 안 되니, '불견(不見)' 두 글자에 마땅히 유의해야 합니다.

문 생일날 술자리를 마련하는 것은 "부모(父母)가 모두 생존해 계신 사람이라면 괜찮다.〔具慶者 可矣〕"라고 하셨으니,[110] 만일 아버지는 살아계시고 어머니는 돌아가신 사람과 아버지는 살아계시고 어머니는 돌아가신 사람의 경우는 마땅히 어떻게 행해야 합니까?

답 본문을 가지고 보면, 반드시 어버이 두 분이 모두 살아계신 연후에야 생일날 술자리를 마련할 수 있는 것인데, 우암 어른이 일찍이 말씀하시기를 "아버지는 살아계시고 어머니는 돌아가신 자 또한 괜찮다." 라고 하였으니, 이로 미루어 보면 어머니가 살아계시고 아버지가 돌아

110 생일날……하셨으니 : 이 내용은 〈가언〉 편 제28장에 보이는 이천 선생의 말씀으로 《소학》 원전의 내용은 아래와 같다. "사람이 부모가 없으면 생일에 마땅히 갑절로 비통해야 할 것이니, 또 어찌 차마 술자리를 마련하고 풍악을 벌여 즐거워할 수 있겠는가. 만일 부모(父母)가 모두 생존해 계신 자라면 괜찮다.〔具慶者, 可矣.〕"

가신 자 또한 괜찮습니다. 이 부분은 인정(人情)상 부득이한 것이 아니겠습니까.

문 "다만 그 부귀만을 흠모하지는 말아야 한다.〔勿苟慕其富貴〕"[111]라는 구절의 주에, "'구(苟)'는 다만〔但〕의 뜻이다."라고 하였는데, 제 생각으로는 '구'는 '구차하다〔苟且〕'의 뜻입니다. 만약 '다만'이라는 뜻으로 풀이한다면 오히려 부귀를 흠모하는 뜻이 있습니다. 어떻게 생각하시는지 모르겠습니다.

답 '구' 자를 구차하다의 뜻으로 풀이하는 것이 좋지 않은 것은 아니나, 사마온공(司馬溫公)의 본뜻은 실로 '다만 부귀만 흠모할 뿐이 아님〔不但慕〕'을 말한 것입니다. 세속의 사람들이 혼인을 의논할 적에 다만 그 부귀만을 흠모하고 사위와 며느리가 어진지 여부는 살피지 않으니, 온공께서 이와 같이 경계하신 것입니다. 《소학증주(小學增註)》에서 '단(但)' 자로서 '구' 자를 해석한 것은 비록 거칠고 얕은 듯하나, 실은 평이하고 질박한 것입니다. 고견은 진실로 높고 담박하나 온공의 본의와는 조금 다릅니다. 어떻게 생각하시는지 모르겠습니다.

문 "친후(親厚)한 은혜를 절제하고 헤아리게 한다.〔節量親厚之恩〕"[112]

111 다만……한다 : 이 내용은 〈가언〉 편 제42장에 보이는 사마온공(司馬溫公)의 말로 《소학》 원전의 내용은 아래와 같다. "무릇 혼인을 의논함에 마땅히 먼저 그 사위와 며느리의 성품과 행실 및 가법이 어떠한가를 살펴야 할 것이요, 다만 그 부귀만을 흠모하지는 말아야 한다."

112 친후(親厚)한……한다 : 이 구절은 〈가언〉 편 제47장의 마지막 문장에 보이는데, 《소학》 원전의 내용은 아래와 같다. "동서 간을 형제간에 비하면 소원하고 박하니,

라는 구절은, 형제가 비록 본래 친후하나 동서(同壻)의 무리들이 이를 절제하게 하고 헤아리게 하여 형제의 정을 다하지 못하게 함을 말한 것입니다. '밑이 모나다〔方底〕'는 것은 동서들의 멀고 박대함을 비유한 것이고 '뚜껑이 둥글다〔圓蓋〕'는 것은 형제의 친후함을 비유한 것입니까?

답 절(節)과 양(量) 두 글자의 뜻은 말씀과 같을 듯합니다. '방저(方底)'와 '원개(圓蓋)'는 다만 부합(符合)되지 않음을 말한 것일 뿐이요, 방저가 반드시 동서를 비유한 것만은 아니고 원개가 반드시 형제를 비유한 것만은 아닙니다. 이와 같은 것은 굳이 너무 세밀하게 볼 것이 없습니다.

문 여형공(呂滎公)의 학문이 선가(禪家)에 물들었다는 비판이 있으니, 이른바 "사물을 마음에 경영하지 않았다.〔不以事物經心〕"라는 말[113]에는, 또한 선가의 뜻이 조금 있는 것이 아니겠습니까?

이제 소원하고 박한 사람들로 하여금 친후한 은혜를 절제하고 헤아리게 한다면, 마치 밑은 모나고 뚜껑은 둥근 것과 같아서 반드시 맞지 않을 것이다.〔今使疎薄之人而節量親厚之恩, 猶方底而圓蓋, 必不合矣.〕 오직 우애와 공경이 깊고 지극하여 옆 사람에게 옮김을 당하지 않는 자라야 면할 수 있을 것이다."

113 여형공(呂滎公)의……말 : 여형공은 북송(北宋)의 문신인 여희철(呂希哲 1039~1116)로 자는 원명(原明), 호는 형양(滎陽)이다. 범조우(范祖禹)의 추천으로 출사하여 광록소경(光祿少卿) 등의 벼슬을 지냈다. "사물을 마음에 경영하지 않았다."라는 구절은 〈선행〉 편 제1장에 보이는데 여형공의 부친인 정헌공(正獻公)에 대한 설명이다. 《소학》의 원전은 아래와 같다. "여형공(呂滎公)의 이름은 희철(希哲)이요, 자(字)는 원명(原明)이니, 신국(申國) 정헌공(正獻公)의 장자(長子)이다. 정헌공이 집에 거처할 때에 간소하고 후중하며 과묵하여, 사물을 마음에 경영하지 않았다."

답 여형공은 진실로 선가에 물든 인물이지만 "사물을 마음에 경영하지 않았다."라고 말함에 이르러는, 다만 "세속의 일을 마음에 경영하지 않았다."라고 말한 것일 뿐이니, 반드시 선가의 뜻이 있는 것은 아닙니다. 만약 선가의 뜻이 있다면 주자께서 어찌 이 단락을 취하셨겠습니까.

문 "베개와 자리를 부채질해 드리고 몸으로 이불을 따뜻하게 해 드렸다.〔扇枕席 以身溫被〕"[114]라는 것은 모두 마땅히 어버이가 취침하시려고 할 때로 보아야 하지 않습니까?
답 몸으로 이불을 따뜻하게 해 드리는 것은 진실로 어버이가 취침하려고 할 때의 일이지만 베개와 자리를 부채질해 드리는 것은, 여름에 노인(老人)들이 비록 주무시지 않더라도 낮에 또한 베개에 기대어 자리에 누워 계실 때가 있으니, 다만 저녁에 주무실 때로만 볼 수 없을 듯합니다.

문 부자(父子)는 일체(一體)이나, 다른 사람들은 아버지가 병이 들더라도 자식이 이를 깨닫지 못하는데, 유독 유검루(庾黔婁)만은 마음이 놀랐던 것[115]은 어째서일까요? 이는 곧 중인(衆人)들은 물욕(物慾)에

114 베개와……드렸다 : 이 내용은 진(晉)나라 서하(西河) 사람 왕연(王延)의 효행으로 〈선행〉 편 제13장에 보이는바, 《소학》의 원전은 아래와 같다. "여름에는 베개와 자리를 부채질해 드리고, 겨울에는 몸으로 이불을 따뜻하게 해 드렸으며〔夏則扇枕席, 冬則以身溫被〕, 한겨울 큰 추위에 자신은 항상 온전한 옷이 없으면서도 어버이에게는 맛있는 음식을 극진히 해 드렸다."

115 다른……것 : 유검루(庾黔婁)는 남북조 시대(南北朝時代) 남조 제(齊)나라의 효

막혀서 기운이 서로 관련이 지어지지 않고, 유검루는 마음에서 나온 효성(孝誠)이 관통되어, 마음이 저절로 서로 감응하였기 때문입니까?

답 부자간은 한 기운이기 때문에 효심이 지극한 자에게는 유검루와 같은 일들이 있었습니다. 옛날 채순(蔡順)[116]이란 사람이 있었는데 그가 산에 올라 나무를 하고 있을 적에 손님이 채순의 집에 이르렀습니다. 채순의 모친이 손님이 온 것을 채순에게 알리려고 손가락을 깨물자, 채순이 바로 와서 손님을 맞이하였으니, 이 또한 효심(孝心)이 감응한 것입니다. 물욕에 막힌 중인(衆人)들은 이렇게 할 수 없습니다.

문 "마땅히 어른께서 하시는 말로 하여, 가군(家君)을 권해 설득하라.〔宜從丈人所 勸說君〕"라고 말한 것[117]은, 설득하는 말을 어른이 스

자이다. 유검루의 일은 〈선행〉 편 제15장에 "남제(南齊)의 유검루가 잔릉령(孱陵令)이 되었는데, 현(縣)에 도임한 지 10일도 못 되어, 아버지 이(易)가 본가에서 병에 걸렸다. 검루는 갑자기 마음에 놀라서 온몸에 땀이 흐르므로 당일(當日)로 관직을 버리고 집으로 돌아오니, 집안 식구들은 모두 그가 갑자기 옴에 놀랐다."라고 보인다.

116 채순(蔡順) : 한(漢)나라 때 효자로 자는 군중(君仲)이다. 일찍이 부친을 여의고 모친을 봉양하고 살았는데 효심(孝心)이 지극했다고 한다.

117 마땅히……것 : 이 내용은 〈선행〉 편 제44장에 "소광(疏廣)이 태자태부(太子太傅)가 되었었는데, 글을 올려 은퇴할 것을 빌자, 상(上)은 황금 20근을 가사(加賜)하였고, 태자는 황금 50근을 하사하였다. 소광(疏廣)은 향리로 돌아와 날마다 집안 식구로 하여금 음식을 장만하여 술과 밥을 진설하게 하고는 친척과 고구(故舊)와 빈객을 초청하여 서로 함께 즐겼다.……소광(疏廣)의 자손들은 그의 형제 중에 노인으로서 소광(疏廣)이 신임하고 사랑하는 자에게 은밀히 말하기를 '자손들은 가군(家君)이 계실 때에 미쳐 자못 산업(產業)의 터전을 세우기를 기대하고 있는데, 오늘날 마시고 먹는 비용으로 장차 다하게 되었으니, 마땅히 어른께서 하시는 말로 하여, 군(君)을 권해 설득하여〔宜從丈人所, 勸說君〕, 밭과 집을 마련할 수 있도록 해 주십시오.' 하였다."라고 보인다.

스로 말씀한 것으로 해서, 말할 때에 자손들의 말임을 누설하지 말아 달라고 한 것입니다. 이와 같이 보아야 합니까?

답 '장인소(丈人所)'라는 말은 지금의 말 '모허(某許 모처(某處))'와 같으니, '장인의 처소를 따라서'라고 말한 것과 같습니다. 그러므로 《집해》에 소(所)를 처(處)라고 훈한 것입니다. 보내오신 편지에서 '스스로 말씀하신 것〔所自言者〕으로 한다'고 하신 것은 잘못 보신 듯합니다.

문 "하루에 두 번 모여 식사를 하였다.〔再會食〕"라는 것[118]은 공작(公綽)이 아우 공권(公權)과 여러 사촌 아우들과 함께 아침에 모여 식사하고 저녁에 모여 식사하기를 모두 이 작은 방에서 한 것입니까? 유공작이 비록 작은 방에서 떠나지 않았으나 공권과 여러 사촌 아우들은 모이고 흩어지기를 무상(無常)하게 하였을 것이니, 그러므로 모여서 식사하였다고 말한 것입니까?

답 하루에 두 번 모여 식사한 것은 필시 작은 방에서 하였을 것입니다. 그러나 다만 여러 사촌들이 모이고 흩어지기를 무상하게 하였을 뿐만이 아니라 비록 같이 살았더라도 방은 달랐을 것이니, 식사 때에 이르러 한 곳에 서로 모였기 때문에 회식(會食)이라고 말한 것이 아니겠습니까.

118 하루에……것 : 이 내용은 당(唐)나라 하동절도사(河東節度使) 유공작(柳公綽)의 일로 〈선행〉 편 제51장에 "중문(中門) 동쪽에 작은 방이 있었는데,……유공작은 여기에서 사사로운 일을 결단하며 빈객을 접대하고, 아우인 공권(公權) 및 여러 아우들과 하루에 두 번 모여 식사를 하였다.〔與弟公權及群從弟, 再會食.〕"라고 보인다.

문　유씨(柳氏) 집안은 혼정신성(昏定晨省)을 모두 중문(中門)의 북쪽에서 하였으니,[119] 아마도 절하는 예(禮)가 있었던 듯합니다. 그러나 《예기》〈내칙(內則)〉의 '닭이 처음 울면 모두 세수하고 양치질함〔鷄初鳴咸盥漱〕' 장(章)에는 또 절하는 예가 없는 듯한데, 마땅히 어느 것을 따라야 합니까?

답　옛날의 혼정신성에는 절하는 일이 없었습니다. 상중(喪中)에 아침저녁으로 곡을 하는 것은 살아있을 때를 형상한 것인데 절하는 일이 없으니, 이를 보면 알 수 있습니다.

문　옥식(玉食)은 '진수성찬〔珍飧〕'이란 말과 같으니, 음식 중에 진기하고 아름다운 것이 마치 옥(玉)과 같다고 말한 것입니다.[120] 만약 〈홍범(洪範)〉의 옥식[121]으로 본다면 오직 군주만이 먹을 수 있고 범인들

119　유씨(柳氏)……하였으니 : 혼정신성(昏定晨省)은 어버이를 모시는 것으로 날이 어두우면 어버이의 잠자리를 챙겨 드리고 새벽에 어버이께 문안함을 이른다. 이 내용은 〈선행〉 편 제51장에 "인정(人定)의 종소리가 이른 뒤에야 침실로 돌아가 자게 되면, 유공작의 여러 아들들이 다시 중문(中門)의 북쪽에서 저녁 문안을 드렸다."라고 보인다.

120　옥식(玉食)은……것입니다 : 이 내용은 〈선행〉 편 제71장에 보인다. 북송의 명상인 장문절공(張文節公)이 재상이 되어서도 매우 검소하게 살았다. 그 친구가 지나치면 오해를 받으니 조금 시속을 따르라고 충고하자, 장문절공은 "내 오늘날의 봉급이 비록 온 집안 식구가 비단옷을 입고 옥식(玉食)을 먹은들 어찌 능하지 못함을 걱정하겠는가."라고 대답하였다. 장문절공은 이름이 지백(知白), 자(字)가 용회(用晦)이며 창주(滄州) 사람이니, 문절(文節)은 그의 시호이다.

121　홍범(洪範)의 옥식 : 《서경》〈홍범(洪範)〉에 "오직 군주만이 복(福)을 짓고, 오직 군주만이 위엄(威嚴)을 짓고, 오직 군주만이 옥식을 할 수 있으니〔惟辟玉食〕, 신하는 복을 짓고 위엄을 짓고 옥식을 함이 있어서는 안 된다."라고 하였으므로 말한 것이다.

이 감히 먹을 수 있는 것이 아닙니다. 어떻게 생각하시는지 모르겠습니다.

답 장문절(張文節)이 말한 옥식은 밥 중의 옥과 같은 것이고, 〈홍범〉의 옥식은 진짜 옥을 먹는 것입니다. 《주례》에 "천자가 재계할 적에 옥(玉) 가루를 먹어서 정명(精明)한 기운을 돕는다.〔天子齊戒 食玉屑 以助精明之氣〕"라고 하였습니다.[122] 그러므로 〈홍범〉에 "오직 군주만이 옥을 먹는다."라고 한 것입니다.

문 "사람이 나물 뿌리를 씹어 먹을 수 있으면 모든 일을 할 수 있다.〔咬得菜根 百事可做〕"[123]라고 하였습니다. 이 구절은 진실로 〈선행(善行)〉 실경신(實敬身) 편의 음식에 관한 하나의 조항인데, '백사가주〔百事可做〕' 네 글자는 함축된 뜻이 매우 넓어서 이상의 《소학》 전편의 일이 모두 이 안에 포함되어 있고, 이것으로 총괄하여 수습(收拾)하였다고 여겨지는데, 이와 같이 보는 것이 옳습니까?

답 《논어》〈이인(里仁)〉에 "선비가 도에 뜻을 두고서 나쁜 옷과 나쁜 음식을 부끄러워하는 자는 더불어 도(道)를 의논할 수 없다.〔士志於道

122 주례(周禮)에……하였습니다 : 《주례》의 말은 경문(經文)의 내용이 아니고, 명(明)나라의 학자 왕응전(王應電)이 찬한 《주례전(周禮傳)》 권(卷)1 하(下) 〈천관 하(天官下)〉의 대문 "凡王之好賜共其貨賄" 아래에 붙은 소주(小註)에 보이는 말을 원용한 것이다. 여기에 "왕자는 순양(純陽)의 정수(精粹)이니, 재계(齋戒)할 적에 옥가루를 먹어서 깨끗하고 밝은 기운을 돕는 것이다."라고 보인다.

123 사람이……있다 : 이 내용은 왕신민(汪信民)의 말로, 〈선행〉 편 제81장에 보인다. 왕신민은 북송(北宋)의 학자인 왕혁(汪革)으로 신민은 그의 자이다. 〈선행〉 편 제81장은 《소학》의 마지막 장(章)이다.

而恥惡衣惡食者 不足與議]"라고 하였으니, 그렇다면 '나물을 씹어 먹는 자는 모든 일을 할 수 있다'는 말을 어찌 믿지 못하겠습니까. '이 한마디 말로 《소학》 전편 가운데의 일을 총괄하여 수습하였다'고 말씀하신 것은 진실로 옳습니다. 이는 그대의 견해에 있어 오묘한 곳이니, 기뻐할 만합니다.

김사달에게 답함

答金士達

하늘이 우리 종묘(宗廟)를 도와 성사(聖嗣 임금의 후사)가 탄생하시어 8도(道)의 백성들이 뛰고 춤추기를 오래도록 그치지 않고 있습니다. 지난번 6월 말에 주신 편지를 받들어 보니, 맨 먼저 나라의 경사를 말하시어 말씀의 취지〔辭旨〕 사이에 기쁨이 넘쳐났습니다. 이에 공경히 두세 번을 보았는데 기쁘고 상쾌함이 평소의 갑절이나 되었습니다.

집안 아우가 나라의 은혜를 입어 자급(資級)이 단계를 뛰어넘어 승진하였으니, 영광되고 감격스러운 나머지 다시 황공한 마음이 절절합니다. 이로 인하여 다시 삼산(三山 지금의 충청북도 보은군)으로 복귀하지 못하여 이런 가운데 소식이 장차 멀어질 것이니, 이 때문에 창연(悵然)해집니다.

《중용》은 지난겨울에 다 읽었지만 어찌 새로 얻은 것이 있겠습니까. 끝내 위로 형체도 그림자도 없는 곳에 이르게 되어 이해하기 어려울 뿐입니다. 독려(督勵)하신 가르침은 그 지극한 뜻을 참으로 잘 알겠으나 졸렬한 저로서는 감당할 수 없으니, 어쩌겠습니까. 오직 집사께서 더욱 덕숭업광(德崇業廣)[124]에 나아가 한 고을의 모범이 되시기를 바랄 뿐입니다.

124 덕숭업광(德崇業廣) : 덕(德)이 높고 업(業)이 넓다는 의미로, 《소학집해(小學集解)》 〈소학제사(小學題辭)〉에 "궁리(窮理)와 수신(修身)은 학문의 큰 것이다. 명명(明命)이 환하여 내(內)·외(外)가 있지 않으니 덕(德)이 높고 업(業)이 넓어야〔德崇業廣〕, 이에 그 성(性)의 처음을 회복한다."라고 보인다.

지은이 **박윤원(朴胤源)**

1734년(영조10) 5월 5일에 서울 사직동(社稷洞)에서 태어나 1799년(정조23) 1월 17일에 향년 66세로 별세하였다. 자는 영숙(永叔), 호는 근재(近齋), 본관은 반남(潘南)이다. 59세이던 1792년 12월 12일에 선공감의 가 감역관(假監役官)으로 임명되었으나 신병(身病)으로 정장(呈狀)하여 동월 17일에 체직되었다. 65세이던 1798년에 원자를 위한 강학청이 설치되자, 좌의정으로 있었던 이병모(李秉模)가 박윤원을 서연관으로 천거하여 1월 17일에 원자궁 요속으로 뽑혀 아뢰어졌지만 끝내 나아가지 않았고 학문 연구에 전념하였다. 낙론(洛論)의 정통을 계승한 인물로서 성리학과 예학(禮學)에 대한 조예가 상당하였다. 그의 연원은 김원행(金元行), 이재(李縡), 김창협(金昌協), 송시열(宋時烈), 김장생(金長生)까지 소급되며, 다시 문하의 홍직필(洪直弼)에게 학문을 전수함으로써 임헌회(任憲晦), 전우(田愚)로 이어지는 19세기 낙론의 정통 학맥을 형성하였다. 사후 1845년(헌종11) 1월에는 대사헌으로 추증되었고, 1863년(철종14) 11월 16일에는 '문헌(文獻)'이라는 시호를 받았다. 저서로 《근재집》과 《근재예설(近齋禮說)》이 있다.

옮긴이

연석환(延錫煥)

1977년 경북 봉화에서 태어났다. 계명대학교 한문교육과를 졸업하고 고려대학교 대학원 고전번역협동과정학과에서 석사학위와 박사학위를 취득하였다. 한국고전번역원 부설 고전번역교육원의 연수과정과 전문과정 제1과정을 마쳤다. 현재 해동경사연구소 연구원으로 재직하고 있다. 논문으로는 〈회은 남학명의 잡설 연구〉, 〈남학명의 회은집 역주〉가 있고, 번역서로는 《노주집》(공역)이 있다.

김창효(金昌孝)

1956년 전남 장흥에서 태어났다. 고려대학교 행정학과를 졸업하였다. 민족문화추진회 국역연수원 연수부 및 일반연구부를 졸업하였으며, 현재 해동경사연구소 선임연구원으로 재직하고 있다. 번역서로는 《도곡집》, 《매산집》, 《노주집》(공역)이 있다.

※ 각 권별 옮긴이는 권9 연석환, 권10~12 김창효이다.

권역별거점연구소협동번역사업 연구진

연구책임자　**신영주**(성신여자대학교 한문교육과 교수)
공동연구원　**김용재**(성신여자대학교 한문교육과 교수)
　　　　　　류준경(성신여자대학교 한문교육과 교수)
책임연구원　**성백효**
연 구 원　**김형석**　**연석환**
　　　　　　이영준　**이정은**
　　　　　　김성은

근재집 3

박윤원 지음 | 김창효·연석환 옮김
2024년 12월 31일 초판 1쇄 발행
편집·발행 학자원
등록 2011.4.6 제2011-14호
주소 (05355) 서울시 강동구 천호대로 1121
전화 02-6403-1000 | 팩스 02-6338-1001 | 이메일 hakjaone@daum.net

값 40,000원
ISBN 979-11-6247-343-6 94810
979-11-6247-313-9 (세트)